# 그리스도 안에서

라니에로 깐따라메사 지음

이인복 옮김

Life in Christ: A Spiritual Commentary on the Letter to the Romans

## 그리스도 안에서

**교회 인가 서울 대교구 | 2021년 7월 21일**
**초　판 | 1991년 6월 20일**
**개정판 | 2021년 10월 4일**

**지은이 | 라니에로 깐따라메사**
**옮긴이 | 이인복**
**표지 및 내지 디자인 | 박선영**

**펴낸이 | 김상욱**
**만든이 | 조수만**
**만든곳 | 프란치스코 출판사(제2-4072호)**
**주　소 | 서울 중구 정동길 9**
**전　화 | (02) 6325-5600**
**팩　스 | (02) 6325-5100**
**이메일 | franciscanpress@hanmail.net**
**홈페이지 | https://blog.naver.com/franciscanpress**

ISBN 978-89-91809-91-8　93230
값 12,000원

# 그리스도 안에서

라니에로 깐따라메사 지음

이인복 옮김

## 차례

전집 출간을 축하하며　11
감수의 글 — 이용훈 마티아 주교　15
감수의 글 — 장인산 베르나르도 신부　19
추천사　21　/　옮긴이의 글　23

서론　26

### 제1장 하느님이 사랑하시는 사람들　33

1 하느님께서 사랑하십니다　36
2 우리의 마음속에 하느님의 사랑을 부어주셨습니다　47
3 그 어떤 피조물도 하느님의 사랑에서 우리를 떼어 놓을 수 없습니다　60

### 제2장 우리는 모두 죄인입니다　67

1 죄란 하느님을 무시하는 것입니다　69
2 악의 세력은 벌써 은연중에 활동하고 있습니다　73
3 죄의 삯　82
4 당신이 바로 그 사람입니다　88

## 제3장 하느님의 정의가 만천하에 드러났습니다　96

1 하느님께서 역사役事하십니다　96

2 의화義化와 회개　100

3 전유專有로서의 믿음　110

4 보십시오. 이제는 받아들일 시간입니다　117


## 제4장 우리의 죄 때문에 주님이 죽으십니다　122

1 그리스도께서 치르신 영혼의 수난　126

2 겟세마니의 예수님　132

3 빌라도의 법정에 서신 예수님　138

4 십자가 위에 달리신 예수님　141

5 우리 때문에　150


## 제5장 그분은 우리의 의화를 위해 부활하셨습니다　161

1 네가 마음으로 믿으면　164

2 믿음은 들음에서 옵니다　169

3 부활, 아버지의 업적　176

4 성령에 의해　181

5 부활의 능력　184

6 예수 그리스도의 부활을 통하여 살아 있는 희망으로 다시 태어남　189

## 제6장 하느님께서는 아들의 목숨을 아낌없이 내어주셨습니다 199

1 아버지의 거절 202

2 아버지의 고통 206

3 아버지의 측은지심 214

4 사랑과 순종 223

5 아버지를 신뢰함 226


## 제7장 죄가 우리의 죽을 몸을 지배하지 못하게 합시다 234

1 당신의 죄를 인정하시오 237

2 죄에 대한 회개 240

3 죄짓는 일을 그치시오 248

4 죄에 물든 몸을 멸하시오 255

5 육체의 고통을 받은 사람은 258


## 제8장 생명을 주는 성령의 율법 264

1 오순절과 율법 265

2 그리스도의 성령 270

3 새로운 마음 274

4 사랑은 율법을 보호하고 율법은 사랑을 보호합니다 283

5 교회를 위한 새로운 오순절 292

제9장 성령께서 우리를 위해 기도하십니다   301

   1 성경 : 기도 모음   302

   2 욥의 기도와 그의 친구들의 기도   308

   3 예수님과 성령님의 기도   313

   4 당신이 명하신 것을 행하도록 은총을 주십시오   325

   5 전구의 기도   329


제10장 사랑을 진실하게 만드시오   335

   1 신실한 사랑   339

   2 거룩한 사랑   344

   3 판단하기를 그만둡시다   348

   4 악한 말을 피하십시오   358

   5 새로운 시각으로 당신의 형제를 관찰하십시오   360


제11장 당신 자신을 너무 높이 생각하지 마십시오   366

   1 온건함으로서의 겸손   369

   2 여러분이 가지고 있는 것은 모두 하느님께로부터 받은 것이 아닙니까   373

   3 겸손과 굴욕   385

   4 그리스도를 본받는 겸손   391

**제12장 한 사람의 순종으로   401**

    1 그리스도의 순종   404

    2 은총으로서의 순종 : 세례   410

    3 의무로서의 순종 : 그리스도를 본받음   414

    4 보십시오, 제가 대령하였습니다. 오 하느님   426


**제13장 빛의 갑옷을 입읍시다   431**

    1 그리스도인이 정결해야 하는 이유   435

    2 정결, 아름다움 그리고 우리 이웃에 대한 사랑   442

    3 정결과 새 생명   448

    4 마음의 정결   454

    5 정결의 방법 : 금욕과 기도   459


**결론   465**

## 전집 출간을 축하하며

　하느님께서 주신 생명과 삶을 소중하게 여기며 살아 온 사람, 이 시대에 보기 드문 의인義人 이인복 마리아님께서 지금까지 펴낸 책들을 한데 묶어 '전집'을 출간함을 진심으로 축하드립니다. 전집은 수상집 5권과 번역서 3권 등 8권으로 구성되어 있습니다. 이인복 마리아 박사님은 국문학자로서 수많은 전문 저서와 논문을 남겼지만 이번 전집에는 들어있지 않습니다. 이 분은 평생을 교육자로서 학생들을 가르치고, 사회복지 현장에서 우리 사회의 가장 가난한 이와 소외된 이웃을 돌보고 보살피는 일에 전념하였습니다. 수상집 안에는 몸소 겪은 체험과 비참한 처지에 있는 이들과 뒹굴며 사랑을 실천하는 내용이 고스란히 담겨 있습니다. 번역서에는 세상에 살면서 추구해야 하는 창조주 하느님의 뜻과 사랑, 인간의 도리, 성경 말씀 실천에 관한 내용 등 모든 이가 공감하고 당장 실행에 옮겨야 하는 내용이 들어 있습니다.

　세상에는 악을 피해야 하고 선행과 자비를 베풀어야 한다고 힘

주어 말하는 사람들이 많습니다. 그러나 정작 자신을 희생하며 이웃을 위해 가진 것을 포기하고 애덕실천에 뛰어드는 이는 보기 힘듭니다. 자신의 명예, 권력, 물질적 소유를 주저하지 않고 포기하고 이웃를 위해 베풀어야 한다고 주장하는 이들이 많습니다. 그런데 이를 실천에 옮기는 결단을 내리는 이는 아주 적습니다. 앎과 실천의 비참한 분리와 괴리가 온 세상을 상처가득한 잿빛으로 물들이고 있습니다. 소위 사회를 이끌어 간다는 많은 지도자들은 부와 명예, 권력을 마음껏 누리고 삽니다. 마리아님은 세속적 안락과 물적 풍요를 누릴 수 있었지만, 그런 것과는 너무 먼 거리에서 치열하게 자신과 싸우는 가난한 구도자求道者로서 하느님과 일치하는 가운데 성모 마리아를 닮는 투혼을 발휘하였습니다. 그래서 이 분은 40세 젊은 나이에 가정 폭력 피해 여성을 위한 "나자렛 성가원"과 성매매 피해 여성들을 위한 "나자렛 성가정 공동체"를 설립하여 지금까지 운영하고 있고, 수도자 이상으로 기도와 나눔실천에 정진하며 <나자렛 평신도 수도 공동체> 완성을 향해 분투노력하고 있습니다.

이렇게 세상의 냉대를 온 몸으로 받던 13세 '성냥팔이 소녀'는 대학교수를 거쳐 청념하기 그지없는 사회복지 사업가 정신으로 자신의 가녀린 육신을 불살랐습니다. 뿐만 아니라, 문학적인 논문들,

죽음에 관한 연구로 큰 명성을 얻었고, 성령세미나 강의와 신앙체험을 국내외에 나누며 수많은 이들을 주님께 인도하며 복음선포에 앞장섰습니다. 대학교수 정년을 맞아 연금과 퇴직금, 강의료 등을 자신이 만든 복지시설에 봉헌하며 자신을 위해서는 아무것도 남기지 않았습니다. 그 후에도 원고료와 강의료는 가난한 이웃, 사제양성비로 기쁘게 내놓았습니다. 이렇게 사마리아 사람의 모범을 그대로 보여주는 모습에 세상은 감탄하고 있으며, 사회는 환한 사랑과 평화의 빛깔로 물들어가고 있습니다.

마리아님은 타고난 부지런함과 한 순간도 허투루 쓰지 않는 천성 때문에 10년 전부터 육체적 병을 얻어 고생길 여정에 들어섰습니다. 육체적 균형상실로 인한 크고 작은 병고, 죽음을 넘나드는 수차례에 걸친 고관절 수술로 거동이 몹시 불편합니다. 조금 더 자신의 육신에 신경을 쓰고 유유자적悠悠自適한 삶을 영위했더라면 이토록 지독한 병마에 시달리지는 않았을 것입니다. 그런 중에도 불편하고 마비가 진행되는 손가락으로 컴퓨터와 스마트폰 자판을 두드리며 수많은 독자와 지인들에게 희망과 신앙의 메시지를 보내는 초인적 투혼을 보여주고 있습니다.

존경하는 마리아님은 예수님을 많이 닮은 이 시대의 성자聖者입니다. 평생 착한 일만 하시다가 십자가상에 못 박혀 돌아가신 우리 주님의 길을 그대로 따르고 있습니다. 수면장애와 함께 온 몸이 고통으로 휘감겨 있음에도 "지금처럼 행복하고 평화로운 때가 없었습니다."라고 고백하는 모습을 보면 한 인간이 예수님처럼 자신에게 주어진 십자가를 이렇게 짊어질 수 있는지 아연실색하게 됩니다. 일생을 통해 역설했던 언행일치言行一致의 삶을 여과 없이 드러내는 마리아님이 이 세상에 존재하는 한 우리는 희망을 발견할 수 있을 것입니다. 주님께서 천사들을 보내어 투병하는 하느님의 종 이인복 마리아 교수님과 지극한 간병으로 안간힘을 쏟는 부군夫君 심재기 바오로 교수님에게 천상적 위로와 축복을 보내주시기를 간절히 소망합니다.

    독자 제위께서 이 험란한 시대를 살고 있는 모든 이에게 참 삶의 이정표와 가치를 제시하고 있는 마리아님의 저서들을 읽고 새로운 삶의 좌표를 만들기를 기대합니다.

2021년 10월 4일

이용훈 마티아 주교(천주교 수원교구장)

## 감수의 글

　완덕完德에 이르고 성인聖人이 되는 것은 모든 인간이 염원하는 지상최대의 목표이며 이상입니다. 이는 하느님을 닮은 인간이 마땅히 해야 할 도리요 본분입니다. 먼저 하느님께서 인간에 대한 견딜 수 없는 극진한 사랑을 보여주셨기 때문입니다. 하느님께서는 인간이 지은 죄와 잘못이 진홍색보다 붉고 클지라도 회개하는 인간을 절대로 버리지 않으십니다. 마치 자식들이 부모를 배반하여 떠나가도 부모는 늘 그 자식들을 가슴에 품고 돌아오기를 애타게 기다리는 것과 같습니다. 이렇게 하느님의 원천적인 사랑(amor fontalis)은 죄에 떨어진 인류를 구원하시기 위해 아주 구체적이고 실제 모습으로 나타납니다. 구세주의 강생과 그분의 수난과 부활 사건 등이 그것을 증명하고 있습니다.

　바오로 사도의 로마서 내용을 중심으로 전개되는 저자 자신의 깊은 신학과 사상, 묵상과 기도, 신앙고백과 체험 등이 이 책 안에 담겨있습니다. 이 책은 심오한 학술적 논문의 성격을 띠지 않지만,

그리스도교 전통들과 다른 성경 구절들을 폭넓게 인용하면서 저자 특유의 방법론을 통해 그리스도인들의 영적 여정과 성숙을 단순하고 간결하며 알기 쉽게 설명하고 있습니다. 저는 이 책을 읽으면서 저의 가슴과 정신 깊은 곳을 강타하고 꼼짝 못 하게 붙드는 성령의 인도하심을 강하게 체험하였습니다. 저 자신의 과거와 현재의 초라하고 꾀죄죄한 모습을 숨길 수 없었기 때문이었습니다. 이 책은 하느님이 어떤 분이시며, 우리가 어떻게 하느님을 만날 수 있는지, 인간 자신이 실존적으로 누구이며, 어떤 덕목을 갖추고 살아야 하는지를 실감 나고 감동적으로 전하고 있습니다. 또한 인간은 자신이 한없이 미약하고 유한한 존재임을 겸손되이 수긍하면서 하느님께 대한 사랑과 순종, 정결의 삶을 살아야함을 강조하고 있습니다.

예수 그리스도께서 십자가 위에서 숨을 거두시는 그 현장에 우리 자신이 있었고, 우리가 정신적, 육체적 고통에 시달릴 때 그분은 가장 가까운 거리에서 우리와 함께 계셨음을 이 책은 토로하고 있습니다. 과연 하느님께 대한 헌신과 이웃에 대한 기여와 봉사, 희생과 고통은 무의미한 것인가? 현대사회는 물적 소유, 육체적 욕망, 취미와 오락의 극대화 등을 추구하는 경향을 띠고 있는데 과연 이대로 좋은 것인가?

그리스도교는 하느님 사랑과 이웃 사랑을 최상의 계명으로 강조합니다. 그런데 사랑은 개념적이고 추상적인 성격을 띠고 있기에 그 구체적인 내용으로 율법과 규범이 제시됩니다. 형식적이고 상투적인 규범의 준수로가 아니라, 알몸으로 꾸밈없이 하느님께 다가가면, 우리는 하느님을 만날 수 있습니다. 우리의 조그만 선행과 공로를 빌미로 하느님께 영원한 생명을 달라고 떼를 쓰거나 어리광을 부리지 말아야 합니다. 인간이 하느님의 생명에 참여하는 것은 그분의 용서와 자비를 통하여 무상으로 주어지는 것이기 때문입니다. 이것에 대한 구체적인 내용을 이 책은 현장감 넘치게 자세하게 설명하며 큰 울림을 주고 있습니다.

　타고난 부지런함과 예리한 통찰력으로 경이로운 학문적 업적을 쌓고, 끊임없이 저술과 번역 활동을 하시는 존경하는 이인복 마리아 교수님의 정성 가득한 기도와 눈물겨운 노력으로 이 책이 저자의 저술 의도를 조금도 손상하지 않고 세상의 빛을 보게 되었습니다. 이 시대를 사는 우리는 저자 라니에로 깐따라메사 추기경님과 이 책을 번역하신 이인복 마리아 교수님께 심심한 존경과 경의를 표합니다. 여러 가지 이유로 하느님께 가까이 가기를 주저하거나 하느님의 길을 가지 않고 그 반대의 길로 들어 엉겅퀴와 가시덤불 속에서 방황하는 분들에게 이 책은 신선한 충격과 감동을 줄 것이라고 확신합니다. 하느님을 가슴에 모시고 인간 자신의 존재 이유를 알기를 간절히 바라는 분들은 이 책을 통해 놀랄만한 하느님의 은혜와 축복을 받을 것입니다.

천주교 수원 교구
이용훈 마티아 주교

## 감수의 글

+ 찬미 예수님!

오소서 성령님, 새로 나게 하소서!

이 책을 읽으시는 모든 분께 주님과 성모님의 축복과 사랑이 늘 함께하시기를 기도드립니다. 인자하신 주님께서는 여러 가지 방법으로 사람을 당신께로 이끌고 계십니다. 이스라엘 백성에게는 구름 기둥, 불기둥으로 안내자가 되시었고, 현재는 성경 말씀과 성체성사로 특별히 앞장서시어 우리의 길을 인도하십니다. 이 책을 통해서도 주님께서는 분명히 많은 사람에게 당신의 사랑을 깨닫도록 도와주시리라 믿습니다.

2001년 10월에 저는 성직자 수도자 성령 세미나에 참석하여 이 책의 저자인 Raniero Cantalamessa 신부님의 강론을 듣고 얼마나 많은 감동을 받았는지요! 신부님은 『Life in Christ』라는 제목으로, 사도 바오로의 저 유명한 「로마인들에게 보낸 서간」의 영성적 주해서를 쓰셨습니다.

이 책은 마치 우리에게 필요한 영양분이 흠뻑 들어있는 좋고 맛있는 영적 음식과도 같습니다. 은혜 자체이신 하느님의 말씀과 사도 바오로의 깨우침과 많은 교부의 생각이 녹아들어 있음을 알게 됩니다. 저자 신부님은 저에게 감수의 부탁을 해 오셨고, 저에게는 큰 영광으로 생각되었습니다. 우리 모두가 하느님의 사랑받는 자녀라는 점부터 시작하여, 하느님 앞에서 다 죄인이라는 깨달음과, 그럼에도 불구하고 하느님은 우리에게 당신 사랑을 변함없이 쏟으시고 대신 죽으시고 부활하시어 죄의 지배를 더 이상 받지 않게 하시며, 성령을 통하여 우리를 살리시고 사랑으로 이끄신다는 구원의 경륜을 전체적으로 분명하고 간결하게 엮으셨습니다.

이인복 마리아 교수님의 번역 수고로 이 책이 마침 수원 교구 이용훈 주교님의 서품 축하로 출간됨을 기쁘게 생각하면서, 모든 일을 선으로 이끄시는 주님과 성모님께 감사와 찬미를 드립니다.

대전 가톨릭 대학교 교부신학 교수
장인산 베르나르도 신부

## 추천사

깐따라메사 신부님의 저서 『그리스도 안에서』가 이인복 마리아 교수에 의해서 우리말로 번역 출판되게 된 것을 축하드립니다. 신부님은 카푸친 작은형제회 수도사제로서, 요한 바오로 2세 교황님이 즉위하신 이래 지금까지 23년간을 교황님의 강론 담당 사제로 일하신 분입니다.

우리나라 성령쇄신의 역사가 30년을 헤아리게 된 지금까지, 우리 봉사회 초청으로 전 세계의 명강사들이 오시어 한국 성령쇄신대회를 주관하고 수많은 좋은 말씀들을 해 주셨으나, 그중에서도 특별히 깐따라메사 신부님의 말씀은 한마디 한마디가 심오하고 감동적이었습니다. 3천 년기를 시작하는 그 첫해인 2001년에 우리가 깐따라메사 신부님을 모시고 성령대회를 가질 수 있었던 것은 참으로 하느님 사랑의 섭리가 아니고서는 이루어질 수 없는 일이었습니다. 신부님이 선포하고 가신 말씀의 향기가 오래오래 그리고 영원히 우리 한국 그리스도교 신자들의 가슴속에 영성의 꽃을 피우고 그것이 우리 민족 전체의 성품 안에 성령의 열매로 결실되기를 기원해 마지 않습니다.

깐따라메사 신부님의 말씀대로, 세례자 요한이 주님의 초림初臨 때 했던 것처럼 '주님께 합당한 사람들'을 주님을 위해 준비시키기 위하여, 한국성령봉사회와 깐따라메사 신부님의 저서가 우리 한국 그리스도교인들의 재복음화에 크게 기여할 수 있기를 기원합니다.

한국성령쇄신 봉사회 회장<br>
김대군 파트리시오 신부

## 옮긴이의 글

깊은 밤에 잠시 눈을 붙이다가 아침이구나 하면서 벌떡 일어나 앉아 시계를 보면, 겨우 한 시간밖에 지나지 않았음을 알 때가 많았습니다. 그러면 아드님의 시신을 무릎에 안은 피에타 성모님 앞에서 마주 뵙듯 말씀드리곤 했습니다. 사람이 천년을 일해도 못 할 일을 주님과 성모님은 단숨에 하실 수 있사오니, 제 생애의 마지막 번역 작업을 아름답게 마무리 지을 수 있도록 성령의 은총으로 저와 함께 해 주소서라고. 그리고는 컴퓨터를 다시 켜고 일하기를 한 해 그리고 반. 깐따라메사 신부님이 한국에 오셨다 가시던 날부터 꼭 한 해 반을 그렇게 지냈습니다.

숙명여대 정년퇴임 준비로 제자와 동료들에게 교수 생활을 정산하는 양심의 일로서 그간 강단 생활을 하며 써 온 비평의 글들을 모아 『우리 시인의 방황과 모색』 그리고 『우리 작가들의 번뇌와 해탈』이라는 두 권 비평문학 전집을 편집하고 출판한 일, 정년과 더불어 사회복지대학교도 졸업하겠다고 학생 신분이 된 후, 가르치는 일과 공부하는 일을 병행하면서 시간을 쪼개어 번역작업을 진행하였으니, 결국은 한밤중에 깨어 일어나 주님과 성모님의 도움을 청하며 컴퓨터 앞에서 밤샘한 날들이 모여서 이루어진 일입니다.

한참을 일하다 보면 눈이 침침하여 보이지 않게 되고 꺾은 무릎이 아파 펴지지 않았지만, 이 책을 번역하면서 내가 받은 무량의 은총 앞에 나는 지금 입을 다물고 침묵하는 일밖엔 달리 더 할 일이 없게 되었습니다. 무슨 말이 더 필요할 것인가? 이 책을 읽도록 섭리해 주신 우리 하느님 아버지와 나를 구원하신 주 예수 그리스도와 나에게 일할 수 있는 기력을 주시는 주님의 성령 앞에 엎드려 감사하는 일 외에 무슨 말을 입 밖으로 더 낼 수 있을 것인가? 감사하고 또 감사하여 침묵할 뿐입니다.

제임스 찬 주교님의 『람부딴 나무에 열매가 익을 때』, 필립 스콧 신부님의 『가톨릭은 왜 좋은가』, 랄프 마틴 세계 성령봉사회 전 회장의 『예수님은 언제 오시나』, 존 헴쉬 신부님의 『하느님 사랑의 예술』, 드그란디스 신부님의 『미사를 통한 치유』 등에 이어서 번역으로서는 이번이 마지막일 열 번째 번역의 일을, 겨우겨우 은총 속에 마칠 수 있었습니다.

내 나이 14세에 나는 한국 동란을 겪었다. 아버지와 오라비들을 북한에 빼앗기고, 성모원이라는 고아원에서 세례를 받아 하느님의 자식으로 입적되고, 어려운 시절을 거쳐 성령의 도우심을 체험함으로써 하느님 성삼께 감사하며 찬미 드리는 사람이 되고, 로마 성령대회에까지 참석하여 거기에서 깐따라메사 신부님의 놀라운 영성에 접하고, 김대군 신부님께 말씀드려 한국에 오시도록 초청하여 강의하시게 하고, 그분의 책을 번역하기에 이르른 섭리와 은총의 일들을 하느님께 감사드립니다. 감수의 글을 써 주신 수원교구 이용훈 마티아 주교님과 장인산 베르나르도 신부님, 추천사를 써 주신 김대군 파트리시오 신부님, 오류를 바로잡아주신 반영억 라파엘 신부님과 이종배, 이재순 그리고 조미현 님들에게 진심으로 감사드립니다.

번역을 끝내면서 왜 이리 눈물이 나는지, 세 살 적, 일곱 살 적, 열 살 적에 잘못한 일들이 생생한 영상으로 눈앞에 떠오르며, 하느님 앞에 부끄러워 차마 얼굴을 들지 못하겠다는 참담한 심정이지만, 오히려 형언할 수 없는 평화로운 회심에 잠겨 있습니다. 그리스도인이 닦아야 할 겸손과 순명과 청빈과 정결을 추상적 개념으로가 아니라 실천 가능한 구체적 개념으로 가슴에 새기고 그리스도의 수난 현장에 내가 서 있었고 또 지금 서 있음을 통회하게 합니다. 예수님 시신을 무릎에 안고 계신 피에타의 주 성모님 앞에서 내가 흘린 눈물과 감동이, 독자들에게도 전달되면 좋겠습니다.

2003년 재의 수요일에, 이인복 마리아 씁니다.

# 서론

그리스도교인의 재복음화와 영적 쇄신을 위해 활용되기를 바라면서 필자는 바오로 사도가 쓴 로마서를 근간으로 하여 이 책을 쓰게 되었습니다. 그러므로 이 책은 비판적인 주해서나 신학적인 논문이라기 보다는 바오로 사도가 이 편지를 썼을 당시 그에게 생명을 불어넣었던 것의 핵심을 충실히 전달하고자 했습니다. 그의 목적은 로마의 그리스도교인과 후세 그리스도교인들에게 날카로운 비판을 행사하기 위해 어려운 글을 써주려 한 것이 아니고, 그들에게 어떤 영적인 선물을 나누어줌으로써, 그들의 힘을 북돋아 주고 서로의 믿음을 격려할 수 있도록 해 주자는 것이었습니다(로마 1,11 참조). 수 세기에 걸쳐 로마서는 가끔 신학적 갈등과 논쟁의 대상으로만 여겨져 왔습니다. 그러나 실제로 로마서는 학자들이라는 한정된 집단을 위해 쓰여진 것은 아니었고, 오히려 '하느님이 사랑하시는 모든 로마인들'을 위해 쓰여졌으며, 특히 고등교육을 받지 못한 소박한 대부분의 사람들을 위해 기술되었습니다. 그 집필의 목적은 신앙을 강화하는 일이었습니다.

이런 이유로 로마서는 그리스도교인 재복음화, 즉 가톨릭에서는 선교와 피정, 영성 수련을 위한, 또 개신교에 있어서는 영성적 '쇄신'의 시작을 위한, 새로운 복음화의 이상적 헌장이 되고 있습니다. 실제로 로마서는 이미 계시되어 있는 진리의 고착된 내용들을 연이어서 제시하는 데 한정시키지 않고, 오히려 진리를 찾아가는 과정을 제시합니다.

로마서는 독자들을 죄와 사망의 옛 생활에서 그리스도 안의 새 생활로, '자신을 위한 삶'으로부터 '주님을 위한 삶'(로마 14,7 참조)으로 변화하도록 인도합니다. 로마서는 과월절의 대이동과 같이 역동적 양상을 지닙니다. 우리들의 영적 여정의 총체적인 계획과 그것을 실현하는 여러 단계는 사도 바오로의 원전에서 발췌하였습니다. 무엇보다도 중요한 것은 이 단계들을 묘사하기 위해 사용된 단어들은 어떤 계획이나 특별한 용도와 관계없이, 그 단어들 자체로 효과가 있는, '살아 계시고 영원한' 하느님의 말씀으로서 발췌된 것입니다.

우리의 영적 여정은 두 부분으로 나누어집니다. 선교 또는 선포를 포함한 그 첫째 부분은 역사상 우리를 위해 하느님께서 성취하신 성업을 제시합니다. 간곡한 권고와 훈계를 포함한 두 번째 부분은 하느님의 은총에 협력하는 우리의 노력을 통해 우리가 성취해야 하는 사업을 제시합니다. 첫 번째 부분은 인간이 믿음을 통하여 받아들여야 할, 하느님이 거저 주신 선물로 예수그리스도를 소개하고 있고, 두 번째 부분은 그분의 선하심을 받아들임으로써 본받아야 할 인간 덕목의 전형典型으로 예수 그리스도를 소개합니다. 그리하여 우리가 유지하기 매우 어려워하는 영적 삶의 결정적인 균형, 즉 신비적 요소와 금욕적 요소 사이의 상호작용, 또는 은총과 자유의 개별적 역할들을 회복하도록 도움을 줍니다.

로마서 안에 있는 가장 중요한 가르침은 그 구조와 배열에 있습니다. 사도 바오로는 자비, 겸손, 순종, 정결, 봉사 등 그리스도교인의 의무를 먼저 다루고 그와 함께 은총에 대하여 이야기하는 순서를 따르지 않습니다. 그렇게 되면 마치 의무를 잘 수행한 것에 대한 보상으로 은총을 받는 것처럼 보이기 때문입니다. 사도 바오로는 이와 반대로 의화義化와 은총을 먼저 다루고 그다음에 의무를 다룹니다. 이 의무는 은총에 의하여서만 실천이 가능해지는 것입니다.

사도 바오로가 이것을 성취하기 위해 사용하는 도구는 "나는 복음을 부끄러워하지 않습니다. 복음은 먼저 유대인에게 그리고 그리스인에게까지, 믿는 사람이면 누구에게나 구원을 가져다 주는 하느님의 힘이기 때문입니다."(로마 1,16)라는 복음 말씀입니다. 여기서 '복음'이란 복된 소식의 내용입니다. 즉 복음 안에서 선포된 것, 특히 그리스도의 구속적救贖的 죽음과 부활을 대변해줍니다. 그러므로 사도 바오로는 합리적인 논증이나 수사학적 효력보다는 신성한 진리의 선포에 의지하도록 권고하는데, 이것은 믿는 이들이 그 이유나 근거가 무엇인가 궁금해하기도 전에 하느님 구원능력을 체험하게 합니다. 이 책이 현대 문화의 대표적 해석이나 교회 전통에 빈번히 의지하는 것은 하느님의 말씀을 입증하거나 꾸미려는 의도에서가 아니라 그 말씀을 섬기려는 것입니다. 성경이 항상 우리에게 새로운 것을 말해 주는 이유는 어느 시대에서나 서로 다른 또는 더 깊은 인식의 차원에서 그리고 훨씬 더 풍부한 삶의 체험을 지니고 성경에 의문을 제기할 수 있기 때문입니다. 사실 그 동안 교회는 많은 성인聖人과 위인과 천재를 배출하였습니다. 세상의 천재들, 특히 그들이 위대한 신앙인들이라면, 남녀를 불문하고, 하느님의 말씀을 어느 누구보다도 열심히 섬길 것입니다. 그들은 인간의 의식 수준을 증진시켜서 하느님 말씀에 더욱 자극적이고 난해한 의문과 도전적인 문제들을 만들어냅니다. 우리가 비록 아우구스티노, 토마스, 루터보다 겉으로는 작아 보일지 모르나 우리는 지금 로마서와 성경 전반을 그들보다 더 잘 이해하는 위치에 있습니다. 이것은 성경 주석에 있어서 놀라운 진전이 이루어졌기 때문만이 아니고, 그들의 시대이래 인간이 많은 재난을 수없이 겪어왔으며 그들이 알지 못하는 다른 스승들로부터 많은 것을 배워왔기 때문입니다.

이번에 출간되는 『그리스도 안에서』는 『주님이신 그리스도와 함께 하는 삶』을 간결하게 만든 개정판입니다. 이 책이 처음 간행된 후 10년이 지난 지금까지 나는 여러 초 교파적 집회와 피정(한 명에서 스웨덴의 70명 루터교 목사들이 모인 단체에 이르기까지)에서 이 책을 사용해 왔는데, 그때마다 다른 그리스도교 종파의 대표들이 내가 말한 모든 것을 공감할 수 있었다고 공공연히 선언하는 것을 들었습니다. 그래서 나는 재판을 낼 때 그것을 좀 더 낫게 그리고 동시에 초 교파적 목적에 부합하기 위하여 모든 비본질적이고 지나치게 '신앙 고백적'인 부분을 초판으로부터 삭제하기로 했습니다.

제3천 년 기의 여명과 더불어 성령의 역사役事하심일 수밖에 없는 하나의 새로운 기획이 그리스도교 전반에 두루 퍼지고 있습니다. 이제까지 우리 각 교파의 그리스도교인들은 서로 경쟁적으로 예수 그리스도를 선포하여 왔습니다. 이리하여 우리의 증언은 세인世人들의 눈에 평가 절하되었습니다. 우리를 분열시키는 것보다 훨씬 중요한 것, 즉 그리스도를 믿는 공동의 신앙과 형제애를 갖고 함께 선교할 이 좋은 기회를 포착하는 것이 어떻습니까? 세례자 요한이 주님의 초림初臨 때에 했던 것처럼 '주님께 합당한 사람들'을 주님을 위해 준비시키기 위하여 함께 일하는 것이 어떻습니까? 서로서로 각기 자기 교파의 전통과 은사와 교계제도에 대한 공경을 존중하면서 말입니다. 교황 요한 바오로 2세는 이러한 시도를 지지하셨습니다. 2000년 대희년을 준비하는 그의 칙서 「3천년의 도래」에서 그는 "우리를 하나 되게 하는 여러 분야(의심할 나위 없이 우리를 분열시키는 것들보다는 훨씬 많은 분야)에서 성과 있는 협력을 얻을 기회를 모든 그리스도교인이 받아들였으면 좋겠다."는 소망을 표명하셨습니다.

이런 시도가 실현되는 데에 작으나마 보탬이 되고자 이 책을 바칩니다. 나는 세 가지 중요한 그리스도교인 전통(가톨릭, 희랍 정교, 개신교) 안에서 개별적으로 지닌 통찰력과 풍요함을 모두 중시하려고 노력했습니다. 그리고 가능한 한 그리스도를 믿는 모든 신자, 적어도 대다수의 신자에게 공통적으로 적용되지 않는 사항들은 가능한 한 다루지 않도록 노력했습니다. 로마서는 다른 무엇보다도 그리스도교인 신앙의 기본적 사항들은 확실히 다루고 있기 때문에 극히 자연스럽게 이러한 목적에 부합합니다. 로마서는 초

교파적 대화에 있어 점점 더 핵심이 되는 '공동의 하느님 증거'를 위한 이상적인 기반이 됩니다. 그러므로 이것은 20세기 하반기의 그리스도교인들에게 주어진 상호 이해와 일치라는 새로운 은총에 상응하는 영성과 선언을 표현하기 위한 최초의, 그러나 (필자가 필자 자신이 가톨릭에 뿌리를 두고 있음을 숨길 수도 없고 숨기고 싶지도 않기 때문에) '불완전한' 시도입니다. 이러한 정신과 희망으로 시편이 우리에게 권고하듯이, 주님으로부터 힘을 얻어 '거룩한 순례의 길'을 떠나기로 마음 깊이 결심하십시다(시편 84,5 참조).

## 제1장

## 하느님이 사랑하시는 사람들

### 하느님 사랑의 기쁜 소식

전쟁터에서 숨 가쁘게 도시의 광장으로 달려온 주자走者는 사건의 전말을 차근차근히 이야기하지도 않으며 지엽적인 것들을 설명하는 데 시간을 낭비하지도 않습니다. 그는 곧바로 핵심에 접근하여 모든 사람이 듣고자 기다리는 가장 중대한 소식을 단 몇 마디의 말로 전달합니다. 설명은 그다음에 합니다. 만일, 전쟁이 승리를 했다면, 그는 "승리다!"라고 외칠 것이며, 만일 평화가 이루어졌다면 "평화다!"라고 외칠 것입니다. 이것이 제2차 세계대전이 끝난 날의 일로 내가 기억하는 것입니다. 도시로부터 돌아온 누군가가 전해 준 "휴전! 휴전!"이라는 뉴스는 읍내에 있는 가가호호로 순식간에 전달되었으며 그 지방의 구석구석으로까지 퍼졌습니다. 여러 해에 걸친 무서운 전쟁의 뒤였으므로 사람들은 거리로 쏟아져 나와 눈물을 흘리면서 서로를 끌어안았습니다.

복음을 선포하기 위해 선택된 사도 바오로는 그의 로마서 처음 부분에서 같은 태도를 취합니다. 사도는 이 세상에서 가장 위대한 사건을 전하는 전령사로 등장합니다. 가장 찬란한 승리의 전령사가 되어, 이 세상에 일찍이 존재했던 일이 없는 가장 아름다운 사건을 서둘러 전하기 위하여 단 몇 마디로 말해 줍니다. "성도로 부르심을 받은 이들로서 하느님께 사랑받는 로마의 모든 신자에게 인사합니다. 하느님 우리 아버지와 주 예수 그리스도에게서 은총과 평화가 여러분에게 내리기를 빕니다."(로마 1,7)라고 그는 말합니다. 처음 읽으면 이것은 다른 모든 바오로 서간의 서두 말씀들처럼 그저 단순한 인사말로 보일지 모릅니다. 그러나 사실, 이 말씀은 새 소식을 포함합니다. 그러면 무슨 소식입니까! 그는 "나는 선언합니다. 하느님은 여러분을 사랑하십니다. 천지간에 온전한 평화가 이루어졌습니다. 말씀드리거니와 여러분은 '은총'을 입으셨습니다."라고 말하는 것입니다. 더욱이 이 경우에는 말씀 자체보다도 그 말씀을 전하는 음조를 살펴야 합니다. 사도 바오로가 전하는 이 인사말은 기쁨에 찬 확신과 신뢰를 불러일으킵니다. '사랑', '은총', '평화'라는 어휘들은 총체적으로 복음 전체의 메시지를 포함하는 단어들입니다. 그 단어들은 새 소식들을 전할 뿐만 아니라 마음의 상태를 창조해주는 힘을 가지고 있기도 합니다. 우리는 로마서가 하느님의 '살아 계시고 영원한' 말씀이어서 오늘의 우리들을 위하여서도 쓰여졌으며, 역사의 현재 시점에 있는 우리들도 로마서가 지칭하는 사람들이라는 가설로부터 시작했습니다. 그러므로 로마서는 지금 여기에 있는 우리에게도 선포되고 있는 메시지인 것입니다. 하느님의 사랑은 이 영적 여정의 출발점에서부터 우리를 품에 안으십니다. 우리는 이 세상으로 분출되어 온 복음의 첫 증인이 된 것입니다. 우리는 역사상 최초로 가장 위대하고 새로운 복음이 '폭발爆發'한 순간을 상기합니다. 어떤 이유도 심지어는 우리가 보잘것없는 존재라는 이유조차도, 세상에서 가장 중요한 메시지, 하느님은 우리를 사랑하시며 이 사랑을 우리에게 거저 주고 계신다는 메시지로 우리 마음이 가득 채워지기까지 우리 마음을 방해하거나 그 즐거운 확신으로부터 우리 마음을 분산시켜서는 안 됩니다.

로마서에서 세 번이나 멋지게 나타나는 이 하느님 사랑의 메시지를 기꺼이 받아들입시다. 우리는 '하느님께 사랑받는 사람들'(로마 1,7)입니다. "우리가 받은 성령을 통하여 하느님의 사랑이 우리 마음에 부어졌기 때문입니다"(로마 5,5). "어떠한 피조물도 우리 주 그리스도 예수님에게서 드러난 하느님의 사랑에서 우리를 떼어 놓을 수 없습니다"(로마 8,39). 이 짧은 구절들은 서로 연결되어 로마서 전체에 숨어있는 또 하나의 메시지로서 드러나는데, 처음에는 대화하듯이 표현되지만 뒤로 가면서는 진심에서 우러나오는 선언을 하는 듯한 느낌의 문체를 사용하여 금방 메시지를 알아볼 수 있게 해 주고 있습니다.


### 1. 하느님께서 사랑하십니다

'하느님의 사랑'이라는 표현은 두 가지의 다른 의미를 지니고 있습니다. 하나는 하느님이 사랑의 대상이시라는 것이고 다른 하나는 하느님이 사랑의 주체이시라는 것입니다. 즉 하느님을 향한 우리의 사랑과 우리를 향한 하느님의 사랑을 의미합니다. 본래 수동적이기보다는 능동적인 경향이 있는 인간의 이성은 첫 번째 의미, 즉 하느님을 사랑해야 하는 우리의 본분에 좀 더 중요성을 부여하여 왔습니다. 그리스도교인의 설교는 어떤 특정 시대에는 더더욱 거의 독점적으로 하느님을 사랑하라는 '명령'과 이 사랑의 차원에 관하여 말함으로써, 자주 첫 번째 경향을 따라왔습니다. 그러나 하느님의 계시는 두 번째 의미, 즉 하느님을 향한 우리의 사랑보다는 오히려 우리를 향한 하느님의 사랑에 좀 더 비중을 부여합니다. 아리스토텔레스는 하느님이 사랑받으시는 한, 다시 말해서 하느님이 사랑의 대상이시고 모든 피조물의 궁극적 근원인 한, 이 세상을 움직이신다고 말했습니다.[1] 그러나 성경은 이와 정반대되는 개념을 말합니다. 즉 하느님이 세상을 사랑하시는 한 하느님은 세상을 창조하시고 세상을 운행하신다고 말입니다. 그러므로 하느님 사랑에 관한 한, 가장 중요한 것은 사람이 하느님을 사랑해야 한다는 것이 아니라 하느님이 사람을 사랑하신다는 것이고 그것도 하느님이 먼저 사람에게 사랑을 주신다는 것입니다. "이 사랑은 하느님에 대한 우리의 사랑이 아니라 우리에게 대한 하느님의 사랑입니다"(1요한 4,10). 이 묵상에서 우리의 목적은 하느님의 말씀에 의하여 밝혀진 질서를 회복하자는 것입니다. 다시 한 번 '하느님 은총'을 하느님을 사랑하라는 '명령'의 앞에 놓고 "하느님이 우리를 사랑하신다."는 단순하고 압도적인 메시지를 모든 문제의 첫머리에 두는 것입니다. "우리가 사랑하는 것은 그분께서 먼저 우리를 사랑하셨기 때문입니다."(1요한 4,19)라는 말씀처럼 하느

---

1  아리스토텔레스, 『형이상학』, XII, 7, 1072 b.

님을 사랑할 우리들의 기회까지를 포함하여 모든 것은 두 번째 개념에 종속됩니다.

우리의 영혼은 이렇게 만들어졌기 때문에 어떤 생각이 지속적인 표지를 남기려면, 우리는 얼마 동안은 그 생각의 영향을 받을 필요가 있습니다. 우리의 영혼을 빠르게 스치고 지나가는 어떤 것도 변화를 가져올 만큼 지속적인 인상을 실제로 주지는 못합니다. 대지가 태양으로부터 빛과 온기와 생명을 빨아들이기 위해 매일 태양에 노출되는 것과 같이 우리는 하느님의 사랑이라는 진리에 우리 자신을 노출시켜야 합니다. 이것은 하느님의 계시에 의문을 제시함으로써만 이루어질 수 있습니다. 사실, 하느님 자신 외에 어느 누가 그분이 우리를 사랑하신다는 것을 확신시켜줄 수 있겠습니까? 성 아우구스티노는, 성경 전체가 오직 하느님의 사랑을 말하고 있을 뿐이라고 이야기합니다.[2] 이것은 모든 다른 메시지를 지지하고 설명하는 메시지입니다. 하느님의 사랑은 창조의 이유, 육화肉化의 이유, 구속救贖의 이유 등, 성경 안에 내재한 모든 '왜'들에 대한 답변입니다. 문어체의 성경 말씀이 구어체로 전환될 수 있다면 그리고 그것이 한 마디의 단순음으로 될 수 있다면, 바

---

2   성 아우구스티노, 『입문자 교리교육 I』, 8, 4; PL 40, 319.

다의 포효咆哮보다 더 강한 이 소리는 "아버지께서 너희를 사랑하신다!"(요한 16,27)라고 외칠 것입니다. 성경에서 하느님이 행하시고 말씀하시는 모든 것은 사랑입니다. 심지어 하느님의 진노조차도 사랑일 따름입니다. 하느님은 사랑이십니다. 그분이 사랑이신지를 아는 것이 중요한 일이라고 기록되어 있습니다.[3] 그래서 성경은 하느님이 사랑이시라는 것을 우리에게 확신시켜줍니다.

복음은 성경을 통하여 일찍이 하느님께서 당신의 '예언자들을 시켜'(로마 1,2) 인간에게 약속하신 것이라고 사도 바오로는 말합니다. 그러므로 하느님의 사랑이라는 가장 위대한 계시를 배우기 위하여 예언자들에게 물어보십시다. 그들은 인간에 대한 하느님의 사랑을 선포하는 책임을 맡은 '신랑의 친구들'이었습니다. 하느님께서는 이 사람들을 그들의 소명에 부응하도록 '그들의 모태로부터' 예비하셨습니다. 하느님은 예언자들에게 모든 위대한 인간 감정을 향해 무한으로 열린 넓은 마음들을 주셨습니다. 그리고 인간의 언어를 말하고 인간에게 익숙한 체험을 사용하심으로써, 인간의 마음을 움직이기로 하셨습니다.

---

3   KIERKEGAARD, Edifying discourses in various spirit 3: The Gospel of Suffering, IV.

하느님께서는 무엇보다도 먼저 부성적 사랑의 이미지를 사용하심으로써 우리에게 당신의 사랑을 말씀하십니다. 호세아서에서 하느님은 "이스라엘이 어린아이였을 때, 나는 그를 사랑했다 …… 에브라임에게 걸음마를 가르친 것은 나였다. 나는 그들을 팔에 안아주었다. 나는 그들을 인정으로 매어 끌어주고, 사랑으로 묶어 이끌었다. 그리고 나는 허리를 굽혀 그들을 먹였다."(호세 11,1-4)라고 말씀하십니다. 하느님의 모습에 연관지을 때에 그 상징들이 지니는 신비한 힘 때문에, 이와 같은 인간 모습은 하느님 아버지의 생생하고도 감상적인 사랑을 불러일으키는 힘을 지닙니다. 호세아서는 "사람들을 회심시키기는 쉽지 않다. 하느님께서 인간들을 당신에게로 끌어당기면 당길수록 그들은 하느님을 더 이해하지 못하고 우상에게로 향한다. 그러한 경우 하느님은 어떻게 하셔야 하는가? 그들을 버리시는가? 그들을 괴멸시키시는가?"라고 묻습니다. 하느님께서는 그의 피조물들을 향한 열렬한 사랑 때문에 하느님 자신이 직면하시는 약점이나 무력감 같은 이 친밀한 드라마를 예언자와 함께 공유하십니다. 하느님의 가슴은 그의 백성이 멸망할 수 있다는 생각에 심장이 멎어 버릴 것 같습니다. "내 마음이 내 안에서 주춤하며, 내 연민이 점점 따뜻하고 부드러워진다 …… 나는 하느님이다. 그래서 일반적으로 그렇게 하는 것은 아니니, 나는 그렇게 하지 않는다. 왜냐하면, 나는 '거룩하기' 때문이다. 나는 다르다. 인간은 진실하지 못해도 나는 언제나 진실하니 약속을 어길 줄 모른다 ……"(2티모 2,13 참조)라고 말씀하십니다. 예레미야도 같은 말을 합니다. "오냐! 에브라임은 내 아들이다. 눈에 넣어도 아프지 않은 나의 귀염둥이다. 책망을 하면서도 나는 한 번도 잊은 일이 없었다. 가엾은 생각에 내 마음은 아프기만 하였다. 내가 진정으로 하는 말이다"(예레 31,20).

이 성경 구절들에서 하느님의 사랑은 동시에 그 스스로를 부성적이면서도 모성적인 사랑으로 표현합니다. 아버지의 사랑은 염려와 격려로 이루어져 있습니다. 아버지는 아들을 양육하여 성숙한 사람으로 이끌고자 하십니다. 아버지는 아들이 너무 자신을 과신하여 더 이상 노력을 하지 않을까 저어하시어 아들 면전에서 지나치게 칭찬하시는 것을 꺼려하십니다. 사실 아버지는 종종 아들을 징계하십니다. 그래서 주님은 '사랑하시는 자를 견책'(히브 12,6)하십니다. 그러나 이뿐만이 아닙니다. 아버지는 또한 안전하게 보호받는다는 의식을 갖게 해 주십니다. 성경을 통하여 하느님은 사람에게 하느님 자신을 '그의 반석, 그의 요새, 그를 구원하시는 이'(시편 18,2-3)로 나타내십니다.

반면에 어머니의 사랑은 전폭적 포용이며 충만한 온유함입니다.

아이가 형성되는 것은 어머니의 존재라는 가장 깊은 뿌리로부터 오는 본능적 사랑입니다. 그 본능적 사랑이 모성의 전 인격을 사로잡고 모성을 연민으로 가득 채웁니다. 아이가 어떤 짓을 했더라도, 아무리 끔찍한 일일지라도, 어머니의 첫 번째 반응은 두 팔을 넓게 벌려 아기가 돌아오도록 환영하는 것입니다. 가출했던 아들이 돌아오면, 아버지에게 간청하고 설득하여 아들의 귀가를 환영하고 너무 심하게 꾸중하지 않도록 간청하는 분이 어머니이십니다. 사람에게서는 모성적 사랑과 부성적 사랑이라는 이 두 유형의 사랑이 거의 언제나 분리되어 있습니다. 그러나 하느님 안에는 이 두 가지 양상의 사랑이 언제나 통합되어 있습니다. 그래서 하느님 사랑은 때때로 모성적 사랑의 개념을 통하여 명쾌하게 표현됩니다. "여인이 자기의 젖먹이를 어찌 잊으랴! 자기가 낳은 아이를 어찌 가엾게 여기지 않으랴!"(이사 49,15). "어미가 자식을 달래듯이 내가 너희를 위로한다"(이사 66,13). 탕자의 비유에서 예수님은 부성과 모성 공유의 하느님 특성인 아버지 모습으로 통합되어 계십니다. 사실, 이 비유에서 아버지는 아버지라기보다는 오히려 어머니처럼 행하십니다.

그래서 한 고전 작가는 "아버지들과 어머니들은 그들의 자녀들을 사랑하는 각각 다른 방법을 갖고 있음을 알지 못하느냐?"라고 기록한 바 있습니다. 아버지들은 그들의 자녀들을 일찍 깨워

공부하게 하고, 그들이 게으르도록 허용하지 않으시고 때로는 땀 흘리게 하시고 또 때로는 눈물을 흘리게 하십니다.[4] 그러나 어머니들은 아이들을 무릎에 꼭 끌어안고 아이들이 괴롭지 않도록 혹은 그들이 울거나 힘든 일을 하지 않도록 돌봅니다. 반면에, 이 철학자의 하느님은 유약함을 지니고 인간을 사랑하는 어머니의 태도가 아니라, 아버지의 태도만을 가진 분이십니다.

사람도 역시 "사랑은 죽음처럼 강하고 …… 어떤 불길보다도 거세다."(아가 8,6)라고 아가서가 말하는 그러한 개념의 사랑을 체험합니다. 그리고 하느님 역시 우리에게 우리를 향한 열렬한 사랑의 개념을 알려주시기 위하여 성경에서 이러한 종류의 사랑을 인용하십니다. 혼인으로 이어지는 사랑의 여러 과정과 성쇠盛衰가 다음과 같은 결말에 익숙해져 있습니다. 약혼기간 동안의 사랑과 그 매력(예레 2,2 참조), 결혼식 날의 완전한 기쁨(이사 62,5 참조), 이별이라는 극적인 사건(호세 2,4 참조), 그리고 옛 인연으로부터 나오는 희망찬 재탄생, 즉 가족(호세 2,16; 이사 54,8 참조) 등이 그렇습니다.

혼인의 사랑은 근본적으로 욕망의 사랑입니다. 그러므로 사람이 하느님을 갈망하고, 더욱이 하느님에 대한 갈망이 인간 내면에

---

4    세네카, 『섭리에 관하여』, 2, 5 f.

있는 가장 깊고 본질적이고 위대한 것임이 사실이라면, 그 정반대, 즉 하느님이 인간을 갈망한다는 것 또한 신비하게도 사실입니다. 질투는 혼인한 부부 사랑의 독특한 특성입니다. 그리고 사실상 성경은 하느님이 '질투하시는 하느님'이심을 자주 주장합니다(탈출 20,5; 신명 4,24; 에제 8,3-5 참조). 사람에게 있어서 질투는 약함의 표시입니다. 질투하는 사람은 자신보다 더 강한 누군가가 사랑하는 이의 애정을 빼앗을까 자신을 염려합니다. 하느님은 자신을 염려하지 않으시고 그의 피조물을 염려하십니다. 그는 자신의 연약함을 염려하지 않으시고 피조물의 연약함을 염려하십니다. 그분은 그의 피조물이 우상의 힘에 스스로를 넘겨줌으로써 스스로 허위와 무가치에 몰두할 것을 아십니다. 모든 형태의 우상숭배들은 성경 전체를 통하여 하느님의 무서운 적수입니다. 우상은 거짓 연인들입니다(호세 2,7; 예레 2,4; 에제 16장 참조). 하느님의 질투는 사랑과 열정의 표시이지 불완전함의 모습이 아닙니다.

사랑을 나타내시면서 하느님은 동시에 그의 겸손을 나타내십니다. 사실상 사람을 찾고, 양보하고, 용서하시는 분은 하느님이시며 그분은 애초부터 언제나 다시 시작할 준비가 되어 있으십니다. 사랑한다는 것은 언제나 겸손의 행위입니다. 어떤 젊은이가 무릎을 꿇고 한 소녀에게 청혼할 때에는 과거에도 흔히 그러했었듯이, 그는 그의 삶에서 가장 깊이 겸손하게 행동합니다. 그는 수도승이 됩니다. 그것은 마치 그가 소녀에게 "나의 생명은 나 혼자로서는 불완전하니까 당신의 생명을 저에게 주십시오. 저 혼자로는 부족하답니다."라고 말하는 것과도 같습니다. 그러나 왜 하느님은 그의 사랑을 선언하시고는 겸손한 태도를 취하시는 것입니까? 어쩌면 하느님도 필요한 것이 있어서 그러하시는 것입니까? 아닙니다. 그분의 사랑은 순수한 무상의 것입니다. 그분은 완성되기 위해서가 아니라 완성시켜주시기 위하여, 성취받기 위해서가 아니라 성취시켜주시기 위해서 사랑하시는 것입니다. 그분은 "선善이 스스로 확산되는 것을 좋아하시기 때문에" 사랑하십니다. 이 특성은 하느님의 사랑을 유일무이하고도 되풀이될 수 없는 것으로 만듭니다. 사랑하는 데 있어서, 하느님은 자신의 영광조차도 추구하지 않으십니다. 더 정확히 말하자면 그분은 그분의 영광을 진정 구하시지만, 그 영광은 사람을 무상無償으로 사랑하시는 바로 그것입니다. 성 이레네오는 "하느님 영광은 인간이 충만하게 살아 있는 것!"[5]이라고 말하면서 "하느님은 아브라함의 우정을 하느님의 요구에 따라 마련하지 않으신 것이 아니라, 그분이 선하시기 때문

---

5 이레네우스, 『이단반박』 IV, 20, 7.

에 아브라함에게 영생을 허락하고자 하셨던 것이고 …… 그래야 하느님의 우정이 썩지 않는 영원한 생명을 얻으시기 때문"이었다고 설명합니다. 이처럼 "태초에 하느님은 사람이 필요해서 아담을 창조하신 것이 아니라, 그분의 축복을 쏟아 부어줄 누군가를 있게 하시기 위하여 창조하신 것입니다. 그분은 그분을 섬기는 **사람들**을 단지 그분을 섬긴다는 이유로, 그리고 그분을 따르는 **사람들**을 그분을 따른다는 이유로 축복하십니다. 그러나 그분은 완전하시고 궁핍하지 않으시기 때문에 그들로부터 아무런 이익도 취하지 않으십니다. 그분은 사람이 이 땅에서 그의 성령을 받고 그분과 연합하는 것을 익히게 하려고 예언자들을 예비하셨습니다. 아무것도 필요하지 않은 그분이 그분을 필요로 하는 자들에게 영적 친교를 제공하셨습니다."[6] 하느님은 그분이 사랑이시기 때문에 사랑하십니다. 그리고 그분의 사랑은 거저 주시는 필수품이요, 없어서는 안 될 선물입니다.

하느님의 사랑이라는 헤아릴 수 없는 신비를 생각한다면 우리는 "사람이 무엇이기에 이토록 생각해주시며 사람이 무엇이기에 이토록 보살펴 주십니까?"(시편 8,4)라고 질문을 던진 시편 작가의 경이를 이해할 수 있습니다.

---

6 이레네우스, 『이단반박』 IV, 13, 4-14, 2.

## 2. 우리의 마음속에 하느님의 사랑을 부어주셨습니다

로마서 5장 서두에서 사도 바오로는 이렇게 썼습니다. "그러므로 믿음으로 의롭게 된 우리는 우리 주 예수 그리스도를 통하여 하느님과 더불어 평화를 누립니다. 믿음 덕분에, 우리는 그리스도를 통하여 우리가 서 있는 이 은총 속으로 들어올 수 있게 되었습니다. 그리고 하느님의 영광에 참여하리라는 희망을 자랑으로 여깁니다. 그뿐만 아니라 우리는 환난도 자랑으로 여깁니다. 우리가 알고 있듯이, 환난은 인내를 자아내고 인내는 수양을, 수양은 희망을 자아냅니다. 그리고 희망은 우리를 부끄럽게 하지 않습니다. 우리가 받은 성령을 통하여 하느님의 사랑이 우리 마음에 부어졌기 때문입니다"(로마 5,1-5). 이것은 사도가 그의 서두 인사말에서 예견한 놀랍고도 충만한 새 소식입니다. 인사말의 세 단어들, '사랑', '평화' 그리고 '은총'이 여기에서 다시 사용됩니다. 그리고 이번에는 이 모든 것의 근원, 즉 그리스도를 믿는 믿음으로 말미암는 의화義化를 제시합니다. 여기서 또한 사도는 신학적인 개념을 주기보다는, 우리가 우리 자신 안에서 발견한 '은총의 상태'를 자각하게 하기 위하여 영혼의 상태를 공유하고자 하십니다.

그렇게 하여 질적 도약이 발생합니다. 우리는 더 이상 그저 하느님이 사랑하시는 사람들이라고 일컬어지지 않고, 대신 하느님의 사랑이 실제로 "우리의 마음속에 부어졌다."라는 말을 듣게 됩니다. 인사말에 나오는 "하느님이 사랑하시는 사람들"이란 표현은 과거에만 속하는 것이 아닙니다. 그것은 단지 교회가 이스라엘로부터 물려받은 하나의 명칭이 아닙니다. 그것은 최근 사건에 관해서도 설명하고 있는 것이며 새롭고 또한 현대적인 의미를 지닌 실재實在에 관해 말하고 있는 것입니다. 예수 그리스도는 이 새로운 실재의 근원이십니다. 그러나 우선 현시점에서는 이 사랑의 근원과 전개 과정을 상세히 언급하지 않으려 합니다. 그것이 '성령에 의하여' 우리에게 주어졌다는 사실의 언급도 이 시점에서는 가장 중요한 것이 아닙니다. 사도 바오로는 성령에 관하여 로마서 8장에서 더 자세히 말하고 있습니다. 이제는 하느님의 사랑이 영원히 우리 가운데 오셨다는 새롭고 저항할 수 없는 계시를 받아들인다는 문제입니다. 이제 그것은 우리의 마음속에 있습니다. 하느님과의 충만한 친교를 방해하던 분열의 두 장벽, 자연의 벽(하느님은 '영'이시고 우리는 '육체'의 존재라는)과 죄악의 벽이 우리와 하느님의 사랑 사이에 있었습니다. 그의 육화를 통하여 예수 그리스도는 자연의 장애물을 쳐부수셨습니다. 그리고 십자가 위에서 죽으심을 통하여 죄악이라는 장애물을 패배시키셨습니다. 그리하여 그의 성령과 사랑을 쏟아 부어주심이 어떤 것에 의해서도 방해받지 않도록, 하느님이 "내 영혼의 생명이며, 내 생명의 활기요, 내 생명 자체"[7]가 되셨습니다.

'소유'라는 놀랍고도 새로운 감성, '우리가 하느님의 사랑을 소유하고 있다', 아니 오히려 그보다 '우리가 그 사랑에 사로잡혀 있다'라는 느낌이 하느님 사랑과 관련된 우리들 속에서 자라고 있습니다. 그것은 마치 특별히 좋아하는 어떤 물건, 또는 몹시 찬탄하는 예술품을 손에 넣기 위해 몇 년 동안이나 애써왔던, 그러면서도 종종 그것을 얻을 기회를 완전히 잃었다고 생각해 오던 어떤 사람이 어느 날 저녁 뜻밖에 그것을 집으로 가져와 그의 집에 간수할 수 있게 된 것과도 흡사합니다. 비록 어떤 이유로 인해 몇 달 혹 몇 년 동안 그 포장을 풀지 못해 그것을 직접 살펴보지 못했다 하더라도 그러한 사실은 전혀 중요하지 않습니다. 왜냐하면, 이제 그는 그것이 '그의 것'이며 아무도 그로부터 그것을 빼앗아갈 수 없다는 것을 알기 때문입니다. "너희는 나의 백성이 될 것이요 나는 너희의 하느님이 될 것이다."(에제 36,28)라고 바로 이 시대에 하

---

7  참조. 성 아우구스티노, 『고백록』 III, 6.

느님께서는 예언자들의 선포를 통해 말씀하셨습니다. 이제 이 모든 것은 성취되었습니다. 하느님은 새로운 방법으로 '우리의' 하느님이 되신 것입니다. 우리는 은총을 통하여 하느님을 소유합니다. 은총은 피조물이 지닌 최상의 재산이며 피조물이 지니는 영광의 최상 명칭입니다. 내가 감히 말하거니와 하느님조차도 기뻐하고, 자랑하고, 그리고 불평할 대상으로 하느님을 갖지는 못하셨을 터인데 …… 인간이 하느님을 가졌습니다! 우리는 하느님과 우리의 차이를 존재와 소유의 차이로 축소하여 말할 수 있습니다. 어떤 재산을 하느님과 비교할 수 있겠습니까? 우리가 소유한 모든 것을 우리는 남기고 가야 할 것입니다만, 그러나 하느님은 아닙니다. 하느님은 영원히 우리의 것입니다. 다시 생각해 보면, 우리의 하느님은 삼위일체이시므로 하느님께서도 기뻐하고 즐거워할 하느님을 갖고 계십니다. 하느님 성부는 아들을 소유하시고, 하느님 성자는 성부를 소유하시고, 이 두 분은 성령을 소유하고 계십니다. 그러나 물론 삼위일체 안에서 '소유한다는 것'은 그것이 우리에게 갖는 의미와는 전혀 다른 의미입니다.

이러한 상태와 그리스도 앞에 서 있는 사람의 지위 사이에 존재하는 차이를 이해하기 위하여 우리는 그 두 가지의 차이를 체험해볼 필요가 있습니다. 우리는 먼저 구약의 공간 안에서 살아 볼 필요가 있고, 그다음으로 신약의 공간 안에서 살아 볼 필요가 있습니다. 그러나 이 독특한 체험을 하며 살았던 사도 바오로는 그 비교해볼 필요도 없는 차이를 우리에게 이렇게 납득시킵니다. 그는 "지금의 영광이 과거의 영광을 능가하기 때문에"(2코린 3,10) 과거의 영광은 전혀 영광이 아니라고 말합니다. 예수님은 하느님 사랑의 육화이십니다.

세례식 때에 우리 가슴속에 부어주신 이 사랑은 무엇입니까? 그것은 하느님이 우리를 향해 가지신 느낌일 뿐입니까? 그것은 하느님께서 우리를 향하여 가지신 자애의 성품일 뿐입니까? 그것은 온전히 의도적인 어떤 것입니까? 그것은 이 모든 것 이상의 것입니다. 그것은 실재하는 어떤 것입니다. 그것은 글자 그대로 하느님의 사랑입니다. 즉 말하자면 하느님 안에 있는 사랑이요, 삼위일체 안에서 타고 있는 불꽃이며 내재하시는 형태로 우리가 함께하는 사랑입니다. "내 아버지께서 그를 사랑하시고, 우리가 그에게 가서 그와 함께 살 것이다."(요한 14,23)라고 말씀하셨습니다. 우리는 신성神性의 공유자가 되는 것입니다(2베드 1,4). 즉 하느님은 사랑이심으로 거룩한 사랑을 함께 하는 자가 되는 것입니다. 사랑은 말하자면 하느님의 본성입니다. 우리는 우리 자신이 삼위일체 성업聖業의 소용돌이 속에 말려든 것을 깨닫게 됩니다. 우리는 아버지와 아들 사이에서 서로 주고받는 끊임없는 활동 속에 끼어들었습니다. 그분들의 기쁨에 넘치는 포옹으로부터 성령이 샘솟아 나오시고 성령께서는 이 불같은 사랑의 불꽃을 우리에게 내려주십니다. 은총을 통하여 이것을 경험한 어떤 사람이 이렇게 말합니다. "어느 날 밤 나는 감미롭고 온화한 포옹으로 나를 감싸는 아버지의 엄청난 자비를 느꼈습니다. 정신없이 나는 어둠 속에서 무릎을 꿇고 웅크리고 있었습니다. 내 가슴은 두근거렸고 나는 그분의 뜻에 완전히 나를 맡겼습니다. 그러자 성령께서는 나를 삼위일체 하느님의 사랑으로 안내하셨습니다. 나를 통하여서도, 나와 일체가 되신 그리스도와 아버지 사이에, 그리고 아버지와 아들 사이에 황홀한 교감의 주고받음이 일어나고 있었습니다. 그러나 이 말할 수 없는 일을 어떻게 표현할 수 있겠습니까? 나는 아무것도 보지 못했으나 그것은 보는 것 이상이었으며, 반응하며, 솟구치며 주고받는 이 기쁨으로 넘치는 교감을 표현할 수 있는 단어가 없습니다. 그리고 이 교감으로부터 강렬한 생기가 어머니 가슴에서 아기에게 흘러드는 따뜻한 젖같이 한 분에게서 다른 분에게 흐르고 있었습니다. 그리고 나는 그 어린아이였습니다. 그리스도로 말미암아 새 생명을 얻었으므로 생명과 천국과 영광에 참여한 모든 피조물도 마찬가지로 어린아이였습니다. 성경을 펼치고, 나는 '주님의 불멸의 정기는 만물 안에 들어있다.'(지혜 12,1)라는 말씀을 읽었습니다. 아, 거룩하고 살아 계신 삼위일체의 하느님! 며칠 동안 나는 내 정신이 아니었습니다. 그리고 그 체험은 오늘도 여전히 내 마음속에 강렬하게 감동을 주고 있습니다."

바오로 사도가 "하느님의 사랑이 우리 마음에 쏟아 부어졌다."고 한 말씀의 깊은 의미는 "아버지께서 나를 사랑하신 그 사랑이 그들 안에 있고"(요한 17,26)라 하신 그리스도의 말씀에 비추어 보아야만 이해할 수 있습니다. 우리 마음속에 쏟아 부어진 사랑은 아버지께서 항상 아들을 사랑해 오신 바로 그 사랑입니다. 그것은 다른 사랑이 아닙니다. 그것은 우리 속에 쏟아져 흘러오는 삼위일체 하느님의 거룩한 사랑입니다. 십자가의 성 요한은 "하느님께서는 그의 아들과 나누신 것과 똑같은 사랑을, 비록 그 사랑이 아드님의 경우에서처럼 자연발생적으로가 아니라 일치에 의해서 일어난다고는 할지라도, 그 사랑을 인간과 함께 하십니다 …… 인간은 삼위일체이신 하느님과 함께 하면서 그분의 성업을 성취하게 됩니다."[8]라고 말합니다.

이것은 우리가 지닌 커다란 축복의 원천입니다. 어린아이에게

---

8 십자가의 성 요한, 『영의 노래』 V. 38.

줄 수 있는 기쁨과 안심으로서 부모가 서로를 사랑하고 있다는 사실 이외에 더 큰 것으로 또 무엇이 있겠습니까? 무의식의 차원에서 이것은 부모님이 아이를 사랑하고 있다는 사실보다도 더 중요합니다. 아버지와 어머니 각자가 그들이 원하는 것만큼 아이를 사랑할 수도 있습니다. 그러나 그들이 서로를 사랑하지 않는다면(그리고 이것은 드문 일이 아닙니다.) 어떤 것도 아이를 내심으로 불행하거나 불안하지 않도록 막아줄 수는 없습니다. 아이는 별개의 독립된 사랑을 따로따로 받고 싶어 하지 않고, 자기 생명의 근원으로 알고 있는 부모님이 일체가 되어있는 그 사랑에 참여하기를 원합니다. 그리고 이것이 위대한 계시입니다. 삼위일체의 세 분 위격은 불멸의 사랑으로 서로 사랑하시며 우리로 하여금 이 사랑에 함께 하도록 허락하십니다! 성 삼위는 우리를 생명의 잔치에 함께 하라고 허락하십니다. 인간의 자녀들에게 하느님은 '하느님 집의 풍성한 잔치'와 '하느님 기쁨의 강물로부터'(시편 36,9) 마시라 하십니다. "은총은 영광의 시작이다."[9]라는 신학적 원리는, 언젠가 우리가 얼굴과 얼굴을 대면하여 충만히, 영생 안에서 소유할 것, 즉 하느님의 사랑을 믿음에 의하여 이미 '첫 열매'로서 소유하고 있다

---

9   참조. 성 토마스 아퀴나스, 『신학대전』 II-IIae, q.24, art. 3, ad 2.

는 것을 의미합니다.

구약에서 하느님께서는 이런 일들이 일어날 것을 열망하는 마음을 백성들에게 고취시키시기 위하여 예언자들을 부르셨습니다. 오늘날 교회에서 하느님은 이 같은 기억을 상기시키기 위해 성인들을 불러주셨습니다. 성인들, 특히 신비주의자들은 하느님 사랑을 우리에게 말해 주고 아직 우리 눈에 보이지 않는 어떤 진실을 파악하도록 돕는 특수한 역할을 합니다. 우리가 사랑을 위하여 창조되었다는 것을, 시에나의 카타리나 성녀보다 더 잘 납득시킨 사람은 없을듯합니다. 카타리나 성녀는 삼위일체이신 하느님께 이렇게 열렬하게 기도하였습니다. "오 영원하신 아버지, 당신은 어떻게 이 피조물을 지으셨습니까? 저는 아버지의 창조에 크게 압도되어 있습니다. 실로 아버지께서 저에게 보여주신 것과 같이 아버지께서는 아버지의 빛 가운데에서 우리를 존재하도록 하실 수밖에 없으셔서 우리를 창조하셨습니다. 우리가 아버지를 거역하여 범죄한 그 모든 거역에도 불구하고 아버지의 불같은 사랑으로 우리를 창조하셨음을 우리는 압니다. 오! 영원하신 아버지! 그러므로 아버지께서 그렇게 하시지 않을 수 없도록 역할 한 것은 불이었습니다. 오! 지선의 사랑이여, 당신의 빛 가운데에서 당신은 당신의 피조물이 당신의 완전무결한 선善하심에 반하여 범할 수밖에 없는 모든 불법을 보셨음에도 불구하고, 당신은 거의 언제나 못 본 척 하시고 사랑에 도취되어 사랑하셨으며, 사랑을 통하여 당신 자신에게로 이끄시고 당신의 형상과 모양을 따라 빚으신 당신 피조물의 아름다움에 당신의 시선을 고정시키셨습니다. 영원한 진리이신 주님께서는 당신의 진리를 저에게 나누어 주셨습니다. 즉 당신이 피조물을 창조할 수밖에 없었던 것은 사랑이었습니다 ……." 그러므로 나는 하느님께서 나를 사랑하신다는 증거를 나의 밖에서 찾을 필요가 없습니다. 나 자신이 그 증거입니다. 나의 존재는 그 자체로서 선물입니다. 믿음의 빛 가운데서 우리 자신을 보면 우리는 말할 수 있습니다. 나는 존재합니다. 그러므로 나는 사랑받고 있습니다! "존재하는 것은 사랑받는 것입니다"(G. Marcel).

물론 모든 사람이 다 창조를 이런 식으로 해석하지는 않습니다. "참으로 우연히 우리는 태어났다."(지혜 2,2)는 말씀은 성경시대에 있어서는 이미 하나의 속담이었습니다. 고대에는, 사람들이 세계를 하느님의 경쟁자, 즉 열등한 조물주의 작품으로, 혹은 필요성의 결과로, 또 혹은 신의 세계에서 일어난 우연한 일로 보는 사람들이 있었습니다. 하느님께서 사랑 때문이 아니라, 넘치는 에너지, 즉 그 자신 속에서 자제될 수 없는 힘의 매개체 때문에, 세상을 만들었다고 보는 것입니다. 오늘날도 인간과 사물의 존재를 우주 법칙의 결과라고 생각하는 사람들이 있습니다. 심지어는 그것을 죄에 대한 벌로 보는 사람들도 있습니다. 마치 우리가 '존재하게 됨'과 동시에 벌을 받게 되었다는 것입니다. 시에나의 카타리나 성녀에게 있어서 경이와 환희를 낳았던 존재의 발견은 무신론적 실존주의라는 후자의 시각으로는 '혐오'만을 낳았습니다.

카타리나 성녀와 동시대 사람인 신비주의자들 중 다른 어떤 사람에게 하느님께서 탈혼 중 '그녀의 손바닥 위에 개암 크기의 작은 것'을 보여주셨습니다. 그리고 그것이 하느님께서 하신 일이라는 것이 계시되었습니다. 그것이 비록 작기는 하지만 계속하여 그렇게 남아있음을 느끼는 사이, 그는 하느님으로부터 다음과 같은 대답을 받았습니다. "그것은 현재는 물론 영원히 존재한다. 왜냐하면, 하느님이 그것을 사랑하시기 때문이다." 그가 또 다른 계시를 받았는데 그것은 다소 덜 중시되는 면은 있지만 하느님 사랑이라는 성경적 교의의 참된 양상으로서, 하느님께서 우리를 사랑하시는 것을 가장 기뻐하신다는 사실입니다. 그는 기록하기를 "이런 식으로 나는 하느님께서 우리 아버지 되심을 기뻐하시며, 또한 우리 어머니 되심을 기뻐하심을 알았다. 게다가 우리 영혼을 그분의 사랑하는 아내로 맞이하고 실제적으로 남편이 되심을 기뻐하신다는 사실도 알았다. 그리고 그리스도께서는 우리의 형제요 우리의 구세주가 되심을 또한 기뻐하신다."고 했습니다. 하느님의 모성에 관하여, 그는 말하기를 "섬세하고 사랑스러운 단어 '어머니'는 너무나 감미롭고 그 자체로서 너무도 풍성하여 그분 외에 어느 누구에 의해서도 적절하게 사용될 수 없다."[10]고 말하였습니다.

그럼에도 불구하고 또 다른 그리스도교 신비주의자인 성녀 폴리뇨의 안젤라에게 하느님께서는 다음과 같은 유명한 말씀을 하셨습니다. "나는 농담으로 너를 사랑한 것이 아니다! 거리를 두면서 너를 사랑한 것이 아니다! 너는 나고 나는 너다. 너는 내 마음에 들어서 만든 것이다. 너는 바로 나의 속에서 거양擧揚되었다." 성녀는 때때로 자신이 마치 "삼위일체 안에서 쉬고 있는 것"[11]처럼 느꼈다고 고백했습니다.

우리는 하느님께서 이런 분들을 우리가 내심 각자 서로 열망하는 것을 일별하고 부러워하게 하기 위해서 만드신 것이 아님을 확신해야 합니다. 이 모든 것들은 우리를 위한 것이 아닙니다. 하느님께서는 모든 시대에 있어서 오직 그 몇 사람만을 사랑하는 것

---

10  노르비히의 율리아누스, 『계시론』, chap. 5. 52. 60.
11  The Book of Bl. Angela da Foligno, Quaracchi, Grottaferrata 1985, passim(Engl. Trans., Angela of Foligno, Complete Works, ed. by P. Lachance, New York, 1993.

이 아니고 우리 모두 각자를 다 그분들처럼 사랑하십니다. 시대마다 하느님에 의해서 선택을 받고 정화된 몇 사람에게 하느님은 다른 사람들을 일깨우는 과업을 맡기셨습니다. 그러나 우리 모두가 하느님 사랑의 엄청난 설계 목적이라는 것을 생각하며 그분들과 공유하는 근본적 사실을 비교해 볼 때 우리와 그분들 사이의 정도와 시간과 방법의 차이가 무엇이겠습니까? 우리를 그들과 연합시키는 것이 우리를 그들과 갈라놓기보다는 훨씬 더 좋은 일입니다. 그리스도교인들에게, 그 신비주의자들은 마치 약속의 땅을 정탐하고 돌아와 그들이 보았던 것('젖과 꿀이 흐르는 땅')을 말해주고 그들이 요르단을 건너도록 용기를 북돋아 주던 사람들(민수 14,6 참조)과 같습니다. 그들을 통하여 영생을 위한 첫 희망의 빛이 이 세상에서 살고있는 우리에게 이르렀습니다. 그들의 메시지는 그들 중의 한 사람이었던 사도 바오로 서간의 말씀, "눈으로 본 적이 없고 귀로 들은 적이 없으며 아무도 상상조차 하지 못한 일을 하느님께서는 당신을 사랑하는 사람들을 위하여 마련해 주셨다."(1코린 2,9)는 말씀으로 요약될 수 있습니다.

## 3. 그 어떤 피조물도 하느님의 사랑에서
   우리를 떼어 놓을 수 없습니다

사도 바오로가 로마서에서 하느님의 사랑에 관하여 사용한 세 번째 표현은 실존적인 것입니다. 그것은 우리로 하여금 이 인생과 인생의 가장 현저한 양상인 고통을 뒤돌아보게 합니다. 가르침의 어조가 우리에게 다시 한 번 깊은 감동을 불어넣고 깊은 정감으로 우리를 가득 채웁니다. 우리는 우리를 사랑하시는 그분의 도움으로 "우리는 우리를 사랑해 주신 분의 도움에 힘입어 이 모든 것을 (그는 환란, 역경, 박해, 굶주림, 헐벗음, 위험, 전쟁에 관해 말하고 있습니다) 이겨 내고도 남습니다. 나는 확신합니다. 죽음도, 삶도, 천사도, 권세도, 현재의 것도, 미래의 것도, 권능도, 저 높은 곳도, 저 깊은 곳도, 그 밖의 어떠한 피조물도 우리 주 그리스도 예수님에게서 드러난 하느님의 사랑에서 우리를 떼어 놓을 수 없습니다"(로마 8,37-39). 여기서 사도 바오로는 우리에게 여태까지 숙고한 하느님 사랑의 빛을 우리 일상생활에 적용시키는 방법을 가르칩니다. 역경이나 박해나 전쟁(2코린 11,23 참조) 등, 하느님 사랑에 거슬리는 위험이나 적들로 그가 열거한 것을, 그는 자신의 삶 속에서 실제로 체험하였습니다. 그는 그것들 중 어느 것도 하느님 사랑에 대한 생각을 정신적으로 저지할 수 있을 만큼 강하지 못함을 놀랍게도 발견하였고 이 사실을 회고합니다. 이겨내기 어려운 것 같았던 것도 이러한 인식 안에서는 사소한 일로 보였습니다. 그는 우리들도 그렇게 해보라고 암시합니다. 즉 우리의 삶을 있는 그대로 관찰해볼 것, 우리 속에 잠복해 있는 두려움들, 즉 슬픔, 위협, 열등감, 우리 자신을 있는 그대로 받아들이지 못하게 하는 육체적 혹은 정신적 결점들을 표면화시킬 것, 그리고 이 모든 것을 하느님께서 나를 사랑하고 계신다는 생각에 노출시킬 것을 권합니다. 내 삶 속에서 나를 압도하도록 작용하는 것이 무엇인가를 자문해 보라고 말합니다.

본문의 두 번째 부분에서 사도 바오로는 그 자신의 개인적인 삶으로부터 벗어나 그를 둘러싸고 있는 세상을 고려하게 합니다. 여기서 다시 그는 그 당시 자신의 삶을 위협했던 세상을 진술합니다. 죽음과 그 신비, 온갖 종류의 유혹이 있었던 당시의 삶, 고대인들에게 공포를 일으켰던 우주와 지옥의 위력에 대해 말합니다. 우리에게도 같은 일을 해보라고 권장합니다. 우리를 둘러싸고 있어 불안을 주는 세상을 하느님 사랑의 계시에 의해 받은 새로운 눈으로 바라보라 합니다. 바오로가 '높음'이니 '깊음'이니 하고 말했던 것이 현재 우리가 알게 된 우주의 규모에 비추어 보면 무한으로 '높음'이요 무한으로 '작음'입니다. 다시 말하면 우주와 원자라고도 말할 수 있습니다. 모든 것이 우리를 궤멸시키려고 위협합니다. 그 자신보다 훨씬 거대한 우주 속에서 인간은 작고 홀로 있습니다. 그리고 그 우주는 인간의 과학적인 발견이래 훨씬 위협이 되었습니다. 그러나 이 어느 것도 하느님의 사랑으로부터 우리를 떼어낼 수 없습니다. 나를 사랑하시는 하느님께서 이 모든 것을 창조하셨고 그의 손안에 굳게 잡고 계십니다. "하느님은 우리의 힘, 우리의 피난처, 어려운 고비마다 항상 구해주셨으니 땅이 흔들려도 산들이 깊은 바다로 빠져들어도 우리는 무서워 아니하리라"(시편 46,1-2). 이 견해는 하느님을 무시하면서 세상을 '힘없이 무너지는 개미집'으로, 인간을 '무능한 열정'으로, 그리고 '다음번 파도가 휩쓸어 갈 해변의 파도'라고 말하는 견해와는 얼마나 다릅니까!

바오로가 하느님과 예수 그리스도의 사랑에 관해서 말할 때는 언제나 '감동받은' 듯합니다. 그리스도에 관해 그는 "나를 사랑하시고 나를 위하여 당신 자신을 바치신 하느님의 아드님에 대한 믿음으로 사는 것입니다."(갈라 2,20)라고 말합니다. 그는 우리에게 하느님 사랑의 계시에 귀 기울인 후에 우리 안에서 생겨나는 가장 우선적이고 가장 중요한 반응을 보여주고 있습니다. 우리는 깊이 감동받을 것입니다. 감동이 거짓 없이 진심에서 우러날 때, 큰사랑이나 큰 슬픔의 계시 이전에 인간이 가질 수 있는 것은 가장 뜻있고 가치 있는 반응입니다. 어쨌든 그것은 그것을 받는 자에게는 가장 은혜로운 보물입니다. 어떤 말이나 몸짓이나 선물도 이것을 대신할 수는 없습니다. 왜냐하면, 그것 자체로서 가장 아름다운 선물이기 때문입니다. 그것은 하나의 존재가 다른 존재가 되는 시작이 됩니다. 그것이 우리가 어떤 사람이 더 이상 자기가 자신에게 속해있지 않고 다른 이에게 속해있는 것을 깨달음으로써 가장 친밀하고 거룩한 것들과 함께 한다고 하는 우리 느낌을 드러내 보이는 데 조심하는 이유입니다. 우리는 다른 이들로부터 정당하게 그들의 것을 빼앗지 않고 우리의 깊은 감정을 완전히 숨길 수는 없습니다. 왜냐하면, 그것은 그들을 위해 우리 안에 존재하기 때문입니다. 예수님께서는 당신의 감정을 숨기지 않으셨습니다. 그분은 나인성의 과부 앞에서와 라자로의 누이들 앞에서 "깊이 감동이 되셨습니다(측은한 마음이 되셨습니다)"(루카 7,13; 요한 11,33-35 참조). 우리의 삶 속에서도 우리가 새로운 방법으로 하느님의 뜻을 받아들이는 영적 여행을 떠나며 감동받는다면 그것은 우리들에게 참으로 유익한 일이 될 것입니다. 사실상 그것은 마치 씨뿌리기 전에 밭을 쟁기질하는 일과 같습니다. 그것은 마음을 열고 깊은 고랑을 갈아 씨앗이 길가에 떨어지지 않도록 하는 일과 같습니다. 하느님께서 어떤 사람에게 그의 삶을 위해 중요한 메시지를 주시고자 하실 때, 하느님은 대개 그 사람이 당신의 말씀을 받아들이는 데 도움이 될 어떤 감동을 이 메시지에 곁들이십니다. 이번에는 이 깊은 감동이 그 사람에게 말하고 있는 이가 하느님이시라는 신호가 됩니다. 그러므로 우리는 우리가 깊이 감동 받을 수 있게 해 달라고 성령께 간구하십시다. 그분에게 피상적이 아닌 정감을 달라고 구하십시다. 나는 잠시동안 내게도 비슷한 감정을 체험하게 해 주셨던 때를 언제나 기억하고 있습니다. 그것은 기도 모임에서 있었던 일입니다. 나는 막 예수님께서 제자들에게 "이제 나는 너희를 종이라고 부르지 않고 벗이라고 부르겠다."(요한 15,15)라고 하신 복음 구절에 귀를 기울이고 있었습니다. '벗'이란 단어가 나를 깊이 감동시켰습니다. 그것은 내 안 깊숙한 곳에 감동을 주었는데 그것이 너무나 대단하여서 나는 그날의 남은 시간 동안을 경탄과 신비의 마음으로 가득하여 "그분이 나를 당신의 벗이라고 부르셨다! 나자렛 예수, 주님, 나의 하느님! 그분이 나를 당신의 벗이라 부르셨다!"라고 반복하며 돌아다녔습니다. 그리고 나는 내 마음속에 확신을 가지고, 도시의 지붕 위를 날고 불 속을 통과할 수 있을 것 같이 느꼈습니다.

나는 그분의 중대한 소식을 사람들에게 전하려고 서두르는 메신저처럼 되려고 급히 서두르려 애썼습니다. 무엇보다도 먼저 사람들에게 하느님께서 우리를 사랑하신다는 것을 말하고 싶었습니다. 그리하여 이 생각이 우리의 영적 여행 전반에 걸쳐 내내 그리고 매순간 일종의 이해력으로서 크고 선명하게 울려 주게 하고 싶었습니다. 하느님의 말씀이 우리에게 엄격해지고 우리 죄에 대하여 꾸짖으실 때, 혹은 우리 자신의 마음이 우리를 질책하기 시작할 때, 우리는 우리 속에서 반복되는 소리를 계속 들어야 합니다. "그러나 하느님은 나를 사랑하셔! 아무것도 하느님의 사랑에서 나를 떼어놓을 수 없어, 심지어 내 죄조차도 말이야!"라고 반복되는 소리를 들어야 합니다.

시편 136편은 이제 우리가 진심으로 주님께 감사하며 하느님 사랑에 대한 묵상을 깊은 신앙으로 마무리하도록 도와줄 것입니다. 그것은 '대 할렐'이라고 부르는 것인데 최후 만찬 때 예수님도 그것을 낭송하셨습니다. 그것은 하느님의 백성을 위하여 하느님 호칭과 하느님이 하신 성업을 찬양하는 길고 긴 호칭 연도連禱이며 매번 그 뒤를 이어 백성들은 "하느님의 사랑 영원하시다."(시편 136 참조)라고 화답하게 되어있습니다. 우리는 이 시편을 계속할 수 있습니다. 하느님이 해 주신 옛날의 축복을 기억하고 거기에 새로

받은 축복들을 추가하면서 말입니다. 그분은 아드님을 우리 가운데 보내셨습니다. 그분은 성령을 우리에게 주셨습니다. 그분은 우리를 불러 신자가 되게 하셨습니다. 그분은 우리를 당신의 친구라 부르셨습니다. 그러니 매번 화답하십시다. "왜냐하면, 그분의 사랑은 변함이 없고 영원하시므로!"

## 제2장

# 우리는 모두 죄인입니다

### 불경(不敬)의 신비

이 제2장은 사도 바오로가 저 유명한 단언의 말씀 "모든 사람이 죄를 지어 하느님의 영광을 잃었습니다."(로마 3,23)라고 요약한 부분을 다루고 있습니다. 오직 하느님의 계시만이 죄의 실체를 식별할 수 있게 하며 인간의 윤리도 철학도 죄에 관해 우리에게 아무것도 말해 주지 못합니다. 어느 누구도 스스로는 죄의 실체를 알 수 없습니다. 왜냐하면, 그 자신이 죄 가운데 있다는 간단한 이유 때문입니다. 결국 그가 죄에 관하여 말하는 모든 것은 단지 하나의 변명이요 억제된 표현일 뿐입니다. "죄에 대해 빈약한 이해를 하는 것은 우리가 죄인들이기 때문입니다."[1] 성경은 "세상에

---

1 참조. 키에르케고르, 『죽음에 이르는 병』, II, 2.

저밖에는 보이는 것이 없고 제 잘못을 찾아내어 고칠 생각은 꿈에도 없다. 입만 열면 사기와 속임수뿐이니 슬기를 깨쳐 잘 살기는 아예 글러 버렸다."(시편 36,2-3)고 말합니다. 죄도 또한 마치 하느님이 말씀하시듯 "말합니다." 그 또한 신의 계시를 전해주며 그가 가르치는 공간도 사람의 마음속입니다. 죄 또한 인간의 마음속에서 말합니다. 그리고 그것이 바로 인간이 죄에 대항하여 말하기를 기대하는 것이 왜 불합리한지의 이유가 됩니다. 내가 비록 여기서 죄에 관해 쓰고 있지만, 나 또한 죄인이고 그러므로 여러분이 나와 내가 쓰고 있는 것에 너무 신뢰하지 말라고 나는 말해야 합니다! 죄는 내가 설명할 수 있는 것보다 훨씬 더 심각한, 참으로 더 심각한 것입니다. 기껏해야 사람은 하느님을 거슬린 죄가 아니라 그 자신을 거슬린, 혹은 다른 사람을 거슬린 죄를, 신권 침해가 아니라 인권 침해한 죄를 이해하는 데에 이를 수 있을 뿐입니다. 사실상 우리 주변을 면밀하게 보면 우리는 이것이 현대 문화 속에서 일어나고 있는 것이라는 것을 알 수 있습니다. 그러므로 오직 하느님의 계시만이 죄의 실체를 알게 합니다. 예수님께서는 성령만이 "세상 사람들에게 죄를 깨닫게 하실 수 있다."(요한 16,8 참조)고 말씀하심으로써 이 모든 것을 좀 더 자세히 설명하고 계십니다. 나는 하느님께서만이 우리에게 죄에 관하여 말씀하실 수 있는 분이라고 언급한 바 있습니다. 사실상 인간이 아니라 하느님께서 친히 죄를 꾸짖어 말씀하신다면 우리가 태연하기는 쉽지 않을 것입니다. 그분의 음성은 '레바논의 송백을 쪼개는'(시편 29,5) 우레와 같을 것입니다. 우리의 묵상은 그것이 우리의 확고부동한 근본적 자신감自信感을 환기시킬 수 있다면, 그리고 죄뿐만 아니라 바로 범죄의 가능성이 우리를 지배하고 있는 무서운 위험 앞에서 건전한 두려움을 느끼도록 해낸다면 그 목적을 달성한 셈이 될 것입니다. 하느님의 도우심으로 우리는 죄와 맞서 피 흘리기까지 싸울 준비가 되는 정도에 이르기를 원합니다(히브 12,4 참조).

## 1. 죄란 하느님을 무시하는 것입니다

이제 죄에 대하여 하느님이 가지고 계신 견해에 관한 사도 바오로의 생각에 귀를 기울여 봅시다. "하느님의 진노가 불의한 행동으로 진리를 가로막는 인간의 온갖 불경과 불의를 치시려고 하늘로부터 나타납니다. 사람들이 하느님께 관해서 알만한 것은 하느님께서 밝히 보여주셨기 때문에 너무나도 명백합니다. 하느님께서는 세상을 창조하신 때부터 창조물을 통하여 당신의 영원하신 능력과 신성과 같은 보이지 않는 특성을 나타내 보이셔서 인간이 보고 깨달을 수 있게 하셨습니다. 그러니 사람들이 무슨 핑계를 대겠습니까? 인간은 하느님을 알면서도 하느님으로 받들어 섬기거나 감사하기는커녕 오히려 생각이 허황해져서 그들의 어리석은 마음이 어두움으로 가득 차게 되었습니다. 인간은 스스로 똑똑한 체하지만 실상은 어리석습니다. 그래서 불멸의 하느님을 섬기는 대신에 썩어 없어질 인간이나 새나 짐승이나 뱀 따위의 우상을 섬기고 있습니다"(로마 1,18-23).

근본적인 죄와 하느님 진노의 근본적 대상은 사도 바오로에 의하면 'asebeia', 즉 불경 혹은 사악함으로 귀일되어 있습니다. 그리고 그는 곧바로 정확히 이 불경不敬이 포함하고 있는 것을 설명하고 있습니다. 그것은 하느님께 감사하지 않고 영광 돌리지 않는 것, 다른 말로 표현하면 하느님을 하느님으로 인정하지 않고 그분이 받아야 할 존경을 그분에게 드리지 않는 것이라고 말하고 있습니다. 그것은 하느님을 '무시하는' 데 있다고 말할 수 있습니다. 그러나 "그의 존재를 알지 못한다."는 의미에서가 아니라, 마치 그분이 존재하시지 않는 것처럼 행동한다는 의미에서 그러합니다. 구약에서 모세는 백성들에게 "너희 하느님 주님 그분이야말로 참 하느님이심을 알라!"(신명 7,9)고 말합니다. 그리고 시편의 저자도 같은 말로 "주님은 하느님, 알아 모셔라. 그가 우리를 내셨으니 우리는 그의 것, 그의 백성, 그가 기르시는 양 떼들이다."(시편 100,3)라고 외칩니다. 죄는 근본적으로 이것을 인정하기를 거부拒否하는 것입니다. 그것은 피조물 쪽에서 자신의 근본을 말소해 버리는, 그리고 거의 오만한 태도로 자기 자신과 하느님 사이에 존재하는 무한한 차이를 없애려는 시도입니다. 죄는 사물의 근본 자체를 오염시킵니다. 그것은 '진리를 숨막히게 하는 것'이며 부정不正의 포로가 된 사람이 진리를 지키는 것으로 생각하게 하는 시도입니다. 그것은 상상하거나 표현할 수 있는 그 이상으로 불길하고 무서운 것입니다. 만일 사람들이 죄의 실상을 안다면 공포로 인해 죽을 것입니다.

이 거절은 창조주보다 오히려 피조물이 경배를 받는 우상숭배의 형태로 나타났습니다(로마 1,25 참조). 우상숭배 행위로 인간은 하느님을 '받아들이지' 않고 오히려 하느님을 '만듭니다.' 이렇게 되면 인간에 대하여 하느님이 결정하시는 게 아니라 하느님에 관해서 결정하는 자가 인간입니다. 역할이 뒤바뀐 것입니다. 즉 사람이 옹기장이가 되고 하느님은 사람이 그의 기호대로 무언가를 만드는 진흙이 되는 것입니다(로마 9,20 참조).

지금까지 사도 바오로는 인간의 마음속에서 일어난 철회, 즉 하느님께 맞서는 근본적 선택을 우리에게 보여주었습니다. 이제 그는 이 철회의 도덕적 결과를 계속하여 보여줍니다. 이 모든 것이 행실의 전반적 소멸, 인간성을 멸망으로 끌고 가는 진정한 '파멸의 급류'가 되었습니다. 여기서 사도 바오로는 이교도 사회가 보여주는 무시무시한 악습의 윤곽, 남성 혹은 여성 간의 동성애, 불법, 불의, 사악함, 탐욕, 시기, 사기, 원한, 오만, 불손, 부모에 대한 불순종, 신의信義 없음 등을 개괄하고 있습니다. 이 악덕의 목록은 이교도의 도덕주의자들로부터 얻어낸 것입니다. 그러나 그로부터 기인하는 총체적인 그림은 성경에서 자주 이야기되고 있는 '사악한 자'의 모습입니다. 첫눈에도 불안스러운 것은 사도 바오로가 이 모든 혼란을 하느님 진노의 결과로 본다는 것입니다.

사실, 그는 이것을 세 번이나 명확하게 단언합니다. "그 때문에 하느님께서는 사람들이 자기 욕정대로 살면서 더러운 짓을 하여 서로의 몸을 욕되게 하는 것을 그대로 내버려 두셨습니다. …… 인간이 이렇게 타락했기 때문에 하느님께서는 그들이 부끄러운 욕정에 빠지는 것을 그대로 내버려 두셨습니다. …… 인간이 하느님을 알아보려고도 하지 않았기 때문에 하느님께서는 그들이 올바른 판단력을 잃고 해서는 안 될 일을 해도 내버려 두셨습니다(로마 1,24.26.28). 물론 하느님께서는 이런 것들을 '원하시지' 않습니다.

다만, 그분은 사람이 하느님을 거절하면 어떤 결과에 이르게 되는지 이해하게 하시기 위해 이것들을 '허용'하시는 것입니다. 성 아우구스티노는 비록 그런 것이 징벌이기도 하지만 또한 죄이기도 하다고 기록했습니다. 왜냐하면, 불법행위에 대한 처벌이 불법행위 그 자체의 징벌이기 때문입니다. 하느님께서는 죄악을 징벌하시기 위해 간섭하시며 그 징벌로부터 또 다른 죄악이 나타납니다.[2] 죄는 죄의 형벌입니다. 사실상 성경은 "사람은 그가 범한 바로 그 죄에 의해 벌을 받는다."(지혜 11,16)라고 말하고 있습니다. 하느님께서는 사람들이 불법행위를 저지르지 않게 하시어, 그 불법행위를 변호해야 하는 일이 없게 하시기 위해, 그리고 그 사람들이 되돌아오리라는 희망을 가지고 계시기에, '어쩔 수 없이' 사람들에게 그들 자신을 내맡기십니다.

## 2. 악의 세력은 벌써 은연중에 활동하고 있습니다

지금까지 사도 바오로는 당대 이교도 사회의 죄, 우상숭배로

---

2 성 아우구스티노, 『자연과 은총』 22, 24: CSEL 60, 250.

그 모습이 드러나는 불경不敬, 그리고 도덕적 무질서의 결과인 것, 그런 것들을 책망해왔습니다. 만일 우리가 바오로의 표양을 따르고 그의 교훈을 따르고 싶다면, 여기서 사도 바오로가 살았던 당대 그리스나 로마 사회의 우상숭배를 비난하는 데에만 그쳐서는 안됩니다. 우리는 그가 한 일을 해야 하며, 그가 그 사회를 보았던 것처럼 우리도 우리 사회를 바라보고 그 안에서 불경의 외형을 발견해야만 합니다. 사도는 이교도의 가면을 벗기고 그들의 자만 뒤에 숨어있는 모든 것들, 선과 악과 그리고 도덕적 이상에 관한 그들의 고상한 설교들이 사실은 인간의 숨겨진 자화자찬과 자기주장, 다시 말하자면 불경과 허위라는 것을 드러냈습니다. 우리는 이제 하느님의 말씀이 활동하시게 해야 합니다. 그러면 우리는 먼저 그 말씀이 어떻게 세상 전반의 가면을 그리고 그다음엔 특별히 우리들 각자의 가면을 벗기는가, 살펴볼 수 있을 것입니다.

그러니 우선 오늘의 세상을 바라봅시다. 우리는 하느님의 말씀을 첨단적인 것이 되게 하고 현대적 개념으로 이해하고, 그 말씀이 우리의 현대사회와 문화에 어느 정도까지 적용되는지 이해하도록 노력해야 합니다. 사도 바오로는 죄의 뿌리를, 하느님께 감사하지 않고 하느님께 영광 돌리지 않는 것, 신앙심이 없는 것으로 보고, 그것에 성경적 용어 'impiety'를 사용하고 있습니다. 다시 말하면 하느님을 창조주로, 그리고 우리 자신을 피조물로, 인정하지 않고 거부하는 것으로 동일시했습니다. 이제 우리는 이러한 거부가 현대사회에 있어서, 사도 바오로의 시대는 물론, 어쩌면 역사상 어떤 시대보다도 더 두드러지게, 의식적이고도 공공연한 형태를 드러내고 있음을 잘 압니다. 그러므로 우리는 "악의 세력이 벌써 은연중에 활동하고 있음"(2테살 2,7)을 인정해야 합니다. 그것은 단지 역사의 환기喚起나 형이상학적 사색이 아니라 오늘날의 현실인 것입니다.

우리는 현대사회에서 하느님에 대하여 거부 의사를 표명한 몇 사람 말에 귀를 기울여 봅시다. 그러나 그런 것들이 우리에게 이해되고 있는 것과는 상당히 다를 수 있으며 그들 개개인의 의도나 도덕적 책임은 하느님에게만 알려진 것인데도 우리가 함부로 판단하고 있다는 것 또한 염두에 둡시다. 카를 마르크스는 '창조주'라는 개념에 대한 그의 거부에 대해 다음과 같은 이유를 들고 있습니다. "한 개인은 그가 자신의 주인인 한계 내에서만 독립적인 존재이며, 그가 그 존재의 주인인 한은 그는 그 자신의 주인이다. 다른 이의 은총을 통해서 사는 사람은 자신을 종속된 존재로 본다. 만일 다른 분이 나를 창조했고 그가 내 생명의 근원이고 내 생명이 나의 창조물이 아니라면 나는 전적으로 그를 위해 살았을 것이다." 청년 시절에 그는 "인간의 양심은 최고의 신성神性이다.", "인간의 근원은 인간 자신이다."³라고 썼습니다. 같은 정신으로 사르트르는 그가 쓴 작품의 등장인물 중 한 사람을 통해 "오늘 나는 나 자신을 고발한다. 그리고 오직 나, 인간만이 나 자신을 사면할 수 있다. 만일 신이 존재한다면 사람은 아무것도 아니다 …… 신은 존재하지 않는다! 이 행복함이여, 이 기쁨의 눈물이여! 알렐루야! 더 이상 천국도 없다. 더 이상 지옥도 없다! 오직 지구만 있을 뿐이다."⁴라고 말하였습니다.

창조주와 피조물, 하느님과 '자아'의 차이점을 오만하게 무시하는 또 다른 태도는 창조주와 피조물을 혼란시키는 것인데, 그것은 불경의 모습이 되어 오늘날 심층심리학 안에서 드러납니다. 당대의 '지혜로운 사람들'에 대한 바오로의 비난은 자연을 탐구하고 그 아름다움을 찬양해서가 아니라 이것을 넘지 못함에 대한 것이었습니다. 마찬가지로 하느님의 말씀은 심층심리학에서의 어떤 추세를 인간 정신의 새로운 분야, 즉 무의식 세계의 발견과 해

---

3   K. MARX, Manuscript of 1844, in Gesamtausgabe, Ⅱ, Berlin 1932, p.124: Critique of Hegel's Philosophy of Law, in Gesamtausgabe, Ⅰ, 1, Frankfurt a. M., 1927, p.614f.
4   J.P. SARTRE, 『TheDevil and the Good God』, ×, 4;ed. Gallimard, Paris 1951, pp.267f.

명을 위한 노력 때문에, 비난하는 것이 아니라 이 발견으로 이제는 하느님 제거의 기회를 삼기 때문에 비난하는 것입니다. 이처럼 하느님의 말씀은 심리학을 위협하는 것으로부터 그것을 정화시켜 주는 것으로 심리학에 기여하고 있습니다. 그것은 마치 심리학이 하느님 말씀에 대한 우리의 이해를 정화하는데 유용할 수 있으며 많은 경우 효과적으로 그러하기도 했던 것과 같습니다.

이 학문의 최근 추세에 잠복해 있는 불경은 선과 악 사이에 존재하는 차이를 은폐하는 것입니다. 오래된 이단인 영지주의靈知主義를 면밀히 상기시키는 절차에 이어 그 경계 또한 위험하게 변화했습니다. 하느님의 경계는 낮아지고, 악마의 경계는 접합점, 심지어는 상위에 있다고 말할 수 있을 정도로까지 올라갑니다. 그리고는 사악한 모습으로 '실제의 피안' 외에 아무것도 보이지 않고, 악마의 모습으로 '하느님의 그림자'만 보여줍니다. 심지어는 '선과 악 사이의 불길한 이반離反'을 세상에 도입했다고 그리스도교를 비난하기까지 하는 사람들도 있습니다. 다음과 같은 이사야서의 구절은 오늘날의 그러한 상황에 대하여 쓰여진 것 같습니다. "아! 너희가 비참하게 되리라, 나쁜 것을 좋다, 좋은 것을 나쁘다, 어둠을 빛이라, 빛을 어두움이라 하는 자들아"(이사 5,20).

이러한 경향의 심리학자들은 '영혼을 구원하는' 데에는, 전혀 중요성을 두지 않습니다(심지어는 우스꽝스러운 것으로 간주하기까지 합니다). 오히려 '영혼을 분석하기까지 하며' 단지 '영혼이 그 자신을 성취하도록 돕습니다.' 다시 말하면 인간 정신이, 자연인이, 이 모든 면에서 아무것도 억누르지 않고 자신을 표현할 수 있도록 하는 데 중요성을 둡니다. 구원은 자기표출, 자기 자신과 자신의 **영혼이** 자기들의 실체를 알게 하는 자기표출에 있습니다. 구원은 자기실현에 있습니다. 구원은 인간 속에 내재하는 것이라고 생각되어져 왔습니다. 그것은 역사로부터 나오지 않고 신화와 상징으로 나타난 원형原型으로부터 옵니다. 어떤 의미에서 그것은 무의식으로부터 옵니다. 처음에는 노이로제와 환각(하느님 환상을 포함하여)이 뿌리 박힌 악의 출처로 여겨졌던 무의식은 이제 인간을 위해 숨겨진 보물의 무진장한 보고寶庫로서 선善의 영역으로 여겨지고 있습니다. 어느 날 방금 언급한 사상들이 가득한 어떤 작품들을 읽은 후 충격을 받고 매우 놀라서 나는 이 모든 것에 대한 하느님의 심판이 내가 우연히 요한복음에서 읽었던 "빛이 세상에 왔지만, 사람들이 빛보다 어둠을 더 사랑했다."(요한 3,19)는 예수님의 말씀일지도 모르겠다고 생각했습니다.

그러나 우리는 아직 내용의 핵심에 이르지 못했습니다. 하느님이 존재하지 않는다고 확신하는 사람들이 하느님을 지적으로 부인하는 것 외에도, 하느님께서 존재하신다는 것을 알고 있음에도 불구하고 하느님을 거절하는 고의적 부정이 있습니다. 이 죄의 극단적 형태는, 하느님을 미워하고 모독하는 것으로, 선보다 악의 우월성을, 빛보다 어둠의 우월성을, 사랑보다 미움의 우월성을, 하느님보다 사탄의 우월성을 큰 소리로 선언하는, 하느님에 대한 공개적이고 위협적인 모욕으로 표현되고 있습니다. 이것은 모두 악한자가 직접 책략을 써서 행동하게 하는 것입니다. 사실상 그 밖의 누가 '선은 다른 모든 일탈처럼 악의 일탈이며, 부차적인 중요성을 가지며, 언젠가는 사라져 버릴 운명'이라는, 즉 '악은 사실상 잘못 해석된 선일 뿐'이라는 생각을 품을 수 있겠습니까?

이런 불경 형태의 가장 명백한 징후는 성찬 전례의 모독입니다. 성찬 전례자에 대한 엄청난 그리고 무자비한 증오로 성찬례에서 그리스도 '현존'에 대한 무서운 부정적 행위를 보이는 일, 성경 말씀과 내용의 외설적이고 야유적이고 풍자적인 각색, 의도적으로 불경스럽고 공격적인 이미지로 영화 속에서 예수님 인물상을 묘사한 것 등등입니다. 한 영혼을 그들의 지옥 주인에게 보내기 위해 이 사악한 사람들은 마치 거룩한 선교사들이 한 영혼을 그리스도께로 인도하기 위해 사용하는 항구적인 노력을 다 동원합니다.

다른 한편, 이런 상황은 많은 그리스도교인이 생각할 수 있는 것으로부터 그다지 동떨어지지 않은 듯합니다. 그것은 오히려 그들이 살고 있는 중립 상태의 냉담으로부터 단지 지척의 거리에 있는 열려진 심연입니다. 사람들은 모든 종교적인 관습을 포기함으로 시작하여 어느 슬픈 날, 그들의 목적이(대부분의 경우 처음엔 비밀로 지켜지지만) 하느님을 대적하여 전쟁을 걸고, 성적 탈선이나 포르노의 사용을 통해 도덕적 혼돈(대 격변)을 일으키는 조직을 신봉하거나, 마법사나 심령술사나 밀교密敎단체, 마술사 혹은 다른 것들을 따름으로 하느님을 공공연하게 원수로 선언하는 가운데 끝납니다. 마법은 사실상 '하느님처럼' 되고 싶은 옛 유혹에 굴복당한 또 다른 방법이요 가장 주제넘은 것입니다. "마법으로 인도하는 숨은 힘은 그들의 매뉴얼 중 하나에 기록되어 있는 바와 같이 권력을 향한 갈증입니다. 마법사의 목적은 처음으로 에덴동산에서의 뱀에 의해 고유하게 특징 지어집니다 …… 마술 추종자의 영원한 야망은 전 우주에 대한 지배력을 얻어 스스로 신이 되는 데 있습니다." 대부분의 경우 우리가 협잡꾼일 뿐인 자들을 대우하는 일은 하찮은 것입니다. 그 관행 뒤에 숨은 불경한 의도 혹은 사람들이 의지하는 그 관행은 그들을 사탄의 세력 안에 두기에 충분한 것입니다. 사탄은 거짓과 속임수를 통해서 일하지만, 그 효과는 비현실적인 것일 뿐입니다. 성경에서 하느님께서 말씀하셨습니다. "너희 가운데 …… 점쟁이와 복술가와 요술사와 주술사, 그리고 주문을 외우는 자와 혼령이나 혼백을 불러 물어보는 자와 죽은 자들에게 문의하는 자가 있어서는 안 된다. 그런 짓을 하는 자는 누구나 주님께서 역겨워하신다"(신명 18,10-12). 이사야서에서 우리는 다음과 같은 엄격한 훈계를 발견합니다. 주님께서는 이 나라를 치실 것이다. 왜냐하면, 이 나라가 "동방의 무당들로 가득 찼고 점쟁이들이 득실거리기"(이사 2,6) 때문에 사람이 그 자신과 병과 사건과 사업들을 극복하기 위한 힘을 얻기 위해서는 자연과 은총이라는 단 두 가지의 적법한 방법이 있습니다. '자연'은 지성, 과학, 의학, 공학(과학 기술), 그리고 순종함으로써 하느님으로부터 받는, 땅을 정복하라고 지으신 모든 자원을 가리킵니다. '은총'은 때때로 치유와 기적을 얻는 믿음과 기도를 가리키는데, '능력은 하느님께 속해 있기 때문에', 은총은 언제나 하느님으로부터만 옵니다. 거의 하느님을 피하여 숨어서 하느님의 승인을 받지 않고 하느님의 이름과 표지를 남용하면서 마술을 추구하는 세 번째 방법이 선택되면 이런저런 방식으로 마술의 지배자요 또한 개척자인 자가 등장합니다. 나는 지금 악마를 의미하고 있습니다. 악마는, 이 땅의 모든 권세가 자신에게 넘겨졌으며 자신을 경배하기만 하면 자신이 주고 싶은 사람에게 모든 것을 줄 수 있다고 말했던(루카 4,6 참조) 악마를 의미하고 있습니다. 이런 경우에 파멸은 확실합니다. 파리는 '큰 거미'의 거미줄에 잡히면 쉽사리 살아서 벗어날 수 없습니다. 바오로가 지적한 것이 정확하게 우리의 과학 기술의 그리고 세속화된 사회에서 일어나고 있습니다. "인간은 스스로 똑똑한 체하지만, 실상은 어리석습니다"(로마 1,22). 그들은 믿음을 버리고 모든 종류의 미신을 받아들였습니다. 심지어 가장 유치한 미신을 받아들였습니다. "능력은 하느님께 속해있기 때문"에 그것은 언제나 하느님에게서 오는데도 말입니다.

### 3. 죄의 삶

그러면 이제 불경不敬의 결과를 검토해 봅시다. 그리하여 티끌만 한 의심의 그림자조차도 우리 마음에 남지 않도록, 어느 누구도 하느님을 이길 수 없도록 합시다. 예레미야 예언서에서 우리는 선지자가 다음과 같은 말을 하느님께 드리는 것을 읽을 수 있습니다. "주님을 저버리고 어느 누가 부끄러운 꼴을 당하지 않겠습니까?"(예레 17,13) 하느님을 포기한다는 것은 개인을 길 잃음과 타락으로 빠지게 합니다. '길 잃음'과 '타락'은 길 잃은 양이나 탕자 등의 예를 통하여 죄에 대해 말할 때 성경 안에서 가장 빈번하게 사용되는 단어들입니다. 그리스어로 성경에서 말하는 죄의 개념을 번역한 바로 그 단어인 'hamartia'는 잃어버림과 실패함의 개념을 포함하고 있습니다. 이 단어는 또한 그 근원을 벗어나 흐르다가 늪 속으로 사라지는 강에 대해서, 그리고 과녁을 빗나가서 사라진 화살에 대해서, 말할 때도 사용됩니다. 그러므로 죄는 철저한 실패입니다. 한 남자는 여러 가지 방법으로 실패할 수 있습니다. 남편으로서, 아버지로서, 그리고 실업가로서 말입니다. 한 여인은 아내로서 혹은 어머니로서 실패할 수 있습니다. 성직자는 사제로서, 윗사람으로서, 혹은 영적 지도자로서 실패할 수 있습니다. 그러나 이 모든 것은 상대적인 실패입니다. 거기에는 언제나 보상의 가능성이 있습니다. 사람은 이 모든 길에서 실패하고서도 여전히 매우 존경받는 인물, 심지어 성인聖人일 수 있을지 모릅니다. 그러나 죄에 관해서는 그렇지 않습니다. 죄를 통해서 사람은 피조물로서 실패하는 것입니다. 다시 말하면 근본적으로 '행함'으로가 아니라 '존재'로서 말입니다. 유다에게 하신 예수님 말씀이 한 사람에게 적용되는 유일한 경우입니다. "그는 차라리 세상에 태어나지 않았더라면 더 좋을 뻔했다"(마태 26,24). 사람은 죄를 지으면서 그가 하느님을 화나시게 하고 있다고 믿지만 사실상 그는 단지 자기 자신을 '성나게 하고' 자신에게 체면이 깎여서 굴욕감을 느끼고 있는 것입니다. "내가 속이 썩을 것 같으냐? …… 도리어 저희가 창피당하려고 그 짓을 하는 것이다"(예레 7,19). 하느님을 영화롭게 하는 것을 거절함으로써 인간 자신은 '하느님의 영광을 빼앗기게' 되는 것입니다. 죄는 하느님을 화나시게 합니다. 다시 말해 그분을 몹시 슬프게 합니다. 그러나 그것은 죄가 그분이 사랑하시는 사람에게 죽음을 가져오는 한에서 그러한 것입니다. 그것은 그분의 사랑을 상처 내는 것입니다.

그러나 우리는 실제적인 죄의 결과를 좀 더 면밀히 바라봅시다. 사도 바오로는 "죄의 대가는 죽음"(로마 6,23)이라고 단언하고 있습니다. 죄는 죽음에 이르게 합니다. 단지 잠깐 지속되는 죽음의 '행위'로 보다는 오히려 죽음의 '상태', 정확하게 말하자면 '치명적인 병'으로 불리는 영속적 죽음 상태로 이르게 합니다. 이 상태에서 피조물은 절망적으로 되어 다음으로 이어짐이 없는 존재로 되기 쉬우며 그러므로 마치 영원한 고통 속에서 살게 됩니다. 이 상태로부터 지옥의 저주와 고통이 옵니다. 피조물은 그 자신보다는 더 강한 자에 의해 자신이 원하지 않는 존재로, 즉 하느님께 종속되어 있을 수밖에 없으며, 그의 영원한 고통은 그가 하느님으로부터도 그 자신으로부터도 벗어날 수 없는 것입니다. 키에르케고르는 "모든 절망의 공식은 실존을 절망적으로 거절하는 것"[5]이라고 바르게 말했습니다.

사탄이 이 상태를 구현했습니다. 사탄 안에서 죄는 그 모든 경과를 밟으며 그 최종의 결말을 보여줍니다. 그는 '하느님을 알되(그는 정말로 하느님을 알았습니다!) 영화롭게도 아니하고 감사하지도 않는 자들'의 원형原型입니다. 이 점에 대한 사탄의 감정을 배우기 위해 상상이나 신학적인 추측에 의지할 필요는 없습니다. 왜냐하면, 예수님이 광야에서 시험을 받으셨듯이 오늘날도 하느님께서 사탄이 시험하도록 허락하신 사람들의 마음속에 사탄 자신이 그의 감정을 외치기 때문입니다. "우리는 자유롭지 못하다. 우리는 자유롭지 못하다! 비록 네 자신이 자살할지라도 너의 영혼은 계속해서 살아 있어, 너는 그 영혼을 죽일 수 없다. 우리는 아니(no!)라고 말할 수 없다. 우리는 영원히 살 수밖에 없다. 그것은 모두 속임수다. 하느님은 우리를 자유롭게 창조하시지 않았다!" 우리가 사탄과 하느님 사이의 영원한 논쟁에 참으로 귀 기울이고 있는 것 같이 보이면 그런 생각들은 우리를 전율케 합니다. 사실상 그는

---

5  키에르케고르, 『죽음에 이르는 병』 I, A.

무無로 돌아갈 자유로운 상태에 남고 싶어 합니다. 그가 존재하고 싶지 않거나 하느님의 적대자가 되고 싶어서가 아니라, 하느님께 종속된 그의 실재를 원하지 않기 때문에. 그는 존재하고 싶어 하지만, 그러나 '다른 이의 은총을 통해서'는 아닙니다. 그의 위에 있는 힘(하느님)이 그보다 강하며 그가 강제로 존재하게 하기 때문에 이것은 전적인 절망입니다.

하느님으로부터 완전한 자치권을 선택함으로 피조물은 혼란한 불행과 어둠을 알고 있습니다만 그는 이 대가代價를 기꺼이 치르려 합니다. 베르나르도 성인이 말했던 것처럼 "그는 복종 속의 행복보다는 차라리 그 자신의 주권 속의 불행을 더 좋아합니다."[6] 영원한 지옥에 관해 말하는 많은 사람들은 언제나 용서할 준비가 되어 있으신 하느님을 믿지 않고, 용서받기를 거절하는 사람을 신뢰합니다. 그리고 만일 하느님께서 그렇게 하신다 할지라도 그의 자유에 대해 존중해 주지 않는다고 해서 하느님을 비난하려 합니다.

오늘날 우리는 어떤 경우 하느님에 대한 거절의 종국적 결말 후에 우리의 현대사회에서 일어나고 있는 바를 관찰함으로써, 죄

---

6 『성 베르나르도, 겸손과 교만의 등급』 ×, 36("misere prasse quam feliciter subesse").

의 결과를 실제로 입증할 수 있는 기회를, 우리 자신의 경험에 의해 갖고 있습니다. 니체에게 있어서 죄란 비천한 '유대인의 날조' 외에 아무것도 아니며 선악은 단지 '하느님의 편견'(다시 한 번 말하지만 우리는 의도가 아니라 말을 판단하고 있습니다.)일 뿐입니다. 그는 말했습니다. "우리는 신을 죽였다. 우리는 하느님의 암살자이다!" 그러나 한편 이런 불길한 결과를 깨달았든, 아니면 직접 체험했든, 철학자는 계속해서 말했습니다. "우리의 이 지구를 태양에 연결하고 있는 사슬로부터 고리를 품으로써 우리는 무엇을 했습니까? 그것은 지금 어디로 가고 있습니까? 우리는 어디로 가고 있습니까? 영원한 하락이 우리의 것이 아닙니까? 거꾸로, 옆으로, 앞으로, 각 방면으로부터? 어쩌면 우리는 마치 끝없는 '무無'를 통과하듯이 방황하고 있지는 않습니까?"[7] 하느님을 죽이는 것은 가장 무서운 자살입니다. 죽음은 진정 죄의 삯이며 그 증거는 현대의 허무주의에 있습니다.

---

7    F. NIETZSCHE, 『The Gay Science』, nr. 125.

## 4. 당신이 바로 그 사람입니다

우리가 방금 읽은 이 대단한 장광설에서 우리 믿는 사람들은 어떤 역할을 해야 합니까? 지금까지 들은 것에 의하면, 우리가 사실상 고발자들의 편에 있는 것 같습니다. 그러나 다음에 이어지는 것에 신중하게 귀를 기울여 봅시다. 나는 이미 바오로 사도의 서간이 총체적인 세상뿐 아니라 우리들 각자의 가면도 역시 벗겨줄 것이라고 말한 바 있으며, 이제 하느님의 말씀이 어떻게 이 두 번째 그리고 가장 어려운 과업을 성취하는가를 들여다볼 때입니다.

성경은 다음과 같이 말해 줍니다. 다윗왕은 간음을 했고 그것을 감추려고 그 여인의 남편을 전쟁에서 죽게 했습니다. 이런 방식으로, 이 여인을 그의 아내로 만드는 것은 그를 위하여 전쟁을 하다 죽은 사람에 대하여 왕의 입장에서 관대한 행위로 보였을 수조차 있었을 것입니다. 그러나 이것은 진실로 죄의 사슬이었습니다. 그러자 주님께서는 예언자 나단을 왕에게 보내어 비유로 말하게 하셨습니다. 비록 왕은 그것이 비유라는 것을 알지 못했지만 말입니다. 나단이 말했습니다. 어떤 도시에 두 사람이 있었는데 하나는 부자였고 다른 하나는 가난했습니다. 부자는 많은 양 떼와 소 떼를 가지고 있었고 가난한 사람은 새끼 암양 한 마리밖에 가진 것이 없었는데, 그것을 제 자식들과 함께 키우며 그의 품에 안고 자곤 했습니다. 하루는 부잣집에 손님이 하나 찾아왔습니다. 주인은 손님을 대접하는데 자기의 소나 양은 잡기가 아까워서 그 가난한 집 새끼 양을 빼앗아 손님을 대접했습니다. 이 이야기를 들은 다윗은 몹시 괘씸한 생각이 들어 나단에게 말했습니다. "이런 짓을 한 사람은 죽어 마땅하다!" 그러자 나단은 손가락으로 다윗을 가리키며 말했습니다. "당신이 그 사람입니다"(2사무 12,1).

이것은 사도 바오로가 우리에게도 말하고 있는 것입니다. 우리가 세상의 불경에 대해 의로운 분개와 혐오를 느끼도록 만들고 난 후에 우리가 그 서간의 첫 장으로부터 두 번째 장으로 넘어갈 때, 마치 갑자기 우리 자신에게 말하는 것처럼, 그는 반복합니다. "당신이 바로 그 사람입니다.", "그러므로 아, 남을 심판하는 사람이여, 그대가 누구든 변명의 여지가 없습니다. 남을 심판하면서 똑같은 짓을 저지르고 있으니, 남을 심판하는 바로 그것으로 자신을 단죄하고 있기 때문입니다. 우리는 그러한 짓을 저지르는 자들에게 내리는 하느님의 심판이 진리에 따른 것임을 알고 있습니다. 아, 그러한 짓을 저지르는 자들을 심판하면서도 스스로 같은 짓을 하는 사람이여, 그대는 하느님의 심판을 모면할 수 있으리라고 생각합니까?"(로마 2,1-3). 여기서 일찍이 사도 바오로가 이교도들에 대하여 사용하였던, '용서할 수 없는'이란 단어의 재현이, 우리로 하여금 사도의 의도를 의심할 수 없게 합니다. 그는 말합니다. 우리가 다른 사람들을 판단하는 동안 우리는 우리 자신을 단죄하고 있는 것임을 말입니다. 우리가 죄에 대해 느끼는 혐오를 우리들 자신에게 돌릴 때입니다.

2장에서 '판단하는 사람'은 유대인인 것으로 밝혀집니다. 그러나 여기서 그들은 전형적인 타입으로 보입니다. '유대인'은 그리스인이나 이교도가 아닙니다. 유대인은 경건한 신앙인입니다. 그리고 강한 원칙과 계시된 도덕을 가지고 다른 사람들을 판단하면서 그렇게 함으로써 안전하다고 느낍니다. 이런 의미에서 우리들 각자는 '유대인' 같은 사람들입니다. 오리게네스는 사실상 사도의 말씀은 교회 안에서의 주교, 사제, 부제, 즉 교회 내의 지도자들과 교사들을 의미한 것이라고 말했습니다.[8] 사도는 자신이 바리사이인에서 그리스도교인이 되었을 때 이것을 몸소 체험했기 때문에 신자들에게 바리사이주의(형식주의)를 버리는 방법을 지시할 수 있었던 것입니다. 그는 단지 선악을 분명히 구별할 수 있기 때문에 그들 자신은 하느님의 진노로부터 안전하다고 생각하는 경건

---

8   참조. 오리게네스, 『로마서 주해』 II, 2; PG 14, 873.

하고 종교적인 사람들의 이상하고도 빈번한 환상들의 정체를 밝힙니다. 그들은 율법을 알고 있으며, 필요할 때 그것을 다른 사람들에게 적용하는 방법을 알고 있습니다. 반면에 그들 자신에 관한 한 그들은 하느님의 편에 있다는 특전, 아니 최소한 그들이 매우 잘 알고 있는 하느님의 자비와 인내가 그들에게는 하나의 예외를 만든다고 생각하고 있습니다. 사도는 우리에게 말합니다. "하느님의 그 큰 호의와 관용과 인내를 업신여기는 것입니까? 그분의 호의가 그대를 회개로 이끌려 한다는 것을 모릅니까? 그대는 회개할 줄 모르는 완고한 마음으로, 하느님의 의로운 재판이 이루어지는 진노와 계시의 날에 그대에게 쏟아질 진노를 쌓고 있습니다"(로마 2,4-5). 이런 하느님의 말씀들이 실제로 당신을 가리키는 것이며 게다가 실제로 언급된 '여러분'이 '당신'이라는 것을 깨닫는 날에 얼마나 충격이 크겠습니까? 그것은 마치 권위 있는 과거의 판결을 분석하는 것에 아주 열중하는 법학자와도 같습니다. 좀 더 면밀히 살펴보다가 그는 갑자기 그 판결이 자신에게도 적용되고 그리고 아직도 유효하다는 것을 깨닫습니다. 그의 마음의 상태가 갑작스러운 변화를 경험하고 그는 그토록 자신 있던 것을 중지합니다. 하느님의 말씀은 여기서 실제적이고 참된 '힘의 여행'을 시작합니다. 그것은 그것을 다루고 있는 사람의 상황을 틀림없이 역전시킬 것입니다. 도망할 길은 없습니다. 다윗처럼 "내가 주님께 죄를 지었소."(2사무 12,13)란 말을 하며 복종하는 것이 필요합니다. 그렇지 않으면 마음은 다시 완고해지고 강퍅하게 됩니다.

사도가 '경건한 자들'에 대하여 말한 구체적 비난은 '그들이 다른 사람들을 판단하는 바로 그 잘못을 그들 자신도 범하고 있다는 것'입니다. 그러나 어떤 의미에서 그렇습니까? 그들이 실질적으로 그와 똑같은 짓들을 하고 있습니까? 물론 때때로 그렇기도 합니다(로마 2,21-24 참조). 그러나 사도는 특별히 불경不敬과 우상숭배에 초점을 두어 말씀하시는 것입니다. 우리가 살아가는 현시대의 세계 안에서도 작용하고 있는 우상숭배의 숨겨진 모습이 있습니다. 우상숭배라는 것이 우리의 손으로 만든 작품에게 '절하는 것'(이사 2,8; 호세 14,4 참조)이라면, 창조주의 자리에 피조물을 두는 것이라면, 그렇다면 나는 내 손으로 만든 작품인 피조물을 창조주의 자리에 둘 때마다 우상 숭배하는 셈입니다. 나의 피조물은 내가 건설한 집 혹은 교회, 내가 형성한 가족, 내가 낳은 자식일 수 있을 것입니다(얼마나 많은, 심지어 그리스도교인 어머니들조차 부지중에 그들의 아이들을, 특히 독자인 경우에, 신으로 만들고 있는지!). 또한 그것은 내가 하는 일, 내가 이끄는 학파, 내가 쓰는 책일 수 있습니다. 그리고 우상들 중의 으뜸인 자로서는, 바로 나 '자신'이 있습니다. 사실상 우상숭배는 언제나 그것 외의 다른 것들은 희생시키면서 세상의 중심에 자신을 최우선으로 두는, 'autolatry', 자기숭배, 자기애(이기주의)에 기반을 두고 있습니다. 실제 내용은 언제나 불경입니다. 하느님께 영광을 돌리지 않고 언제나 그리고 오직 자기 자신이 영광을 받는 것입니다. 심지어는 우리 자신의 성공 그리고 개인적 확인을 위해 하느님을 이용합니다. 사도의 전 서간을 통해 '유대인' 속에서 바오로가 비난하는 죄는 그들이 자기합리화와 자기 영광을 구하며, 그것도 하느님의 율법을 준수한다고 하면서 이런 일을 한다는 것이었습니다.

어쩌면 나 자신의 깊은 내면에서, 나는 이 시점에서 진리를 인정하고, 지금까지는 내가 '나 자신을 위해' 살았고, 내가 또한 불경의 비리에 열중하고 있다는 것을 인정할 준비가 되어있는지 모르겠습니다. 성령은 "내게 죄를 확신시켰습니다." 늘 새로운 회개의 기적은 나를 위하여 시작되고 있습니다. 그런 미묘한 상황에서 나는 무엇을 해야 할까요? 성경을 열고 "주님, 깊은 구렁 속에서 당신을 부르오니"(시편 130,1)하며 'De profundis'를 읊읍시다. 'De profundis'는 죽은 자를 위하여 쓰여진 것이 아니라 산 자를 위하여 쓰여진 것입니다. 시편 저자가 부르짖는 '구렁'은 연옥을 가리킨 것이 아니라 죄를 가리킨 것입니다. "주님이여, 당신께서 사람의 죄를 살피신다면, 감당할 자 누구이리까?"(시편 130,3) 하셨고, "그리스도께서 영으로 갇혀있는 영혼들에게도 가서서 기쁜 소식을 선포하셨습니다."(1베드 3,19)라고 기록되어 있습니다. 이에 대해 논평하면서 교부敎父들 중의 한 분은 말하기를 "그리스도께서 하데스(지옥)에 내려가시어 거기 갇혀있는 영혼들을 자유롭게 하셨다는 것을 들을 때 당신은 이런 일들이 오늘날 이루어지고 있는 일들과는 멀리 동떨어진 것이라고 생각하지 마십시오."라 했습니다. 정말로 마음은 무덤입니다.[9] 우리는 이제 영적으로, 하데스 안에 갇혀서 구세주의 오심을 기다리고 있는 영혼들의 처지에 있습니다. 그리스도 부활의 전통적인 성화는 아담과 이브가 필사적으로 그들의 손을 뻗어서 십자가를 지고 그들을 감옥으로부터 구해내기 위해 오시고 있는 그리스도의 오른손을 움켜잡으려 하고 있는 것을 보여줍니다. 우리가 죄수로 갇혀있는 우리의 죄 된 '자아'라는 깊은 감옥으로부터 소리 높여 부르짖읍시다. 우리가 말하고 있는 시편은 자신만만한 신뢰 그리고 가능성으로 가득 차 있습니다. 그의 말씀 안에서 나는 소망합니다. 나의 영혼이 주님을 기다림이 마치 파수꾼이 아침을 기다림보다 더합니다. 그분은 이스라엘

---

9   이집트의 마카리우스, 『정신의 자유』 116; pg 34, 936.

을 모든 불법에서 구해내실 것입니다. 우리를 위한 도우심이 존재하며, 우리의 질병을 위한 치료법이 있음을 알고 있습니다. 왜냐하면, "하느님은 우리를 사랑하시니", 그러므로 하느님의 말씀에 의지하여 비록 떨면서라도 하느님께 용기를 내어 말씀하십시다. "당신이 나를 지하에 버려두지 않으시며, 또한 당신을 사모하는 이 몸을 썩게 버려두시지 않을 것이기 때문입니다"(시편 16,10).

## 제3장

# 하느님의 정의가
# 만천하에 드러났습니다

### 믿음으로 의화됨

## 1. 하느님께서 역사役事하십니다

우리 영적 여행의 이 세 번째 단계에서 우리는 천재적 솜씨 같은 담대한 일격을 가하도록 하느님 말씀에 초대받았습니다. 우리의 남은 생애 동안 그리고 영원토록 그것 때문에 우리 스스로 만족스러울 그러한 일격을 말입니다. 사도 바오로는 죄의 법 아래에 있는 사람을 묘사했습니다. 로마서의 처음 두 장 반을 읽으면서 우리는 음울하고 험악한 하늘 아래를 걷고 있는 듯한 느낌이 듭니다. 그러나 그 후반 3장 21절에는 대조적인 세속적 표현으로 소개된 어조의 갑작스런 변화가 있습니다. "그러나 이제는 율법과 상관없이 하느님의 의로움이 나타났습니다."(로마 3,21)라고 하여 분위기가 변한 것입니다. 그것은 마치 구름이 갑자기 걷히고 태양이 솟아나는 것과 같습니다. 하느님의 의로움, 이것은 죄의 어둠을 비추려고 나타난 태양입니다. 이것이 새로운 것입니다. 인간이 그들 삶의 방식을 바꾸고 선을 행하기 시작한 것이 아닙니다. 아니 그 새로운 것은 하느님께서 역사役事하시고 그의 역사하심이 시대를 성취하신 것입니다. 그러므로 새로운 사실은, 하느님께서 역사하셨다는 것, 즉 그가 그의 침묵을 깨뜨리셨다는 것, 그리고 죄인에게 그의 손을 펴기 시작하셨다는 것입니다. 이러한 하느님의 역사하심은 그것이 발생할 때마다 하늘과 땅을 기쁨과 경이로 채우는 신비입니다. "하늘아, 주님께서 하신 일을 기뻐 노래하여라. 땅속 깊은 곳아, 큰소리로 외쳐라"(이사 44,23). 하느님께서 지나간 일들을 선언하셨습니다. 모든 선지자가 그것들을 말했습니다. 그가 홀연히 그것들을 이루셨고 그것들은 이루어졌습니다(이사 48,3 참조).

그러나 이러한 하느님 역사는 무엇으로 이루어졌습니까? 사도 바오로의 말씀에 귀를 기울여 봅시다. "모든 사람이 죄를 지어 하느님의 영광을 잃었습니다. 그러나 그리스도 예수님 안에서 이루어진 속량을 통하여 그분의 은총으로 거저 의롭게 됩니다. 하느님께서는 예수님을 속죄의 제물로 내세우셨습니다. 예수님의 피로 이루어진 속죄는 믿음으로 얻어집니다. 사람들이 이전에 지은 죄들을 용서하시어 당신의 의로움을 보여주시려고 그리하신 것입니다. 이 죄들은 하느님께서 관용을 베푸실 때 저질러졌습니다. 지금 이 시대에는 하느님께서 당신의 의로움을 보여주시어, 당신께서 의로우신 분이며 또 예수님을 믿는 이를 의롭게 하시는 분임을 드러내십니다"(로마 3,23-26). 하느님께서는 자비를 보여주시는 한편 정의를 보여주십니다! 이것은 엄청난 계시, 즉 죄인에 대한 하느님의 '보복'입니다. 사도 바오로는 말합니다. 하느님께서는 "의로우시며 의롭게 해 주신다."고 말입니다. 다시 말하여 그분은 인간을 의롭게 하실 때 그분 자신이 의로우시다고 말합니다. 사실상 하느님은 사랑이시고 자비로우신데 그것이 그분 스스로 의로우신 이유이며, 그분이 자비로우실 때 그분의 실제 모습을 보여주시는 것입니다.

 그러나 '하느님의 공의'라는 표현이 정확히 의미하는 바를 우리가 이해하지 못한다면 이 중 어느 것도 우리에겐 아무 의미가 없습니다. 언급된 하느님 공의公義를 그 정확한 중요성을 알지 못하면 듣는 사람이 용기를 얻어 스스로 "이것은 기대할 만한 것이었어."라고 생각하기보다는 오히려 당혹감을 느낄 위험성이 있습니다. 하느님의 진노 후에, 이제 그의 정의가 나타났습니다, 다시 말하여 그분의 정의로운 징벌이 나타났습니다! 이러한 맥락에서 '하느님의 정의'라는 말의 뜻을 발견, 아니 재발견한 사람은 루터였습니다. 그것은 인간에 대한 징벌이나 복수라기 보다는 오히려 하느님께서 인간을 의롭게 만드시는 활동을 뜻합니다. (루터는 실제로 의롭게 '만드신다'가 아닌 의롭게 '선언하신다'라고 말했습니다. 왜냐하면, 그는 법정 토론과도 같이 대외적인 의화를 염두에 두고 있었기 때문입니다.) 오래전 성 아우구스티노는 기록했습니다. "'주님의 구원'이란 말이 마치 그분이 우리를 구원하시는 구원을 의미하는 것과 마찬가지로, '하느님의 정의'는 그의 자비로 우리가 의롭게 되도록 해 주시는 정의를 의미합니다!"[1] 후에 루터는 기록했습니다. "내가 이것을 발견했을 때, 나는 새로운 인간이란 느낌이 들었습니다. 천국의 문들이 나를 향해 넓게 열린 것 같았습니다."[2]

그러므로 '복음', 즉 사도 바오로가 로마의 그리스도인들에게 전하는 기쁜 소식은 다음과 같습니다. 이제 인간에 대한 하느님의 자비, 즉 인간을 향한 그분의 선한 뜻, 그분의 용서, 한마디로 그분

---

1 성 아우구스티노, 『영과 문자』, 32, 56 (PL 44, 342).
2 M. LUTHER, 『Preface to the Latin Works』, (Weimar Ed., 54, p.186).

의 은총이 나타났습니다. '하느님의 의義'의 개념을 이렇게 설명한 것은 성경 자체입니다. "우리 구원자이신 하느님의 호의와 인간애가 드러난 그때, 하느님께서 우리를 구원해주셨습니다. 우리가 한 의로운 일 때문이 아니라 당신 자비에 따라, 성령을 통하여 거듭나고 새로워지도록 물로 씻어 구원하신 것입니다"(티토 3,4-5). "하느님의 의가 나타났다."고 말하는 것은 하느님의 인자하심과 사랑이 나타났다고 말하는 것과 같습니다.

## 2. 의화義化와 회개

우리는 이제 이러한 바오로 사상의 근원과 그의 다른 선언 뒤에 잠재해 있는 목소리 혹은 외침이 단지 충실한 메아리에 지나지 않는다는 것을 발견할 수 있어야 합니다. 그는 말하고 있습니다. "복음은 믿는 사람이면 누구에게나 구원을 가져다주는 하느님의 힘이기 때문입니다"(로마 1,16). 그는 '성취된' 하느님 인내의 '때', 즉 드러난 하느님의 의義로우심에 관해 말하고 있습니다(로마 3,25). 이 말씀들은 우리에게 무엇을 그리고 누구를 생각나게 합니까? 이 말씀들은 우리에게 공생활 활동의 시작에 즈음하여 "때가 다 되어 하느님의 나라가 다가왔다. 회개하고 이 복음을 믿어라."(마르 1,15)라고 선포하며 다니신 예수님을 생각나게 합니다. 바오로는 예수님의 가르침을 가장 순수한 형태, 동일한 용어, 동일한 개념, 즉 '때', '복음', '믿음'으로 전하고 있습니다. 예수님이 '하느님의 나라'란 표현 속에 포함시킨 것, 즉 하느님 구원의 시작, 인간을 위하여 그분의 거저 주시는 구원의 실행을 사도 바오로는 '하느님의 의'라고 부릅니다. 그러나 그는 똑같이 중요한 실체, 하느님의 동일한 활동을 다루고 있습니다. '하느님의 나라'와 '하느님의 의'는 예수님께서 "너희는 먼저 하느님의 나라와 하느님께서 의롭게 여기시는 것을 구하여라."(마태 6,33)라고 말씀하셨을 때 함께 언급되었습니다. 예수님께서는 하느님의 나라를 칭하기 위해 "믿음을 통한 의화와 세례의 정화 그리고 성령과의 친교"를 사용하셨다고 옛날의 한 교부는 말씀하십니다.[3]

예수님께서 "회개하고 복음을 믿어라."라고 말씀하셨을 때 그분은 이미 믿음을 통한 의화를 가르치고 계셨습니다. 예수님 이전에 회개라 하면 히브리어로 'shub'였고, 그 말이 '돌아가는'으로 쓰인 것처럼, 회개는 언제나 '돌아간다'를 의미했습니다. 그것은

---

3  알렉산드리아의 성 치릴로, 『루카복음 주해』, 22:14; p.72, 905.

율법을 새롭게 성찰함으로써 계명을 어겼다는 사실 인식으로 되돌아감을 뜻합니다. 즈카리야 예언서에서 주님께서는 "너희의 악한 길, 악한 행실을 버리고 돌아오라."(즈카 1,3-4 참조; 예레 8,4-5)고 말씀하십니다. 따라서 회개는 주로 금욕적 도덕적 참회라는 의미를 가졌고 특히 우리 삶의 방법을 바꿈으로써 이루어집니다. 회개는 구원의 조건처럼 보입니다. "회개하라! 그러면 구원받을 것이다. 회개하라! 그러면 구원이 너희 것이 되리라." 이는 세례자 요한의 입술에까지 오른 회개라는 어휘의 주된 의미입니다(루카 3,4-6 참조). 그러나 예수님 입술에서는 이 도덕적 의미가 여태까지 알려지지 않은 의미의 참신한 내용에 비교하면 단지 부차적 중요성을 지닐 뿐입니다(적어도 요한의 활동 초기에는 그렇습니다). 오직 예수님의 입술에서만 회개란 말이 과거보다는 미래에 대해 언급된 새로운 의미를 갖습니다. 사실상 오직 그분으로 인하여 역사의 중심에서 교체가 일어났습니다. 그리하여 가장 중요한 것은 더 이상 인간이 과거에 있는 것이 아니라 미래에 있는 것입니다.

그러므로 회개한다는 것은 옛 언약과 율법의 준수로 되돌아가는 것을 의미하지 않습니다. 그것은 한 걸음 더 나아가 새로운 언약으로 들어가는 것, 나타난 이 왕국을 받아들이고 믿음으로 그곳에 들어가는 것을 의미합니다. "회개하고 믿어라."는 하나에 이어 또 다른 것을 말하는 두 가지 다른 것이 아닙니다. 그것들은 동일한 행위입니다. 회개하라, 즉 믿어라, 믿음으로 회개하라 입니다. 회개와 구원이 위치가 바뀌었습니다. 더 이상 죄-회개-구원("회개하라! 그러면 구원받으리라", "회개하라! 그러면 구원이 네 것이 되리라")이 아니라, 죄-구원-회개("네가 구원받았으니 회개하라, 왜냐하면, 구원이 네 것이니 회개하라")입니다. 하느님의 행하심이 먼저 있고 그다음에 사람의 응답이 있는 것입니다. 그 반대가 아닙니다. 예수님의 설교를 싫어한 율법 학자들과 바리사이파 사람들에게 걸림이 된 것은 바로 이 점에서였습니다. 왜냐하면, 하느님으로부터 오는 의를 무시하고 그들 자신의 의를 세우려고 추구함으로써 그들은 하느님의 의에 복종하지 못했던 것입니다(로마 10,3). 하느님께서는 구원에 우선권을 두셨습니다. 하느님은 당신의 나라가 오게 하셨습니다. 사람은 믿음으로 하느님의 제안을 받기만 하면 됩니다. 그리고 하느님의 요구대로 살기만 하면 되는 것입니다. 그것은 마치 한 임금이 화려한 잔치가 준비된 그의 궁전 문을 열고 문간에 서서 "들어오시오, 모든 것이 준비되었습니다."라고 말하면서 지나가는 사람들을 초대하는 것과 같습니다.

그러므로 "회개하고 믿어라"는, 율법에 근거한 구약으로부터 믿음에 근거한 신약으로 옮겨가는 것을 의미합니다. 사도 바오로는 믿음에 의한 의화에 관하여 그의 교리에서 동일한 것을 말하고 있습니다. 유일한 차이점은 예수님의 설교와 바오로의 설교 사이에서 일어난 것에 기인합니다. 그리스도는 거절당하셨고 인간의 죄 때문에 죽으셨습니다. '복음을 믿음'은 이제 '예수 그리스도를 믿음, 그의 성혈을 믿음'으로 나타납니다(로마 3,25).

그러므로 믿음은 가장 중요한 회개입니다. 믿음을 통하여 우리는 천국에 들어갑니다. 만일 여러분이 천국 문은 무죄하고 그 문은 계명을 엄격히 준수함이며, 그 문은 이러저러한 도덕적 덕목이라고 들었다면, 핑계를 찾아서 말했을 것입니다. "그것은 나를 위한 것이 아닙니다! 나는 무죄하지 않습니다. 나는 도덕적 덕목을 갖고 있지 못합니다." 그러나 당신은 '그 문이 믿음'이라고 듣고 있습니다. 믿으십시오! 이것은 당신이 닿지 못하는 어떤 것이 아닙니다. 그것은 당신으로부터 그다지 멀리 떨어진 곳에 있지 않습니다." 오히려 "말씀이 바로 네 곁에 있고 네 입에 있고 네 마음에 있다."라고 말씀하셨습니다. 그 말씀은 우리가 전파하는 믿음의 말씀을 가리킵니다. 예수님은 주님이시라고 입으로 고백하고 또 하느님께서 예수를 죽은 자들 가운데서 다시 살리셨다는 것을 마음으로 믿는 사람은 구원을 받을 것입니다(로마 10,8-9).

그러나 사도 바오로는 한 가지를 강하게 주장하고 있습니다.

이 모든 것은 은혜를 통해 선물로서 '거저' 주신다는 것입니다. 그는 여기서 여러 가지 다른 용어를 사용하면서 수많은 시대를 거슬러 올라갑니다. 그리고 우리는 왜 하느님께서 이 점에 관해 그토록 단호하신가를 이상하게 여깁니다. 그것은 그분이 이 새로운 피조물로부터 첫 번째 피조물을 파멸시킨 악성 종양, 즉 인간의 자랑을 차단하고자 원하시기 때문입니다. 그러면 우리의 자랑은 어떻게 되었습니까? 그것은 차단되었습니다. 왜냐하면, 우리는 율법의 행위와는 별개로, 믿음으로 의화됨을 받기 때문입니다(로마 3,27-28). 우리가 구원을 받은 것은 하느님의 은총을 입고 그리스도를 믿어서 된 것이지 우리 자신의 힘으로 된 것이 아닙니다. 이 구원이야말로 하느님께서 주신 선물입니다. 이렇게 구원은 사람의 공로로 이루어지는 것이 아니기 때문에 "아무도 자기 자랑을 할 수 없습니다"(에페 2,8-9). 인간은 그의 마음속에 '그의 값을 하느님께 지불하려는' 타고난 성향을 숨기고 있습니다. "그러나 어느 누구도 그 자신의 목숨 값을 치르거나 그의 목숨 값을 하느님께 드릴 수는 없습니다"(시편 49,8). 우리의 공로를 통하여 하느님께 그 목숨 값을 지불하기 원하는 것은 하느님으로부터 독립되고 자율적이 되려는 끝없는 노력의 또 다른 형태입니다. 단지 자율적이거나 독립적이 아니라 실제로 하느님께 대한 채권자가 되려고 하는 것입니다. 왜냐하면, "공로가 있는 사람이 받는 보수는 자기가 마땅히 받을 품삯을 받는 것이지 결코 선물로 받는 것은 아니기 때문입니다"(로마 4,4). 그러면 "누가 먼저 무엇을 드렸기에 주님의 답례를 바라겠습니까?"(로마 11,35).

사도 바오로가 '거저'라는 부사를 통하여 표현한 것을 예수님께서는 어린아이의 이미지를 통해서 다른 방법으로 표현하셨습니다. 그리고 우리는 다시 한번 예수님의 가르침과 바오로의 가르침 사이에 존재하는 완벽한 조화를 봅니다. 예수님께서는 우리가 어린아이처럼 천국을 받아들여야 한다고 말씀하셨습니다(마르 10,15 참조). 어린아이처럼 천국을 받는다는 것 그것은 거저 받는 것을 의미합니다. 즉 공로를 통해서가 아니라 거저 선물로 받는다는 뜻입니다. 어느 날 제자들이 "천국에서는 누가 제일 큰가"에 대해, 다른 말로 하면 그들 중 누가 가장 높은 자리를 차지할 권리를 획득할 수 있을까에 대해 토론하고 있었을 때 예수님께서는 어린아이 하나를 불러 그들 가운데 세우시고, 그들이 돌이켜 어린아이와 같이 되지 아니하면 결단코 천국에 들어가지 못할 거라고 말씀하셨습니다(마태 18,1-3 참조). 어린아이는 본능적으로 공로와 특전의 차이점을 알고 있으며 공로를 위해 그들이 어린아이라는 특전을 결코 포기하지 않을 것입니다. 그들은 확실하게 그들이 필요로 하는 것, 즉 빵, 책, 장난감 등을 그들의 부모에게 요구합니다. 그들이 집으로 봉급을 가져오거나, 그들이 그것을 벌었다고 생각해서가 아니라 단지 그들이 사랑받고 있다는 것을 알고 있기 때문에 요구합니다. 그들은 그들이 어린아이라는, 그러므로 그들이 모든 것의 상속자라는 사실에 매달립니다. 이것은 '공로 혹은 보상이라는 생각 혹은 심지어 미덕이나 헌신이나 금욕' 등의 개념 그리고 복음에서 분명하게 나타나 있는 기타 모든 것을 상쇄시키지는 못합니다. 그것은 이 모든 것을 구원의 원인으로가 아니라 구원의 결과로서 올바른 질서 속에 두는 문제입니다. 그것은 마치 믿음으로부터 솟아나는 어떤 것과 같습니다. 그 공로들은 그로 하여금 아버지날에 그의 아버지를 위해서 자그마한 선물을 살 수 있도록 부모님이 아이의 주머니 속에 몰래 넣어 둔 동전과 같습니다. 트리덴티노 공의회는 "그것은 사실상 그의 선물이지만 우리 공로로 간주되게 하기 위해 인간을 위해 배려하신 하느님의 자비였습니다."라고 진술했습니다.[4]

그러므로 우리의 공로에 관심을 가지실 일은 하느님께 맡겨둡시다. 그러나, 역시 우리가 할 수 있는 모든 선한 일을 하십시다.

---

4 Denzinger-Schönmetzer, 『Enchiridion Symbolorum』, 1548.

성경은 하느님께서 우리의 모든 죄를 그의 등 뒤로 던져 버리신다고 말합니다(이사 38,17 참조).

우리는 우리의 공로를 우리 등 뒤로 던져 버립시다. 하느님께서는 우리의 모든 죄를 그의 등 뒤로 던져 버리시고, 대신에 우리의 선행들(가난한 자에게 물 한 잔을 준 행위를 포함하여)을 앞에 두십니다(토빗 12,12; 사도 10,4 참조). 우리는 우리의 모든 선행을 우리의 등 뒤로 던져 버리고 우리의 죄를 우리의 앞에 둡시다. 우리가 우리의 죄를 우리 앞에 두면 둘수록 하느님께서는 그것들을 그만큼 더 뒤로 던져 버리십니다. 우리가 우리의 선행을 우리 뒤로 던져 버리면 버릴수록 하느님께서는 그것들을 그만큼 더 그의 앞에 두십니다.

예수님의 복음과 그토록 조화로운 '믿음을 통하여' 의롭게 되는 '거저 주시는 선물'이라는 그의 복음을 사도 바오로는 어디서 얻었을까요? 그는 그것을 복음 말씀에서 얻은 것이 아니라(그것들은 아직 기록되지 않았었습니다.) 말로 전승되는 예수님의 설교에서 얻었으며, 무엇보다도 하느님께서 그 자신의 삶 속에서 역사하셨던 것에서 얻었습니다. 그 스스로가, 자신은 그가 전파하는 복음(믿음으로 의화됨을 받는다는 복음)을 사람으로부터가 아니라 예수 그리스도의 계시에 의해 배웠다고 말함으로써 이를 주장하면서 이 계시를 그 자신의 회개와 연관 지어 이야기하고 있습니다(갈라 1,11). 로마인들에게 보내는 그의 서간에서 사도 바오로는 그 자신의 회개라는 드라마를 모두에게 적절한 일반적 용어로 진술하고 있을 뿐입니다. 필리피 신자들에게 편지를 쓰면서 바오로는 회개라는 것을 '율법에 근거한 그 자신의 의'에서 '믿음에 의존하는 하느님으로부터의 의'(필리 3,9)로 바뀌는 하나의 통과 과정으로 제시합니다. 이 글에서 사도 바오로가 그의 회개를 기술한 것을 읽으면서 나는 밤중에 한 사람이 희미한 촛불 하나를 들고 숲을 걸어 나가는 모습을 봅니다. 그는 자기 길을 찾기 위해 그 촛불에 의지하므로 그것이 꺼지지 않도록 매우 조심합니다. 그러나 그가 계속해서 걸어가면 새벽이 밝습니다. 태양은 지평선에 나타나고 그의 작은 촛불은 점점 더 희미해져서 마침내 그는 촛불을 가지고 있다는 것도 의식하지 않게 되어 그것을 던져 버립니다. 이것이 바로 바오로에게 일어났던 일입니다. 그의 작은 촛불은 그의 어마어마한 특성들, 즉 히브리사람이요 이스라엘 백성 가운데서 태어난 지 여드레 만에 할례를 받았고, 율법준수로 말하면 바리사이파 사람이요 흠 잡힐 것 없는 사람들이라는 특성들에도 불구하고, 비참하게 다 타버린 양초 심지에 불과한 그 자신의 의義였습니다(필리 3,5-6 참조). 어느 맑은 날 사울의 인생 지평선에 태양, '의화라는 태양'이 역시 나타났습니다. 이 본문에서 그는 이것을 '예수 그리스도 나의 주님'

이라는 끝없는 봉헌의 말씀으로 부릅니다. 그때부터 그는 자신의 의를 실패, 쓰레기로 보았으며, 그 자신의 의로 존재하기를 원치 않고 믿음에 의존한 의로 존재하고 싶어 했습니다. 바오로의 회개는 '대담한 타격'의 가장 두드러진 예입니다. 하느님께서는 처음에 교회에 드러내기 위해 그를 부르고 계신다는 것을 그가 극적으로 체험하게 하셨습니다.

### 3. 전유專有로서의 믿음

 말씀드린 것처럼 모든 것을 여는 열쇠는 믿음입니다. 그러나 여러 가지 종류의 믿음들이 있습니다. 지성인이 동의하는 믿음, 신뢰로서의 믿음, 그리고 이사야가 말한 것(이사 7,9)처럼 확고한 믿음이 있습니다. 어떤 종류의 믿음이 '믿음에 의한' 의화에 관련된 믿음일까요? 그것은 특별한 종류의 믿음입니다. 전유專有로서의 믿음입니다. 이에 관하여 베르나르도 성인은 말합니다. "나 혼자 힘으로는 얻을 수 없는 것을, 주님께서는 자비로움이 충만하시므로, 나는 창에 찔린 주님의 늑방으로부터 오는 신뢰에 의지하여 전유합니다. 하느님의 자비는 그러므로 나의 공로인 셈입니다. 그래서 하느님의 자비로우심이 크시다면(시편 119,156), 나 역시 공로가 많을 것입니다. 그러면 우리의 의義로움은 어떻게 되었습니까? 오! 주님, 저는 오직 당신의 의로우심 만을 기억할 것입니다. 당신은 나를 위해 존재하는 하느님의 의로움이시므로 그것은 나의 것이기도 합니다."[5] 사실상 그리스도는 하느님께서 주신 우리의 지혜요, 의로움이요, 성화요, 구원입니다. 그분 덕택으로 우리는 하느님과 올바른 관계에 놓이게 되었고, 하느님의 거룩한 백성이 되었고, 해방을 받았습니다. 이것은 다 하느님께서 하신 일(1코린 1,30 참조)이라고 기록되어 있습니다.

가장 간단한 것을 우리는 생각지도 못했습니다! 이것은 신약 중에서 가장 간단하고 분명한 것입니다. 그러나 그것을 발견하기가 어찌 그리 어려운지요! 그것은 일반적으로 영적인 삶의 처음이 아니라 마지막에 이르러 깨닫게 됩니다. 그것은 물리학에서 어떤 법칙을 발견하는 것과 흡사합니다. 어떤 원리의 결론에 이르기 위해서는 거듭되는 실험이 요구됩니다. 그리고 결국엔 그 법칙이 모든 것 중에 가장 간단하고 가장 기본적인 것임이 드러납니다. 결국, 그것은 하느님께 단순히 '예!'라고 말하는 문제인 것입니다. 하

---

5   성 베르나르도, 『아가에 관한 43개의 설교』 61 4-5; PL 183, 1072.

느님은 인간을 자유롭게 창조하셔서 인간이 자유의지로 생명과 은총을 받아들이고 자신이 하느님의 은총과 생명의 수익자(하느님께로부터 생명과 은총을 받은 자)라는 것을 인정하도록 하셨습니다. 하느님께서는 오직 인간의 '예!'라는 대답을 기다리셨습니다. 그런데 그 대신에 그분은 '아니오.'라는 대답을 받으셨습니다. 이제 하느님께서는 인간에게 두 번째의 창조처럼, 두 번째의 기회를 주셨습니다. 그분은 그리스도를 구원자救援者로 제시하시고 인간에게 물으십니다. "너희는 그의 안에, 그의 은혜 안에 살겠느냐?" 믿는다는 것은 "예, 그리 하겠습니다!"라고 대답하는 것입니다. 그러면 즉시 당신은 처음보다 훨씬 귀중한 새로운 피조물이 되는 것입니다. 당신은 "그리스도 예수님 안에서 창조되었습니다"(에페 2,10).

이것은 내가 전에 언급했던 담대한 일격이며 그것을 이용하도록 예비 되어있는 사람이 많지 않다는 것을 깨닫는 것은 실로 놀라운 일입니다. 그 보상은 '영생'이며 그것을 얻는 길은 '믿는 것'입니다. 예루살렘의 치릴루스 성인은 이 믿음의 일격을 다음과 같이 표현했습니다. "아! 인간을 향한 하느님의 놀라운 자비로우심이여! 구약의 의인들은 여러 해 동안의 노고를 치르고서야 하느님이 그들을 받아들이셨습니다. 그러나 오랫동안 용맹스럽게도 위험을 무릅쓰며 하느님을 만족하게 해드린 헌신을 통해서 그들이 간신히 얻어낸 것을 우리는 예수님을 통하여 짧은 시간에 얻습니다. 만일 여러분이 예수 그리스도는 구세주이시며 하느님께서 그를 죽은 사람들 가운데서 일으키셨음을 믿으면 여러분은 구원받을 것이며, 선한 강도를 구원하신 것처럼 우리도 그분에 의해 낙원으로 인도될 것입니다."[6]

경기장 안에 중요한 레슬링 시합이 있었다고 상상해 보십시오. 한 용감한 사람이 잔인한 전제군주에 대항해서 싸워왔으며 대단한 노력과 고생을 통하여 그를 패배시켰습니다. 당신은 싸울 필요가 없었고, 격투하거나 다치지도 않았습니다. 그러나 만일 당신이 그 용감한 사람을 칭찬한다면, 당신이 그의 승리를 기뻐한다면, 당신이 그를 위한 화관을 만든다면, 그를 위해 군중을 자극하고 흥분시킨다면, 기쁘게 그에게 절하고 그와 악수하며, 모두가 말하기를 당신이 그의 승리를 당신의 것이라 여길 정도로 그토록 기뻐서 흥분하게 된다면, 당신은 틀림없이 그 우승자의 상급을 함께 나눌 것입니다. 게다가 그 우승자가 그가 얻은 포상을 필요로 하지 않고 그의 친구가 영광을 받는 것을 보고 싶어 하고 그의 친구가 자신의 상급이 됨을 더할 나위 없는 것으로 여긴다고 가정해 봅시

---

6  예루살렘의 성 치릴루스, 『교리서』 5, 10; PG 33, 517.

다. 그 사람은 싸우지도 않고 부상을 당하지도 않고 승리의 화관을 그냥 받지 않겠습니까? 분명히 그는 받을 것입니다! 그렇습니다, 그것이 그리스도와 우리 사이에 일어난 일입니다. 우리가 비록 전력을 다해 싸우지 않았더라도, 아무런 공로가 없더라도, 그럼에도 불구하고 믿음으로 우리는 그리스도의 전쟁을 찬양하고, 그의 승리를 찬미하며, 십자가인 그의 전리품을 예우하고 그분에게 말로 표현할 수 없는 깊은 사랑을 보이면 우리는 그의 상처와 죽음을 우리 자신의 것으로 만드는 것입니다.[7]

그러나 그런 위대한 것들이 약속된 이 믿음이란 것은 과연 무엇입니까? 히브리서에는 책의 한 장章 전체가 "믿음을 가지고 여러 나라를 정복하였고, 정의를 실천하였고, 약속해 주신 것을 받았고, 사자의 입을 막았으며, 맹렬한 불을 껐고 …… 약했지만 강해진"(히브 11,33) 옛 조상들의 믿음을 칭찬하는데 바쳐진 곳이 있습니다. 그러나 이 장은 "하느님께서 우리를 위해서 더 좋은 것을 마련해 두셨다."(히브 11,40)고 말하며 끝납니다. 더 이상 일시적인 것이나 이 세상 '왕국'은 없을 것이고 하느님의 나라와 그의 의義로

---

7 참조. 성 요한 크리소스토모, 『묘지에 관하여』; p. 49, 396, 니콜라스 카바실라스, 그리스도안의 생활에 관하여, I ,5; PG 150, 517.

움만 있을 것입니다. 믿음은 진실로 하느님 지혜의 가장 아름다운 창조물 중 하나입니다. 믿음을 통하여 유한한 것들은 무한한 것에 이르고, 피조물은 하느님께 이릅니다. 믿음으로 유대인들은 "마른 땅을 지나가듯이 홍해를 건넜습니다"(히브 11,29). 그러나 그리스도에 대한 믿음을 통하여 실현된 '이집트 탈출'에 비교한다면 이 첫 번째 이집트 탈출에는 무슨 의미가 있습니까? 믿음으로 우리는 어둠의 나라에서 빛의 나라로, 보이는 것에서 보이지 않는 것들로 건너갑니다. 하느님께서는 마음속에 믿음을 가진 자유를 창조하셨습니다. 다시 말해 믿음을 가능케 하신 것입니다. 사람이 믿을 때, 오직 믿음으로 자유가 충분히 발휘됩니다. 하느님께서만이 믿음을 가진 피조물이 지닌 자유행동의 가치를 아십니다. 왜냐하면, 하느님께서만 그분 자신이 가치 있으심을 아시기 때문입니다. 성경은 하느님께와 똑같은 그런 믿음에 대해 말하고 있습니다. 다시 말해 그는 전능합니다. "하느님께서 하시는 일은 안되는 것이 없고"(루카 1,37), 그리고 또 "믿는 사람에게는 안 되는 일이 없습니다"(마르 9,23). 그러므로 우리는 하느님께서 죄의 위험을 무릅쓰고 우리의 믿음을 가능케 하셨다는 것을 깨달을 수 있습니다.

믿음의 신성함은 그것이 실질적으로 영원하다는 사실로 드러납니다. 우리는 믿음에 있어 결코 충분한 만족에까지 이를 수는 없습니다. 언제나 조금 더 믿는 것이 가능할 뿐입니다. 하느님의 모든 은총은 사람을 좀 더 깊고 순수한 믿음으로, 한 단계의 믿음으로부터 좀더 온전한 단계로, 즉 표적을 수반한 믿음에서 표적을 수반하지 않는(표적이 없어도 믿는) 믿음으로 인도하는 일을 합니다. 믿는 사람이 믿음을 방해하는 어떤 장애물을 극복하자마자 하느님께서는 지체 이 더 큰 장애물을 그의 앞에 두십니다. 그리고 그다음엔 더욱더 큰 장애물을 준비하십니다. 그의 다른 한 손에는 그를 위해 어떤 보상을 예비하고 계심을 스스로 아시기에 그러하십니다. 육상경기에서 높이뛰기와 똑같은 일이 믿음에서도 일어납니다. 성공적으로 뛰어넘을 때마다 사람들은 조금씩 더 높입니다. 그리하여 이전의 기록은 끊임없이 경신됩니다. 하느님이 마련하신 이 놀랄만한 믿음의 창안은 반드시 우리를 놀라게 합니다. 천국의 영광은 가지와 열매가 풍성한 장엄한 한 그루 나무와 같습니다. 그러나 그것은 작은 씨에서 발육되었고 땅에서 경작되었습니다. 이 씨가 바로 믿음입니다. 어느 날 이 분야의 전문가가 우리에게 그 씨앗의 주인을 대단한 부자로 만들어 줄 매우 귀한 나무를 생산할, 세상에서 하나밖에 없는 종류라고 보장하면서 작은 씨앗 하나가 담긴 상자를 우리에게 준다면, 우리는 어떻게 할 것인가 상상해 보십시오. 우리는 그것을 어떻게 보호할 것이며 바람으로부터 그것을 어떻게 숨길 것인가요? 그것이 우리가 우리 믿음을 위하여 해야 할 일입니다. 그것은 '영생이라는 열매'를 생산할 한 알의 씨앗입니다!

## 4. 보십시오. 이제는 받아들일 시간입니다

믿음으로 말미암는 의義로움에 대한 사도 바오로의 가르침은 시간의 부사 '지금'으로 시작됩니다. '지금'이라는 부사는 세 가지 다른 수준의 의미를 가집니다. 역사적, 성사적인, 그리고 도덕적인 의미가 그것입니다. 사실상 그것은 무엇보다도 십자가 위에서 그리스도가 죽으신 때를 가리킵니다. 즉, 우리의 구원이 성취된 역사적 사건을 가리킵니다. 둘째 그것은 그리스도인이 "씻겨지고 거룩하여졌으며 하느님과의 올바른 관계에 놓이게 되는"(1코린 6,11) 세례의 순간을 가리킵니다. 마지막으로 그것은 오늘 우리의 삶인 지금, 이 순간을 가리킵니다. 이 마지막의 중요성은 사도 바오로가 고린토 사람들에게 "보라 지금은 자비를 베풀만한 때요, 보라 너를 구원해야 할 날이다."(2코린 6,2)라고 외쳤을 때 강조하고 있는 것입니다. 이 단계에서 '지금'은 문자 그대로 우리가 살고 있는 순간인 지금을 의미합니다.

그러므로 믿음으로 말미암는 의에 관하여는 지금 당장에 행해져야 할 것이 있습니다. 나 아닌 다른 어느 누가 대신할 수 없으며, 이 문제에 관한 최선의 심사숙고를 미루어 두어서는 안 되는 그런 일이 있습니다. 믿음으로 말미암는 의는 초자연적인 삶의 시작입니다. 그러나 그것은 연이어 뒤따르는 다른 것들에 의해 신속히 계승되는 시작은 아닙니다. 그것은 언제나 시기적절하며, 끊임없이 다시 만들어지고 보장되는 그런 시작입니다. 이런 연속성에서 한 사람의 믿음과 감사를 일깨우는 순간과 맞먹는, 더하거나 덜한 강약의 순간들이 있을 수 있습니다. 바로 이런 이유로 우리는 지금 여기에 있습니다. 어느 날 세례를 통하여 우리에게 일어나는 것을 이해하기 위하여가 아니라, 그것을 재현함으로 우리 믿음의 질이 급속도로 성장할 수 있도록 하기 위하여 그러합니다.

4세기의 어떤 교부가 이것들을 이례적으로 최신의 '실존주의적' 언어로 기록했습니다. 모든 사람에게 있어 삶의 시작은 그리스도께서 그를 위하여 희생 제물로 죽으신 그 순간입니다. 그러나 그리스도께서는 그가 은총을 받아들이고 그를 위하여 죽으신 그분의 죽으심으로 인해 얻은 생명을 그가 의식하게 되는 순간에 그를 위하여 희생 제물로 죽으시는 것입니다.[8] 그러므로 우리가 그분의 죽음을 바로 깨닫고 확인하고 그 죽음에 기뻐하며 감사하는 순간에 그분의 죽음은 우리에게 현실이 되고 진실이 되는 것입니다.

이것이 1738년 5월 24일에 요한 웨슬레에게 일어난 일이었습니다. 감리교회와 성령 운동을 통하여 그는 시작했습니다. 그 사건은 미래의 개신교 영성 개발에 깊은 영향을 끼쳤습니다. 그는 자기 일기에 이렇게 쓰고 있습니다. "그날 저녁 나는 알더스게이트 거리에서 열린 모임에 마지못해 나갔습니다. 거기에서 한 사람이 로마서에 대한 루터의 서문을 읽고 있었습니다. 9시 15분 전쯤에, 그리스도를 믿는 믿음을 통해 하느님께서 마음속에 일으키신 변화를 이야기하고 있는 동안 나는 이상하게 마음이 따뜻해지는 것을 느꼈습니다. 나는 그리스도를, 단지 구원을 위해서만 신뢰하고 있다고 느꼈습니다. 그러자 그분이 나의 죄를 가져가 버리시고, 죄와 죽음의 법에서 나를 구원하셨다는 확신을 받았습니다."[9]

만일 우리가 그렇게 원한다면 이 모든 일이 우리에게도 일어날 수 있습니다. 어느 날 세리가 기도하러 성전에 올라갔습니다. 그

---

8 『1738년에 행한 부활절 강론;』 SCh 36, p.59f.
9 JOHN AND CHARLES WESLEY, 『Selected Writings and Hymns』, ed. by F.Whaling, Paulist Press, New York 1981, p.107.

리고 그의 짧은 기도 중에 "그가 올바른 사람으로 인정받고 집으로 내려간"(루카 18,14) 어떤 일이 일어났습니다. 그가 해야 했던 것은 단지 성실한 마음으로 말하는 것뿐이었습니다. "하느님! 죄 많은 저에게 자비를 베풀어 주십시오!" 우리도 똑같이 "하느님! 죄 많은 저에게 자비를 베풀어 주십시오!"라고 깊은 확신으로 말하는 열정적인 기도의 순간 뒤에 올바른 사람으로 인정받고 집으로 돌아갈 수 있습니다. 나는 또한 가장 훌륭한 보상을 가지고 믿음으로 의화됨을 받고, 말하자면 의롭게 되고, 용서받고, 구원받고, 새로운 피조물이 되어 집으로 돌아갈 수 있습니다. 거짓이 있을 수 없는 하느님의 말씀이 이것을 보장해 줍니다. 나는 나 자신을 영원히 기뻐할 수 있다는 그런 자찬自讚의 말을 할 수 있을 것입니다. 나는 다시 나의 죄를 십자가 위 그리스도의 팔 안에 놓고 나 자신을 하느님께 바치며 말할 수 있습니다. "이제 저를 살펴보세요. 아버지, 저는 당신의 예수이오니 저를 보세요! 그분의 의가 제 위에 있어요. 그는 저에게 정의가 펄럭이는 겉옷을 입혀주셨습니다"(이사 61,10). 그리스도께서 "나의 죄를 대신 지셨기 때문에 나는 그분의 거룩함을 입었습니다. 나는 그리스도를 입었습니다"(갈라 3,27). 하느님께서 다시 그의 피조물을 기뻐하시기를!

하느님께서 그의 피조물을 관찰해보시고 그분의 아들이신 그리스도 덕분에 그것이 '심히' 보기 좋으십니다. 인간의 자랑은 "차단되었습니다. 그러나 사람이 자랑할 수 있는 것이 있습니다. 주님을 자랑하는 것입니다"(1코린 1,31). 주님을 자랑할 수 있습니다. 이보다 더 자랑할 일로 달리 무엇이 있습니까? 도대체 어느 누가 바보처럼 주님의 의로우심을 자랑할 정당성을 교체할 수 있겠습니까? 그렇습니다. 우리는 주님, 당신을 영원히 자랑할 것입니다.

# 제4장

## 우리의 죄 때문에 주님이 죽으십니다

### 그리스도의 수난에 대한 묵상

로마서 4장은 주로 아브라함을 예로 든 설명에 집중되어 있는데 그를 사도 바오로는 예수님 이전에 믿음으로 의화된 전형적 경우로 간주합니다. 이 4장은 "예수는 우리의 죄 때문에 죽으셨다가 우리를 하느님과의 올바른 관계에 놓아주시기 위해서 다시 살아나신 분이십니다."(로마 4,25)라는 엄숙한 믿음의 고백으로 끝맺습니다.

이것은 신약 전체에서 발견되는 선교에 대한 가장 고전적 성경 구절 중의 하나입니다. 이와 같은 믿음의 원형적 핵심은 마치 땅속에 묻혀있는 커다란 바위 일부가 땅 위 여기저기로 그 모습을 조금씩 드러내는 것과 같이 로마서 여기저기에 약간씩 다른 형태로 나타납니다. 예를 들면 6장에서 세례에 관해 언급되는데(로마 6,3 참조), 8장에서는 "그분은 우리를 위해서 돌아가셨을 뿐만 아니라 다시 살아나셔서 하느님 오른편에 앉아 우리를 위하여 대신 간구해 주시는 분이십니다."(로마 8,34)라는 말이 나오고 "그리스도께서는 죽은 자의 주님도 되시고 산 자의 주님도 되시기 위해서 죽으셨다가 다시 살아나셨습니다."(로마 14,9)라는 말이 다시 언급됩니다. 그것은 사도 자신이 다른 사람들로부터 전해 받았다고 말하는 초기 구전口傳의 내용이며(1코린 15,3 참조) 그러므로 우리를 초대 교회 시대로 이끌어갑니다.

이것은 참으로 사도 바오로가 서간의 서두에서 이 서신 전체의 주제를 진술하면서 말하고 있는 '복음'입니다. 그는 말합니다. "나는 그 복음을 부끄럽게 여기지 않습니다. 그것은 믿는 사람이면 누구에게나 구원을 가져다주는 하느님의 능력입니다"(로마 1,16). 사실상 바오로에게 있어서 복음은 본질적으로 구원의 소식이며 그것은 십자가와 그리스도의 부활을 축으로 전개됩니다.

그러므로 우리는 재복음화라는 우리의 여정에서 결정적인 지점에 이르렀습니다. 지금까지 사도는 어떻게 우리가 죄와 하느님 영광의 상실로부터 구원받을 수 있는지를 제시하였는데, 바로 아무 대가도 없이 믿음으로만 구원받는다는 것입니다. 그러나 그는 아직 구원 자체에 대해서 그리고 구원을 가능케 한 사건에 관해서는 명쾌히 말하지 않았습니다. 우리는 이제 의화義化가 믿음으로부터 온다는 것을 압니다. 그러나 믿음은 어디로부터 옵니까? 로마서 3장에서 언급되었던 담대한 말을 하기 위해 필요한 힘을 우리는 어디에서 찾을 수 있습니까? 그러면 아직은 그 말을 하지 못했다는 것을 알고 있는 사람도 담대한 말을 할 수 있다고 희망할 수 있는 것입니까? 로마서 4장 이후의 부분에서 우리는 이 질문들에 대한 대답을 찾을 수 있습니다. 이 부분의 목적은 "그리스도의 구원 활동을 통해서 우리가 얻은 믿음에 의한 의화라는 메시지를, 믿음이 주는 선물과 관련하여 믿음으로 말미암는 의화의 사건을 설명하면서, 밝히는 것"입니다.[1] (이 선물들은, 나중에 우리가 알게 되겠지만, 본래 두 가지입니다. 소극적인 것, 즉 죄로부터의 해방과 적극적인 것, 즉 성령 안에서의 새로운 삶이라는 선물입니다.)

우리는 이제 우리 여정의 이 과단성 있는 발걸음을 따라 사도의 뒤를 따라야 하겠습니다. 만일 우리가 진정으로 복음화, 또는 재복음화를 원한다면, 지금이 그렇게 해야 할 때입니다. 우리 자신의 마음을 열고 복음의 새로움과 능력 안에서 복음의 중심적 메

---

[1] H Schlier, 『Der Römerbrief』, Freiburg im Br. 1977, p.238.

시지, 즉 그리스도의 죽음과 부활을 받아들이면서 말입니다. 그것은 우리가 아는 바와 같이 전체 복음의 종합이나 개요가 아닙니다. 오히려 그것은 나머지 모든 것이 싹트는 최초 원형의 씨앗입니다. 처음에는 사도의 편지 여기저기에 스며있는 짤막한 표현들 속에서 우리가 발견하는 것과 같이 복음의 선포가 있었습니다. 우리가 아는 바와 같이 복음들은 아직 존재하지 않았습니다. 그들은 이 본질적인 소식을 '지지하기' 위하여, 그리고 말씀을 이루고 있는 역사적 배경과 이 땅에서의 예수님 활동을 설명하기 위하여 편집되었습니다.

이런 정신으로 무엇보다도 먼저 그리스도의 죽음, 그리고 그 다음으로 그분의 부활에 대한 묵상을 시작 하십시다. 마치 부활절 다음 주에 새 입교자들이 흰옷을 차려입고 믿음의 위대한 신비를 설명하는 주교의 교리문답을 들으려고 기쁘게 돌아오는 것처럼, 그러나 세례받은 바로 다음 주일만이 아니라, 그 후 몇 년이 되더라도 매 주일 교회로 돌아갑시다. 그리하여 우리 또한 위대한 신비의 일부로 소속됩시다. 이와 비슷하게 베드로 사도도 새 신자들에게 다음과 같이 말을 했는데 그 말씀은 이 시대 우리에게도 유효한 가르침입니다. "갓난아이처럼 영적이고 순수한 젖을 갈망하십시오. 그러면 그것으로 자라나 구원을 얻을 것입니다"(1베드 2,2).

## 1. 그리스도께서 치르신 영혼의 수난

"하느님의 생각은 하느님의 성령만이 아실 수 있습니다."(1코린 2,11)라고 기록되어 있습니다. 그리스도의 수난은 이 비밀 중 가장 심오한 것 중의 하나로 하늘이나 땅에 있는 어느 누구도 아니고 오직 '그분 안에' 계신 성령께만 알려진 것입니다. 만일 어느 누가 그것을 이해한다고 주장한다면, 그에게 "당신이 고통을 받았던 바로 그분입니까?" 하고 물을 수밖에 없을 것입니다. 고통을 단순히 말로 표현해 버리면 그것은 이미 고통이 아닙니다. 그러므로 우리 자신을 성령께 맡기고 그분께 그리스도요 구세주이신 주님을 작은 부분이나마 알게 해달라고 겸손하게 구하십시다.

이 서간의 4장 끝에 간단히 언급된 그리스도의 죽음 선포는 5장에서 "우리가 아직 나약하던 시절, 그리스도께서는 정해진 때에 불경한 자들을 위하여 돌아가셨습니다. 의로운 이를 위해서라도 죽을 사람은 거의 없습니다. 혹시 착한 사람을 위해서라면 누가 죽겠다고 나설지도 모릅니다. 그런데 우리가 아직 죄인이었을 때에 그리스도께서 우리를 위하여 돌아가심으로써, 하느님께서는 우리에 대한 당신의 사랑을 증명해 주셨습니다."(로마 5,6-8)라는 말씀으로 곧 다시 이어지고 전개됩니다. 사도 바오로는 이 본문에서 그리고 그의 로마인들에게 보낸 편지에서 일반적으로 수난에 대해서 어떻게 말하고 있습니까? 얼핏 보면 그는 그것에 관해 '십자가', '죽음', '피'와 같이 다소간 진부한 몇 마디 단어로 요약하고 그것을 기정사실로 간주하는 거의 방관자적이고 오직 객관적인 방법으로 말하고 있는 것 같습니다. 사도 바오로는 말합니다. "우리가 이제 '그 아들의 죽음'으로 하느님과 화해하고 '그 아들의 피'로 하느님과 올바른 관계를 얻었습니다"(로마 5,9). "십자가에서 흘리신 예수의 피로 평화를 이룩하였습니다"(콜로 1,20). 사도 바오로는 그분이 어떤 상황에서 어떻게 죽으셨는지, 혹은 그런 죽음이 그의 인격에 관련하여 어떤 가치를 지니는지에 대해 길게 늘어놓지 않고 "그리스도께서 우리 죄 많은 인간을 위해 죽으셨다."(로마 5,6-8)고 간결하게 진술합니다. 그러나 수난에 대해 말하는 초연한 방법은 겉보기에는 사도 바오로가 수난에 대해 말할 때 분명하게 지키는 꾸밈없는 '선교' 형식에 말미암는 듯합니다. 그 사실과 사건의 '단단한 껍질'을 깨고 그리스도의 수난이라는 좀더 주관적이고 극적인 국면을 강조하기 시작한 것은 바로 사도 바오로입니다. 좀더 나아가 그는 이처럼 수난의 진정한 주역과 용어 관계들 즉 하느님, 죄, 그리고 중개자, 예수님 등을 직접 보여주면서, 하느님께서 그리스도의 육체를 죽이심으로 죄를 없이하셨다고(로마 8,3) 주장합니다. 예수님께서는 '저주받은 자'로 나타나셨습니다. "우리를 위해서 하느님께서는 죄를 모르시는 그리스도를 죄 있는 분으로 여기셨습니다"(2코린 5,21). 그리스도 자신은 "우리를 위하여 저주받은 자"가 되셨습니다(갈라 3,13).

그러한 주장은 의외로 우리들에게 사물을 바라보는 전혀 다른 느낌을 줍니다. 그것은 수난에 대한 새롭고 심오한 시야를 열어줍니다. 그리스도에게는 영혼의 수난이 존재합니다. 그것은 그리스도께서 치르시는 수난의 영혼입니다! 그것은 수난에 그 독특하고 탁월한 가치를 부여한 것입니다. 다른 사람들은 그리스도께서 겪으신, 어쩌면 그보다 더 심한 육체의 고통을 겪었습니다. 어느 정도 육체적인 관점에서 보면, 수 세기에 걸쳐 모든 사람이 겪은 모든 고통을 모아본다면, 그것은 그리스도께서 겪으셨던 것보다 더 클 수도 있다는 것은 의심할 바 없습니다. 그러나 정신적인 관점에서 보면 모든 사람의 모든 고통과 슬픔은 지극히 사소한 것일 뿐 구원자의 수난에 결코 필적할 수 없습니다. 사실상 그분은 "우리의 고통과 슬픔을 감당하셨습니다"(이사 53,4). 육체적인 차원에서 보아 우리의 고통과 그리스도의 고통 사이의 차이는 단지 양적인 것입니다. 그러나 영혼에 관한 한 그 차이는 질적인 것입니다. 우리는 다른 유형의 고통, 비록 그것이 세상 사람이 겪는 것과 같이 육체적인 것이라 할지라도, 인간이며 하느님이신 그리고 말씀이신 구세주가 치르신 고통에 무한한 가치가 있다는 것을 다루고 있습니다.

처음에 그리스도교 신앙은 그리스도의 영적 고통보다 육체적인 고통을 더 강조했습니다. 이것은 애초에 믿음과 헌신의 발전을 바르게 하려는 어떤 까다로운 요인 때문이었습니다. 도체티즘 Docetism 이단 사상에 대항하여 교부敎父들은 그리스도의 육체가 당하신 고통의 실제성을 정력적으로 주장해야만 했습니다. 반면 그리스도의 신성을 부인했던 아리안Arian의 이단 사상과 싸우면서 그들은 그리스도의 영혼이 치르신 고통(Parousia와 비통과 공포를 모르는 고통)에 지나친 강조를 하지 않도록 조심해야 했습니다. 이것은 마치 영혼과 밀접하게 묶인 것으로, 그리고 때로는 그리스도 영혼의 구성 성분 그 자체로 간주했던 신성으로 충만한 말씀과 타협하는 것처럼 보였습니다. 그것은 마치 수난이라는 가장 불편한 양상에 베일을 씌우는 것과 같았습니다. 이 양상을 설명하기 위해 '양보' 혹은 거룩한 교육이라는 개념에 의지하게 되었는데 그것에 따르면 그리스도께서는 그의 다가오는 고통을 실제로 무서워하신 것이 아니라 비슷한 상황에서라면 우리가 어떻게 행동할 것인가

를 가르치시는데 주로 마음을 쓰셨다는 것입니다.[2]

오늘날 우리는 이런 편견에서 벗어나 자유로이 신약성경을 읽을 수 있고, 나아가 그리스도의 수난이라는 신비에 대해 좀 더 많은 것을 이해할 수 있습니다. 오늘날 주제와 존재라는 개념을 강조하는 것과 같은 현대적 사고의 어떤 양상들 또한 우리에게 도움이 될 수 있습니다. 사실상 고통은 자연의 부분이라기보다는 사람의 한 부분입니다. 그것은 본질보다 존재와 좀 더 관련이 있습니다. 심층심리학은 또한 그리스도의 수난을 철학이나 물리학, 의학보다 적절하게 분석해 주므로 우리에게 간접적으로 도움이 됩니다. 이 새로운 학문은 적어도 성경이 '영혼과 정신, 관절과 골수로 나누어진 지점'(히브 4,12)이라 부르는, 사람의 숨겨진 부분 속을 보게 할 수 있습니다.

그러나 이것을 처음으로 하는 것은 우리가 아닙니다. 특히 서구로부터 온 성인들과 신비주의자들이 우리보다 먼저 그것을 했습니다. 그들 자신 속에 그리스도의 수난을 실행하면서 그들은 연구를 통해서보다는 체험을 통해서 그리스도의 수난과 하느님 사랑의 중요성을 이해했습니다. 그들은 하느님의 사랑이 '바닥도 해

---

2　참조. 성 아우구스티노, 『시편 상해』 93,19; CCL, p.1320.

변도 없는 끝없는 대양이라면' 하느님의 슬픔도 그러하다는 것을 우리가 깨닫게 도와줍니다.

예루살렘에는 기적의 연못이 있어서 그 물이 동할 때 가장 먼저 뛰어 들어가는 사람이 치유 받았다고 기록되어 있습니다(요한 5,6 참조). 우리는 이제 영적으로 그리스도의 수난이라는 연못 또는 대양에 우리 자신을 던져 넣어야만 합니다. 세례를 받을 때 우리는 "그의 죽음 속에 빠져들며 세례받고", "그와 함께 묻혔습니다"(로마 6,3). 한때 상징적으로 일어난 것이 사실로 일어나게 해야 합니다. 우리는 수난 속에 우리를 잠기게 함으로써 그로 인해 새로워지고 튼튼해지고 변화되어야만 합니다. 위에 언급한 신비주의자 중 한 사람은 기록했습니다. "나는 나 자신을 그리스도의 수난 속에 묻었습니다. 그리고 나는 거기서 나의 자유를 찾을 희망을 얻었습니다."[3] 그러므로 우리는 세 '장소', 세 번의 멈춤, 즉 겟세마니와 빌라도의 뜰과 골고타 언덕에서 일어난 그리스도 영혼의 수난을 통해 '십자가의 길'을 시작합시다. 우리는 로마서에서 발견된 간결한 진술을 복음에서 제공된 좀더 상세한 이야기를 보충하여 완성시키기로 합니다. 그것은 "본시오 빌라도에게 고난을

---

[3] B. ANGELA OF FOLIGNO, 『Complete Works』, cit., p.130.

받으시고 죽으시고 묻히셨다."는 사도신경의 간단한 선포 뒤에 숨겨진 것을 정확하게 보여주려고 기록되었습니다.


### 2. 겟세마니의 예수님

겟세마니 동산에서의 예수님 고뇌는 4 복음서 저자에 의해 복음에서 입증된 사실입니다. 실제로 요한조차도 그가 "내가 지금 이렇게 마음을 걷잡을 수 없으니"(이것은 공관복음의 "내 마음이 괴로워서"라는 표현을 상기시킵니다), 그리고 "아버지여, 이 시간을 면하게 하여주소서."(이것은 공관복음의 "이 잔을 나에게서 거두어 주소서"를 상기시킵니다. - 요한 12,27)라는 말씀을 예수님이 하셨다고 하면서 그 자신의 방법으로 그 고뇌를 말하고 있습니다. "예수께서는 인간으로 이 세상에 계실 때에 당신을 죽음에서 구해주실 수 있는 분에게 큰 소리와 눈물로 기도하고 간구하셨고"(히브 5,7)라고 기록한 히브리서에도 같은 말씀이 반복되어 있습니다. 이처럼 그다지 "변명하고 사죄하는" 것이 아닌 사실이 성전聖傳에서 그토록 중요성을 두어야만 했었는가 하는 것은 상당히 특이한 일입니다. 그리스도의 생애에 있어서 이 순간에 대한 강조는 매우 강력하게 입증된 역사적 사건으로 설명될 수 있을 뿐입니다.

겟세마니에서 제자들은 도저히 이해할 수 없는 예수님을 직면하였습니다. 그분의 명령에 바람이 멎고, 마귀들을 쫓아내셨고, 약한 자들을 치유하셨고, 군중들이 그분 말씀을 들으려 몰려 왔던 바로 그분이 지금 비참한 모습으로 그들에게 도움을 청하고 계셨습니다. 예수님께서 "공포와 번민에 싸여서 '내 마음이 괴로워 죽을 지경이니 너희는 여기 남아서 깨어 있어라' 하셨다."(마르 14,33)고 기록되어 있습니다. 그 동사들은 마치 한 인간이 질질 끌려서 인류로부터 격리된다고 느낄 때처럼 깊은 당황과 외로움과 공포에 희생된 사람의 마음을 연상시킵니다. 예수님께서는 먼 우주 공간에, 거기서는 아무리 외쳐도 들리지 않고, 위아래, 좌우 어디를 봐도 붙잡을 것 하나 없는, 그런 공간에 매달린 것 같은 느낌의 사람처럼 철저히 혼자이셨습니다. 그의 몸짓은 단말마의 고민으로 몸부림치는 사람의 몸짓입니다. 그분은 "땅에 엎드렸다가" 일어나 그의 제자들에게 오셨다가, 다시 가서 무릎을 꿇으셨다가, 다시 일어나셨습니다. 그분의 입술에서는 "아버지, 나의 아버지! 아버지께서는 무엇이든 다 하실 수 있으니 이 잔을 나에게서 거두어 주소서."(마르 14,36)라는 부르짖음이 나왔습니다.

성경에서 잔의 상징은 거의 언제나 죄에 대한 하느님의 진노라는 개념을 환기시킵니다. 이사야는 그것을 '어지럽게 하는 술잔'(이사 51,22)이라 불렀으며 "악인들이 그것을 찌꺼기까지 핥아야 하느니"(시편 75,8)라고 이야기했습니다. 또한 요한 묵시록은 '하느님 진노의 잔에 부어 넣은, 하느님의 분노의 포도주'(묵시 14,10)라고 기록하고 있습니다. 로마서의 서두에서 사도 바오로는 "하느님의 진노가 온갖 불경과 불의를 치시려고 하늘로부터 나타납니다."(로마 1,18)라고 말씀하시며 보편적인 원칙을 확립하고 있습니다. 죄가 있는 곳에는 어디나 하느님의 심판이 집중될 뿐입니다. 그렇지 않으면 하느님께서 죄와 타협하시게 되어 선악간의 구별 자체가 더 이상 존재하지 않을 것입니다. 이제 겟세마니 동산 안에 계신 예수님은 온 세상의 불경不敬인 것입니다. 그분은 '죄로 이루어진' 사람입니다. 그리스도는 '죄인을 위하여' 죽으셨다고 기록되어 있습니다. 그분은 그들을 위하여 죽으신 것만이 아니라 그들 대신에 죽으셨습니다. 그분은 모든 인류를 책임지겠다고 수락하셨습니다. 그러므로 그분은 하느님 앞에 있는 모든 죄인의 책임을 지시는 것입니다. 하느님의 진노가 '나타난 것은' 그분을 치시려고 한 것입니다, 그리고 그것은 '그 잔을 마시는 것'을 의미합니다. 그리스도의 수난을 정확하게 이해하는 것은 우리가 가진 비본질적인 관점 때문에 방해를 받습니다. 한편에는 사람과 그의 죄를 그리고 다른 한편에는 인간의 죄를 대속하려고 고통당하시는 예수님에 관한 생각입니다. 비록 예수님은 죄에 얽매이지도 않으시고 죄로 인해 손상되지도 않으시지만 말입니다. 죄와 예수님과의 관계는 멀거나 간접적이거나 혹은 단순히 법적인 것이 아니라 현실적이고 가까운 것입니다. 다시 말하면 죄는 그분의 안에 있고, 그분이 그것을 '거리낌없이 선택'하였기 때문에 그것을 짊어지셨습니다. "그분은 우리 죄를 당신 몸에 친히 지시고"(1베드 2,24)라 하였는데 '몸'은 여기서 바로 그분 자신을 의미합니다. 그분은 잠시 세상 죄 가운데 있다고 느끼셨습니다. 우리 한번 죄의 실체에 이름을 주어 그것이 우리에게 추상적인 것으로 남아 있지 않도록 해봅시다. 예수님께서는 모든 인간의 자만, 하느님을 대적하는 모든 반역, 모든 정욕, 모든 위선, 모든 불법, 모든 폭력, 모든 거짓 그리고 모든 증오를 감당하셨습니다. 그것은 참으로 끔찍한 일입니다. 이 무서운 느낌의 희생자였던 그리고 그 자신에게 미친 결과를 체험한 이에게 그 순간을 생각하게 해보십시오. 그러면 그는 이해할 것입니다.

 예수님께서는 죄와 가까워지고 그로 인해 하느님으로부터 멀어지게 되는 참을 수 없는 경험을 동시에 하게 되는 '영혼의 어두운 밤'으로 들어가시는 것입니다. 구세주 당신이 침잠해 계신 심연을 이해하는 데에는 두 가지 객관적인 방법이 있습니다. 첫 번째는 성경 특히 의인의 고통을 예언적으로 묘사하고 있는, 그것으로 제자들과 예수님 자신이 말씀하셨던 그분을 언급한 시편의 용어이고, 두 번째는 성도, 특히 그리스도의 고통의 수난을 직접 체험할 은총을 받았던 신비주의자들의 체험입니다. 첫 번째는 예언의 지식이요, 두 번째는 '결과'의 지식입니다.

이사야서의 말씀은 겟세마니의 예수님 안에서 완전히 성취되었습니다. "그를 으스러뜨린 것은 우리의 악행이었다. 그 몸에 채찍을 맞음으로 우리를 성하게 해 주었고 그 몸에 상처를 입음으로 우리의 병을 고쳐주었구나."(이사 53,5), "당신의 진노에 이 몸은 짓눌리고 몰아치는 물결에 뒤덮였습니다. 당신의 진노가 이 몸을 휩쓸고 당신의 두려움에 까무러치게 되었습니다."라고 한 시편 88편의 말씀처럼 이제 많은 시편의 수수께끼 같은 말씀들이 실현될 것입니다. 이 말씀들은 태풍에 의해 황폐해지고 볼모지가 된 섬의 모습을 연상시킵니다. 물리적인 우주가 그 수많은 천체와 함께 마치 거대한 피라미드가 거꾸로 선 것처럼 단 한곳으로 쏠린다면 무슨 일이 일어나겠습니까? 바닥의 꼭짓점이 견뎌야 할 압력을 상상해 봅시다. 물리적인 우주나 마찬가지로 끝없는 죄라는 도덕적 우주가 그 순간 예수님의 영혼을 압박했던 것입니다. 주님께서는 우리 모두의 불법을 그 자신 위에 "돌리셨습니다"(이사 53,6). 그분은 세상 죄를 '없이하는' 아니 오히려 '그 자신이 지고 가는' 하느님의 어린양이십니다(요한 1,29). 죄는, 예수님께서 그의 어깨에 지고 골고타 언덕까지 가신 그리고 결국 못 박히신, 실재하는 십자가였습니다. 예수님께서 그 자신 속에 죄를 감당하시기 때문에 하느님은 부재不在하셨습니다. 하느님은 그의 커다란 고통의 원인이십니다. 그분이 책임이 있다는 의미에서가 아니라 단지 존재하심으로 죄를 폭로하시고 그것을 참을 수 없이 만드셨다는 의미에서 그러합니다. 아버지와 아들 사이의 무한한 친화력은 이제 마찬가지로 무한한 거절로 말미암아 훼방을 받았습니다. 하느님의 지극한 거룩하심은 죄의 극악함과 충돌합니다. 알프스산맥에 북쪽으로부터 다가오는 거대한 찬 공기가 남쪽으로부터 오는 거대한 뜨거운 공기와 부딪치고 대기는 산맥조차도 흔들만한 천둥과 번개로 교란되는 때처럼, 구원자의 영혼에 형언할 수 없는 격변을 일으키면서 충돌합니다. 어떻게 우리는 예수님의 입술에서 나오는 '내 마음이 괴로워 죽을 지경'이라고 하신 것과 그의 핏방울 같은 땀에 의심할 수가 있겠습니까? 예수님께서는 오늘날의 소위 '극한상황'을 사셨습니다. 그러나 그분이 이른 '극한'은 상대적인 것이 아니라 인간적 체험의 한계를 뛰어넘는 절대적 극한입니다.

## 3. 빌라도의 법정에 서신 예수님

이제 겟세마니로부터 빌라도의 법정으로 옮겨 가십시다. 예수님이 유죄선고를 받은 시간과 처형당한 시간 사이는 짧은 동안이었습니다. 그렇기에 수난에 대하여 읽을 때 쉽게 간과되는 것입니다. 그런데 사실 그것은 의미로 가득 차 있습니다. 복음서는 예수님께서 십자가에 못 박히도록 병사들의 손에 넘겨진 형편이 된 후에, 그 병사들이 그를 관저 안으로 데리고 가서 그 광경을 보도록 모든 병사를 다 소집했다고 이야기하고 있습니다. "그리고 예수께 자주색 옷을 입히고 가시관을 엮어 머리에 씌운 다음 '유대인의 왕 만세!'라고 외치면서 경례하였고 또 갈대로 예수의 머리를 치고 침을 뱉으며 무릎을 꿇고 경배하였다."(마르 15,16-19)고 기록하고 있습니다. 그리고 이렇게 희롱한 뒤에 그 자주색 옷을 벗기고 예수님의 옷을 도로 입혀서 십자가에 못 박으러 끌고 나갔습니다.

16세기의 플래미쉬 화가인 모스타르트J. Mostaert가 그린 그림이 있습니다. 그런데 그것은 언제나 내게 굉장한 감명을 줍니다. 왜냐하면, 특히 그것이 4 복음서 저자들이 우리에게 주는 정보를 모두 모아놓아서 그 수난의 장면을 마음속에 상상할 수 있게 해주기 때문입니다. 예수님은 그의 머리에 방금 가시나무를 엮어 만든 가시관을, 아직도 작은 가지들에 매달린 푸른 잎새들을 볼 수 있는 가시관을 쓰고 계십니다. 핏방울이 뚝뚝 떨어져 그의 눈에서 흘러내리는 눈물방울과 뒤섞입니다. 그를 바라보면서 우리는 그분이 자신을 위해 울고 있는 것이 아니라 그를 바라보고 있는 사람들을 위해서 울고 계심을 깨닫습니다. 그분은 나 때문에 울고 계십니다. 왜냐하면, 내가 아직 이해하지 못하기 때문입니다. 아무튼 그분 자신이 여인들에게 말씀하셨습니다. "나를 위하여 울지 말라"(루카 23,28). 그의 입은 숨 쉬는 것조차 어려웠고, 그리고 임종의 상태에 있는 사람처럼 약간 열려있습니다. 그분의 어깨에는 옷감이라기보다는 오히려 금속처럼 보이는 무겁고 닳아빠진 천이 걸쳐져 있습니다. 그림의 더 아래에서 우리는 몇 번이나 거친 매듭으로 묶인 그의 손목을 볼 수 있을 것입니다. 그는 자기 왕권에 대한 조롱의 상징인 갈대 하나를 한 손에, 다른 손에는 한 다발의 막대기를 잡고 있습니다. 그것들을 볼 때 몸서리치게 만드는 것은 무엇보다도 그 손입니다. 예수님은 더 이상 손가락 하나 움직일 수 없습니다. 그는 너무도 무력하여 움직이지 못합니다. 내가 잠시 멈추어 서서 이 그림을 응시할 때마다, 특히 하느님의 말씀을 강론하러 나갈 때면, 그분과 나 사이에 놓인 커다란 거리를 알기 때문에 나의 영혼은 수치심으로 가득 차곤 합니다. 종인 나는 자유롭게 다니며 내가 하고 싶은 대로 하는데 주인이신 그분은 묶여서 갇혀 계십니다. 말씀이신 그리스도는 사슬에 묶여 계시는데, 종인 나 심부름꾼은 자유를 누리고 있습니다.

빌라도의 법정에 계신 예수님은 '하느님의 능력을 하느님께 되돌려드린' 사람의 모습이십니다. 그는 우리가 가한 능욕을 모두 속죄하셨습니다. 그리고 계속해서 우리를 자유롭게 하십니다. 우리는 어느 누구도 이 자유를 간섭하지 않기를 원하는데 이것은 우리 자신에 대한 예속 외에 다른 것이 아닙니다. 우리는 빌라도의 법정 안에 서 계신 예수님의 이 에피소드를 마음에 잘 새겨야만 합니다. 왜냐하면, 사람 때문이건 나이 때문이건 이런 상태에 있게 된 우리 자신을 발견할 날이 올 것이기 때문입니다. 그때 우리는 우리를 도울 수 있으신 분이 예수님뿐임을 깨닫게 되고 그래서 노래하며 눈물을 흘리며 우리가 새로이 발견한 자유를 알게 될 것입니다. 그분과 우리 자신이 치욕을 당하는 시각에, 우리가 예수님께 가까이할 때만 얻을 수 있는, 뺨과 뺨을 맞댈 때만 얻을 수 있는, 그런 내적 친교를 가집시다(히브 13,13 참조). 많은 사람이 병과 신체 장애로 인하여 절망적 상태에 빠져 휠체어나 침상에서 평생을 살게 됨으로써 빌라도의 법정에 서신 그리스도와 비슷한 고통을 체험합니다. 우리가 만약 예수님과 더불어 그분이 사신 삶을 함께 산다면 이러한 질병과 장애와 고통스러운 삶 속에 숨겨진 위대한 신비를 예수님은 나타내 보여주십니다.

### 4. 십자가 위에 달리신 예수님

이제 우리 구세주께서 치르신 영혼의 수난을 통해서 십자가의 길 제3처로 가봅시다. 우리 자신을 성령 안에서 골고타 언덕으로 데려 가봅시다. 여기 또한 눈에 보이는 수난이 있습니다. 못들, 목마름, 식초, 창으로 찌름, 이는 결코 시야에서 놓쳐서는 안 될 것들입니다. 그리고 눈에 보이지는 않으나 훨씬 깊은 수난이 있는데 그것은 그리스도의 내면 자아 속에서 일어난 수난입니다. 하느님 말씀의 인도를 받아 이것을 살펴보도록 노력해봅시다.

갈라디아서를 썼을 때 사도 바오로는 말합니다. "십자가에 달리신 예수 그리스도의 모습이 여러분의 눈앞에 생생하게 나타나 있습니다."(갈라 3,1)라고. 갈라디아서의 같은 장, 바로 뒤에서 바오로는 십자가에 못 박힌 이는 그가 세운 공동체 신자들의 마음에 감명을 주었고 그가 그들의 눈앞에 두었던 그분이라고 말합니다. "그리스도께서는 우리를 위하여 십자가에 달려 저주받은 자가 되셔서 우리를 율법의 저주에서 구원해 내셨습니다"(갈라 3,13). 성경에서 '저주'라는 말은 하느님으로부터 버려지고, 공허해지고, 고립되고, 분리된 그리고 사람들에 의해서 따돌림받았다는 것과 같은 의미를 지닙니다. 로마서의 어떤 부분에서 그의 히브리 동족들에 관해 이야기하며 사도 바오로는 "그의 동족을 위해서라면 그 자신이 저주를 받아 그리스도에게서 떨어져 나갈지라도"(로마 9,3)라는 냉소적 전제를 명확히 말합니다. 그가 가장 큰 고통이라고 생각했던 것은, 비록 그가 그것을 겪지는 않아도 되었지만 끝까지 십자가 위에서 참으로 최후까지 예수님 혼자 고난을 겪어내신 것입니다. 예수님께서는 우리 모두를 위하여 실제로 저주를 받은 사람이 되고 하느님으로부터 유리되었습니다. 십자가 위에서 그는 부르짖으셨습니다. "나의 하느님, 나의 하느님, 어찌하여 나를 버리셨나이까?"(마태 27,46).

현대인이 그토록 통렬히 느끼는 하느님 침묵의 체험은, 우리가 그 침묵이 현대인에 대하여 갖는 의미와 성경에 나오는 인물들에 대하여 갖는 의미가 같지 않다는 것을 늘 마음에 두는 한, 우리로 하여금 그리스도의 수난에 대해 새로운 것을 이해하도록 도와줍니다. 하느님께서 성경에 나오는 사람에게 말씀하시지 않는다면, 그는 '깊은 구렁에 떨어지는 사람과 같게'(시편 28,1) 됩니다. 그는 하느님 말씀에 근거하여 살기 때문에 말씀에서 유리되면 죽는 것입니다. 살아 있다는 것은 성경에 나오는 정의에 의하면 하느님이 주시는 말씀을 듣는 것입니다. 하느님의 침묵은 우리가 하느님을 믿고 그분에게 기도드리는 강도에 의해 측정됩니다. 그것은 하느님을 믿지 않는 자에게는 혹은 믿더라도 미온적인 방식으로 하느님께 향하는 자에게는, 거의 아무런 의미를 갖지 않습니다. 하느님을 더 크게 신뢰하면 할수록, 그리고 더 많이 기도하면 할수록 하느님의 침묵은 더 고통스럽습니다. 우리는 이런 사실로 미루어 볼 때 하느님의 침묵이 예수님께 어땠는지를 느낄 수 있습니다. 십자가 밑에 있는 그의 적들은 그의 고통을 더욱 가중시킬 뿐이었습니다. 그들은 하느님의 침묵을 하느님께서 그와 함께하시지 않는 증거로 간주하여 그가 들을 수 있도록 이야기하였습니다. "저 사람이 하느님을 믿고 또 제가 하느님의 아들입네 했으니 하느님이 원하시면 어디 살려 보시라지"(마태 27,43). 십자가 밑에 있던 마리아도 하느님의 침묵을 같은 뜻으로 알았습니다. 교회에 대한 흉악한 박해의 순간을 생각하면서 교회의 교부 중 한 사람이 외쳤던 "오 하느님! 그날 당신의 침묵을 담당하기가 어찌 그리 힘들었든지요!"라는 마리아의 부르짖음은 마리아 자신 이외의 어느 누구에게도 더 적절할 수가 없습니다.

십자가 위에서 예수님은 죄의 궁극적인 결과를 체험하셨는데 그것은 하느님을 상실하는 것이었습니다. 그분은 하느님을 모르는 자, 즉 무신론자가 되셨습니다. 무신론자라는 말은 능동적인 의미와 수동적인 의미를 가질 수 있습니다. 그 말은 하느님을 거절한 자를 가리킬 수 있습니다. 그러나 또한 하느님께 거절당한 자를 가리킬 수도 있습니다. 이 두 번째 의미에서 그 말은 십자가에 달리신 예수님께 적용되는 것입니다. 그의 무신론은 죄 있는 무신론이 아니라 고통스러운 무신론이었습니다. 그것은 이 세상에 존재하는, 그리고 하느님을 반역하는 형태와 하느님께 냉담한 형태 아래 있는 우리 각자의 모든 죄 있는 무신론을 속죄하셨습니다. 진실로 "그 몸에 채찍을 맞음으로 우리를 성하게 해주었습니다"(이사 53,5). 교회의 어떤 의사들과 신비주의자들은 예수님께서 (하느님을 빼앗기고, 하느님이 모든 것이므로 그분 없이는 살수도 죽을 수도 없는데 그분을 영원히 상실했다는 것을 갑자기 인식하게 된) 저주받은 자의 고통을 몸소 체험하신 것이었다고 말합니다.

우리는 어쨌든 십자가 위에서 못 박히실 때 예수님이 느끼셨던 것을 부분적으로나마 배울 수 있습니다. 그리고 그분이 받은 상흔을 영혼과 육신으로 함께 지니도록 응답한 사람들에게서도 배웁니다. 우리는 어떤 성인들이 하느님의 특별한 자비의 표시로 받은 성흔聖痕들을 특권 아니면 일종의 영광스런 우승 패로 생각합니다. 사실일 수도 있습니다. 그러나 그 성흔을 받은 사람들은 사실상 그 성흔이 그리스도께서 우리의 죄로 인해 말 그대로 '찔림' 당하신 것처럼, 골고타 언덕에서 죄에 대한 하느님의 무서운 심판의 표지로 받을 때, 그리스도를 위해 받는 것으로 체험됩니다. 나는 피에트렐치나Pietrelcina의 성 비오 신부님이 성흔을 받았던 장소에 처음 갔을 때 체험한 감명을 늘 기억합니다. 소박한 교회 작은 성가대의 소박한 사진틀 속에 신부님 사진이 진열되어 있었는데, 그 사진은 오상五傷을 받은 직후 그가 영적 지도자에게 사건을 묘사하여 쓴 내용의 글과 함께 있습니다. 그는 자기 이야기를 다음의 시편 말씀으로 끝내고 있습니다. "주님! 노여우시더라도 나의 죄를 묻지 말아 주소서. 아무리 화가 나시더라도 나를 벌하지 말아 주소서"(시편 6,1). 우리는 신부님이 어떤 기분으로 그 시편의 나머지 부분 "당신의 살이 나를 꿰뚫었고 당신의 손이 돌연히 내게 임하였습니다."라고 기록된 부분을 읊었겠는지 짐작하실 수 있으실 것입니다. "당신의 격분 때문에 내 몸에는 성한 곳이 없습니다. …… 나는 철저히 약해지고 부서졌습니다. 나는 내 마음의 격동으로 인해 신음합니다 ……." 이 글을 읽으면 골고타 언덕 드라마의 한 부분을 이해할 수 있습니다. 우리는 그 글의 외면적인 광경을 훨씬 초월하여야 합니다. 그러면 시편 저자가 "당신의 진노가 이 몸을 휩쓸고"(시편 88,16)라 하신 말씀 뒤에 숨어있는 깊은 뜻을 보게 됩니다.

이 모든 것은 "죄에 물든 육체는 죽어버리고"(로마 6,6) 저주 대신에 축복이 우리 위에 임하는 데(갈라 3,13 참조) 필요합니다. 고대 이래 교회의 교부들은 모세가 나무를 던졌을 때 단물로 변한 마라Marah의 '쓴' 물이라는 성경적 상징을 십자가 위의 그리스도에게 적용해 왔습니다(탈출 15,23 이하 참조). 십자가 나무 위에서 그리스도 자신은 죄의 쓴 물을 마셨고 그것은 은총의 단물로 변했습니다. 그분은 하느님에 대한 인간의 헤아릴 수 없는 'No'를 'Yes'로, 더 나아가 '아멘'으로 바꾸셨습니다. 그렇기에 이제 우리는 그분을 통해서 "하느님을 찬양하며 '아멘'하고 응답합니다"(2코린 1,20). 그러나 아무도 이 모든 것이 구세주의 인성적 영혼에는 어떤 의미를 부여했는지 알지도 못하고 묘사할 수도 없습니다. 아버지 외에는 아무도 아들의 수난을 알지 못합니다.

이제 우리 잠시 십자가 아래 멈춰서 그리스도께서 치르신 영혼의 모든 수난을 총체적으로 보고 그것으로 인해 세상에 어떤 새로운 일이 성취되었는지 봅시다. 그의 수난을 통하여 예수님은 위대한 '신앙심의 신비'를 성취 하셨습니다(1티모 3,16). 그의 신앙심을 통하여 그분은 불경을 변화시키시고 그리하여 우리가 구원이라 부르는 하느님 앞에서의 새로운 인간 지위를 창조하셨습니다. 죄를 지은 이후, 하느님 앞에 선 피조물의 위대함은 그 자신 속에 죄로 인한 최소의 '죗값'과 최대의 '고통'으로 머물러 있습니다. 바꾸어 말하면 '어린양' 즉 희생으로서이고, 또 '흠 없는' 무죄함이 되심으로서입니다. 그것은 한 사람 안에 동시에 존재하는 두 가지의 총체적 모습과도 같으며, 이것 중 무죄함 속에 있는 혹은 고통 속에 있는 그 어느 것도 분리되어 일어나지 않습니다. 그러므로 지고의 가치는 무죄한 분의 고통입니다. 이 위대함이 지니는 새로운 등급의 맨 꼭대기에서 우리는 성경이 '흠 없는 어린양'(1베드 1,19)이라고 부른 나자렛 예수를 발견합니다. 사실상 그분은 '아무런' 죄도 범하지 않았지만 '모든' 죗값을 짊어지셨습니다. 그분은 죄를 짓지 않았습니다. …… 그러나 그분은 우리의 죄를 감당하셨습니다(1베드 2,22-24).

예수님께서 죄의 '고통'을 짊어지셨다고 말하는 것은 그가 '징벌'만을 감당하셨음을 의미하는 게 아니라 죄의 무서운 '비난'까지 감당하셨음을 의미하는 것입니다. 그분은 죄를 범하지 않으셨는데도 그 책임을 떠맡으셨습니다. 우리는 무죄하게 창조되었습니다. 다른 어떤 것보다, 심지어는 고통 그 자체보다도 범죄가 우리를 상하게 했습니다. 아무도 범죄를 원치 않습니다. 때로 어떤 사람이 그의 범죄를 자랑한다면, 사실상 그것은 이전에 그가 가치 전도에 빠져 있어서 다른 이들이 잘못이라고 여기는 것을 그는 장점이라고 보았기 때문일 것입니다. 우리 모두는 어떤 일에 대해 어쩌면 우리가 가장 존경하거나 특별한 애정을 가진 사람 앞에서 비난을 받은 고통스러운 경험이 있습니다. 그리고 이것이 우리 마음에 얼마나 깊은 상처를 남기는지 우리는 알고 있습니다. 매일 우리는 어떤 일에 대해 비난을 받을 때, 그것이 아무리 작고 또 우리가 마땅히 받을만한 것이라 할지라도, 우리 자신을 변호하지 않고 공개적으로 인정하는 것이 얼마나 어려운지를 압니다. 그때 우리는 하느님 아버지께서 지켜보시는 가운데 예수님께서 세상에 존재하는 모든 죄 때문에 '죗값'을 지신 사실 뒤에 감추어진 심연(지옥)을 이해할 수 있습니다. 예수님께서는 '죄책감'이라는, 무섭도록 뿌리 깊은 그리고 보편적인 인간 고통의 근원을 체험하셨습니다. 그리하여 궁극적인 구원이 성취되었습니다.

그러므로 세상에서 가장 위대한 것은 정당한 고통이 아니라 베드로 전서에서 말씀하신 바와 같이(1베드 2,19 참조) '억울한 고통'입니다. 그것은 하느님이 당하신 고통에 닿아있는 유일무이한 모습의 고통이기 때문에 그토록 위대하고 소중한 것입니다. 오직 하느님만이, 만일 그분이 고통을 당하신다면, 무죄한 자가 고통당하는 모습으로 그처럼 억울하게 고통당하시는 것입니다. 모든 세상 사람들이 고통을 당할 때는 십자가상의 선량한 강도처럼 "우리는 고통을 받아 마땅한 사람들입니다."라고 고백해야 할 것입니다. 오직 예수님에 대해서만 선량한 강도가 말한 것처럼 "이분은 잘못이 없으시다."(루카 23,41)라고 절대적으로 말할 수 있는 것입니다.

이것은 또한 히브리서에서, 그리스도의 속죄 제물과 다른 제사장들의 희생 제물 사이에서 보인 중요한 차이점입니다. "그분은 …… 먼저 자기들의 죄를 용서받으려고 희생 제물을 드리고 그다음으로 백성들을 위해서 그렇게 할 필요는 없습니다"(히브 7,27). 스스로 속죄해야 할 죄가 없으면서도 사람이 고통을 당할 때, 그 고통에는 순수한 구원의 능력이 됩니다. 스스로는 지닌 죄의 흔적이 전무하기 때문에 고통의 강도가 너무도 순수하고 그리하여 그의 목소리는 아벨의 목소리보다도 더(히브 12,24 참조) 힘이 있습니다. 무죄한 사람이 당하는 고통은 세상 사람들의 눈에는 최대 최고의 추문이지만 하느님 앞에는 가장 위대한 지혜이며 정의입니다. 그것은 신비이지만, 그러나 복음서에서 예수님이 어느 날 "들을 귀가 있는 사람은 알아들어라."(마태 11,12)하신 것처럼, 지금도 우리들에게 거듭하여 말씀하시는 바로 그러한 신비입니다.

### 5. 우리 때문에

　수난에 대한 묵상은 아무리 내적인 것이라 하더라도 우리가 지금까지 그렇게 하려고 애써 온 것처럼 객관적이고 역사적인 사건의 재해석으로 한정 지어서는 안 됩니다. 그것은 중도에서 멈추는 것과도 같습니다. 수난의 전도 곧 선포는 가장 짧은 원문에서조차도 언제나 두 가지의 요소로 이루어져 있습니다. 그분이 '고통당하시고', '죽으셨다.'는 사실과 '우리를 위하여', '우리 죄 때문에'라는 죽음의 동기가 그것입니다. 사도 바오로는 예수님이 '우리의 죄 때문에'(로마 4,25), '우리 죄 많은 사람을 위하여'(로마 5,6-8) 죽으셨다고 말합니다. 이 두 번째 말씀 또한 부수적이긴 하지만 이제까지 우리가 해온 연구 속에 끊임없이 명시되어 있습니다. 이제 더욱 충만한 빛 가운데서 그 내용을 음미하고 그 말씀에 우리의 주의를 집중시켜야 할 때입니다. 수난은 우리가 '우리를 위하여'라는 바로 그 좁은 문을 통하여 그 속으로 들어갈 때까지는 어쩔 수 없이 우리와 관계없는 것으로 남아있을 것입니다. 왜냐하면, 수난이 자신의 잘못이라는 것을 인정하는 자만이 진정 수난을 아는 것이기 때문입니다. 그 외의 모든 것은 다 지엽적일 뿐입니다.

　만일 그리스도께서 '나를 위해', '나의 죄 때문에' 죽으셨다면 이것은 '내'가 나자렛 예수를 죽였으며, '나의' 죄가 그를 부서뜨렸다는 것을 의미합니다. 그것이 오순절 날 베드로가 그의 말을 듣고 있는 3천 명에게 강하게 선포했던 것입니다. "여러분이 나자렛 예수를 죽였습니다!", "여러분은 거룩하고 죄 없으신 그분을 배척했습니다!"(사도 2,23; 3,14). 사도 베드로는 그가 설교하고 있는 이 말씀을 듣는 3천 명과 그 외 다른 사람들이 골고타 언덕에서 예수님이 십자가에 못 박히던 그곳에 있지 않았다는 것과, 또 그들 모두가 예수님을 십자가에 못 박으라고 빌라도 앞에서 외친 사람들이 아니라는 것을 분명히 알고 있었습니다. 그럼에도 불구하고 그는 이 무서운 말을 세 차례나 반복했으며 성령에 의해 감동받은 청중들은 베드로가 말한 것을 사실로 인정했습니다. 왜냐하면, 우리는 "그들이 마음이 찔려 베드로와 사도들에게 '형제 여러분, 그러면 우리는 어떻게 하면 좋겠습니까?'"(사도 2,37)라고 물었다고 쓰인 것을 읽고 있기 때문입니다.

이것은 이제까지 우리가 묵상해 온 것에 새로운 빛을 비춰줍니다. 나의 죄는 또한 겟세마니에 있었고 그것은 예수님의 가슴에 무거운 짐이 되었습니다. 빌라도의 법정에서는 내가 남용한 나의 자유가 예수님을 묶이게 했습니다. 십자가 위에서 예수님은 나의 무신앙을 속죄하고 계셨습니다. 예수님은 이것을 아셨습니다. 적어도 그분은 하느님처럼 그것을 아셨습니다. 그리고 어쩌면 그 순간에 누군가 필사적인 노력으로 그를 멈추게 하고 단념시키려고 그의 눈앞에 이 사실을 펼쳐놓고 있었음을 아셨습니다. 광야에서 매번의 시험 끝에 마귀는 '적당한 때'까지 머무르다가 예수님을 떠났다고(루카 4,12 참조) 기록되어 있습니다. 그리고 우리는 복음서 저자에게 있어서 이 '적당한 때'가 수난의 시간이요, 예수님께서 체포되셨을 때 말씀하셨듯이 '암흑의 시간'(루카 22,53)인 것을 압니다. "이 세상 권력자가 가까이 오고 있다."(요한 14,30)고 그의 수난을 앞두고 다락방을 떠나시며 예수님께서 말씀하셨습니다. 광야에서 시험하는 자가 그에게 천하만국을 보여주었습니다. 여기서 그는 전 역사를 통해 우리 세대를 포함하여 모든 세대를 그분에게 보여드렸던 것입니다. 그러면서 그는 마음속으로 외칩니다. "그들을 보시오, 당신이 고통받아주려 하는 그들을 보시오! 그들이 당신의 모든 고통으로 무엇을 할 것인지 보시오! 그들은 전처럼 계속해서 죄를 지을 것이고 그것을 심각하게 생각하지 않을 것이오. 그것은 모두 헛수고란 말이오!" 그리고 불행하게도 나 또한 일어난 일들에 대하여 거의 생각하지도 않는 군중 중의 한 사람임이 틀림없습니다. 수난에 대해 이런 것들을 쓰면서도 나는 태연한 채 있을 수 있습니다. 그런데 사실은 울면서 써야만 마땅할 글인데도 말입니다. 흑인 영가의 믿음으로 충만한 가사와 멜로디가 내 귀에 울려 퍼집니다. "거기 너 있었는가, 그곳에, 주님이 십자가에 달리시던 때" 그러면 매번 나는 내면의 나 자신에게 대답해야 합니다. "그래요, 나는 그들이 우리 주님을 못 박을 때 거기에 있었습니다!"라고. "그 일로 나는 가끔 떨려, 떨려, 떨려"라고 그 노래의 뒷부분은 이어집니다.

모든 사람의 삶 속에 지진이 일어나야 합니다. 예수님 죽음의 순간에 저절로 일어났던, 성전 휘장이 둘로 찢어지고, 돌들이 부서지고 무덤이 열린 일들을, 그는 자기 마음에 경고로 느껴야 합니다. 하느님에 대한 거룩한 두려움이 우리 오만한 마음, 어떤 일이 있어도 자신감에 넘쳐있는 그 오만한 마음에 충격을 주어야 하는 것이 단 한 번이라도 필요합니다. 수난의 장소에 모였던 모든 거룩한 사람들은 이것의 본보기이며 우리가 바로 이것을 하도록 용기를 북돋아 줍니다. 그 선량한 강도는 "나를 기억하소서!"라고 부르짖었고, 백부장은 하느님을 찬양했으며, 많은 사람은 그들의 가슴을 쳤습니다(루카 23,39 이하 참조).

사도 베드로 또한 비슷한 체험을 했는데, 만일 그가 그런 중대한 말씀을 군중에게 외칠 수 있었다면 그는 먼저 자신에게 그 말을 소리쳐 외쳤을 것입니다. "너는 거룩하고 의로우신 분을 부인한 적이 있다!" 수난 이야기의 어떤 시점에서 우리는 읽습니다. "그때 주께서 몸을 돌려 베드로를 똑바로 바라보셨다. 베드로는 …… 밖으로 나가 슬피 울었다"(루카 22,62). 예수님께서 베드로를 꿰뚫어 보신 것이 베드로를 변화시켰습니다. 집단 수용소에 있는 두 사람의 포로를 생각해 보십시오. 내가 그중 한 사람이며 탈출에 대한 처벌이 형이라는 것을 알면서도 탈출을 시도한다고 상상해 보십시오. 같이 탈출을 시도했던 동료가 붙잡혀 비난받습니다. 그러나 그는 나에 대해서는 말하지 않습니다. 내가 보는 앞에서 고문을 받지만 그래도 그는 아무것도 말하지 않습니다. 마침내 처형장으로 끌려가다가 그는 뒤돌아서 아주 잠깐동안 전혀 비난하는 기색 없이 침묵하며 나를 바라봅니다. 내가 간신히 집으로 돌아갔을 때, 나는 또다시 이전과 같은 사람일 수 있겠습니까? 그 눈빛을 잊을 수 있겠습니까? 베드로가 예수님으로부터 받았던 것이 바로 그 눈빛이었습니다. 그리스도의 수난에 대하여 말하는 것을 들으면서 혹은 나 자신이 그것을 말하면서, 또는 앞서 언급했던 빌라도 법정에 서 계신 예수님 성상을 볼 때 얼마나 자주 나는 알리기에리 단테의 잘 알려진 구절 "이것을 듣고 울지 않는다면 무엇을 듣고 울겠습니까?"를 반복하는지 모릅니다. 우리는 무의식중에 예수 수난을 2천 년 전에 일어났던, 그래서 과거에 속한 사건으로 생각하는 실수를 저지릅니다. 어떻게 2천 년 전에 일어났던 사건으로 감동하고 눈물을 흘릴 수 있겠습니까? 수난은 우리가 그것을 기억하는 시점에서가 아니라 그것을 현재의 사건으로 지금 바라볼 때 우리를 감동하게 합니다. 우리는 그리스도의 수난을 그 시대의 사람으로서만 묵상할 수 있습니다. 그리고 "그리스도의 수난은 세상의 종말에까지 연장된다."는 그리고 "예수님은 심지어 세상 끝까지 고통 가운데 계실 것"이라는 사실을 분명히 알고 있습니다.[4] 성경은 죄를 짓는 사람은 "하느님의 아들을 다시 제 손으로 십자가에 못 박고 욕을 보이는 셈"(히브 6,6)이라고 말하고 있습니다.

이 모든 것은 단지 그저 하나의 수사법인 것이 아니라 정녕 진리와 일치합니다. 성령의 모습으로 예수님은 지금도 겟세마니에 계시고, 빌라도의 법정에 계시고 십자가 위에 계시며 그것도 단지 초자연적인 몸으로만이 아니라 고통을 당하는 이들 속에, 감옥에 갇힌 이들 속에, 혹은 죽임을 당한 사람들 속에, 설명할 수 없는 일이지만 그분 실제의 인성人性으로서 계십니다. 이것은 부활하셨음에도 불구하고가 아니라, 부활하셨기 때문에 진리인 것입니다. 그

---

4 성 레오 대 교황, 강론 70,5; PL54, 383; B. Pascal, Pensées n. 552 Br.

부활은 십자가에 못 박히신 예수님을 "영원히 살아 계시게 하는" 것입니다. 요한 묵시록은 부활하시고 살아 계신, 그러나 "죽임을 당한 것 같은"(묵시 5,6 참조) 어린양이 하늘나라에 서 있다고 소개하고 있습니다.

    그분이 우리에게 주신 성령으로 인하여, 우리는 그리스도와 동시대 사람이 되었습니다. 그의 수난은 기도서가 말해 주는 바와 같이 '오늘날' 일어나고 있는 것입니다. 수난을 묵상할 때 우리는 그 아들의 잘못으로 인해 유죄를 선고받고 멀리 추방당하여 모든 학대를 당하는 아버지의 아들과 비슷한 상황에 있습니다. 어느 날 뜻밖에 그 아들은 그의 아버지가 당신의 모든 고통의 흔적이 당신 몸에 드러나 보인 채 말없이 그 아들의 앞에 나타나신 것을 봅니다. 이제 모든 것은 끝나고 아버지는 집으로 돌아오셨으며, 고통은 더 이상 그를 지배하지 않습니다. 그러나 그것이 아들이 아버지를 보고 태연할 수 있다는 것을 의미하는 것은 아닙니다. 오히려 그 아들은 자기가 행한 바를 마침내 자신의 눈으로 볼 수 있기에 아버지의 발 앞에 몸을 던져 울음을 터뜨릴 것입니다. 요한복음에서 우리는 "그들은 자기들이 찌른 사람을 보게 될 것이다."(요한 19,37)라는 말씀을 읽습니다. 그리고 그가 인용하고 있는 예언서는 계속됩니다. "그들은 내 가슴을 찔러 아프게 한 일을 외아들이나 맏아들이라도 잃은 듯이 슬퍼하며 곡하리라"(즈카 12,10). 이 예언이 나의 생애에서 실현되었습니까? 아니면 아직도 성취되기를 기다리고 있습니까? 내가 찌른 사람을 직접 본적이 있습니까?

'그리스도의 죽음으로 세례를 받음'이 우리의 삶 속에서 실현되어야 할 때입니다. 옛 자아는 버리고 그리스도의 수난 속에 영원히 장사지내야 할 때입니다. 육욕을 가진 옛 자아는 "그리스도와 더불어 십자가에 못 박아야"만 합니다. 강한 생각이 옛 자아를 죽이겠다고 위협하며, 그의 '고정관념'과 자만심을 버리라고 설득하면서 엄습했습니다. 사도 바오로는 "나는 그리스도와 함께 십자가에 달려 죽었습니다. 이제는 내가 사는 것이 아니라 그리스도가 내 안에서 사시는 것입니다."(갈라 2,19-20)라고 말하면서 그의 체험을 이야기했습니다. 더 이상 내가, 즉 나 '자신'이 사는 게 아닙니다. 그렇다면 바오로는 옛 자아의 충동과 유혹을 더 이상 느끼지 않았을까요? 그는 모든 투쟁으로부터 종말적 평화와 자유를 소유했을까요? 사실은 그렇지 않았습니다. 왜냐하면, 그 자신이 육체의 법과 성령의 법 사이의 내적 투쟁을 고백하고 있기 때문입니다(로마 7,14 이하 참조). 그러나 그로 하여금 더 이상 그 '자신'으로 살지 않는다고 말할 수 있게 만든, 철회할 수 없는 어떤 일이 일어났습니다. 이제 '자신'이라 함은 멸망한 자신을 말하는 것입니다. 사도 바오로는 거리낌없이 그 '자신'을 잃어버리기로 수락했습니다. 그리고 만일 그 '자신'이 살아난다거나 또는 자만심을 느낄 땐, 어쨌든 복종시켰습니다. 여기에서 하느님이 보신 것은 그의 의지입니다. 왜냐하면, 의지를 가지고 행하였느냐의 여부가 중요한 것이기 때문입니다. 우리가 '그리스도와 더불어 십자가에 못 박히기'를 원한다면 또한 이렇게 해야만 할 것입니다.

수난에 대한 묵상의 결과는, 그러므로 옛 자아를 죽이고 새로운 자아를 낳는 것인데, 그것은 하느님에 의하여 사는 것입니다. 이것은 사도 바실리우스가 "부활은 새로운 생활의 시작이지만 새로운 삶을 시작하기 위해서는 옛 자아를 먼저 끊어야 한다."라고 기록한 세례의 매장식埋葬式이 상징하는 것입니다. 복식경주에서 주자들이 맞은편 트랙에서 달리기를 다시 하기 전에 잠시 휴식을 허락받는 것과 마찬가지로, 삶을 변화시키는 데에 있어서 이미 지나버린 것을 끝내고 새로운 삶을 시작하려면, 두 삶 사이에는 반드시 죽음이 와야 합니다.[5]

세례에 대한 이 새로운 인지를 경험한 후에 우리는 그리스도의 죽음을 완전히 새로운 빛 가운데서 이해하게 됩니다. 죄와 두려움

---

5   성 바실리우스, 『성령론』, XV,35; pp.32, 129.

과 슬픔의 이유로부터 기쁨과 확신의 이유로 변화되어서 사도 바오로는 외치고 있습니다. "그러므로 이제 그리스도 예수와 함께 사는 사람들은 결코 단죄받는 일이 없습니다"(로마 8,1). 단죄는 그리스도 안에서 그 진로를 끝내고 자비와 용서에게 진로를 양보했습니다. 이제 십자가는 '자랑'과 '영광'으로 나타납니다. 그것은 바오로의 언어로는, 믿음으로 일어나 찬양과 감사로 표현하는 마음으로부터 우러난, 감사와 확신에 넘치는 환희를 의미합니다. "그러나 나에게는 우리 주 예수 그리스도의 십자가밖에는 아무것도 자랑할 것이 없습니다"(갈라 6,14). 어떻게 우리의 것이 아닌 것으로 자랑할 수 있을까요? 그 이유는 이제 수난이 '우리의 것'이 되었기 때문입니다. 처음엔 '나의 잘못 때문에'를 의미했던 'for me'가 잘못을 겸손히 인정하고 고백한 후에는 '나를 위하여, 나에게 유리하도록'을 의미하는 것입니다. 우리를 위해서 하느님께서는 죄를 모르시는 그리스도를 죄 있는 분으로 여기셨다고, 그래서 우리는 그리스도로 말미암아 "하느님께로부터 무죄 선언을 받게 되었다."고 기록되어 있습니다(2코린 5,21). 이것은 사도 바오로가 "하느님께서 인간을 당신과 올바른 관계에 놓아주시는 길이 드러났습니다."(로마 3,21)라고 말했을 때 이야기하고 있는 그 무죄 선언입니다. 이것은 '담대한 자찬의 말'을 할 수 있게 만든 그리고 계속해서

할 수 있게 하는 것입니다. 사실상 우리 편에 그리스도의 수난을 더할 때 우리는 진정 하느님의 의로운 사람들이요 거룩한 자요 사랑받는 자들이 되는 것입니다. 하느님은 우리에게 그분이 미리 말씀하신 "주님, 우리를 되살려 주시는 이"(예레 23,6)가 되시는 것입니다.

이제 우리는 두려움 없이 우리 자신을 십자가가 더 이상 '어리석음과 추문'이 아니라 반대로 '하느님의 능력과 하느님의 지혜'로 나타나는 기쁘고 영적인 차원으로 열어놓습니다. 우리는 그것을 우리의 흔들릴 수 없는 확신과 하느님께서 우리를 사랑하신다는 최상의 증거, 우리 선교의 끝없는 주제로 만들 수 있으며 사도와 함께 "우리 주 예수 그리스도의 십자가 외에는 자랑할 것이 없다!"고 말할 수 있는 것입니다.

# 제5장

# 그분은 우리의 의화를 위해 부활하셨습니다

### 그리스도의 부활, 우리 희망의 근원

부활절 아침에 여인들에게 나타났던 천사는 그들에게 말했습니다. "놀라지 마라. 너희가 십자가에 못 박히신 나자렛 사람 예수님을 찾고 있지만 그분께서는 되살아나셨다"(마르 16,6). "어찌하여 살아 계신 분을 죽은 이들 가운데에서 찾고 있느냐?"(루카 24,5). 예수님은 부활하셨습니다. 그분은 살아 계십니다! 오늘날에도 부활을 전하는 이 최초 복음 선포의 방법에 가까이 가면 갈수록 메시지는 더욱 힘이 있고 더 깊은 감동을 줍니다.

그 후에 일어난 일을 우리는 상상할 수 있습니다. 여인들은 좀 더 빨리 달리기 위하여 그들의 손으로 긴치마를 들어 올리고 서둘러 언덕을 내려갔고 숨을 헐떡이며 다락방으로 들어갔습니다. 그들이 말을 시작하기도 전에 모든 사람은 여인들의 얼굴과 눈빛에서 아직 듣지 못한 어떤 일이 일어났음을 알 수 있었습니다. 그들은 여럿이 동시에 외치기 시작했습니다. "주님이, 주님이!", "주님이 어쨌다는 거요?", "살아나셨어요, 살아나셨어요!", "무덤이, 무덤이!", "무덤이 어쨌다는 거요?", "비었어요, 텅 비었어요!" 그 소식은 너무나 대단해서 그 가엾은 여인들은 그것을 억제하거나 조용하고 예절 바른 태도로 말할 수가 없었습니다. 그것은 낡은 가죽 부대를 터뜨린 새 술이었습니다. 그들의 흥분을 가라앉히기 위해 아마도 사도들은 음성을 높였을 것입니다. 그러는 동안에 전율이 그들의 몸을 스치고 지나갔습니다. 경외감이 그 방과 그 안에 있는 모든 사람의 마음을 가득 채웠습니다. 그 순간부터 세상은 결코 그 이전과 같을 수가 없었습니다. 부활의 복음은, 어떤 것도 어느 누구도 마지막 때까지는 멈추게 할 수 없는, 길고 고요한 그리고 힘 있는 물결처럼 역사를 통한 그 여정을 시작하고 있었습니다. 러시아에서 가장 사랑받는 성인 사로프의 세라핌은 때때로 그에게 음식을 가져다주는 형에게조차 한마디도 말하지 않고 숲속에서 십 년을 지낸 후에 하느님께서 그를 사람들 사이로 돌려보내셨습니다. 그는 자신의 수도원에서 점점 늘어나는 그를 찾아온 사람들에게 커다란 열정으로 말하면서 다가갔습니다. "나의 사랑하는 사람들이여, 그리스도께서 부활하셨습니다!"

　이 간단한 말은 그의 말을 들은 사람들의 마음과 그 주위의 세상을 변화시키기에 충분했습니다. 그의 음성은 천사의 소리 같았습니다. 그 성인의 말로 나도 또한 이제까지 이 영적 여정을 거쳐 온, 그리고 그 어두운 수난의 밤을 통과한 여러분에게 말하고 싶습니다. "내 친구여, 그리스도께서 부활하셨습니다!" 영적 세계에서 그리스도의 부활은 물질세계에서의 '빅뱅'과 같습니다. 최근의 이론에 따르면 밀도가 높은 작은 물질이 갑작스런 폭발에 의해 에너지로 변하고, 이처럼 수십억 년 후에도 계속될 우주 팽창의 전체적인 운동이 시작되었다고 합니다. 사실상 교회 안에서 존재하고 움직이는 모든 것, 성사, 교리, 제도 등은 그 힘을 그리스도의 부활에서 끌어냅니다. 그것은 죽음이 생명이 되고 역사가 종말론이 되는 그런 운동입니다. 그것은 부활절 전야 첫째 독서에서 봉독 되는 창세기 1장의 창조 이야기를 선택함으로써 전례가 되풀이하는 것처럼 그렇게 새로운 창조입니다. 그것은 하느님께서 말씀하신 새로운 휘아트 룩쓰 "빛이 있으라!" 입니다. 토마스는 그가 부활하신 주님을 만졌을 때 모든 영적 에너지의 근원을 그의 손가락으로 만졌으며 무척 충격을 받았으므로 그의 모든 의심은 즉시 사라져 버리고 확신에 차서 외쳤습니다. "나의 주, 나의 하느님!" 예수님 자신도 토마스에게 그분을 감동시키는 더 복된 길이 있는데 그것은 믿음을 통한 것이라고 말씀하셨습니다. "보지 않고도 믿는 사람은 행복하다."(요한 20,29)라고 하셨습니다. 우리가 또한 부활하신 그리스도를 만질 수 있는 '손가락'은 믿음입니다. 그리고 간절한 열망으로 이 접촉을 통해 빛과 능력을 받기 위하여 당기어야만 하는 것도 바로 이 손가락입니다.

## 1. 네가 마음으로 믿으면

그리스도의 부활은 두 가지 다른 방법으로 접근할 수 있습니다. 즉 그 하나는 해석학에 의함이요, 다른 하나는 믿음의 방법입니다. 그 첫 번째 방법은 '믿기 위한 지식'의 원칙에 근거를 두고 있고, 한편 후자는 '알기 위한 믿음'의 원칙에 근거를 두고 있습니다. 이 두 방법은 양립할 수 없으며 그들 사이의 차이점은 여전히 중요하고, 극단적인 경우에는 하나가 다른 것을 배제하기도 합니다. 성경을 비신화화非神話化하는 이론의 출현이래 부활에 대하여 최근에 쓰여진 것 중 많은 것들이 해석학에 속합니다. 해석학은

"그가 다시 사셨다." 혹은 "그가 나타나셨다."라는 용어의 의미를 해명하려고 노력합니다. 즉 이것들이 역사적인지 신화적인지 아니면 종말론적인 주장인지, 그리고 오늘날 교회 안에 현존하는 것이 부활하신 그리스도 '그분'이신지, 아니면 그분의 '말씀'인지를 해석합니다. 어떤 한도 내에 제한된 채 이 작업은 매우 귀중하며 사실상 우리가 부활에 관한 조잡한 해석들을 극복하는 데 도움이 됩니다. 그 해석들은 오늘날 사람들에게는 용인할 수 없는 것들이었습니다. 그러므로 해석학이 주는 의미는 믿음 그 자체의 정화를 촉진합니다.

그러나 이 안에는 커다란 위험이 포함되어 있습니다. 즉 그다음 단계인 믿음의 도약이 취해지지 않는다는 것입니다. 만일 우리가 믿기 위해 이해하기 원한다면, 부활은 하느님 전능하심의 불가사의한 역사役事이지 사람의 일이 아니기 때문에 결코 온전하게 이해될 수 없으므로, 이 문제는 해답을 못 얻은 채 계속 뒤로 미루어지고 우리는 결코 믿음에 도달하지 못합니다. 키에르케고르는 "믿음은 하느님을 말하고 싶어 하지만 이성은 계속해서 묵상하고 싶어한다."고 말했습니다. 그리고 이것은 그리스도의 부활에 대한 오늘날의 신학적 토론 상태에 대해 많은 것을 설명해 줍니다. 그가 진리를 추구하는 한 주인공은 사람입니다. 상태를 관리하는 것은 사람입니다. 이 조건으로 합리주의자들은 하느님에 관해 이야기하는데 그의 전 생애를 보내기조차 합니다. 그러나 진리가 인정될 때 주권을 잡는 것은 진리이고 사람은 언제든지 진리 앞에 굴복할 각오가 되어있어야 합니다. 그러나 그렇게 진리에 굴복하는 사람은 흔치 않습니다.

가장 안전하고 가장 유익한 길은 믿는 것이며 그다음에 이해하는 것입니다. 그러나 무엇을 이해합니까? 우리가 이해할 수 없는 것! 요한복음의 끝, 부활 이야기의 바로 뒷부분에서 우리는 읽습니다. "이 책을 쓴 목적은 다만 사람들이 예수는 그리스도이시며 하느님의 아들이심을 믿고, 또 그렇게 믿어서 주님의 이름으로 생명을 얻게 하려는 것이다."(요한 20,31)라고 말씀하십니다. 그것은 우리가 그것들을 해석하기 위하여, 라고 말하지 않고 우리가 그것을 믿기 위하여, 라고 말합니다. 그러므로 우리는 사도가 그의 서신에서 제안한 바와 같이, 즉시 믿음의 길을 선택해야 할 것입니다. 이것이 그리스도의 부활이 처음에 사람들을 개종시킨 방법이며 세상을 바꾸어 교회를 낳게 한 방법입니다. 과학적인 증거나 논증을 통해서가 아니라 그것이 성령과 능력으로 선포되었기 때문에 그렇습니다. 이것은 논쟁의 여지가 없을 정도로 매우 중요합니다.

"이 예수님께서는 우리의 잘못 때문에 죽음에 넘겨지셨지만, 우리를 의롭게 하시려고 되살아나셨습니다."(로마 4,25)라는 진술은 그의 서신 10장에서 사도 바오로에 의해 다시 인용되어 그가 기록하고 있는 다음 구절로 전개됩니다. "그대가 예수님은 주님이시라고 입으로 고백하고 하느님께서 예수님을 죽은 이들 가운데에서 일으키셨다고 마음으로 믿으면 구원을 받을 것입니다"(로마 10,9). 그러므로 구원은 부활을 믿는 믿음에 달려 있습니다. 또 다른 곳에서 바오로 사도는 사람은 "그리스도를 죽은 자들 가운데서 다시 살리신 하느님의 능력을 믿었기 때문에"(콜로 2,12) 다시 살아났다고 말하고 있습니다. 성 아우구스티노는 "수난을 통하여 주님은 사망에서 생명으로 건너가셨고 그의 부활을 믿는 자들을 위한 길을 열어주시어 그들도 사망에서 생명으로 건너가도록 하셨습니다."라고 말했습니다. 부활절 축제는 사망에서 생명으로 가는 통로인데 부활을 믿는 믿음을 의미합니다. 성인은 계속해서 말합니다. "예수님이 죽으셨다고 믿는 데는 특별한 것이 없습니다. 이교도와 유대인과 타락자들조차도 이것을 믿습니다. 모든 사람이 그것을 믿습니다. 위대한 것은 그분이 죽은 자들 가운데서 부활하셨다고 믿는 것입니다. 그리스도인의 믿음은 그리스도의 부활입니다."¹ 그리스도의 죽음은 그 자체로서는 이 주장의 진리를 증거하기에 충분치 못하고 단지 그가 그 진리를 믿는다는 사실을 증거할 뿐입니다. 인간은 잘못된 혹은 심지어 잘못 믿고 있는 불법의 명분을 위하여 죽어왔습니다. 그러나 선한 믿음에는 그 믿음에 이르게 된 명분이 선했던 것입니다. 그리스도의 죽음은 그의 진리의 증거가 아니라 그의 지고한 사랑의 구체적 표현입니다. 사랑하는 이를 위하여 그의 목숨을 내어놓는 것보다 더 큰사랑이 없다고 한 것처럼 말입니다. 이것은 부활에 의해서만 적절하게 입증이 됩니다. 그리고 사실상 아레오파고 앞에서 바오로는 하느님이 "그분을 죽은 자들 가운데서 다시 살리심으로써 모든 사람에게 그 증거를 보이셨다."고 말하고 있습니다(사도 17,31). 하느님은 문자 그대로 예수님의 보증인으로 그분을 보증하십니다. 부활은 아버지께서 예수님의 말씀과 행동, 생명과 사망 위에 보증하신 거룩한 인장이십니다. 그것은 그분의 '아멘'이요, 그분의 '예'입니다. 예수님은 죽으시면서 죽기까지 그분께 순종하심으로 아버지께 '예'라고 말씀하셨고, 아버지께서는 아들을 주님으로 만드시면서 아들에게 '예'라고 말씀하셨습니다.

---

1  성 아우구스티노, 『시편 상해』 120,6; CC 40, p.1791.

## 2. 믿음은 들음에서 옵니다

부활을 믿는 믿음이 너무 중요하기 때문에 그리스도교의 모든 것은 그것에 의존하고, 당면한 문제는 어떻게 그리고 어디서 이 믿음을 얻느냐 하는 것입니다. 사도 바오로의 대답은 명쾌합니다. "믿음은 들음에서 난다!"(로마 10,17)하였습니다. 부활을 믿는 믿음은 그것을 선포하는 말씀 앞에서 꽃이 핍니다. 이것은 유례없이 특이한 것입니다. 예술은 영감에서 나고, 철학은 추리에서 나며, 과학 기술은 계산과 실험에서 나옵니다. 오직 믿음만이 들음으로부터 나옵니다. 아무리 인간이 생각한 바를 말한다고 하더라도, 생각은 그것을 표현하는 말보다 앞섭니다. 그러나 사람에게서 나오는 것이 아니라 하느님에게서 나오는 것은 정반대인 것이 사실입니다. 즉 말씀이 먼저 오고 그다음에 인간이 그것을 믿고 신학을 만들어내는 생각이 뒤따릅니다. 그러므로 인간은 스스로 믿음을 줄 수 없습니다. 그것은 근본적으로 사건, 즉 선물에 달려 있습니다. 그것은 확실한 방법으로 이야기되고 듣게 된 "그가 부활하셨다!"라는 말씀에 의존합니다.

그러나 그것이 역사적 논증이나 다른 어떤 인간적 증거로부터 오지 않는다면 "그가 부활하셨다"고 선포함으로써 믿음을 갖게 하고 새로운 세상으로 우리를 인도하는 그 능력은 어디서 올까요? 그것은 '그 사실'로부터 옵니다. 왜냐하면, 선포하는 일이 실제로 일어났기 때문입니다. 역사歷史는 사람의 작업인 사실에 대한 역사적 '논증'에서 보다 훨씬 더 강하고 더 직접적인 방법으로 이것에 작용합니다. 일어난 것은 그 안에 존재하고 그것을 이야기하는 말속에 있으며, 명쾌하게 되어서 그 자체로서 인간의 마음속에 스스로 깊은 인상을 줍니다. 그것의 역사는, 볼 눈이 있는 자들과 들을 귀 있는 자들에게, 그 자체가 '보이므로', '논증할' 필요가 없습니다.

그러나 믿음이 말씀을 들음에서 나온다면, 그렇다면 어째서 그것을 듣는 모든 사람이 다 믿지를 않는 것일까요? 사도 바오로 자신도 "모든 사람이 다 그 복음을 받아들인 것은 아닙니다. 주님, 우리가 일러준 말을 누가 믿었습니까?"(로마 10,16)라고 한탄하며 기록했습니다. 그 사실을 알고 그는 순종에 대해서도 적확하게 해당 설명을 거의 함축적으로 하고 있습니다. 모든 사람이 하느님께 기꺼이 순종하여 굴복하지는 않습니다. 그래서 우리는 문제의 진상을 규명합니다. 그것은 인간의 자유라고 하는 척박한 땅에 있는데, 그 자유는 하느님이 하신 최상의 일하심을 받아들이거나 거절할 수 있는 것입니다. 복음을 순종하지 않는 데에 관련된 책임에는 여러 가지 수준이 있습니다. 복음이 선포된 것을 들은 적이 없기에 혹은 복음을 전한 사람이 그 자신이 믿음이 없거나 일관성의 부족으로 인해 복음을 왜곡시키거나 무의미하게 전했기 때문에 믿지 않는 사람들이 있습니다. 이 경우에 책임은 하느님만이 아시고 심판하실 일입니다. 그러나 사도들로부터 직접 복음을 받은 사람들처럼 '훌륭한' 메시지를 들은 사람들에게 관심을 가져봅시다. 왜 그들이 모두 믿지 않았을까요? 베드로는 이 점에 대해 뜻깊은 대답을 주고 있습니다. 우리 조상들의 하느님께서 예수를 다시 살리시어 지도자와 구세주로 세워 높이 올리셨다고 선포한 후에 그는 덧붙여 말하고 있습니다. "그리고 우리(베드로 자신과 다른 사도들)는 이 모든 일의 증인입니다. 하느님께서 당신에게 복종하는 사람들에게 주신 성령도 그 증인이십니다"(사도 5,31-32; 요한 15,26). 그것이 부활을 믿는 믿음이 활기를 띠게 되는 방법입니다. 무엇보다도 먼저 외적이고 눈에 보이는 사도적 증언이 있는데 이것은 수평적으로, 말하자면 교회 안에서, 전달되었습니다. 그리고 눈에 보이지 않고 반복될 수 없는 내적인 증언이 있는데, 그것은 수직으로 말하자면 그것을 듣는 각자에게 내려옵니다. 이제 이 두 가지 유형의 증언을 고찰해 봅시다.

이 사도적 증언은 그 자체로 "합리적으로" 믿기에 필요하고 충분한 모든 것을 구성하고 있습니다. 말하자면 믿음의 행동은 인간이 용인할 수 있는 역사적 근거를 갖는 것입니다. 사실상 그것은 중대하고 확실한 증언입니다. 주의 깊게 고려해 보면 환영의 숫자와 순서와 장소에 관한 모순은 진실성의 효과를 약하게 한다기보다 오히려 강하게 합니다. 왜냐하면, 그것들은 우리들이 어떻게 해서든지 우리를 납득시키려고 애써서 만든 어떤 것을 다루고 있지 않음을 보여주기 때문입니다. 사도들은 속임을 당하지는 않았을 것입니다. 왜냐하면, 그들은 주님 생전에도 쉽게 믿지 않는 경향이 있었기 때문에, 그리고 우리는 그들이 주께서 부활하셨다는 것을 끝까지 의심하고 저항했다는 명확한 증거를 성경에 가지고 있습니다. 또한 우리는 그들이 상황이 어떻게 되어 갔는지 알면서도 다른 사람들 속이기를 원했다고 생각할 수는 없습니다. 왜냐하면, 그것이 그들 자신의 가장 중요한 관심사에 거슬리는 것이며 그들 자신이 먼저 속임 당하고 그 대가를 치르게 될 것이기 때문입니다. "어떻게 가난하여 교육도 받지 못하고 호수와 강에서 살던 12명의 사람에게 비슷한 일을 해볼 생각이 떠올랐겠습니까? 도시나 광장에 한 발자국도 내딛어본 적이 없는 그들이 어떻게 온 세상을 맞설 생각을 하였겠습니까? 그리스도께서 수많은 기적을 행하신 후에 체포되셨을 때 모든 사도는 도망쳤으며 그들의 이성은 그분을 부인했습니다. 그렇다면 그리스도께서 아직 살아 계셨을 때 몇몇 사람의 유대인들에게 대항할 수 없었던 그들이, 나중에 그분이 죽으시고 묻히셨을 때, 그리고 믿지 않는 자들에 따르면, 부활하지 않으셨고 그러므로 말씀하실 수도 없을 때, 어떻게 그분에게서 온 세상에 맞서 대항할 용기를 얻었겠습니까? 예전 같았으면 그들은 오히려 "이제 우리는 어떻게 하지? 그분은 자기 자신도 구원할 수 없었는데 어떻게 우리를 지켜주실 수 있을까? 그분이 살아 계실 때 한 나라조차도 정복할 수 없었는데 우리가 단지 그분의 이름으로 온 세상을 정복할 수 있을까? 그런 일을 떠맡는 것이, 아니 그것을 생각한다는 것 자체가 어리석은 짓이 아닐까, 라고 하지 않았겠습니까? 그러므로 그들이 그분이 부활하신 것을 뵙고 그분의 명백한 증거를 보지 못했더라면 그들은 결코 자신들을 그러한 위험에 드러내지는 않았으리라는 것이 분명합니다."[2]

그렇다면 무엇보다도 먼저 사도들이 지칠 줄 모르고 "하느님께서는 그분을 죽은 자들 가운데서 살리셨습니다. 우리는 다 그 목격자들입니다."(사도 3,15)라고 반복하게 만든 부활을 입증할만한 영원하고 역사적인 증거가 있습니다. 그러나 이 증거는 그것 자체만

---

2   성 요한 크리소스토모, 『44개의 고린토전서 강론』 4:4; PG 61, 35ff.

으로는 충분하지 못합니다. 사람들은 그 증거가 신앙적인 가치가 있다고 인정은 하면서도 여전히 믿지 않을 수도 있습니다. 이런 일이 부활 주일날 무덤에 찾아갔을 때 "여자들의 말대로였으나, 그분을 보지 못했던"(루카 24,24) 제자들에게 일어났던 것입니다. 외적 증거에 성령의 내적 증거를 추가할 필요가 있습니다. 그래서 **베드로 사도**는 우리에게 하느님께서는 아무에게나 이 증거를 주시지 않으시고 "그분에게 순종하는", 즉 마음이 온유하여 하느님께 기꺼이 순종하는 모든 사람에게 허락하신다고 말하고 있습니다. 다시 말하면 믿음은 순종하고자 하는 근본적인 의지를 전제로 하는 것입니다. 믿음 자체가 순종인 것입니다(로마 1,16 참조). 그것은 인간이 자신을 밝히신 하느님께 순종하고 그분의 권위를 미루어 하느님을 인정할 생각이 있느냐 하는 문제입니다. 신자와 비신자 사이의 '영적인 구분'이 생기는 것이 바로 이점에 있습니다.

그러므로 부활에 대해서 들은 적이 없거나 들었어도 불충분하게 들었기 때문에 믿지 않는 사람들이 있습니다. 그러나 자만 때문에 믿지 않는 사람들도 있습니다. 왜냐하면, 그들은 절대자에게 자리 양보하기를 원하지 않기 때문입니다. 또는 나태함 때문에 믿지 않는 사람들도 있습니다. 왜냐하면, 그들은 만일 그들이 믿게 되면 그들의 생활방식을 바꿔야 한다는 것을 알고 있으며 그렇게 하고 싶지 않기 때문입니다. 비신자는 "내가 믿음을 갖는다면 쾌락을 포기할 텐데"라고 말합니다. 그러나 파스칼은 "당신이 쾌락을 버린다면 곧 믿음을 갖게 될 것"이라고 말합니다.[3] 예수님 당시에 어떤 서기관과 바리사이인들에게 어느 날 예수님께서 말씀하셨습니다. "자기들끼리 영광을 주고받으면서 한 분이신 하느님에게서 받는 영광은 추구하지 않으니, 너희가 어떻게 믿을 수 있겠느냐?"(요한 5,44). 어떤 학자들은 그들이 서로 영광을 구하는 근본적인 이유 때문에 부활을 믿지 않습니다. 그들은 진실된 것을 반복하기보다는 독창적인 것을 말하고 싶어합니다. 이 말은, 내가 지금 이것을 쓰고 있는 나 자신을 포함하여 모든 사람에 대한 경고입니다

사도 바오로가 창조를 믿지 않는 사람들에게 대하여 말하는 것(로마 1,18 이하 참조)은 어떤 의미에서 부활을 믿지 않는 사람들에게도 진실입니다. 부활에 관해서 알만한 것은 하느님께서 분명히 보여주셨습니다. 비록 모두가 다 알아듣지는 못해도 말입니다! 이것들은 '변명할 여지가 없는' 것입니다. 즉 하느님 자신이 그들에게 밝혀 보여주셨습니다. 사실상 부활시기 이후, 부활하신 그리스도

---

3  B. PASCAL, Pensées, n. 240 Br.

의 현존과 실제는 교회 안에서 그분이 수행하신 일들 속에서 묵상할 수 있습니다.

요약해 보면, 로마서 10장에서 사도 바오로가 말씀의 길을 얼마나 완벽하게 묘사했는지 알 수 있습니다. 이 길은 귀에서 마음으로, 마음에서 입술로 가고 있습니다. 사도 바오로는 말합니다. 믿음은 "그분이 부활하셨다!"라는 말씀을 듣는 것에서 나와 사람의 귀에 이르고 그의 마음을 꿰뚫으며, 여기에서 언제나 새로운 믿음의 기적, 즉 은총과 자유 사이의 신비한 만남이 생긴다고 말하고 있습니다. 마음으로부터 말씀이 일어나고 입술에서 그리스도의 주님 되심을 믿는 즐거운 고백이 됩니다. "왜냐하면, 당신이 예수는 주님이시라고 입으로 고백하고 또 하느님께서 예수를 죽은 자들 가운데서 다시 살리셨다는 것을 마음으로 믿으면 구원을 받을 것입니다. 곧 마음으로 믿어서 하느님과의 올바른 관계에 놓이게 되고 입으로 고백하여 구원을 얻게 되기"(로마 10,9 참조) 때문입니다.


## 3. 부활, 아버지의 업적

지금까지 우리는 부활을 단지 우리들 자신과 관련하여 묵상해 왔습니다. 그러나 하느님의 말씀은 부활이라는 신비가 그 능력을 이끌어내는 또 다른 좀더 깊은 친밀한 관점을 소개해 주십니다. 그리스도의 부활은 예수님의 증거를 우리에게 확신시키려는 변증론의 문제만이 아닙니다. 그것은 원칙적으로 진리와 능력의 증거가 아닙니다. 그것은 단지 교회와 새로운 세상의 시작에 그치는 것이 아닙니다. 이 모든 것은 나중에 결과로서 일어납니다. 부활은 마치 하느님께서 예수님 자신을 위해서가 아니라 다른 사람들을 위해서 예수님을 부활시켰다는 듯이, 역사 또는 교회와 관련하여 순전히 공공연하게 외면상의 사실로만 축소되어서는 안 됩니다. 부활은 무엇보다도 무한한 사랑의 행위이며, 그것을 통해 아버지께서는 무서운 수난의 고통 후에, 성령을 통하여 아드님의 시신에 생명을 다시 주셨고, 그를 주님이 되게 하셨습니다. 그것은 삼위일체 하느님이 하신 일이며 이것이 우리가 이제 묵상하기를 원하는 방법입니다. 그것은 역사상 하느님이 행하신 일의 최고 정점을 이루는 것이며 하느님의 영광이라는 최고의 제목입니다. 하느님께서는 이제부터 '예수 그리스도를 죽은 자들 가운데서 다시 살리신 분'(2코린 4,14 참조; 갈라 1,1; 콜로 2,12)으로 알려질 것입니다.

그러므로 부활은 무엇보다도 그가 기뻐하시고 사랑하시는 아들에게 주시는 아버지 하느님의 선물입니다. 그것은 잔혹한 십자가의 '분리' 이후에 하느님이 주신 그분의 포옹, 즉 아버지로서의 무한한 애정 행위였습니다. "그분은 오랫동안 입을 다물고 말없이 참으며 조용히 지내오셨습니다. 그러나 이제 그분은 고함치십니다"(이사 42,14). 그리스도의 부활은 하느님께서 당신의 '침묵'을 깨뜨리시는 외침입니다. 나중에 인간의 증거가 개입됩니다. 부활의 첫 열매들은 가장 완벽하고 친밀하며 성령으로 충만한 아버지와 아들 사이에서 모두 소멸하였습니다. 어느 누구도 부활의 순간에 참석하지 않았습니다. 오직 아버지께서만 그곳에 계셨습니다. 2세기 이후의 그리스도교 성전聖傳에는 부활하신 그리스도의 입술에 그리스도가 아버지에게 드리는 기쁨의 외침을 담고 있습니다. "나는 부활했습니다! 그리고 나는 여전히 당신과 함께 있습니다. 당신의 손이 내 위에 있사옵니다"(시편 139,5 참조). 부활 날에 이번에는, 마치 부활이 말씀으로 충만한 세세 대대에 영원한 그분 기쁨을 새로이 해 주듯이, 아버지께서 예수님께 외치십니다, 성경에 따르면 "너는 내 아들, 내가 오늘 너를 낳았도다."(사도 13,33; 로마 1,4)라 하십니다.

이처럼 친밀한 부성父性 표출의 부활은 필자가 반복해서 말하거니와 전례나 경건한 신심에만 있는 것이 아니고 성경에도 나타나 있으며, 그것은 우리 상상력의 산물이 아니라 실재 자체입니다.

베드로가 오순절 날에 말했던 것처럼, 하느님께서는 예수를 "죽음의 고통에서 풀어주시어" 다시 살리셨습니다. 베드로는 시편 16편의 말씀을 그리스도께 적용하고 있습니다. "언제나 주님을 제 앞에 모시오니 ……"(시편 16,8)라고. 사실상 사도는 또한 이 시편에서 말하고 있는 것은 다윗일 뿐만 아니라 예수님이시라고 말합니다. 그는 자신의 아버지께서 그를 무덤이나 웅덩이에 버리시지 않으시리라는, 또한 썩음을 보지 않게 하시리라는 흔들리지 않는 희망을 표현하고 있습니다. 아버지께 "주님과 함께 나를, 기쁨이 가득하게 하십니다."(사도 2,24)라고 말하는 분은 예수님이십니다. 부활에 즈음하여 아버지는 엄숙하게 아들에게 말씀하셨습니다. "내 오른편에 앉아라."(사도 2,34), 그분은 예수님을 당신의 오른편에 높이 올리셨습니다(사도 5,31). 그리고 예수님을 "아버지와 함께 아버지의 옥좌에 앉혀 주셨습니다"(묵시 3,21). 신약성경의 저자들이 부활을 표현하기 위해 사용하기를 즐겨한 단어는 "다시 깨어나다(다시 살아나다)"라는 동사입니다. 그것은 또한 로마서 4장 25절에서도 사용되었습니다. 그것을 글자 그대로 번역하면 "그분은 우리를 하느님과의 올바른 관계에 놓아주시기 위해서 다시 살아나신 분이십니다."일 것입니다. 우리 스스로 인간적 용어로 표현하자면 아버지께서는 마치 그 아버지가 잠자고 있는 아기의 요람으로 조심스럽게 다가가듯이, 무덤 속에 잠자고 있는 예수님께 다가가셔서 죽음이라는 잠으로부터 그를 깨우신 것입니다. 복음서는 어느 날 예수님께서 한 죽은 청년의 상여에 다가가시어 "젊은이여 내가 네게 말하노니 일어나라!"라고 외치셨고 그 죽은 청년은 일어나 앉았습니다. 그리고 예수님께서는 그를 그 어머니에게 돌려주셨다고 말하고 있습니다(루카 7,14-15 참조). 이제 예수님의 무덤에 가까이 다가가서 "청년아, 내 아들아, 내가 네게 말하노니 일어나라!"라고 외치시는 분은 하느님 아버지이시며, 예수님은 깨어나시어 부활하셨습니다. 그리스도의 부활을 상기시키는 너무도 적절한 시편 한 구절이 있습니다. 기도하는 사람이 자신의 해방을 다음과 같이 묘사합니다.

> 그분께서 높은 데에서 손을 뻗쳐 나를 붙잡으시고
> 깊은 물에서 나를 끌어내셨네.
> 나의 힘센 원수에게서 …… 나를 구하셨네.
> 넓은 곳으로 이끌어 내시어 나를 구하셨으니
> 내가 그분 마음에 들었기 때문이네(시편 18,17-20).

큰 환난으로부터 빠져나온 선민들에 대하여, 하느님께서 그들과 함께 계셔서 "그들의 눈에서 모든 눈물을 말끔히 씻어주실 것"(묵시 7,14; 21,4)이라고 기록되어 있습니다. 예수님께서 아버지께 가셨을 때는 어떠하셨겠습니까? 그분이야말로 '큰 환난'으로부터 나오고 계셨던 것입니다. 진실로 부활절 전례에서 찬미하듯이 이 부활의 날은 "우리 눈에는 놀라운 일, 주님께서 마련하신 날"(시편 118,23-24)입니다. 예수님께서는 "그분은 살아 있는 돌이십니다. 사람들에게는 버림을 받았지만, 하느님께는 선택된 값진 돌이십니다"(1베드 2,4). 아버지께서는 아들의 희생 제물을 받으시고 그의 순종을 기뻐하셨습니다. 이런 의미에서, 부활은 십자가 희생의 면류관입니다. 부활에서 하느님이 하실 역할은 우리를 위한 지대한 희망의 원천이 되어 주시는 것입니다. 왜냐하면, 예수님의 부활은 하느님께서 언젠가는 우리들을 위해서도 같은 일을 해 주실 것이라고 말해 주기 때문입니다.

### 4. 성령에 의해

아버지께서 예수님에게 얹으신 '손'은 다름 아닌 성령이십니다. 사실상 사도 바오로는 로마서 서두에서 예수님은 거룩한 신성으로, 즉 성령으로, 말하자면 부활하심으로써 하느님의 권능을 나타내어 하느님의 아들로 확인되신 분이라고 말하고 있습니다(로마 1,4 참조). 그리스도께서 아버지의 영광스러운 능력으로 죽은 자들 가운데서 다시 살아나셨다는 진술은(로마 6,4 참조) 같은 것을 의미합니다. 또 다른 곳에서 예수님은 "성령에 의해 입증을 받으셨다."(1티모 3,16), 즉 그분이 성령에 의해 의롭고 영광스러운 분으로 선포되었다고 기록되어 있습니다. 육신으로 죽으신 그리스도께서는 "영적으로 다시 사셨습니다." 그리고 "감옥에 있는 영들에게도 가시어 말씀을 선포하셨습니다"(1베드 3,19).

교회는 사도신경에서, 나는 주님 생명을 주시는 분인 "성령을 믿으며"라고 선포하고 있습니다. 그리스도의 부활은 생명을 주시는 분, 성령의 탁월하신 역사役事인 이 특권이 주는 최고의 성취입니다. 우리는 때때로 부활을 마치 어떤 화가가 그려놓은 것처럼, 유물론적인 그리고 피상적인 방법으로 봅니다. 깃발 하나를 손에 들고 무덤으로부터 나오시는 예수님, 한편으로 땅에 엎드려 있는 군인들의 모습을 봅니다. 그러나 진정한 부활은 '영적인' 사건입니다. 성령은, 그리스도의 인성 속에 충만히 거하셨으며 그리스도의 영혼이 그의 몸을 떠나셨을 때조차도 그분의 영혼으로부터 분리된 적이 없으셨는데, 그리스도의 생명 없는 몸으로 들어가셔서 그

몸으로 신약성경이 '성령을 따르는' 삶이라 일컫는 새로운 삶을 시작하도록 하셨습니다. 그리스도의 부활은 그분 안에서 그 첫 번째 전형적 성취를 발견한 마른 뼈들의 예언으로 예견된 바대로 발생하였습니다. "보라, 내가 너희의 무덤을 열고 너희를 그 무덤에서 끌어 올릴 것이다. 내 백성아. 내가 너희에게 나의 기운을 불어넣어 살려내어 ……"(에제 37,12-14)라 하셨습니다. 아버지께서 그의 성령을 예수님께 불어넣으셨고 예수님은 소생하셨고 그러자 무덤은 그 생명을 담아둘 수 없으므로 열렸습니다.

부활에서 성령의 일하심은 우리를 위한 기쁨과 희망의 근원입니다. 왜냐하면, 이 부활은 우리를 위하여서도 발생했다고 말하고 있습니다. "예수님을 죽은 이들 가운데에서 일으키신 분의 영께서 여러분 안에 사시면, 그리스도를 죽은 이들 가운데에서 일으키신 분께서 여러분 안에 사시는 당신의 영을 통하여 여러분의 죽을 몸도 다시 살리실 것입니다"(로마 8,11). 위대한 동양의 영적 지도자 한 분은 "모든 사람의 부활은 성령에 의해 이루어진다."고 말했습니다. 이것은 세상 끝 날에 있을 육신의 부활만을 의미하는 것이 아닙니다. 영적 재생과 죽은 영혼들의 부활을 의미하며, 이것은 영적으로 매일매일 일어나고 있습니다. 이 부활은 한 번 죽으셨던 그리스도로부터 성령을 통해 와서 그것을 받을 만한 모든 사람 속에

서 부활합니다.[4]

## 5. 부활의 능력

그러므로 부활은 성령을 통하여 예수님을 죽은 자들 가운데서 다시 살려 주님과 그리스도가 되게 하신 아버지의 업적이십니다(사도 2,36). 그리스도의 신성은 모든 것이 만나는, 그리고 부활을 하나의 행위에서 상태로 변화시키는 초점입니다. "그리스도께서 돌아가셨다가 살아나신 것은, 바로 죽은 이들과 산 이들의 주님이 되시기 위해서입니다"(로마 14,9). 하느님께서 그분을 죽은 자들 가운데서 다시 살리셨다고 우리 마음으로 믿은 후에 우리가 취할 다음 단계는 "예수님은 주님"이시라고 공개적으로 고백하는 것입니다(로마 10,9). 사도는 "예수님은 부활하심으로써 하느님의 권능을 나타내어 하느님의 아들로 확인되신 분입니다."(로마 1,4)라고 말합니다. 이 말은 그리스도의 부활을 믿는 믿음의 새로운 지평을 엽니다. 그리고 그것은 은혜로 말미암아 부활 '사실'을 이미 믿고 있

---

4 新신학자 성 시메온, 『교리서』 VI; SCh. 104 p.44f.

는 사람들에게 일어나는 것입니다. 필리피서에서 사도 바오로는 그리스도를 위해서 모든 것을 잃었고 그것들을 모두 쓰레기로 여기고 있다고 말합니다. 그리고 "그것은 그리스도를 알고 그리스도의 부활의 능력을 깨닫기 위해서"(필리 3,10)라고 덧붙여 말합니다. 바오로는 그리스도의 부활을 잘 알고 있었습니다. 그는 그것을 아레오파고에서 한 설교에서, 그리고 고린토 서간에서 강하게 옹호하고 있습니다. 그리고 그는 부활하신 그리스도를 실제로 뵈었습니다(1코린 15,8 참조). 그렇다면 그가 아직 알지 못하고 그토록 강하게 열망하고 있던 것은 무엇이었겠습니까? 부활의 내적 능력이라고 그는 대답하고 있습니다. 이런 정황에서 '아는 것'은 '경험하는 것' 혹은 '소유하는 것'을 의미합니다. 사도는 그리스도 부활의 능력을 느끼자 깊이 압도당하였습니다. 그는 하느님께서 그리스도를 죽은 자들 가운데서 다시 살려내실 때에 그리스도를 통하여 완성하신 "하느님의 위대한 능력의 성취와 그 권능의 헤아릴 수 없는 위대함"(에페 1,18)에 대해 말하고 있습니다. 그는 힘과 위대함과 능력을 표현하기 위해 그리스 언어로 그에게 주어진 모든 단어를 하나의 관용구로 통합하고 있습니다. 그리고 그것들을 부활이라는 사건에 적용시키고 있습니다.

그러므로 그리스도의 부활과 관계가 있는 곳에는, 그것을 생생한 경험으로 표현하기 위해 순수하게 지적인 믿음을 뛰어넘을 필요가 있습니다. 오직 천국에서만 완결시킬 수 있는 사건이기 때문입니다. 우리는 그리스도의 부활에 관한 책을 여러 권 쓰거나 읽는 데에 우리 일생을 보낼 수도 있습니다. 그러나 여전히 그것을 '알아내지' 못합니다. 우리가 이 부활의 새롭고도 살아있는 지식을 배우는 것은 교회 안에서입니다! 교회는 부활을 믿는 믿음으로부터 생겨났습니다. 그것은 문자 그대로 부활로 가득 찬 '잉태되심'이었습니다. '교회 안에서'라고 말하는 것은 전례, 교리, 예술 안에서 그리고 성인들의 체험 안에서 말하는 것을 의미합니다. "오, 행복한 실수여!"라는 외침으로 그 절정에 이르는 부활절 선포는 우리에게 부활의 감격을 알려줍니다. 특히 그 외침을 찬양으로 들을 때는 더욱 그러합니다. 아주 오래된 부활절의 한 철야 기도문은 "온 세상으로 하여금 파괴되었던 것이 다시 만들어지고 옛것이 새로워지고 모든 것은 그 완전함을 회복한 것을 보게 하라."라고 말하고 있습니다.

그러나 증거와 계몽적 본보기를 풍성하게 보여주는 전례는 특히 동방교회에 있습니다. 삼위일체 신비의 경우, 삼위일체를 더 깊이 체험하는 것이 동방교회의 경향이고 자연과의 조화가 서방교회의 경향이며, 구원 신비의 경우, 육화에 더 큰 가치를 두는 것이 동방교회의 경향이고 파스카 신비에 더 큰 가치를 두는 것이 서방교회의 경향인 것처럼, 파스카 신비 그 자체의 범위 내에서 부활에 더 큰 가치를 두는 것이 동방교회의 경향이라면 고난에 더 큰 가치를 부여하는 것은 서방교회의 경향입니다. 이것은 우리가 서로를 의존하게 하려고 그리고 우리가 함께 축하하는 깊은 신비로부터 교회 일치를 호소하게 하려고 발생했습니다. 각각의 위대한 신비를 위하여 그것은 마치 하느님께서 함께 사용하도록 두 개의 '열쇠'를 만드셔서 하나는 동방 그리스도교에 주시고 다른 하나는 서방 그리스도교에 주셔서 어느 쪽도 다른 쪽이 없이는 진리의 충만함에 이를 수 없도록 하신 듯합니다. 옛날 격언에 이르기를 "너는 한 방법만으로는 그렇게 위대한 신비에 이를 수 없다."고 하신 말씀과도 같습니다.

예를 들면 우리는 성흔聖痕을 통하여 십자가에 못 박히신 그리스도처럼 되는 현상이 전형적인 가톨릭교회의 신성인 데 반해 부활하신 그리스도를 닮는 것이 전형적인 동방 그리스교회의 신성입니다. 우리는 이것을 동방교회에서 가장 사랑받는 두 성인, 즉 새 신학자라 불리는 성 시므온과 사로프Sarov의 세라핌 성인의 삶 속에서 볼 수 있습니다. 서방교회 신성神聖의 극치로서 우리는 아씨시의 성 프란치스코를 볼 수 있는데 그는 라 베르나 산 위에서 뚜렷하게 십자가에 못 박히신 그리스도처럼 보이게 되었습니다. 그리고 동방교회 신성의 극치로는 사로프의 성 세라핌을 볼 수 있는데 그는 겨울에 눈 오는 추운 옥외에서 모토비로프Motovilov라는 그의 제자에게 이야기하고 있는 동안 뚜렷하게 부활하신 그리스도의 모습으로 변형되었습니다. 이리하여 우리로 하여금 부활 후에 그리스도께서 그들에게 분명히 나타나셨음을 알 수 있게 해 주셨습니다.[5]

부활 능력에 대한 동방정교회의 영성을 느끼게 하는 가장 명백한 표현은 부활의 이콘(聖像)입니다. 그것은 거룩한 힘을 발하시면서 결연히 임보로 내려가시는 그리스도를 보여주고 있습니다. 그리스도께서 아담과 하와의 손을 잡아 임보에서 끌어내시는데, 인류의 조상인 이 두 사람 뒤로 그들의 뒤를 따라 빛을 향해 나오는 구약성경의 의인들이 끊임없는 대열을 이루고 있습니다. 그리스도께서 팔을 펼치고 계신 그 아이콘 성화는 우리가 새로운 전 인류의(보편적이고 우주적인) '출애굽'에 직면하고 있음을 묵묵히 증언하고 있습니다. 하느님께서 몸소 그의 백성을 자유롭게 하시려고 "능력 있는 손으로 팔을 펼치시고" 오신 것입니다. 이 아이콘을 응

---

5  Cf. I. GORAINOFF, 『Serafin de Sarov』, 2nd ed. Bellefontaine-Paris 1979.

시하면서 우리는 오늘도 언제나처럼 믿음이 충만해집니다. 나는 부활에 관한 모든 책에 대해서보다 그 아이콘 성화에 더 감사하고 있다는 것을 고백해야 하겠습니다. 그것은 채색된 선교입니다. 그 성화 속에서는 부활이 설명되고 있는 게 아니라 보여지고 있는 것입니다. 그것은 베일을 걷고 우리로 하여금 보이지 않는 실체와 접촉하게 해 줍니다. 모든 다른 형태의 조상彫像에서는 성상聖像을 보고 있는 것이 사람입니다. 그러나 이 아이콘 속에서는 사람을 바라보며 그 사람을 온전히 지배하는 것이 사람이 아니라 그 성상聖像입니다.

## 6. 예수 그리스도의 부활을 통하여 살아 있는 희망으로 다시 태어남

그리스도 죽음의 선포가 두 부분으로 이루어진 것과 같이 부활 선포도 두 부분으로 이루어져 있습니다. 사실 자체인 "그가 부활하셨다"는 것과 이 사실이 우리에게 적용되는 의미인 '우리의 의화(義化, 하느님과의 올바른 관계)를 위하여'가 그것입니다. '의화'라는 말은 로마서 4장을 마무리하며 되풀이되는 일종의 서두어로서 다음

장인 5장을 열어줍니다. 이 5장의 서두에서 사도는 믿음, 희망, 사랑이라는 세 가지의 신학적 덕목이 어떻게 그리스도의 파스카 신비로부터 샘솟는가를 보여주고 있습니다. "믿음으로 말미암아 하느님과의 올바른 관계를 맺었으므로 우리 주 예수 그리스도를 통해서 하느님과의 평화를 누리게 되었습니다"라고 바오로는 말합니다. "우리는 또 하느님의 영광에 참여할 희망을 안고 기뻐하고 있습니다" 그리고 이 희망은 우리를 실망시키지 않습니다. 우리의 마음속에 하느님의 사랑을 부어주셨기 때문입니다"(로마 5,1-5).

이 세 가지 신학적 덕목 중에서 베드로 전서는 "하느님께서는 당신의 크신 자비로 우리를 새로 태어나게 하시어, 죽은 이들 가운데에서 다시 살아나신 예수 그리스도의 부활로 우리에게 생생한 희망을 주셨다"(1베드 1,3)라고 말하면서 특히 희망을 부활과 연관시키고 있습니다. 그러므로 예수를 다시 살리심으로써 아버지께서는 우리에게 그분의 '사실적 증거'를 주신 것만이 아니라 '살아있는 희망'을 주신 것입니다. 부활은 그리스도교 진리가 근거한 주제일 뿐만 아니라 속으로부터 희망을 키우는 능력이기도 합니다.

부활절은 그리스도교인에게는 희망의 생일날입니다. '희망'이란 단어는 그리스도의 설교 속에는 보이지 않는 것입니다. 복음서는 그분이 믿음과 사랑에 대해 말씀하신 것을 자주 보고하지만 희망에 대한 것은 없습니다. 반면, 부활절 후에 우리는 사도들의 가르침 속에서 글자 그대로 희망과 이에 대한 감정의 폭발을 봅니다. 희망은 믿음과 사랑 곁에서 새로운 그리스도교인의 삶을 이루는 구성요소로 자리를 차지하고 있습니다(1코린 13,13 참조). 하느님 자신도 '희망의 하느님'(로마 15,13)으로 불리워지십니다. 그리고 이 이유는 다음과 같이 이해할 수 있습니다. 그리스도께서 부활하심으로 희망의 근원에 덮여있는 봉인을 깨뜨리셨고 그분은 죽음 그 너머에서까지 하느님과 함께 하는 삶이라고 하는 신학적 희망의 목적을 창출하셨기 때문입니다. 구약에서 인지되었으나, 단지 몇몇 시편에서만 열망 되었던 것은 "항상 하느님과 함께함"(시편 73,23)이요 "주님 앞에서 기쁨이 충만함"(시편 16,11)을 아는 것이 이제 그리스도 안에서 그것은 현실이 된 것입니다. 그분은 우리가 뒤따를 수 있는 죽음이라는 무서운 장벽의 틈을 열어 놓으셨습니다.

오늘날 부활과 희망의 관계는 깊이 느껴지기는 하지만 때로 그릇된 방식으로 보이기도 합니다. 희망을 주는 것이 부활이 아니고 부활을 주는 것이 희망입니다. 다시 말하면 출발점은 죽음에 완전히 굴복당하지 않을 인간 내면의 바람인 것입니다. 그리하여 영원히 불법을 경험하지 않고 그리스도의 부활을 입증하고 주장하려는 것입니다. 심한 경우에는 '우리를 위해'나 '우리의 희망을 위해'가 "그분이 부활하셨다"는 사실로 바꿔어 버리는 일도 있습니다. 사건의 의미가 사건을 대신하는 것입니다. 우리의 희망이 샘솟고 우리의 희망에 의미를 주는 거룩한 사건은 없습니다. 그러나 부활 사상을 권유하는 것은 우리의 바람입니다. 그러므로 부활을 주장하는 것은 우리의 희망에 의미를 주는 것이요 그 진정한 가치를 보여주는 것입니다. 부활은 실제 사실이고 거룩한 사건인 것에서 인간의 필요조건으로 변화되었습니다. 그것은 더 이상 하느님의 권위나 전능에 근거를 두는 것이 아니라 인간의 보편적이고 종교적인 감각에 근거를 두는 것이 되었습니다. 그러나 만일 그리스도께서 참으로 사실적으로 부활하지 않으셨다면, 우리의 희망은 우리의 믿음과 마찬가지로 "헛된, 다시 말하면 그것은 공허하고 근거 없는"(1코린 15,12) 것입니다. 아니면 적어도 그 희망에 근거를 주고 싶어 하는 인간적 욕망 외에 다른 어떤 근거도 없는 것일 것입니다. 그것은 단지 그랬으면 하고 갈망하는 생각일 뿐입니다. 그리스도의 십자가를 헛되게 할 수 있는 것과 마찬가지로(1코린 1,17 참조) 또한 그리스도의 부활도 헛되게 하는 길이 있습니다. 그것은 부활을 세속화하는 것인데 이러한 노력은 믿음 대신에 그리고 믿음보다 윗자리에 설명을 놓아두려는 데서 이루어집니다.

그러므로 재확립된 믿음의 견지에서 우리는 그리스도의 부활로부터 오는 살아있는 희망에 우리의 마음을 열어 새로운 숨결처럼 우리를 포옹하게 할 수 있습니다. 이 점에 관하여 베드로 사도는 '재생', '다시 남'에 대해 말하고 있습니다. 이것이 실제로 사도들에게 일어났던 것입니다. 그들은 희망의 능력과 감미로움을 체험했습니다. 부활 직후의 상황에서 사도들을 재결합시키고 사도들이 서로에게 기쁨으로 "그분이 살아나셨습니다, 그는 살아 계십니다, 그가 나타나셨다구요, 우리는 그분을 보았습니다!"라고 외치게 만든 것은 희망이었습니다. 엠마오로 가는 비탄에 빠진 제자들의 발걸음을 예루살렘으로 되돌리게 만든 것은 희망이었습니다.

교회는 희망에서 태어났습니다. 그리고 우리가 믿음에 새 힘을 주고 싶다면, 그리고 그것으로 다시금 세상을 정복하게 하고 싶다면 그것은 오늘도 다시 불붙어야 합니다. 희망 없이는 아무것도 이룰 수 없습니다. 그리스도교인 한 사람이 신학적 희망에 대해 시 한 편을 썼습니다. 그는 세 가지 신학적 덕목은 세 자매와 같다고 말하고 있습니다. 둘은 성장했고 다른 하나는 작은 아이입니다. 그들은 어린 희망을 가운데 두고 손에 손을 잡고 앞으로 나아갑니다. 그들을 바라보며 큰언니들이 아이를 끌어당기고 있는 것처럼 보입니다. 그러나 그 반대입니다. 두 언니를 잡아끌고 있는 것은 작은 소녀입니다. 믿음과 사랑을 끌어 당겨주는 것은 희망입니다. 희망이 없다면 이 세상 모든 것이 멈추어 버립니다.[6] 우리는 이것을 우리의 일상생활에서 보아 알 수 있습니다. 어떤 사람이 어떤 것에서도 희망을 발견할 수 없는 시점에 이르게 된다면 그것은 마치 그가 죽는 것과 같습니다. 종종 사람들은 자살도 하고 아니면 스스로 서서히 죽어가게 합니다. 방금 기절한 사람에게 재빨리 독한 것을 주어 마시게 하거나 냄새를 맡게 해서 소생시키는 것처럼, 노력을 포기한 시점에 있는 사람들에게는 희망의 이유를 제공해 주어야 합니다. 그들로 하여금 그들에게 아직 기회가 있다는 것을 보도록 해서 마음을 다잡아 다시 시작하도록 해 주어야 할 것입니다.

　기적은 사람의 마음속에 희망의 씨앗이 꽃필 때마다 일어납니다. 실제로는 아무것도 변하지 않았을지라도 모든 것이 다르게 보이는 것입니다. 희망이 그들 안에서 다시 꽃 핀다면 지역사회, 교구, 종교적인 질서도 되살아나며 새로운 사명감을 끌어당기기 시작합니다. 희망이 해내는 일을 해 줄 수 있는 선전 형태는 어디에도 없습니다. 젊은이들을 생기 있게 하는 것은 희망입니다. 그것은

---

6　Cf.C.PEGUY, Leporche du mystere de la deuxieme vertu, in(Oeuvres poétiques complètes, Gallimard, Paris 1957, pp.538ff.

가족 내에서도 마찬가지입니다. 희망이 있을 때 사람들은 기꺼이 집에 있거나 집으로 돌아옵니다. 누군가에게 희망을 주는 것은 해 줄 수 있는 것 중의 가장 아름다운 선물입니다. 한때는 신심 깊은 사람들이 성당 밖으로 나갈 때 성수聖水를 손에서 손으로 건네주었던 것과 마찬가지로, 그리스도교인들은 거룩한 희망을 손에서 손으로, 부모로부터 자녀에게로 건네주어야 합니다. 부활절 전야에 충실한 신자들이, 부활절 촛불에서 불을 붙여 받은 사제로부터 시작해서, 한 사람 한 사람씩 그들의 촛불을 밝히듯이, 우리는 신학적 희망을 서로 서로에게 건네야 합니다. 일찍이 그리스도교인 사이에서 오늘날만큼 종말론이 많이 이야기된 적이 없었으며, 그것이 오늘날만큼 실행되지 않은 적도 없었습니다. 종말론, 즉 미래와 마지막 순간과 그리고 영원을 향하여 문을 열어주는 종말론은 위탁의 결핍과 이전移轉을 발생시킬까 두려워 생명력이 둔화되었고 신학적인 서적으로 분류되었습니다. 어떤 경우에 그것은 역사 속에 포함되어 제한된 미래만을 취급하는 일종의 관념론이 되었습니다.

그리스도교인에게 희망의 대상은, 이미 말했듯이 죽음으로부터의 부활입니다. "주 예수를 다시 살리신 분이 우리도 다시 살리시는"(2코린 4,14) 것입니다. 그리스도께서 '첫 열매'(1코린 15,20)이셨고 그 첫 열매는 뒤를 이어야 하는 충만한 수확을 약속하고 있습니다. 그러나 육신의 부활이 유일한 부활은 아닙니다. 마음의 부활도 있습니다. 육신의 부활이 '마지막 날'에 일어난다면 마음의 부활은 날마다 일어납니다. 우리에게 가장 유익이 되는 것은 이 마음의 부활입니다. 왜냐하면, 그것은 실제 문제로서 바로 지금 우리에게 달려 있기 때문입니다. 성 레오 교황은 "미래 부활의 흔적이 거룩한 성城에서 지금 나타나게 하자. 그리고 몸에서 이루어진 것이 이제 마음에서도 이루어지게 하자."[7]라고 말했습니다.

여기서 우리는 영적 쇄신이라는 여행을 생각해왔습니다. 결론에 이르기 위해 우리는 어린아이인 희망이 우리의 손을 잡도록 해야 합니다. 우리는 우리의 생활 속에서도 어떤 변화가 일어나기를 희망해야 합니다. 그리고 모든 것이 정녕 전과같이 필연적으로 계속되므로 이 땅에서 우리를 위한 새로운 일이 일어나지 않는 일은 없도록 희망해야 합니다. 희망을 품는다는 것은 '이번에는' 형편이 다를 것이라고 믿는 믿음을 가지는 것을 의미합니다. 비록 우리가 믿었던 같은 일이 수백 번 수포가 될지라도 말입니다. 어쩌면 과거에 당신은 회심이라는 거룩한 여행을 시작하려고 여러 번

---

[7] 성 레오 대교황, 강론 65,3; PL 54, 366.

결심했었는지도 모릅니다. 어느 부활절 또는 피정 기간 혹은 특별한 경우에, 당신은 길을 떠나서 당신의 '홍해'를 건널 결심을 했을 것입니다. 그러나 당신은 점차 그 순간이 가까워지면 당신의 열정이 쇠약해지고 사라지는 것을 보셨을 것입니다. 그리고 번번이 당신은 여전히 이집트의 해안에 서 있는 자기 자신을 발견하셨을 것입니다. 이 모든 것에도 불구하고 당신은 여전히 희망을 품습니다. 당신은 하느님의 마음을 감동시킬 것이고 그분은 당신을 도와주실 것입니다. 하느님께서는 당신의 피조물들의 희망으로 말미암아 감동을 받으십니다. "믿음보다 나는 희망을 좋아한다."고 그는 말씀하고 계십니다. "믿음은 나를 놀라게 하지 않는다. 사랑도 나를 놀라게 하지 않는다. 그러나 희망은 나로 하여금 경이에 차게 한다."고 하느님은 말씀하십니다. "그 가엾은 피조물들이 일이 되어 가는 것을 보면서도 내일은 좀 더 좋아지리라 믿는 것이 나를 놀라게 한다. 그러므로 나 자신은 경이驚異로 충만하다. 나의 은총은 실로 대단히 강할 것이다."[8]하십니다.

그러나 어떤 노력도, 그것이 보이지 않는다면, 아무리 진실하다 하더라도 가치가 없습니다. 하느님께서는 각자를 남김없이 지

---

8   Ch. Péguy, Le porche..., cit. pp. 531f.

켜보시고 어느 날 그분의 은총은 우리가 처음부터 다시 시작하려는 용기를 가졌던 그 순간 주십니다. 마치 백 번의 헛된 노력이 아무것도 아니라는 듯이 말입니다. "주님을 믿고 바라는 사람은 새 힘이 솟아나리라. 날개 쳐 솟아오르는 독수리처럼 아무리 뛰어도 고단하지 아니하고 아무리 걸어도 지치지 아니하리라."(이사 40,31)라고 기록되어 있습니다. 아무리 강할지라도 깨뜨릴 수 없는 굴레는 없다는 것을 우리는 희망해야 합니다. 영으로 어둠 속에 있던 자들을 방문하셨던, 그리고 "쇠 빗장을 부러뜨리시고 놋 대문을 부수셨던"(시편 107,16) 예수님은 어떤 영적 속박과 죽음의 상태로부터도 우리를 자유롭게 하실 수 있으십니다. 그분은 무덤 속에 있던 라자로에게 외치셨던 말씀 즉 "나오라!"(요한 11,42)를 지금 당장 나를 향해서도 외치실 수 있으십니다.

그러므로 우리는 아이콘 속의 아담과 이브가 하는 것처럼 구세주의 펴신 손을 붙잡고 예수님과 함께 솟아오릅시다. 우리가 사람들을 만날 때마다, 특히 부활절 때에, 세라핌 성인의 말을 반복합시다. "나의 사랑하는 분, 그리스도께서 부활하셨습니다."

# 제6장

# 하느님께서는 아들의 목숨을 아낌없이 내어주셨습니다

## 하느님이 치르신 고통의 신비

이 6장을 저는 아버지 성부께 바칩니다. 예수님은, 성령이 그러하듯, 적어도 최근에 이르러서는 끊임없는 토론의 주제입니다. 그러나 아버지 성부에 관해서는 어떻습니까? 도대체 누가 아버지에 대해서 이야기하고 있습니까? 나는 심지어 오늘도 예수님께서 "…… 아무도 아버지를 알지 못한다."(마태 11,27)라고 말씀하신 참뜻을 느끼고 있습니다. 그리고 나는 내가 아버지에 대해 말할 수 있는 때가 오기를 몹시 기다렸습니다. 그것은 너무도 중대한 일이므로 이 기회를 낭비한다는 생각에 벌써 슬퍼집니다. 아버지에 관해서 많은 것들을 말하고자 한다면, 그분의 능력은 퇴색되고 아버지가 누구이신가 라는 생생하고 단순한 그리고 말로 표현할 수 없는 박진감을 유지하지 못하게 됩니다. 나는 당장 그분의 이름을 말하고 싶습니다. 왜냐하면, 그분의 이름이 그 낱말의 글자만큼이나 많은 조각으로 흩어져 버리기 전에 '통째로' 당신에게 드림으로써 안전하게 당신 마음속에 그분의 이름을 넣어드리고 싶은 것입니다. 이것은 "하늘과 땅에 있는 모든 가족에게 이름을 주신" 그리고 사도 바오로가 자신과 함께 그 앞에 무릎을 꿇고 기도하자고 우리를 초대한 바로 그 아버지의 이름입니다(에페 3,14). 내가 지금 이 순간에 예수님의 마음과 입술을 가지고 아버지에 대해서 정확하고 산뜻하게 말할 수 있었으면 좋겠습니다. 모든 설교자는 그의 마음에 터놓지 않은 특별한 주제를 가지고 있는데, 그것을 말함에 결코 지치는 법이 없고 그것을 통하여 그의 능력이 가장 잘 표현되는 것입니다. 예수님은 '아버지'를 가지고 계셨습니다. 예수님께서 아버지에 관해서 말씀하실 때는 제자들의 눈이 크게 열렸고, 그들은 짙은 향수를 느꼈으며 필립보는 외쳤습니다. "주님, 저희가 아버지를 뵙게 해 주십시오. 저희에게는 그것으로 충분하겠습니다"(요한 14,8). 그러나 예수님에게 있어서 아버지는 '말씀의 주제' 이상입니다, 그분은 그의 '아빠', 즉 '세상이 창조되기 전에' 그에게 그 영광과 이름을 주신 그의 아버지이십니다. 그분은 그가 마치 사람이고 한 분의 남자인 것처럼 끝없이 매력으로 이끌리는 분이십니다. 이 땅에서의 그의 모든 사명은 아버지를 사람들에게 알리는 것이며 그래서 그는 "저는 그들에게 아버지의 이름을 알려 주었고 앞으로도 알려 주겠습니다. 아버지께서 저를 사랑하신 그 사랑이 그들 안에 있고 저도 그들 안에 있게 하려는 것입니다"(요한 17,26)라는 말씀으로 천국에 관한 설교를 마치십니다. 고난 그 자체는 사람들에게 아버지를 향한 그의 사랑을 알게 하는 데 이바지해야만 합니다. 그래서, 수난당하기 위해 가시면서 주님은 "나는 아버지를 사랑하고 아버지께서 분부하신 대로 실천한다는 것, 고통을 감수한다는 것을 세상에 알려야 하겠다. 자, 일어나 가자."(요한 14,31)고 말씀하셨습니다.

그러나 우리는 아버지에 대한 담화가 우리 여행의 이 시점에서 얼마나 적절한지 알아봅시다. 로마서 중간의 장들(5장, 8장)은 그들의 근본적인 주제로서 그의 죽음과 부활을 통해 그리스도께서 이루신 구원을 다루고 있습니다. 그러나 우리의 구원은 아드님 홀로 하신 일(業績)입니까? 아니면 삼위이신 하느님께서 함께 하신 일이십니까? 우리는 로마서 5장에서 정확하게 이 질문들에 대한 대답을 발견합니다. 그런데 그것은 그리스도의 고난 그 자체와 구원에 있어서 삼위일체의 새로운 차원을 드러내 주고 있습니다. 우리는 그리스도의 부활에 관해 말하면서 아버지의 활동을 강조한 때가 있었습니다. 그러나 그 주제에 중요성이나 타당성을 주지는 않았습니다. 이제 그것을 좀 더 깊이 공부해보고 싶습니다.

## 1. 아버지의 거절

로마서 5장 6-11절에서, 그리고 다시 마지막 절에서와 로마서 8장 32절에서 사도는 우리에게 대한 아버지의 사랑을, 구원救援이 샘솟는 궁극적인 원천으로 말하고 있습니다. 우리는 그가 말한 것을 주의하여 유념해 봅시다. "우리가 아직 죄인이었을 때에 그리스도께서 우리를 위하여 돌아가심으로써, 하느님께서는 우리에 대한 당신의 사랑을 증명해 주셨습니다." 그리고 또다시 "당신의 친아드님마저 아끼지 않으시고 우리 모두를 위하여 내어주신 분께서, 어찌 그 아드님과 함께 모든 것을 우리에게 베풀어 주지 않으시겠습니까?"(로마 8,32). 하느님 아버지께서는 우리를 향한 그분의 사랑을 그분 자신의 아들을 죽게 하심으로써 보여주셨습니다! 인간적으로 말하자면 이것은 믿을 수 없으며, 심지어 언어도단의 생각이기도 합니다. 그리스도께서 죽으셨다는 사실은 아버지의 사랑을 보여주지 않습니다. 오히려 그것은 그분의 잔인성 아니면, 최소한 그분의 엄격한 정의를 보여줍니다. 사실상 아버지를 아는 지식은 오늘날의 문화풍토 속에서 수많은 편견으로 말미암아 얼룩지고 방해받고 있습니다. 예수님께서는 어느 날 그분이 말씀하셨던 "의로우신 아버지, 세상은 아버지를 모르고 있습니다!"(요한 17,25)를 슬프게 반복하고 계십니다.

십자가 위에서 예수님이 고통스럽게 죽으신 것과 아버지의 선善하심과의 조화調和를 생각할 때 현대인이 어려움을 느끼는 두 가지 중요한 이유가 있습니다. 그 첫째는 교회 자체 안에 있는데, 그 신비적 교의를 부적절하게 진술하는 데에 있습니다. 최소한 현대적 감각에는 부적절합니다. 나는 토마스 성인 같은 위대한 믿음의 지도자가 해 준 해석을 의미하는 것이 아닙니다. 그것은 일반적으로 건전하며 또 신비적인 교의를 존중합니다. 내가 말하려는 것은 책자에 담긴 폭로성 해석과 구원의 드라마에 대해 일그러진 모습으로 시종된 수난 설교의 유형을 의미하는 것입니다. 예를 들면 이것은 1662년 성금요일에 프랑스 궁정에서 열린 강론에서 보쉐 Bossuet가 아버지 성부聖父를 소개한 방법입니다. "내 구세주의 거룩한 영혼이 하느님께서 심어주신 공포에 의해 위협적으로 억압받고 계십니다. 그리고 위로와 구원을 찾으려고 하느님의 팔에 자신을 던지고 싶지만, 그는 하느님께서 당신 얼굴을 돌리시고 그를 거절하시는 것을 봅니다. 그는 철저히 아버지 성부의 격노와 분노한 정의에 사로잡혀 계십니다. 오 예수님, 당신은 아버지의 팔에 몸을 던지시나 거절당하시고 그분이 당신을 박해하시며 당신을 치시고, 당신을 버리고 계심을 느끼십니다. 당신을 노여움의 거대하고 견딜 수 없는 무게 아래 궤멸시키고 계신 분이 바로 그분이십니다. 화를 내고 계신 하느님의 노여움, 예수님은 기도하시나 그의 노하신 아버지는 그의 기도를 듣지 않으십니다. 그것은 당신이 받으신 능욕을 복수하고 계시는 하느님의 정의입니다. 예수님은 고통을 겪으시지만, 아버지 분노는 가라앉지 않습니다!"[1] 만일 이것이 역사상 가장 유명하고 학문이 깊은 설교자 중 한 사람이 자기 생각을 표현한 것이라면, 우리는 다른 설교자들의 그릇됨을 상상할 수 있을 것입니다.

   법률적 보상 개념에 근거한 그런 관점은, 하늘에서 그 아들의 피가 속죄를 위하여 흘려지는 것을 냉정히 기다리시는 이 '준엄한' 아버지에 대하여 은밀한 혐오를 일으킬 것이 분명합니다. 사건을 설명하는 이 방법은 근본적인 진리, 즉 같은 방법으로, 아버지

---

1   J. B. Bossuet, 『Oevres complètes』, IV, Paris, 1836, p.365.

께서 원하시고 아들이 원하시는 것에 따라 아버지와 아들과 성령 사이의 뜻이 거룩하게 연합되는 것을 충분히 고려하고 있지 않습니다. 그러므로 만일 하느님 안에 '잔인성'이 있다면 이것은 아들에 대한 아버지의 잔인성이 아니라 아버지 자신에 대한 하느님의 잔인성일 것입니다. 하느님은 사람을 사랑하시기 때문에 자신에 대해 잔인하셨던 것입니다.

아버지가 거절한 두 번째 동기는 교회와 신학의 외부로부터, 즉 아버지다운 인물을 중심으로 증대되어 온 편견과 의심으로부터 옵니다. 현대 심리학이 아버지의 인물상을 구성하는 모든 오해, 가부장적 태도, 권위주의, 남성우월주의를 강조하는 것은 어렵지 않습니다. 프로이트와 정신분석학은 소위 오이디푸스 콤플렉스를 발견했는데 그것에 따르면 모든 아들은 다소간 그의 잠재의식 속에 자신의 아버지를 죽이고 싶은 욕구를 숨기고 있다는 것입니다. 만일 이러한 관찰이 그것이 인용된 인간 병리학의 영역에 한정되었다면, 그것은 유용했을 것입니다. 절대적이고 보편적인 가치를 이 발견에 적용하려, 심지어 이 발견들을 하느님께 적용하고 하느님 아버지의 존재를 설명하거나 오히려 부인하기 위해 사용하면서 적용하려고 시도했을 때 어려움은 생겨났습니다.

그러나 분명한 것은 정신분석학이 무無로부터 이 모든 부정적 전제를 만들어낸 것은 아니었습니다. 그것 중 많은 것이 그 뿌리를 인간의 생명에 두고 있습니다. 여러 가지 점에서 그리고 넓은 경험의 범위 내에서 아버지에 대해 원한을 키우는 것은 가능한 일입니다. 아버지가 폭군이기 때문에 그들의 아버지를 거절하는 자가 있고, 심지어는 아버지를 알지 못할지라도 거절하는 자가 있습니다. 한 어린 소녀는 자신의 개인적 경험에 근거해서 하느님에 대한 거절을 이렇게 설명했습니다. 그녀는 아버지 없이 자랐는데 잘못을 저지를 때마다 그녀의 어머니는 "네 아버지가 살아 계신다면 네가 그런 짓은 하지 않을 텐데!"라고 말하면서 꾸짖었습니다. 그녀는 곧 아버지가 돌아가셨다는 사실에 행복하게 되었습니다. 그녀에게 있어서 '아버지'라는 단어는 자유를 주기보다는 오히려 자유를 가져가 버리는 존재로서 거부拒否와 동의어였습니다.

## 2. 아버지의 고통

인간의 생각을 아버지 성부로부터 돌아서게 하는 이유 중의 하나는 무죄한 이들의 고통입니다. 사람들은 참으로 많은 무죄한 어린아이들에게 고통을 허락하시는 하느님을 받아들일 수 없다고 말합니다. 그리고 만일 당신이 그들에게 예수님께서도 역시 고통을 겪으셨다고 설명하려고 한다면, 그들은 대답할 것입니다. 바로 예수님이야말로 우리 토론의 주된 주제입니다! 라고 말입니다. 왜 그분도 고통을 받으셔야 했습니까? 최소한 그분은 틀림없이 무죄하셨습니다! 하느님 아버지에 대한 이러한 인간 분노의 저변에는 세상에서 인간은 고통을 당하지만, 하느님은 당하지 않으신다, 혹은 성자께서는 고통을 받으셨지만, 성부께서는 고통을 느끼지 않으셨다는 오해가 깔려 있습니다. 그러므로 우리는 성령의 도우심으로 이 점을 명백히 조명해 보아야 하겠습니다.

무엇보다도 우리는 일반적으로 고통이 관계되는 곳에서 아버지의 태도에 대해 분명히 하고자 합니다. 성경이 그리스 철학과 접촉하였을 때 가장 충격적이었던 것은 하느님의 '수난', 즉 성경의 하느님이 '고통'을 겪으셨다는 사실입니다. 사실상 우리는 구약에서 하느님께서는 "마음이 아프셨다."(창세 6,6) 했습니다. "그들이 광야에서 몇 번이나 그분께 반항하였고 황야에서 몇 번이나 그분을 괴롭혔던가!"(시편 78,40)라는 기록을 읽을 수 있습니다. 그것은 단순히 몇 개의 이상한 구절로 끝나는 것이 아닙니다. 전 성경은 처음부터 끝까지 "내 백성아, 내가 너희에게 무엇을 하였느냐? 내가 무엇으로 너희를 성가시게 하였느냐? 대답해 보아라."(미카

6,3)라는 외침 속에 표현된 하느님의 애끓는 애가哀歌같은 것을 포함하고 있습니다. 이 애가의 깊은 이유는 배반당한 아버지의 사랑입니다. "내가 아들들을 기르고 키웠더니 그들은 도리어 나를 거역하였다"(이사 1,2). 그러나 하느님의 고통은 마치 그분이 무엇인가가 부족해서인 듯 그분 자신을 위해서가 아닙니다. 그분은 방황하고 있는 인간을 위해서 고통받고 계신 것입니다. 그러므로 그분은 순수한 사랑 때문에 고통받고 계신 것입니다. 성경은 하느님의 인간에 대한 사랑 때문에 일어난 하느님 편에서의 어떤 일종의 '무기력'을 드러내기를 두려워하지 않습니다. 사람들은 우상숭배와 반역으로, 가능한 한 하느님을 노하시게 하는 모든 일을 합니다. 하느님께서는 당신의 공의로 그들을 멸하실 수밖에 없으셨습니다. 그러나 이것이 우리가 나란히 대비해 보아야 할 부분입니다. 즉 호세아서의 "에프라임아, 내가 어찌 너를 내버리겠느냐? 이스라엘아, 내가 어찌 너를 저버리겠느냐? 내가 어찌 너를 아드마처럼 내버리겠느냐? …… 내 마음이 미어지고 연민이 북받쳐 오른다. 나는 타오르는 내 분노대로 행동하지 않고 에프라임을 다시는 멸망시키지 않으리라."(호세 11,8-9)라고 하신 말씀에서 드러난, 하느님 자신의 드라마를 보게 되는 부분입니다. 하느님께서 바벨론 유배 동안에 그의 백성들이 빛을 보고 그들의 불법에서 그들을 깨

끗하게 하도록 하기 위해 징벌에 의지할 수밖에 없으셨을 때조차도 "그분께서는 마음으로 사람들을 억누르지도 슬프게 하지도 않으시네"(애가 3,33)라고 기록되어 있습니다. 사람이 고통을 당한다면 하느님께서도 역시 고통을 당하십니다. 왜냐하면, 그분은 그분의 뜻에 반하여 행하고 계시기 때문입니다.

나는 하느님에 대한 이 계시에 관련하여 철학자들의 스캔들을 언급한 적이 있습니다. 그들에게 하느님은 살아 계신 인격체라기보다는 오히려 관념이었습니다. 관념은 고통을 겪거나 '수난'을 당하지 않습니다. 사실상 그들의 신은 "사람과 교제할 수 없으며"[2] 기껏해야 그는 '사랑받을' 수는 있지만 결코 '사랑하지'는 않는다고 합니다. 아리스토텔레스는 그의 마지막 주장으로서 "신은 사랑을 받는 한 세상을 움직인다."[3]라고 했으나 "사랑하는 한, 그것도 먼저 사랑하는 한에서는 그러하지 않다."고 말했습니다. 신이 만일 가변적이고 특정한 것에 굴복하여 그리했다면 스스로를 실격자로 판정하는 셈이 되는 것입니다. 하느님께서는 움직이시는 분이 아니라 움직이게 하시는 분이십니다. 말하자면 그분은 스스로는 움직이지 않는 상태로 계시면서 모든 것을 움직이는 분이십니

---

2 플라톤, 『향연』, 203a.
3 참조. 아리스토텔레스, 『형이상학』 XII, 7, 1072b.

다. 우리는 그들에게 나타났었음이 분명한 성경 상의 하느님 진노, 고통, 그리고 모든 다른 '수난'이 얼마나 참을 수 없는 것이었을지 이해할 수 있습니다. 그들 중 한 사람이 기록하기를 "하느님은 증오나 사랑 같은 일시적 감정에 종속되어서는 안 됩니다. 그러므로 그분은 분노나 자비심을 느껴서도 안 됩니다. 그분은 슬픔으로 마음이 동요하거나 스스로 조바심에 빠져서는 안 되고 모든 감정으로부터 자유로워야 합니다. 그분은 슬픔이나 기쁨에 종속되어서는 안 됩니다. 그분은 예상외로 좋아하는 것을 바라서도 안 되고 바라지 않아서도 안 됩니다."[4]라고 했습니다. 이것이 그리스도교 신학 초기에 있었던 하느님에 대한 지배적 관념이었습니다. 수 세기 동안 어떤 학자들(영지주의자들)에 의해 이 모든 것들을 성경에서 빼버리고 '아브라함과 이삭과 야곱의 하느님'을 '철학자들의 하느님'으로 만듦으로써 하느님의 개념을 철학자들의 개념에 접합시키려는 강한 시도가 있었습니다. 그러나 교회의 믿음은 어떻게 반응했습니까? 엄격하고 가장 용기 있었던 사람 중 한 사람인 테르툴리아누스는 "하느님이 누구신지를 배우기 위해 우리는 철학자들이나 에피쿠로스를 찾아가지 않고 예언자들과 그리스도께로 간

---

4　APULEIUS, 『De Deo Socratis』, 12, ed. Teubner 1908, p.20.

다."라고 기록했습니다. 우리의 구원을 위해 가장 비천한 인간의 상태로 우리와 함께하시기를 원하여 이 땅에 오시기까지 했던 하느님을 믿는 우리는, 아무것도 돌보지 않는 하느님을 원하는 사람들의 생각과는 크게 다릅니다. 그러므로 만일 하느님이 화를 내실 수 있다면, 목소리를 높여 몹시 슬퍼하실 수 있다면, 그렇다면 그분은 또한 타락할 수도 죽을 수도 있다고 말하는 이교도들의 사상이 있습니다. 사실상 그리스도인들은 하느님이 죽으셨다는 것을 믿습니다. 비록 그분이 영원히 살아 계시지만 죽으셨다고 믿습니다. 그들은 얼마나 어리석은지! 그들은 거룩한 하느님의 일을 인간의 일과 같은 방식으로 판단하고 있습니다. 인간에게 있어 이러한 감정들은 타락을 내포하기 때문에, 그들은 하느님에 대해서도 같은 식으로 생각하는 것입니다. 인간 본성의 부패성이 이런 감정들을 우리 안에 있는 타락의 징후로 만드는 반면에 하느님 안에 있는 거룩한 불후성은 그것들을 모든 타락으로부터 자유롭게 만드는 것입니다.[5]

그리스 철학에 매혹된 학자들조차도 이점에서는 성경에 변함없이 충실한 채 있습니다. 이들 중 가장 유명한 오리게네스는 성

---

5 테르툴리아누스, 『마르치온 논박』 II, 16; CCL I, p. 493.

경에 대해 언급하면서, 어떤 의미에서 하느님 안에서는 육화보다 수난이 먼저 일어났고, 이 땅에서의 역사적인 그리스도 수난은 우리를 위해 아버지께서 겪으신 앞서 일어난 수난의 현시顯示라고 주장하기까지 합니다. 실제로 그는 이렇게 기록했습니다. "구세주께서 인류에 대한 연민 때문에 이 땅에 오셨습니다. 그분은 황송하옵게도 우리 육체의 모양을 지니시기 전에, 심지어 십자가를 지시기 전에 우리들의 수난을 겪으셨습니다. 그분이 그것들을 먼저 겪지 않으셨더라면 그분은 우리의 인간 삶에 관여하러 오시지 않았을 것입니다. 처음에 그분이 우리를 위해 겪으셨던 이 수난은 무엇이었을까요? 그것은 사랑의 감정이었습니다. 그러면 주의 하느님 아버지께서 관용과 자비심과 연민으로 가득 차 어떤 식으로 겪으셨을까요? 어쩌면 당신은 그분이 인간적인 일에 종사할 때, 인간의 감정을 겪으셨다는 것을 소홀히 여기고 계십니까? 그분은 사랑의 감정을 경험하셨습니다."6

오리게네스는 그 문제의 진정한 핵심으로 돌아갑니다. 그것은 사랑의 하느님을 우리가 믿느냐 아니냐를 아는 것입니다. 이교도 철학자들은 만일 하느님이 사람을 사랑하시고 그에게 일어나

---

6    오리게네스, 에제키엘서 강론 6,6; GCS, 1925, p.384 f.; 참조. 마태오복음서 강론 10, 23; GCS, 1935, p.33.

는 일에 관심이 있으시다면 그분은 어떤 식으로든 인간의 드라마에 들어오셔서 더 이상 '무신경하고 조용히' 계시지는 않으리라는 것을 잘 알고 있습니다. 이런 이유로 그들은 그분이 '사랑할' 수는 없고 '사랑받을' 수 있을 뿐이라고 말함으로써 그분이 사랑하셨다는 것을 단호하게 부인하였습니다. 그러나 그리스도인들은 전 성경을 돌연히 부인하지 않고는 이 결론을 받아들일 수 없는 것입니다. 그러므로 그들은 고통당하시는 하느님의 신비에 경청하였습니다. 사도 바오로는 성령을 '슬프게 하는' 가능성, 다시 말해 성령으로 고통당하게 하는 가능성에 대해 말하고 있습니다(에페 4,30 참조). '사랑'이신 하느님에게는 고통과 수난이 고통을 안 느끼는 무감각보다 확실히 더 적절합니다. 하느님께서는 '사랑의 감정', 다시 말해 그가 진실로 사랑한다는 사실로부터 나오는 감정을 겪으십니다. '수난'이라는 단어 자체는 우리의 언어로 고통과 사랑 사이의 신비한 결속을 표현합니다. 그것은 사실상 큰 고통에 대해서만큼이나 압도적인 위대한 사랑에 대해 사용됩니다. "슬픔 없는 사랑은 없습니다."[7]

확실히 하느님께 적용되는 '수난'과 '고통'이라는 단어들은 인

---

7 『준주성범』, III. 5.

간의 영역에서 그것들의 의미와는 다른 유사한 의미를 지닙니다. 그것은 어떤 필연성이나 사실에 의존하지 않는 무한히 자유로운 고통의 문제입니다. 그것은 다른 거룩한 하느님의 속성을 파괴시키지 않고 그것들을 확증합니다. 비록 우리가 그 방법을 알 수는 없지만 그렇습니다. 그것은 "고통을 느끼지 않는 이의 수난입니다."[8] 반면에 근본적으로 고통당할 수 없다고 하면 그것은 하느님을 한정시키는 것이며 하느님에게 자유가 없다는 표시가 될 것입니다. 하느님은 그가 원하신다면 고통을 당하실 수 있으십니다. 그리고 그분이 사랑하시기 때문에 그분은 고통당하기를 원하십니다. 하느님의 수난은 다른 완전성과 마찬가지로 무한한 주권이요 능력의 표시입니다.

## 3. 아버지의 측은지심

이제, 문제를 다른 관점에서 바라봅시다. 그것은 삼위일체의 계시에 따른 그리스도교 신앙에서 시작되었습니다. 즉 그의 아들

---

[8] 기적자 성 그레고리우스, 테오폼푸무스에게 보낸 편지, in Pitra, Analecta Sacra, IV, 1883, p.363 ff.

예수 그리스도의 수난을 향한 아버지의 마음에서 시작되었습니다. 하느님 아버지께서 아들로 하여금 수난을 당하게 하시고 그가 당하는 것을 보신 유일한 분일까요? "그분은 사람의 아들들이 그의 뜻을 거슬렀기 때문에 마음 아파하셨다."라고 기록되었다면 아버지를 온전히 사랑하고 순종한 이 아들에 대해서 우리는 무어라 말할 수 있을까요? 사도 바오로는 하느님께서 "우리 모두를 위하여 그 아들을 아끼지 아니하시고 내어주셨습니다."라고 주장합니다. 이 문맥을 주석을 달아 상세히 해석해 놓은 성경에서 보면 그 주석에 창세기 22장 16절에 대한 정확한 인용문이 있습니다. 하느님께서 아브라함에게 "나는 나 자신을 걸고 맹세한다. 주님의 말씀이다. 네가 이 일을 하였으니, 곧 너의 아들, 너의 외아들까지 아끼지 않았으니, 나는 너에게 한껏 복을 내리고, ······ "라고 말씀하십니다. 오리게네스는 "우리 이 말들을 사도가 '하느님께서 우리 모두를 위해 그의 아들을 아끼지 않고 주셨습니다.'라고 하느님에 대해 말한 것과 비교해봅시다."[9]라고 기록합니다. 그의 아들 이사악을 번제로 드리려고 모리아 산을 향해 묵묵히 걷고 있는 아브라함은 또 다른 아버지의 표상이었습니다.

---

9  오리게네스, 『창세기 강해』 8, 12; GCS, 29, p.84.

이것은 구원의 신비에서 아버지의 태도에 관해 좀 더 정확한 개념을 형성하도록 우리를 도와줍니다. 그의 아들이 골고타 언덕을 향해 가시는 동안 그분은 하늘에서 방심하신 것이 아니었습니다. 방심하시기는커녕 그분은 아들과 함께 계셨습니다. 예수님께서는 그의 제자들에게 말씀하셨습니다. "너희가 나를 혼자 버려두고 …… 그러나 나는 혼자가 아니다. 아버지께서 나와 함께 계시다"(요한 16,32). 아브라함이 그 아들을 데리고 아들을 제물로 바칠 곳으로 가고 있을 때의 감정을 그 누가 묘사할 수 있겠습니까? 오리게네스는 아브라함에게 가장 큰 시험의 순간은 가는 도중 그의 아들이 천진난만하게 그를 향해서 "내 아버지여!"라고 부르며 번제물을 위한 희생양이 어디 있냐고 물었을 때였다고 말합니다. "내 아버지여!"라는 말에 아브라함은 마치 잘못을 범한 사람처럼 깜짝 놀랐습니다. 그리고 대답했습니다. "내 아들아, 내가 여기 있노라." 어떻게 그가 아들에게 "네가 번제물이다."라고 말할 수 있었겠습니까? 이것은 아브라함에게 있어서 실로 시험의 음성이었습니다. 그의 모든 내면의 부정父情은 "내 아버지여!"라는 말에 흔들렸습니다. 겟세마니에서 예수님께서 하느님을 향해 똑같은 말로 "내 아버지여!", "아버지, 나의 아버지께서는 무엇이든 다 하실 수 있으시니 이 잔을 나에게서 거두어 주소서."(마르 14,36)라고 하셨을 때 아버지의 마음이 얼마나 아프셨는지 누가 짐작이나 하겠습니까? 틀림없이 아브라함은 그의 아들을 죽이느니 차라리 천 배나 더 스스로 죽고 싶었을 것입니다. 그러므로 아버지와 아들은 수난의 현장에 함께 계십니다. 예수님께서 아버지가 가장 멀리 계신다고 느껴져서 "왜 나를 버리셨습니까?"라고 외치셨던 순간은 사실상 아버지께서 그와 가장 가까이 계시는 순간입니다. 왜냐하면, 그 순간에 아들의 인간적 의지는 신의 의지와 가장 밀접하게 하나가 되어있었기 때문입니다.

이제 우리는 사도 바오로가 "하느님께서 우리 모두를 위해 그 아들을 아끼지 아니하시고 내어주셨다."고 말했을 때 의미하는 바를 이해합니다. 그분께서 아들을 자신을 위해서만 독차지하지 않으시고, 다시 말하자면 그분 자신을 위해서 '빼앗기지 않으려고 숨기는 보물'로 간직하지 않으셨음을 의미합니다. 아버지는 아들의 희생을 받으실 뿐 아니라 그분의 아들을 제물로 삼으셨습니다. 그분은 당신의 아들을 우리에게 주심으로 큰 희생을 삼으셨습니다! 성 아우구스티노는 외쳤습니다. "좋으신 아버지 우리에게 향하신 당신의 사랑이 얼마나 크신지요! 당신께서는 우리 죄인들을 구원하기 위해 당신의 아들까지 아끼지 않으시고 내어주셨습니다! 우리에게 향하신 당신의 사랑이 얼마나 크신지요!"[10]

초기의 교회 신학은 매우 단순하고 확실하게 그리스도 안에 있는 하느님의 고통에 대해 말했습니다. 테르툴리아누스는 소아시아에서 특히 과장하여 말했던 고대 신학의 증언을 보고합니다. "아들이 고통당하면 아버지도 그와 함께 고통당하셨습니다." 그리고 "함께 고통당하시는 아버지가 안 계시다면 아들이 어떻게 고통을 겪으실 수 있었겠습니까?"[11]라고 덧붙였습니다. 그러나 곧 성경에 의해 영감을 받은 이 간단한 말들은 이설에 의해 교란되었습니다(나는 방금 인용된 표현들이 테르툴리아누스가 그것을 보고할 때 빗대고 말한 일종의 이설이라고 생각지 않습니다). 이설은 아버지와 아들 사이의 구별을 부인했습니다. 다시 말해 삼위일체를 부인했습니다. 그것은 하느님 안에는 오직 한 분의 인격체만 있으므로 아들이 고통받았다고 말하는 것은 아버지가 고통받으셨다고 말하는 것이나 같다고 여겼습니다. 이름은 바뀌지만, 인격은 동일하다는 것입니다. 이것이 그들의 반대자가 그들을 '성부수난론자(Patripassians)', 말하자면 수난을 아버지께 귀착시키는 사람들이라고 불렀던 이유입니다.

---

10  성 아우구스티노,『고백록』X, 43.
11  테르툴리아누스,『프락세아 논박』29, CCL 2, p.1203.

그러나 이것은 정설과는 매우 다른 개념이었는데 이 정설에 따르면 아버지는 아버지로 계시면서, 구별된 인격체인 아들로 하여금 수난에 참여케 하신 것입니다. 그러한 경우에 흔히 일어나듯 이 이단사상의 거절이, 그 거절과 더불어 마치 아무 주장도 하지 않고 이단사상을 방치하듯, 이단사상보다 우월한 진리의 거절을 또한 초래했습니다. 아버지의 연민이라는 주제는 교회의 언어와 선악의 개념으로부터 사라졌습니다. 그것은 철저히 무시되었습니다. 아버지와 아들에게 공통된 '의지가 있는' 어떤 것으로서의 수난과 아들에게만 속한 "고통받는" 수난 사이에 엄격한 구별을 짓는 것이 통상적인 것이 되었습니다. 그 시대의 문화에 맞춘 보편적이고 냉혹한 개작 절차 때문에 하느님의 고통이라는 성경적 개념이 하느님의 무감각이라는 그리스식 개념에 희생되었습니다. 그리하여 어떤 수도원에서는 무감각 무감동이 지고한 금욕생활의 전형이 되고 그러한 사실에 영향을 받아 그것이 최상으로 하느님께 속한 것이 되기까지 했습니다(또한 그것은 그것을 최고로 하느님께 속한 것으로 만듦으로써 어떤 수도원에서 무감각 무감동이 지고한 금욕생활의 전형이 되었다는 사실에 의해 영향을 받았습니다).

그런데도 그것은 새로운 출발이 이루어지는 교회 교리의 한 핵심이 되었습니다. 여러 가지 논쟁에도 불구하고 교회의 믿음은 언제나 'Theopaschism', 즉 그리스도 안에서 하느님 고통의 교리를 고백하는 것이었습니다. 그리고 "하느님께서 고통받으셨다"는 옛 주장을 강하게 고수해왔습니다.[12] 이 교리의 주장은 하느님께서 '육체로' 고통을 받으셨다는 것입니다, 그러나 우리는 신학을 통하여 육체로 고난을 받으신 '분'은 성자 하느님이시라고 알고 있습니다. "삼위일체 하느님 중 한 분이 고통을 당하셨습니다." 그리고 한 분이 고통을 당하면 삼위의 하느님은 서로 침투하여 함께 하심으로 삼위의 하느님께서 모두 고통을 당하신 것입니다. 그리스도의 몸인 교회 안에서 "한 지체가 고통을 겪으면 모든 지체가 함께 고통을 겪습니다"(1코린 12,26). 교회를 지지하는 것이 어떻게 교회의 근원이요 모델인 삼위일체의 교회를 지지하지 않을 수 있습니까? 아버지의 고통은 사람들이 만든 아들의 고통과는 확실히 다릅니다. 그것은 반사적反射的인 고통 즉 연민의 고통입니다. 그것은 최초의 신학자가 "아들이 수난 때문에 고통당했다면, 아버지는 연민 때문에 고통당하셨습니다."라고 정확히 말했던 것과 같습니다.

우리의 시대에는, 하느님의 고통에 대해 오래 침묵한 후에, 그 침묵은 '준엄한' 하느님이라는 이상한 개념을 발생시켰는데, 교회

---

12  Cf. Denzinger-Schönmetzer, 201, 222.

의 양심 속에서 이 진리가 번영하는 것을 봅니다.[13] 그것은 예측할 수 없는, 그러나 하느님의 뜻에 의한 성령의 선물, 즉 믿을 만한 시대의 징후입니다. 계보와 풍조가 다른 어떤 신학자는 이 신비스러운 사실에 대해 다시 말하기 시작했습니다. 어떤 사람은 '그의 아들을 내어주시는' 행위는 하느님으로 하여금 피조물의 세상에서 어떤 고통보다 더 깊은 고통을 겪으시게 했으며 '예수님께서 십자가에 못 박히신' 일은 하느님 애통의 정확한 표명이라고 주장했습니다. 칼 바르트Karl Barth는 하느님께서 어떤 고통을 당하신다는 것에 대립하는 것으로, 활동적이실 수밖에 없다는 우리의 생각은 그리스도 안에서 그분이 '존재하시고' '행하신다'(즉, 그분 자신을 낮추시고 세상과 운명을 같이 하시어 고통을 당하신다)는 사실에 비추어 볼 때 거짓이요 이설임이 드러났다고 특별히 언급하고 있습니다. 즉 우리는 하느님보다 지혜로울 수 없으며 신성에 일치시킬 수 있거나 일치시킬 수 없는 것을 입증할 수 없고 단지 그분이 하신 일로부터 추론할 뿐입니다. 그분의 영광은 그분의 사랑이라는 자유에 존재합니다.[14]

---

13    Cf. K. Kitamori, 『Theology of the Pain of God』, Richmond 1965.
14    Cf. K. Barth, 『Kirchliche Dogmatik』, IV/1, 303ff.

교황 요한 바오로 2세 또한 성경적인 하느님 참모습의 '재발견'을 환영했습니다. 성령에 대한 그의 회칙回勅에서 그는 기록했습니다. "반드시 가장 완벽한 존재로서 하느님 개념은 어떤 부족함이나 상처받음에 기인하는 고통도 확실히 배제합니다. 단지 하느님의 깊은 내면에는 인간의 죄에 직면하여 "내가 그것들을 만든 것이 후회스럽구나!"(창세 6,7)라고 말씀하실 정도로 너무나 깊이 성경적 언어로 반응하신 아버지의 사랑이 있습니다. 이 거룩한 성경은 인간에 대해, 마치 인간의 고통을 함께 하려는 듯 연민하시는 아버지에 대하여 우리에게 말해 줍니다. 마침내 이 불가해하고 형언할 수 없는 아버지의 '고통'은 무엇보다도 예수 그리스도 안에 있는 구속적인 사랑이라는 놀라운 섭리를 보여줍니다. 그리하여 '고통의 신비'(mysterium pietatis)를 통하여 사랑은 인간 역사에서 죄보다 강한 것으로 나타나고 구세주 예수의 인성 안에는 하느님의 '고통'이 구체화됩니다.[15]

신학자들이 있기 그 이전에 이미, 마음속 깊이 멀리에서부터 다가오는 하느님 비탄의 메아리 같은 어떤 것을 감지하고 그 이후 그들의 전 생애에 아무것도 말할 것이 없다고 할 정도로 변화된

---

15    JOHN PAUL II, Encyclical "Dominum et Vivificantem", 39.

담백한 사람들이 있었습니다. 이 사람들은 하느님 아버지의 고통을, 마치 그것이 과거의 일이라는 듯 신학 연구로부터 배우지 않았습니다. 그들은 그것을 직접 배웠습니다. 왜냐하면, 하느님 아버지께서 그분의 사랑을 거절하는 사람들을 위하여 여전히 고난 당하시고 계시는 때문입니다. 어떤 성인들의 삶 속에서 우리는 거의 그들을 열광적으로 되게 하는 "사랑은 사랑받는 것이 아니다."라는 생각을 읽을 수 있는데 그들은 이러한 말을 밤마다 계속하여 반복하곤 했습니다. 심지어는 이 말들을 무생물에까지 외쳐서 그 무생물들도 그들과 함께 외침에 참여하게 하였습니다. 그러면 우리는 여전히 "인간은 고통받지만 하느님께서는 고통받지 않으신다"라고 말할 수 있습니까? 오 생각 없는 사람들이여, 잠시 숨을 멈추고 하느님 고통 같은 고통이 과연 또 있겠는지를 생각해 보십시오!

### 4. 사랑과 순종

이제 우리는 그 아들 예수 그리스도를 향하여 '준엄한 아버지'의 이미지를 발생시킨 가장 미묘한 논지에 직면하지 않으면 안 됩니다. 왜 아버지께서는 아들을 죽도록 "내어주셨으며" 어떻게 이것이 그분의 '연민'과 조화가 됩니까? 요한복음에서 예수님은 말씀하십니다. "아버지께서는 내가 목숨을 바치기 때문에 나를 사랑하신다. 그러나 결국 나는 다시 그 목숨을 얻게 될 것이다. 누가 나에게서 목숨을 빼앗아가는 것이 아니라 내가 스스로 바치는 것이다. 나에게는 목숨을 바칠 권리도 있고 다시 얻을 권리도 있다. 이것이 바로 내 아버지에게서 내가 받은 명령이다"(요한 10,17-18). 예수님께서는 그의 목숨을 바칠 '권리', 즉 그렇게 하도록 '위임' 받은 권리와 순종이라는 자유행동에 대해 말씀하십니다. 그리고 신비의 열쇠는 바로 이 역설에 있습니다. 어떻게 그리고 언제 아버지께서는 아들에게 자유롭게 그의 목숨을 바치도록 '위임'하셨을까요? 토마스 아퀴나스 성인은 하느님께서 그의 아들에게 "우리를 향한 사랑을 불어넣으시므로 우리를 위해 죽으시려는 의지를 갖게 하신 한" 죽게 하신 것이었다고 말합니다.[16] 이 말들에 나타나는 아버지 이미지는 처음에 환기시켰던 이미지와 비교해볼 때 얼마나 다른지요! 그러므로 아들이 아버지로부터 부여받은 '위임'은 무엇보다도 우리를 사랑할 책임입니다. 사랑이신 그의 본성을

---

16 성 토마스 아퀴나스, 『신학 대전』 III, q.47, a.3.

그의 아들에게 유전시킴으로 당신 '사랑의 열정'을 전염시키셨고 이 사랑의 열정이 예수님으로 하여금 십자가를 지시도록 했습니다!

신약성경에는 예수님께서 "우리를 사랑하셨기 때문에"(에페 5,2) 우리를 위하여 자신을 버리셨다고 때때로 언급되어 있습니다. 그리고 다른 때에는 아버지께 "복종하시어"(필리 2,8) 우리를 위해서 자신을 버리셨다고도 했습니다. 사랑과 순종 이 두 가지는 우리에게는 다른 것처럼 보이고 우리는 그분이 순종 때문이라기보다는 사랑 때문에 죽으셨다고 믿기를 좋아합니다. 그러나 하느님 말씀과 교회 신학은 두 가지가 한 점으로 모이는 더 깊은 관점을 통찰하게 해 줍니다. 예수님은 정녕 우리를 사랑하셨기 때문에 죽으신 것입니다. 그러나 아버지를 향한 그분의 순종이 여기에 있는 것입니다. 안셀무스 성인에 이어 베르나르도 성인은 "하느님 아버지께서는 아들의 피를 요구하신 것이 아니라 아들의 청원을 수락하셨다."고 기록했습니다.[17] 가장 완벽한 순종은 받은 명령을 완전히 수행하는 데 있지 않고 명령하시는 분의 뜻을 자신의 것으로

---

17 성 베르나르도, 아벨라르두스의 오류에 관하여 8:21; PL 182, 1070; 성 안셀무스, 인간 구원에 대한 묵상, in Opera omnia, ed. F.S.Schmitt, Stuttgart 1968, pp. 84 ff.

삼는 데 있습니다. 그러나 예수님의 순종은 쉽지 않았습니다. 도리어 그것은 상상할 수 있는 것 중 가장 힘든 순종의 유형이었습니다. 너무도 힘들어서 그것은 땀이 핏방울같이 되게 하였습니다. 왜냐하면, 하느님의 아드님께서 '인간 본성을 따라' 순종하셨기 때문입니다. 그분은 우리 인간의 의지와 같은 의지를 가지고 그토록 완벽한 순종 행위를 수행하셔야 했습니다. 그분은 하느님 같은 순종을 인간으로서 완성시켜야 했었습니다!

## 5. 아버지를 신뢰함

이제까지 우리가 하느님의 고통에 대해 말한 것의 의미는 무엇입니까? 혹시 그것은 하느님께서 악에 대항하여 무력하다는 것을 의미합니까? 그러나 우리는 성경적인 아버지 이미지를 정반대의 극단으로 치우침으로써 또다시 왜곡시키는 실수를 범하지는 맙시다. 그분은 "세 곱으로 거룩하십니다." 전능하신 분으로서, 모든 것 위에 탁월하신 그분, 그분의 모든 고통은 약함의 표시가 아니라 '겸손'의 표시입니다. 예수 그리스도라는 하느님의 독특한 특성은 하느님으로 남아계시는 한편 가장 높으신 분이며, 그분은 "하늘에 계신" 말하자면 모든 것 위에 계시고 모든 것을 하실 수 있는 그분은 우리에게 '아빠, 아버지'이신 분입니다. "나는 전능하신 하느님 아버지를 믿습니다."가 우리 신앙의 첫 조항입니다. 아버지 그러나 전능하신 분! 전능하신 분 그러나 아버지이신 분! 아무리 선할지라도 강하지 못하고 자유롭지 못하고 안전을 지켜줄 수 없는 아버지라면 진정한 아버지가 아닐 것이며 사람은 그를 완전히 신뢰하지 않을 것입니다. 이것이 적들이 때때로 인간의 마음을 교란시키려고 애쓰는 것입니다. 즉 하느님 자신은 악을 중단시킬 수 없다는 것입니다. 그러나 이것은 사실이 아닙니다. 대답이 여기 있습니다. 하느님께서 그 능력의 크심을 보여주는 대답이 사실 수난 중에 드러나 있습니다. 왜냐하면, 전례의 기도문에 드러나 있듯이, "그분은 그분의 전능을 그분이 용서하시며 자비를 보이실 때 증명하십니다." 그의 무한한 지혜로서 하느님은 악을 겪으심으로 극복하시기로 결정하시며 그 악을 떠맡으신 것입니다. 그분은 그분의 천성대로, 권능으로가 아니라 사랑으로 그것을 이기고자 하셨습니다. 그리하여 그분은 우리에게 어떻게 "악에 굴복당하지 말고 선으로 악을 굴복시키십시오"(로마 12,21)에 대한 첫 번째 표양을 보여주셨습니다. 그러므로 우리는 아버지의 아들에 대한 '연민'이 십자가로 끝나지 않고 부활로 끝났다는 것을 기억해야만 합니다. 그분은 그의 아들에게 그 목숨을 내어놓도록 "그리하여 그것을 다시 취하라고" 명하셨습니다. 그분은 한순간조차도 그 아들의 부활이 없는 죽음을 생각지 않으셨습니다. 그 두 가지 일, 즉 죽음과 부활을 동시에 생각할 수 없는 존재가 우리들입니다. 부활하심으로 예수님은 "그 옳으심이 성령으로 입증되셨으며"(1티모 3,16) 말하자면 아버지께서 성령에 의하여 그를 의롭다 하시고, 그로 인해 그분 자신과 그분 승리의 사랑을 의롭게 하셨습니다. 사도 바오로는 예수님을 죽은 자들 가운데서 다시 살리심으로 하느님 아버지께서는 "그분의 힘이 얼마나 엄청나게 큰지를 그분의 강한 능력의 활동으로 알게 되기"(에페 1,19-20)를 보여주셨다고 말합니다.

그러므로 우리는 아버지를 신뢰할 수 있습니다! 이것이 우리가 찾고 있던 그리고 필요로 하는 확신입니다. 하느님 아버지로서의 사랑은 "우리의 삶 속에서 유일하게 불멸의 것이며, 알키메데스의 지렛대"입니다.[18] 그 아버지가 그를 사랑한다는 것을 알면 자녀는 자신 있게 성장할 것이며 삶에 대처할 수 있을 것입니다. 아버지의 손을 잡고 걷거나 기쁘게 소리치며 아버지의 주위를 빙빙 돌거나, 얼굴을 마주하고 이야기하거나 하는 어린아이는 세상에서 가

---

18  키에르케고르, Journal III, A 73.

장 행복하고 자유로운 존재입니다. 한때 어떤 곡예사가 마천루의 꼭대기 층에서 묘기를 부렸습니다. 그는 할 수 있는 한 멀리까지 몸을 굽혔습니다. 자신의 몸을 발가락 끝에 지탱하고 팔에는 그의 어린아이를 안고 있었습니다. 그들이 내려왔을 때 어떤 사람이 그 아이에게 무섭지 않았냐고 물었습니다. 그런데 그 아이는 그 질문에 놀라서 대답했습니다. "아뇨, 무섭지 않았어요, 아버지가 나를 안고 계셨거든요!" 아버지에 대한 신뢰는 우리로 하여금 새롭고도 자유로운 피조물이 되게 해 줍니다. 믿음은 확신의 정상으로 우리를 인도하고 사도 바오로가 성경에서 "하느님이 우리 편이 되셨으니 누가 감히 우리와 맞서겠습니까?"라고 부르짖은 것처럼 우리도 그렇게 부르짖게 합니다. 하느님께서 택하신 사람들을 누가 감히 고소하겠습니까? 누가 그들을 단죄할 수 있겠습니까? 누가 감히 우리를 그리스도의 사랑에서 떼어놓을 수 있겠습니까? 우리는 우리를 사랑하시는 그분의 도움으로 이 모든 시련을 이겨 내고도 남습니다(로마 8,31 참조). 그리고 예수님께서 모든 두려움과 비겁함과 낙담에서 벗어나라고 말씀하셨습니다. "너희는 왜 걱정하느냐? 너희 아버지께서는 다 알고 계신다. …… 너희의 머리카락까지 다 세어 두셨다. 너희는 수많은 참새보다 더 귀하다. ……"(마태 6,25-34; 10,29-31 참조).

사도 바오로는 "하느님께서는 그 아들의 목숨을 살려주지 않으셨습니다."고 엄숙하게 말하면서 이 확신을 거듭해서 가르치고 있습니다. "당신의 친아드님마저 아끼지 않으시고 우리 모두를 위하여 내어주신 분께서, 어찌 그 아드님과 함께 모든 것을 우리에게 베풀어 주지 않으시겠습니까?"(로마 8,32). 그 문장의 앞부분은 두 번째 부분을 확실하게 해 줍니다. 이레네우스 성인은 아버지께서는 두 팔을 가지고 계시는데 그 두 팔은 아들과 성령이시라고 말합니다.[19] 이 두 팔로 그분은 어두운 세상에서 우리를 찾으셨으며 이제 우리를 발견하시고 우리를 소유하고 계십니다. 우리는 성령 안에서 예수님을 통하여 어떤 아들이 그 부모와 연합했던 것보다도 더욱 밀접하게 아버지와 연합하였습니다. 왜냐하면, 우리는 그분과 떨어져 있지 않고 그분의 가장 깊은 속에서 생명을 함께 공유하고 있기 때문입니다. 예수님께서는 말씀하셨고 그의 말씀을 사람들이 항상 경청한다고 확신하셨습니다. "아버지, 아버지께서 저에게 주신 이들도 제가 있는 곳에 저와 함께 있게 되기를 바랍니다."(요한 17,24) 하셨습니다. 그런데 아들이 계신 곳이 아버지 곁이 아니고 어디란 말입니까? 그러므로 우리를 위하여 '준비

---

19   성 이레네우스, 『이단 반박』 V, 1, 3.

된 곳' 우리의 '맨션'이 있습니다. 우리가 갈 곳, 영원히 그분의 영광을 경탄하며 "아빠, 아버지!"라고 외칠 곳이 그곳입니다.

하늘나라 아버지 사랑의 이 신비에 직면하여 우리는 자연스럽게 예수님을 향하여 말할 것입니다. "예수님, 당신은 우리 형님이시오니, 어떻게 하면 아버지 쪽의 그토록 큰사랑과 고통에 합당하게 저희를 보여드릴 수 있는지 알려 주십시오!" 그러면 예수님께서는 그의 복음과 삶을 통하여 우리에게 대답해 주실 것입니다. 그분은 말씀하시기를 "너희가 할 수 있는 일이 있다. 나도 그 일을 했는데 그것이 아버지를 기쁘시게 했다. 그분을 신뢰하여라. 그분을 의지하여라. 그리고 그분을 믿어라! 모든 것, 모든 사람, 너희 자신까지도 거슬러 오직 그분만을 섬겨라."라고 말씀하실 것입니다. 온 세상 사람들에게 비난받은 한 사람을 생각해 보십시오. 모든 증거가 그에게 불리합니다. 너무나 불리하여 그 가족들조차도 더 이상 그를 믿지 않습니다. 사실 계속해서 그를 옹호하는 것은 미친 짓일 것입니다. 그러나 그 사람의 아들만이 모든 사람과 대항하여 그들이 말하는 것은 사실이 아니라고 선언하면서 그분을 옹호합니다. 왜냐하면, 그는 자기의 아버지를 알고 있기 때문입니다. 그러므로 그는 결코 굴복하지 않을 것입니다. 그 아들의 흔들림 없는 신뢰로부터 이 아버지가 받는 기쁨과 용기는 나머지 모든 세상 사람들의 몰이해를 상쇄하지 않겠습니까? 그렇습니다. 우리는 우리의 하늘 아버지를 위해 그런 자녀가 될 수 있습니다. 그러므로, 어둠과 비탄 가운데에서, 불합리 외에는 아무 것도 우리 앞에 보이지 않아 우리가 굴복하려는 그 순간에, 정신을 차리고 믿음으로 외칩시다. "아버지여, 나는 더 이상 당신을 이해하려 하지 않고 당신을 믿습니다!" 예수님께서도 올리브 동산에서 이같이 부르짖으셨습니다. 그분은 말씀하셨습니다. "아버지여, 이 잔을 저에게서 옮겨주시옵소서!" 이 잔은 옮겨지지 않았으나 예수님께서는 아버지에 대한 그분의 믿음을 잃지 않으셨습니다. 그리고 큰 소리로 "아버지, 제 영을 아버지 손에 맡깁니다." 하시고 숨을 거두셨습니다(루카 23,46). 그리고 아버지는 그의 자식으로서의 복종 때문에 그 기도를 들어 주셨습니다(히브 5,7 참조). 그분은 그 잔을 '마시게 하지 않고 옮겨주신 것' 그 이상으로 응답을 받으셨습니다. 왜냐하면, 아버지께서 그를 죽은 자들 가운데서 다시 살리셔서 인간으로서 우리 주님 우리의 구세주로 삼아주셨기 때문입니다.

그리스도 앞에서의 인간 상태에 관해 설명하면서 2세기의 한 작가는 "아버지에 대한 무지는 많은 비탄과 두려움의 원인이 된다."고 말했습니다.[20] 불행하게도 아직 이 세상에 존재하는 아버지에 대한 무지를 조금이라도 감소시킬 수 있기를 희망하면서 이제 우리는 계속하여 하느님 말씀에 닻을 내리고 구원을 재발견하는 우리 여정을 진행합시다.

---

20  Cf. Gospel of Truth(Nag-Hamadi Manuscripts).

# 제7장

# 죄가 우리의 죽을 몸을
# 지배하지 못하게 합시다

### 죄로부터의 해방

로마서 6장은 구원의 주제를 계속하여 발전시킵니다. 그러나 다른 관점에서입니다. 지금까지 사도 바오로는 구원에 이르는 방법을 '무상으로 그리고 믿음으로'라고 말했습니다. 그는 우리에게 구원의 입안자에 관하여 그리고 그것을 가능하게 한 사건에 관하여 이야기하였습니다. 예수 그리스도와 그의 수난 그리고 그 배경, 아버지와 아버지의 측은지심을 이야기하였습니다. 이제 사도는 구원의 내용, 그것을 구성하는 요소들에 대하여 우리에게 계속해서 이야기합니다. 이 내용은 죄와 율법(로마서 6장과 7장)으로부터 자유롭게 된다는 소극적 양상과 성령(로마서 8장 참조)의 선물을 받는다는 적극적 양상을 띱니다. 그것은 새롭고 영원한 계약을 예고하는 예언자들에 의해 묘사된 구원의 방법과 그것이 성취되는 방법입니다. 하느님은 에제키엘서에서 말씀하십니다. "내가 정화수를 끼얹어 너희의 모든 부정을 깨끗이 씻어 주리라. 온갖 우상을 섬기는 중에 묻었던 때를 깨끗이 씻어주고(소극적 요소), 새 마음을 넣어주며 새 기운을 불어넣어 주리라(적극적 요소)"(에제 36,25-26) 하십니다. 예수님은 이 두 가지를 첫째는 그의 죽으심과 부활을 통해, 그리고 두 번째는 성령강림을 통해 성취하셨습니다.

이 두 가지 양상들은 상호 보완적입니다. 사실상, 죄로부터의 자유는 성령강림을 위한 조건입니다. 죄의 지배로부터 자유로워진다는 것은 그리스도 통치의 시작을 위한 전제조건이며, 그것은 성령을 통해 이루어집니다. 지혜서에는 "지혜는 간악한 영혼 안으로 들지 않고 죄에 얽매인 육신 안에 머무르지 않는다."고 쓰여 있습니다(지혜 1,4). 그리고 예수님께서는 새 포도주를 낡은 부대에 담아서는 안 된다고 말씀하십니다(마태 9,17 참조). 하느님은 그의 성령이라는 새 술을 아직도 죄에 사로잡힌 마음의 낡은 부대에 담지 않으십니다. "하느님이 당신을 꿀로 가득 채우기를 바란다고 가정하십시오. 만일 당신이 꿀을 넣을 그릇에 식초를 채웠다면 그 단지를 비우고 철저히 깨끗하게 해서 잘 씻어내어 새 내용물을 받아들일 준비가 되도록 해야만 합니다."[1] 사도 베드로는 오순절 날, 사람들에게 이에 관한 것을 이야기했습니다. 그리고 그는 우리에게도 적용되는 약속을 했습니다. "회개하십시오. 그러면 성령을 선물로 받을 것입니다"(사도 2,38).

6장은 죄로부터 우리 자신을 자유롭게 하고자 노력할 것을 가르쳐 줍니다. 그리고 다음 표현들은 특히 더 유용합니다. "은총이 많아지도록 우리가 계속 죄 안에 머물러 있어야 합니까? 결코 그렇지 않습니다. 죄에서는 이미 죽은 우리가 어떻게 여전히 죄 안에 살 수 있겠습니까? 그러므로 죄가 여러분의 죽을 몸을 지배하여 여러분이 그 욕망에 순종하는 일이 없도록 하십시오. 죄가 여러분 위에 군림할 수는 없습니다"(로마 6,1-13).

우리가 이야기하고 있는 것은 성경에서 '영광스런 대 이주'(지혜 18,3)라고 부르는 진정한 과월절 출애굽입니다. 부활절을 축하한다는 것은 '낡은 누룩을 깨끗이 없애버리고 다시 순수한 반죽이 되어야 함'을 의미합니다. 그것은 사악과 음행의 누룩으로부터 순결과 진실의 누룩 없는 빵으로 거듭남을 의미합니다(1코린 5,7-8 참조). 교부들은 '죽음에서 삶으로, 범죄에서 은총으로, 죄에서 거룩

---

1 성 아우구스티노, 『요한 서간(1서) 강해』 4,6; PL 35, 2009.

함으로'[2] 이행함으로써 과월절을 설명했습니다. 우리는 죄의 땅에서 벗어나려는 우리의 여정을 다섯 가지 단계로 분류해 봅시다.

## 1. 당신의 죄를 인정하시오

세상은 죄에 대한 감각을 잃었습니다. 세상은 마치 죄악이 가장 순진한 것인 듯 아주 가볍게 취급합니다. 세상은 죄의 이미지를 가진 생산품들과 활동들을 더욱더 매력적으로 보이도록 광고합니다. 심지어는 가장 심각한 죄악들조차도 가벼운 마음으로 작은 죄, 작은 악덕, 달콤한 죄 또는 원죄(그것을 범한 사람들에게 원초적 책임을 돌려주어 자기 자신과는 무관하게 생각하는 죄) 등으로 언급합니다. 세상은 많은 것을 두려워합니다. 공기 오염, 불치병들, 핵전쟁을 두려워합니다. 그러나 영원하시고 전능하신 하느님에 대항하여 벌이는 공개적 전쟁인 죄악을 두려워하지는 않습니다. 반면, 예수님은 "육신을 죽인 다음 지옥에 던지는 권한을 가지신 분을 두려워하여라."(루카 12,4-5)고 말씀하셨습니다.

---

2  성 암브로시오, 『성사론』 1, 4, 12; CSEL 73, 20.

이러한 '주변 환경적 상태'는 하느님 말씀에 따라 살고자 하는 믿는 이들에게조차 대단한 영향을 미칩니다. 그것은 그들의 양심을 마비시켜 일종의 영적 감각을 잃게 합니다. 그것은 죄의 마비 상태 즉 죄로 인한 혼수상태와 같은 것입니다. 그렇게 되면 그리스도교인들은 그들을 노예로 삼은 주인, 그들의 진짜 적을 더 이상 알아채지 못합니다. 단지 그것이 달콤한 예속이기 때문입니다. 죄에 대해 이야기하는 많은 사람이 죄에 대해 전혀 부적절한 개념을 가지고 있습니다. 죄는 비인격화되고 오직 조직으로 투영되어, 마침내 정치적 또는 이념적인 적들의 태도와 동일시되었습니다. 어떤 사람들은 죄가 '오른쪽 날개'에 놓여있다고 하고, 다른 사람들은 죄가 '왼편 날개'에 놓여있다고 말합니다. 그러나 그리스도께서는 하느님의 나라(루카 17,21 참조)가 또한 죄의 나라에도 효력이 있다고 말씀하십니다. 그들이 당신에게 죄가 여기에 있다 또는 저기에 있다고 말할 때, 그들을 믿지 마십시오. 왜냐하면, 죄는 당신 안에 있기 때문입니다. 사람들이 죄라고 생각하는 것에 대한 조사는 아마도 매우 놀라운 결과를 나타내 줄 것입니다. 죄로부터 우리들 자신을 자유롭게 하기 위해 전력을 다하는 대신 오히려 죄에 대한 '자책'으로부터 우리를 자유롭게 하도록 모든 노력을 기울이고 있습니다. 죄에 대항하여 싸우는 대신 오히려 죄의 '개념'

과 싸우고 있습니다. 우리는 모든 다른 분야에 있어 가장 최악이라고 여겨지는 짓들을 합니다. 즉, 우리는 문제를 해결하려고 하기보다는 부인합니다. 우리는 악을 뒤로 밀어내고 그것을 제거하려 하기보다는 무의식 속에 파묻어 버립니다. 그것은 죽음에 관한 생각을 제거함으로써 죽음을 몰아낼 수 있다고 생각하는 것과도 같습니다. 아니면 실제의 병은 치료하지 않고 병과 고열이 신의 뜻에 의한 징후일 뿐이라고 신열만을 없애려고 걱정하는 것과도 같습니다. 사도 요한은 만일 우리가 죄짓지 않았다고 말한다면, 우리는 자신을 속이는 것이며 하느님을 거짓말쟁이로 만드는 것이라고 말합니다(1요한 1,8-10 참조). 사실상 하느님은 반대로 말씀하십니다. 그분은 우리가 죄를 지었다고 말씀하십니다. 성경은 그리스도가 "우리의 죄 때문에 돌아가셨다"고 말합니다(1코린 15,3). 만일 우리가 죄를 약화시킨다면, 우리는 예수님의 구원 자체를 헛되이 만드는 것이며, 그의 죽음이 지니는 의미를 파괴하는 것입니다. 그리스도는 돈키호테처럼 단지 풍차들만을 공격한 셈이 됩니다. 그리스도께서 부질없이 피를 흘리신 셈이 되는 것입니다.

지금까지 우리가 언급해 온, 죄지었음을 인정한다는 것은 그러한 인정이 죄에 대한 성경적이고 교회 교의적 수락이라는 점에서 교리적 인정이라 부를 수 있는 것입니다. 그러나 이것만으로는 충분치 않습니다. 다른 유형의 고백은 우리에게 이론적이고 일반적일 뿐 아니라 또한, 실존적이고 개인적인 고백을 요구합니다. 이 고백은 이 괴물 같고 두려운 것인 죄가 당신 곁의 "문 앞에 도사리고 앉아"(창세 4,7)있다는 돌연한 깨달음에 있습니다. 그것은 당신을 떨게 하는 깨달음입니다. 마치 아침에 일어나 보니 방구석에 똬리를 튼 독사와 함께 밤새도록 같이 잠을 잤음을 깨달은 사람과도 같습니다. "죄를 통째로 스스로 경험하게 하십시오. 그것을 정확히 규정짓지 말고 당신 스스로 깨닫도록 하십시오. 그런 후에 이 한마디 말, 죄, 죄를 당신 가슴속에서 외치십시오!"[3]

그러므로 죄로부터 탈출하는 첫 발걸음은 죄를 인정하되 그 중대한 심각성을 인정하고 세상의 '방출물들' 곁에서 잠에 빠져버린 우리 자신을 일깨우는 것입니다.

## 2. 죄에 대한 회개

두 번째 단계는 회개입니다. 사도행전은, 그곳에 있던 사람

---

3　ANONYMOUS, 『The Cloud of Unknowing』, ch.40.

들이 일찍이 언급되었던 두려운 죄과 즉 "당신들이 나자렛 예수를 십자가에 못 박았소!"라는 말을 들었을 때 마음이 찔려 베드로와 나머지 사도들에게 말했습니다. "형제여, 우리가 어떻게 하면 좋겠습니까?" 그러자 베드로는 그들에게 말했습니다. "회개하시오!"(사도 2,37-38) 좀더 나아가 사도행전에서, 우리는 깊이 생각해 보아야 할 내용을 발견합니다. 베드로는 의회 앞에서 같은 종류의 설교를 되풀이했습니다. 그는 말합니다. "우리 조상들의 하느님께서는 여러분이 나무에 매달아 죽인 예수님을 다시 일으키셨습니다." 그러나 이번에는 반응이 매우 다릅니다. "그들은 이 말을 듣고 격분하여 사도들을 죽이려고 하였다"(사도 5,30-33). 그들은 그 경우에 사도들에게 할 수 없었던 것을 조금 후에 똑같은 이유로 스테파노(사도 7,52-58)에게 행했습니다. 이 비교는 우리에게 죄에 대해 꾸짖는 하느님 말씀에 직면하여 따를 수 있는 두 가지 상반되는 방법을 보여줍니다. 즉 회개 혹은 마음의 완악함이 그것입니다. 오순절 날에 베드로의 설교를 듣던 삼천 명은 "죄를 깊이 뉘우쳤고" 마음이 찔렸습니다. 베드로와 스테파노의 설교를 듣던 의회의 대사제들과 원로들도 또한 마음이 찔렸습니다. 그들은 마음이 찔려 떨었지만 그것은 회개에서 온 것이 아니라 격분에서 온 것입니다. 성령에 대항하는 죄가 발견되는 부분이 바로 여기입니다. 그것을 예수님께서는 현세에서도 내세에서도 용서받지 못 할 짓이라고 말씀하셨습니다(마태 12,31 참조). 그것은 엄밀히 말하면 회개를 통하여 죄 용서받는 것을 거절하는 데에 있습니다. 우리는 인간 자유에 대한 신비를 다루고 있는데 그 자유로 하느님을 선택하거나 혹은 자기 자신을 선택할 수 있는 것입니다. 이것은 우리를 공포와 전율로 가득 채웁니다. 사실, 우리에게도 양자택일이 존재합니다. 우리 또한 군중의 길이나 의회 원로들의 길 중 어느 하나를 따르는 것입니다.

그러면 회개의 의미는 무엇입니까? 원래 단어인 'metanoein메타노에인'은 마음의 변화와 생각하는 방식의 변화를 의미합니다. 그러나 그것은 아무리 변화되었다 할지라도 여전히 우리 것인 우리의 사고방식을 또 다른 사고방식으로 바꾸는 차원에 머무는 변화의 문제가 아닙니다. 그것은 우리의 낡은 심성을 여전히 우리 자신의 것인 또 다른 심성으로, 혹은 우리의 판단을 우리의 또 다른 판단으로 대치하는 문제가 아닙니다. 그것은 우리의 사고방식을 하느님의 사고방식으로, 우리의 심성을 하느님의 심성으로, 우리의 판단을 하느님의 판단으로 바꾸는 문제입니다. 그렇습니다. 회개는 "하느님의 판단을 받아들이는 것"을 의미합니다. 하느님은 우리에 대해, 우리의 영적 상태에 대해, 우리의 행동에 대해 그분 자신의 판단을 갖고 계십니다. 이것은 오직 완전하고 절대적으로 참된 판단입니다. 하느님께서만이 약화되는 상황들은 물론 우리 마음의 깊이, 우리의 책임까지를 꿰뚫어 보실 수 있습니다. 하느님은 우리들에 대하여 모든 것을 다 아십니다. 회개는 하느님의 이러한 판단을 받아들이는 것을 의미합니다. "나의 하느님, 나는 당신의 판단에 따르겠습니다."라고 말하는 것입니다. 이 모든 것은 '양심의 가책', 즉 어떤 면으로 보아 가슴이 찔림을 요구합니다. 왜냐하면, 하느님이 옳으시다는 것을 받아들이기 위하여 우리는 우리가 틀렸다는 것을 인정해야 하기 때문입니다. 우리는 우리 자신에 대하여 죽어야 합니다. 이것은 또한 사실입니다. 왜냐하면, 우리가 하느님의 판단을 받아들일 때 우리가 정말로 죄의 실상을 볼 수 있으며 그것은 우리를 놀라게 할 것이기 때문입니다. 시편이 우리에게 말하는 것처럼, 하느님의 판단은 '깊은 바다'(시편 36,7)와 같은 것입니다.

회개가 진실할 때, 슬픔이 회개의 가장 중요한 부분입니다. 인간은 그가 잘못을 저질렀다는 것을 인정할 뿐만 아니라 그가 그와 같이 행했기 때문에 슬퍼합니다. 그리고 그는 당연히 받을 그리고 받아야만 할 처벌 때문만이 아니라 그가 하느님을 슬프게 해드린 것과 하느님의 위대한 사랑을 배반하였다는 일 때문에 더욱 슬퍼합니다. 그는 예수님께서 십자가를 지시도록 한 그 죄 때문에 슬퍼합니다. 진정한 슬픔은 사랑 앞에서만 커집니다. "나를 사랑하시고 나를 위하여 당신 자신을 바치신 하느님의 아드님에 대한 믿음으로 사는 것입니다"(갈라 2,20). 눈물은 흔히 마음을 감동시키고 깨끗하게 하는 이러한 슬픔의 가시적 표시입니다. 적어도 한번 물과 불에 의해 이러한 씻김을 경험하게 해 달라고 구하는 것은 좋은 일입니다. 어느 날 겟세마니 동산에서의 예수님 고통에 대해 묵상하는 동안 철학자 블레즈 파스칼은 자신의 내면으로부터 이러한 울림의 소리를 들었습니다. "너는 눈물조차 흘리지 않고 언제나 내 사랑의 피 값 치르기를 원하느냐? 나는 누구보다 너의 가까운 친구이다. 왜냐하면, 너를 위해 그들보다 더 많은 것을 행했기 때문이다. 그들은 내가 너를 위해 고통받은 것처럼 고통받지 않을 것이다. 그리고 그들은 내가 너의 불신과 학대의 시간에 행한 것 같이 너를 위해 죽지는 않을 것이다."[4] 우리는 자기 연민으로 오염된, 자신을 위한 눈물을 충분히 흘려왔습니다. 이제는 다른 눈물, 우리의 죄에 대한 회개와 슬픔의 눈물을 흘릴 때입니다.

회개하는 동안 성령은 이미 활동하십니다. 비록 성령이 우리

---

4   B. PASCAL, Pensées n.552.

자유와 함께 그리고 우리의 자유에 근거하여 일하실지라도 말입니다. 예수님은 말씀하십니다. "그는 죄와 의로움과 심판에 관한 세상의 그릇된 생각을 밝히실 것이다"(요한 16,7). 성령이 오시면 죄와 정의와 심판에 관한 세상의 그릇된 생각을 꾸짖어 바로잡아주실 것입니다. 하느님의 불 손가락이신 성령님은 그분만이 아시는 순간 그리고 진리의 빛으로 인간의 마음을 여시는 순간에 그의 마음 즉 양심을 감동시키십니다. 그러면 죄인은 자신의 이 새로운 양심을 표현하는 절규를 터뜨립니다. "당신께, 오로지 당신께 잘못을 저지르고 당신 눈에 악한 짓을 제가 하였기에 판결을 내리시더라도 당신께서는 의로우시고 심판을 내리시더라도 당신께서는 결백하시리이다"(시편 51,6).

하느님은 '정의로우신' 분으로 인정되십니다. 인간은 전혀 다른 시선으로 모든 형태의 고통을 보기 시작합니다. 이제는 하느님께서 주신 고통으로서가 아니라 그 자신의 죄에 의하여 온 고통으로 보기 시작합니다. 하느님은 악으로부터 무고하심이 밝혀지고 결백하신 것으로 나타나십니다. 그분의 사랑과 선함은 지속됩니다. '불법으로 인해 갇혀있던' 진리는 해방됩니다. 회개의 놀라운 점은 인간이 스스로를 부정하자마자 하느님이 즉시 사람의 편이 되어 유죄판결(죄의 선고)로부터 그를 지켜주고 옹호한다는 사실입니다. 그것이 그 자신의 마음속 양심의 가책이라 할지라도, 지켜주고 옹호하십니다(1요한 3,20 참조). 방탕한 아들이 "아버지, 제가 하늘과 아버지께 죄를 지었습니다." 하자마자 그 아버지는 "어서 가장 좋은 옷을 가져다 입히라"(루카 15,21-22)고 하였습니다.

참으로, 회개는 현대 심리학이 때때로 마치 노이로제의 문제인 양 모든 죄의식을 마구잡이로 비난하는 인상을 주었던 것 같은 '노예 의식'과는 전혀 상관없습니다.[5] 그러나 그것은 단지 죄에 대해 양심이 변질되거나 죄의 강박관념이 될 수 있다는 것으로 설명할 수는 있습니다. 그렇다면 누가 이것을 알지 못했습니까? 비록 그러한 경우에 죄의식은 원인이 아니라 병적 상태의 증후입니다. 그때 그것은 단지 잘못된 종교 교육의 결과가 아닙니다. 사실상 진정한 죄의식과 회개가 가치 있는 훌륭한 인간적 감정이라는 것은 위대한 정신분석 학자들에게조차도 점점 명백해집니다. 사람에게 있어서 병적이고 수동적인 상태로 퇴보하거나 자해의 고통을 가하게 하기는커녕, 회개는 생명을 소생시키는 끊임없는 원천이 됩니다. 특정한 경우, 사람이 보는 곳에서 또는 하느님 앞에서 "나는 죄를 지었습니다. 나는 잘못을 저질렀습니다. 죄송합니다."라고 말하는 것

---

5  Cf. F. Nietzsche, 『The Gay Science』, n.135.

만큼 희망과 믿음을 새롭게 하는 것은 아무것도 없습니다. 만일 '잘못을 저지르는 것이 인간적'이라면 사람이 잘못을 저질렀다는 것을 인정하는 것, 즉 다른 말로 회개하는 것은 더욱 인간적입니다.

회개는 하느님에게 도움이 되는 것이 아니라 우리에게 도움이 되는 것입니다. 하느님은 인간에 대해 승리의 기쁨 또는 그에게 굴욕감을 주는 기쁨을 위해 회개를 강요하시는 게 아니라, 그분께서 이것이 인간의 구원이며 인간이 죄를 지은 후에 생명과 진리 속으로 되돌아가는 유일한 길임을 아시기 때문입니다. 시편은 회개로 인해 생기는 놀라운 변형을 묘사하고 있습니다.

> 복되어라, 거역한 죄 용서받고
> 죄 허물 벗겨진 자…
> 나 아뢰옵지 않으렸더니
> 온종일 신음 속에 뼈만 녹아나고
> 밤낮으로 당신 손이 나를 짓눌러…
> 그리하여 당신께 내 죄를 고백하고
> 내 잘못 아니 감추어
> '주님, 내 죄 아뢰옵니다.' 하였더니,
> 내 잘못 내 죄를 용서하셨습니다"(시편 32 참조).

인간이 그의 죄를 숨기고 그것 인정하기를 거부하는 한 죄는 인간을 소모시키고 슬프게 합니다. 그러나 그가 죄를 하느님께 고백하기로 결심할 때 그는 다시 평화와 행복을 경험하게 됩니다.

그러므로 다음 단계는 죄에 대한 회개입니다. 이 단계를 밟는다는 것은 반드시 우리가 즉시 마음이 찔리고 눈물을 펑펑 쏟는다는 것을 의미하지는 않습니다. 그것은 은총에 달려 있으며 즉시 혹은 우리가 그것을 깨닫지도 못한 채 때가 되면 서서히 일어날 수도 있습니다. 지금 요구되는 것은 하느님께 "제게 진실한 회개를 알도록 해 주십시오. 제가 죽기 전에 이러한 은총 내리심을 거절하지 마십시오!"라고 말하면서 우리가 즉시 회개하기를 원하는 것입니다. 회개에 대한 열망은 이미 회개입니다.

### 3. 죄짓는 일을 그치시오

우리의 '출애굽'에 있어 세 번째 단계는 죄짓는 일을 그치는 것입니다. 하느님의 말씀은 우리를 한 번 더 이곳으로 안내하십니다. 사도 바오로는 말합니다. "여러분 자신도 죄에서는 죽었지만, 그리스도 예수님 안에서 하느님을 위하여 살고 있다고 생각하십시오"(로마 6,11). 그리고 "그러므로 죄가 여러분의 죽을 몸을 지배하여 여러분이 그 욕망에 순종하는 일이 없도록 하십시오." 사도 성 베드로가 말한 것은 이것의 반복입니다. "육으로 고난을 겪는 이는 이미 죄와 관계가 끊어진 것입니다. 그러니 남은 지상 생활 동안, 더 이상 인간의 욕망을 따르지 말고 하느님의 뜻을 따라야 합니다. 지난날 여러분은 오랫동안 이교인들이 즐기는 것을 하면서 지냈습니다. 방탕, 욕정, 주정, 흥청대는 술잔치, 폭음, 불경스러운 우상숭배에 빠져 살아왔습니다"(1베드 4,1-3).

이 구절은 죄에 대해 "이 정도면 충분하다. 이제는 그만두자!"라고 말하는 것입니다. 또는 사도 바오로가 "우리 자신을 죄에 대하여 죽은 자로 여기라(죽어서 죄의 권세를 벗어나라)"라고 말한 것과도 같습니다. 이것은 결단을 위한 시간입니다. 문제는 간단합니다. 그것은 우리가 가능한 한 더는 죄짓지 않겠다고 성실하고 단호하게 결단 내리는 것을 뜻합니다. 그것은 너무도 거창하고 비현실적이라는 생각과 의문을 갖게 할 수도 있겠으나 실은 그렇지 않습니다. 우리 중 누구도 이틀을 계속하여 잘못이 없을 수는 없습니다. 그러나 그것이 하느님께서 우리에게 원하시는 것은 아닙니다. 우리 각각은 만일 우리가 우리 양심을 충분히 검토한다면, 우리는 쉽게 죄를 짓는 경향이 있으므로, 우리가 저지른 모든 죄와는 별도의 것이 하나 더 있다는 것을 알게 될 것입니다. 그것은 우리가 은밀하게 소속되어 있는 죄입니다. 그리고 우리는 그것을 진정으로 포기할 의지가 없이 그 죄를 고백합니다. 그것은 우리가 우리 자신이 결코 그것을 떨쳐버릴 수 없다고 생각하는 죄입니다. 그 이유는 사실, 우리 자신이 그것을 떨쳐버리고 싶지 않거나, 아니면 적어도 지금 당장은 떨쳐버리고 싶지 않기 때문입니다. 성 아우구스티노는 그의 참회록에서 육욕의 죄에서 벗어나기 위한 몸부림에 대하여 묘사하고 있습니다. 그가 "제게 순결과 절제를 허락하소서."라고 하느님께 기도한 때가 있었습니다. 그런데 그때 한 음성이 은밀히 더해졌습니다. "그러나 지금 당장은 아닙니다!"라는 음성이 말입니다. 마침내 그가 자신에게 "얼마나 오랫동안 내일, 내일이라고 계속 이야기해야 합니까? 왜 지금이 아닙니까? 왜 지금 저의 추한 죄악을 끝내지 못합니까?"[6]라고 외칠 때가 되었습니다. 그는 자유롭기 위해 "그만하면 되었다. 이젠 그만두자!"고 말하기만 하면 되었던 것입니다. 죄는 우리가 "이 정도면 충분하다. 이제는 그만두자!"라고 정확하게 말할 때까지 우리를 속박합니다. 그때 우리가 "이 정도면 충분하다. 이제는 그만두자!"라고 말하면

---

6  성 아우구스티노, 『고백록』 VIII, 7.12.

그때 우리를 속박하던 모든 것이 무력하게 됩니다.

자연에서 일어나는 일은 우리의 삶에서도 일어납니다. 때때로 우리는 줄기가 잘리고 시들은 매우 오래된 올리브 나무를 보게 되는데 이렇게 늙은 나무에도 꼭대기엔 여전히 몇몇 푸른 가지들이 있고, 때가 되면 감미로운 올리브 열매가 주렁주렁 열립니다. 이것을 자세히 살펴보면 그 이유를 알 수 있습니다. 그것은 흙 속에 뿌리를 내리고 있는 이 나무 속 어딘가에 아직도 '엽맥葉脈'이 있어 생명을 유지할 수 있기 때문입니다. 이러한 현상은 우리의 삶에 있어 죄라는 나쁜 나무에게도 똑같이 일어납니다. 우리가 죄를 고백하고 더는 죄짓기를 거부한 그 순간부터 그 나무는 말라 죽고 열매를 맺지 말아야 할 것입니다. 그러나 그 이후에도 열매가 계속 열리는데 왜냐하면, 자유라는 살아있는 토양에 뿌리를 내리고 있는 몇 개의 '푸른 가지들'이 살아남아 있기 때문입니다.

우리의 '푸른 가지'를 발견하기 위해서 우리 자신으로부터 나오며 우리가 두려워하는 것을 찾아 무의식적으로 방어하고 억제해야 합니다. 우리는 양심이 우리로 하여금 그것을 끊어버리게 할까 봐 두려워 그것을 계속 감추어 둡니다. 흔히 그것은 단일한 죄악이라기보다는, 오히려 종종 극복되어야 할 죄짓는 습관이나 태만입니다. 하느님의 말씀은 우리에게 우리를 죄에 묶어두는 '끈'을 골라내어, 결연히 그것을 끊어 버릴 것을 권합니다.

그러나 우리는 정확하게 무엇을 해야만 합니까? 회상의 순간에 우리는 하느님 앞에 무릎을 꿇고 말씀드립니다. "주님, 당신은 나의 연약함을 아십니다. 저 또한 그것을 알고 있습니다. 그러므로 오직 당신의 은총과 신실하심을 믿으며, 지금부터 저는 더 이상 특별한 만족, 특별한 자유, 특별한 우정, 특별한 원한 그리고 죄를 원치 않습니다. 저는 지금부터 죄 없이 살아가는 삶에 대한 열망을 받아들이고 싶습니다. 저는 죄와 그 죄들 하나하나와 관계를 끊었습니다. 저는 되풀이합니다. 그만하면 됐습니다. 이젠 그만두겠습니다. 더 이상 죄짓지 않겠습니다! 당신의 성령으로 도와주십시오. 제 안에 견고한 영혼을 새롭게 하십시오. 내 마음을 고결하게 하십시오. 저는 자신을 죄에 대해 죽은 자로 여깁니다. 예수와 함께 죽어서 죄의 권세를 벗어나 그와 함께 하느님을 위해 살아야 한다고 생각합니다." 그렇게 하면 그 이후, 죄는 더 이상 우리를 지배하지 않습니다. 왜냐하면, 우리가 더 이상 그것이 우리 지배하기를 원하지 않기 때문입니다. 사실 죄가 우리를 지배했던 것은 우리의 뜻 안에 있었습니다. 아마도 외견상의 변화는 없을 것입니다. 우리의 주변에서는 아마도 여전히 우리들 안에 존재하는 똑같은 결점들을 발견할 수 있을 것입니다. 그러나 하느님이 관여하고 계시는 한 어떤 것들이 변해있을 것입니다. 왜냐하면, 우리의 자유가 지금 하느님의 편에 있기 때문입니다.

그러나 우리는 한 가지를 주장해야 합니다. 이 결정은 즉시 실행에 옮겨져야만 합니다. 그렇지 않으면 그 결정은 쉽게 사라질 수 있습니다. 악덕과 악습에 반대되는 행동은 즉시 그에 대해 우선 "안 돼!"라고 말함으로써 끝을 내야 합니다. 그렇지 않으면 그것은 그 전력을 다시 회복할 것입니다. 한 그리스도교인인 작가는 이것을 날카롭게 관찰했습니다. 하느님께서 어떤 사람에게 그의 죄가 도박에 중독된 것이라고 밝혀주셨고 하느님께서는 그에게 그 도박의 중독을 희생으로 바치라고 요구하셨습니다. 여기서 우리는 마약이나 과식, 과음의 문제, 또는 원한, 거짓말이나 위선, 부도덕한 습관 등 다른 죄의 습관을 예로 들 수도 있습니다. 그 죄를 깨닫고 도박을 멈추리라 결심한 그 사람이 말했습니다. "나는 결코 다시는 도박을 하지 않겠다고 엄숙하고 신성하게 맹세한다. 오늘 밤이 마지막 밤이 될 거야!" 그렇다면 아무 일도 일어나지 않을 것입니다. 그는 전처럼 도박을 계속할 것입니다. 그는 자신에게 "좋다. 나는 남은 삶을 매일 도박하며 보낼 수 있다. 그러나 오늘 밤만은 아니다!"라고 말했어야만 했습니다. 만일 그가 그의 약속을 지켜서 그날 밤 도박을 하지 않는다면 그는 구원받는 것입니다. 그는 아마도 다시는 평생 도박을 하지 않을 것입니다. 첫 번째 결심은 악습이 죄인에게 쓰는 비열한 속임수입니다. 반면에 두 번째는 반대로 죄인이 악습을 조종하는 것입니다.[7]

만일 우리가 성실해지고자 원한다면 우리의 "그만하면 되었다. 이젠 그만두자."가 죄에만 관련될 뿐 아니라 죄의 기회에도 관련되어야 합니다. 도덕적인 전통 교리가 우리를 가르치듯 우리는 죄의 기회로부터 달아나야 합니다. 왜냐하면, 그것을 꼭 잡고 있는 것은 죄 자체를 잡고 있는 것이기 때문입니다. 이것은 마치 먹잇감을 꾀어 최면을 건 후 그것이 미동도 하지 못할 때 덮쳐 먹어 치우는 어떤 야수와도 같습니다. 죄를 짓게 되는 상황은 사람의 심리적 기제를 이상하게 작용시켜서 다음과 같은 생각을 하도록 유혹합니다. "만일 당신이 이 기회를 잡지 않는다면 당신은 다신 그것을 잡을 수 없을 것입니다. 그리고 그걸 이용하지 않는다면 어리석은 일입니다." 하지만 마치 사람들이 현기증 때문에 절벽 아래로 떨어지게 되는 것처럼, 이런 상황 자체를 피하지 않으면 사람들은 죄를 짓게 됩니다.

---

[7] 참조. 키에르케고르, 『성 야고보 서간에 비추어 본 자신에 대한 검토』, 1,22.

## 4. 죄에 물든 몸을 멸하시오

로마서에서 사도 바오로는 죄에 대항하여 행해야만 할 궁극적인 일에 대해 언급합니다. 그리고 그것은 '죄에 물든 몸을 멸하는 것'입니다. "우리는 압니다. 우리의 옛 인간이 그분과 함께 십자가에 못 박힘으로써 죄의 지배를 받는 몸이 소멸하여, 우리가 더 이상 죄의 종노릇을 하지 않게 되었습니다"(로마 6,6). 십자가 위에서 예수님은 실질적으로 온몸이 소실되었습니다. 그것이 죄의 실체이며 이제 그분은 우리에게 '우리의' 죄에 물든 몸을 그의 은총을 통해 실제로 멸할 기회를 우리에게 제공해 주고 계십니다.

나는 한 예를 통해, 아니 그보다는 주님께서 어떻게 내가 그것을 이해하도록 만드셨는지에 대해 자세히 말함으로써 이것이 의미하는 바를 설명하고 싶습니다. 하루는 시편을 암송하고 있었습니다. "주님, 당신께서는 저를 살펴보시어 아십니다. …… 제 생각을 멀리서도 알아채십니다. …… 당신께는 저의 모든 길이 익숙합니다"(시편 139,1-3). 이 시편을 암송하는 동안 방사선 검사의 사진을 찍듯이 하느님의 시선이 투사되어 온몸에 그분의 빛이 관통하는 것 같은 느낌이 들었습니다. 그러더니 한순간 내가 하느님 편에서 그분의 눈을 통해 나 자신을 들여다보는 것 같았습니다. 어떤 깨끗한 모습이 내 마음에 떠올랐는데 그것은 동굴 지붕에서 떨어지는 석회 물방울로 쌓여 만들어진, 천년의 동굴 바닥에 형성된 석회암 기둥 중의 하나인 석순石筍 모습이었습니다. 즉시 그 모습의 의미가 나에게 선명히 다가왔습니다. 수년간 내가 지은 모든 죄가 내 가슴의 밑바닥에 수많은 석회 물방울들처럼 떨어져 왔던 것입니다. 각각은 약간의 석회석, 불투명체, 견고함 그리고 하느님에 대한 저항을 퇴적시켰고 그것은 그 후 과거 죄들의 찌꺼기 위에 쌓이고 쌓였습니다. 자연에서 일어나는 바와 같이, 가장 큰 부분은 고백, 영성체, 그리고 기도의 힘으로 물처럼 흘러갑니다. 그러나 매번 작은 부분이 분해되지 않은 채 남습니다. 왜냐하면, 나의 참회와 결단이 완전하지 못하기 때문입니다. 그리하여 나의 석순은 기둥이나 커다란 바위로 자라나서 나를 내리누르게 되었습니다. 갑자기 나는 사도 바오로가 이야기한 '죄로 물든 몸'과 에제키엘서에서 하느님이 "너희 몸에서 돌로 된 마음을 치우고, 살로 된 마음을 넣어주겠다."(에제 36,26)라고 말씀하신 '돌로 된 마음'의 의미를 이해하였습니다. 그것은 우리 자신이 타협과 죄를 통해 만들어 낸 마음입니다. 그것은 한때 죄는 용서받았으나 남아있는 고통 이상의 것입니다. 그것은 죄이며 또한 고통입니다. 그것은 옛 자아입니다.

이때 우리는 무엇을 할 수 있을까요? 나는 그러고 싶다고 해서 내 자신의 의지로 그 돌을 제거할 수는 없습니다. 인간은 죄를 범할 수 있습니다. 그러나 그가 그 죄를 면할 수는 없습니다. "하느님 한 분 외에 누가 죄를 용서할 수 있단 말인가"(마르 2,7). 요한은 이렇게 말합니다. "나의 자녀 여러분, 내가 여러분에게 이 글을 쓰는 까닭은 여러분이 죄를 짓지 않게 하려는 것입니다. 그러나 누가 죄를 짓더라도 하느님 앞에서 우리를 변호해 주시는 분이 계십니다. 곧 의로우신 예수 그리스도이십니다. 그분은 우리 죄를 위한 속죄 제물이십니다. 우리 죄만이 아니라 온 세상의 죄를 위한 속죄 제물이십니다"(1요한 2,1-2). 그리고 다시 그는 말하고 있습니다. "예수님의 피가 우리를 모든 죄에서 깨끗하게 해 줍니다"(1요한 1,7). 그리스도의 성혈은 죄로 물든 우리의 몸을 녹여낼 수 있는 위대하고 능력 있는 '용매溶媒'입니다. 교회는 예수님의 이름 안에서 그리고 성령의 힘으로 면죄의 힘을 받았습니다. 예수님은 사도들에게 말씀하셨습니다. "성령을 받아라. 누구의 죄든지 너희가 용서해 주면 그들의 죄는 용서받을 것이다"(요한 20,22). 성령은 단지 '우리의 죄를 깨닫게'만 해 주시는 것이 아닙니다. 그는 또한 우리를 죄로부터 자유롭게 합니다. 오히려 그 자신이 '면죄免罪'이십니다. 성경과 연관되어 있는 한 죄와 관련하여 가장 중요한 일은 우리가 죄인들이라는 것이 아니라 하느님이 우리의 죄를 용서하신 다는 것입니다.

## 5. 육체의 고통을 받은 사람은

우리는 하느님의 은총을 두 가지로 설명할 수 있습니다. 고통을 수렴하고 또 하느님을 찬미하는 일입니다. 그렇게 함으로써 우리는 죄악으로 억압된 우리의 육신을 소멸하는 일에 협력할 수 있습니다. 사도 베드로는 우리가 이제 익숙해진 문장으로 다음과 같이 말합니다. "그리스도께서 육으로 고난을 겪으셨으니, 여러분도 같은 각오로 무장하십시오. 육으로 고난을 겪는 이는 이미 죄와 관계가 끊어진 것입니다"(1베드 4,1). 그는 그 때문에 매우 중요한 원칙을 세우게 되었습니다. "누구든지 고통을 받는 사람은 죄를 짓지 않게 된다"는 원칙입니다. 하느님의 아드님께서 그것을 견디시고 거룩하게 하신 이래, 고통은 우리의 정욕이라는 직물織物에 얽힌 것들을 풀고 우리로부터 죄를 몰아내고 죄를 '없애주는' 신비로운 힘을 갖게 해 주었습니다. 그것은 한 나무를 세게 흔들어 모든 나쁜 열매를 떨어뜨릴 때 일어나는 일과도 같습니다. 우리는 이런 일이 왜 일어나는지를 알지 못하지만, 그것이 정말 일어난다는 것을 압니다. 우리는 매일 우리 안에서 그리고 우리 주위에서 그런 것을 봅니다. "고통받는다는 것은 특별히 그리스도 안에서 인류에게 주어진 하느님 구원능력의 역사役事에 민감해지는 것을 의미합니다."[8] 고통은 독특한 방법으로 모든 죄의 용서가 그로부터 비롯되는 그리스도의 수난에 우리를 결합시키는 하나의 채널입니다.

그것은 통상적으로 고통을 탐구하는 문제가 아니라 우리의 삶 속에 이미 존재하는 것을 새로운 마음으로 환영하는 것입니다. 우리는 우리가 경험한 작은 '부당한' 고통, 즉 우리에게 편견처럼 보이고 우리에게 큰 고통을 주는 굴욕, 부당한 비난, 모욕, 적의를 헛되이 하지 않도록 특별히 주의해야 합니다. 왜냐하면, 이것은 우리를 특별한 방법으로 예수님과 결합시키기 때문입니다. 이것은 '그리스도와 고난을 같이 나눔'(필리 3,10)으로써 구세주와 확실한 친교의 단계에 이르는 유일한 길입니다. 이것은 자기 미화라는 기본적 죄를 극복하는 방법입니다. 그리하여 이러한 고통을 헛되이 하지 않기 위해서는 진정한 필요나 유익에서가 아니라면, 특별히 그

---

8   JOHN PAUL II, "Salvifici Doloris", n.23.

것에 대해 이야기하지 않는 게 필요합니다. 그것은 결혼생활에 있어 학대를 뉘우치는 경우에서와 같습니다. 그것이 향기와 속죄의 힘을 잃지 않으려면, 우리 자신과 하느님 사이에 방심하지 않고 잘 지키는 비밀이 되어야 할 것입니다. "너의 고통이 아무리 크다 하여도 침묵은 그것을 이긴다."[9]라고 사막의 아버지는 말씀하셨습니다.

고통과 협력하여, '죄로 물든 몸'을 멸하는 다른 강력한 수단은 찬양입니다. 찬양은 탁월한 상태요, 죄를 적대하는 것입니다. 사도가 처음에 설명한 대로 원죄가 불경, 즉 하느님을 영화롭게 하고 감사하기를 거절하는 것이라면, 죄의 정반대는 미덕이 아니라 찬양입니다! 단언컨대 죄의 정반대는 미덕이 아니라 찬양입니다! 불경함의 반대편은 경건함입니다. 우리는 커다란 수단으로서가 아니라 자그만 방법으로, 소극적인 방법으로서가 아니라 적극적인 방법으로 죄를 극복하는 법을 배워야 합니다. 그리고 가장 위대하고 가장 적극적인 모든 수단은 하느님 그 자신이십니다. 만일 우리가 하느님을 모신다면 죄를 짓지 않을 것입니다. 하느님이 들어가시는 곳에서 죄는 사라집니다. 성경은 종종 찬양과 감사의 제사

---

9 『교부들의 금언집』, 詩歌(Poemen) 37; PG 65, 332.

에 대하여 이야기합니다. "하느님께 감사하는 마음을 제물로 드려라.", "감사하는 마음을 제물로 바치는 자, 나를 높이 받드는 자이니", "내가 당신께 감사제를 드리고 ……"(시편 50,14-23; 116,17)라고 말합니다. 찬양과 희생 사이엔 어떤 관계가 존재할 수 있습니까? 희생이 어떤 존재를 멸하여 제물로 바치는 것을 가리킨다면 찬양과 감사는 무엇을 멸하여 제물로 바치는 것입니까? 그것은 인간의 자만심을 멸하여 제물로 바치는 것입니다! 찬양을 드리는 사람은 누구든지 가장 훌륭한 제물(가장 기뻐하실 제물), 즉 하느님께 바치는 영광을 제물로 드리는 것입니다. 찬양은 비범한 정화의 능력을 지닙니다. 겸손은 찬양 속에 숨겨져 있습니다.

가장 중요한 것은, 우리가 원하기만 한다면 하느님께 찬양과 감사를 드리기 위한 이유가 될 수 없는 것이 세상에는 아무것도 없다는 사실입니다. 심지어 죄조차도 그렇습니다. 만일 한 사람이 인간 성정의 모든 반대되는 이론으로부터 떠나 하느님께 영광을 돌리기로 한다면, 아무리 어렵더라도, 그것을 뒤집을 수 없는 양심 상태는 없습니다. 방금 제가 말한 대로 저는 심지어 제 죄들에 대해서조차도 하느님께 찬양을 드릴 수 있습니다. 내가 죄를 지어서가 아니라(그것은 하느님을 조롱하는 일이 될 것입니다.) 하느님이 나의 죄에 대하여 취하신 방법 때문에 그렇습니다. 왜냐하면, 그분께서 나를 살려 두시고 은총을 거두지 않으셨기 때문입니다. 성경은 하느님을 찬양할 많은 이유에 대하여 말하고 있습니다. 그러나 그 어떤 것도 그가 죄를 용서하시는 하느님이라는 사실보다 더 위대한 것은 없습니다. "하느님 같은 신이 어디 있겠습니까? 남에게 넘겨줄 수 없어 남기신 이 적은 무리, 아무리 못 할 짓을 했어도 용서해 주시고, 아무리 거스르는 짓을 했어도 눈감아 주시는 하느님, 하느님의 기쁨이야 한결같은 사랑을 베푸시는 일 아닙니까? 그러니 어찌 노여움을 끝내 품고 계시겠습니까"(미가 7,18). 우리는 하느님을 찬양할 수 있습니다. 왜냐하면, 아담의 죄를 악에서 선으로 변형시킨 그분은 그분 자신의 영광을 위해 구원을 환영하는 자들의 죄를 또한 신비롭게 선으로 변형시키실 것입니다. 그 죄는 아담의 것보다 분명히 더 가벼운 것입니다. 하느님께서는 "죄는 필요하다. 그러나 모든 것이 잘 될 것이다. 모든 것은 잘 되어갈 것이다."[10]라는 잘 알려진 신비를 보장해 주셨습니다.

    과월절 '출애굽'처럼 죄로부터 우리의 해방을 체험하며, 이제 우리는 그것을 첫 번째 '출애굽'에서와 같이 축제로 바꿔야만 한다는 결말에 도달했습니다. 히브리인들은 이집트로부터 이주하는

---

10    노르비히의 율리아누스, 『계시론』, ch.27.

것을 내켜 하지 않았습니다. 그리고 그들이 홍해에 이르렀을 때 그들은 순간 당황하고 불평하였습니다. 그러나 그들이 바다를 건너자마자 억누를 수 없는 환희에 사로잡혔으며 모세와 모세의 누이 미리암을 따라 이 노래를 하기 시작했습니다.

"나는 주님께 노래하리라. 그지없이 높으신 분, 말과 기병을 바다에 처넣으셨네"(탈출 15,1).

그것이 우리가 지금 하고 싶어 하는 것입니다. 하느님이 바다에 던져 넣으신 파라오는 우리의 '옛 자아'이며, 말들과 기병들은 우리의 죄들입니다. 그는 "당신께서 저희의 모든 죄악을 바다 깊은 곳으로 던져 주십시오"(미카 7,19). 홍해를 건넘으로써 우리는 시나이를 향한 우리의 여행을 시작할 것입니다. 부활절은 축하되어 왔으며, 우리에게 오순절을 축하할 준비를 시킵니다. 우리는 식초食醋가 철저히 비워진 항아리들과 같습니다. 그리고 '꿀'로 채워질 준비가 되었습니다. 우리의 가슴은 이제 성령의 새로운 포도주를 받아들일 준비가 되어있는 새 부대입니다.

# 제8장

# 생명을 주는 성령의 율법

## 성령, 새로운 계약의 원칙

성령강림에 관한 기술은 "오순절이 되었을 때 그들은 모두 한 자리에 모여 있었다."(사도 2,1)라는 말로 시작됩니다. 이러한 단어들로부터 성령강림절 이전에 오순절이 있었다는 것을 추측할 수 있습니다. 다시 말하면, 유대교에는 이미 오순절 축제가 있었으며 성령이 강림하신 것은 바로 이러한 축제 기간 중이었습니다. 사실, 성령강림 후의 몇 년 동안도 사도들은 유대교의 오순절을 계속 축하하였습니다(사도 20,16 참조). 우리는 과월절도 또한 이미 존재하고 있었음을 압니다. 그리고 정확히 과월절 축제 행사 때 예수님께서 수난당하시고 돌아가신 사실 역시 단지 우연한 사건이 아니라, 그가 진정 과월절의 어린양이었음을 분명히 하기 위한 것이며,

구약에서 이전에 발생했던 모든 예언의 궁극적 성취임을 알게 해 줍니다. 출애굽과 더불어 생겨나 유대인의 성찬식에서 기념되어 온 옛 과월절의 실현으로서 우리는 새로운 과월절의 의미를 이해할 수 있습니다. 그러나, 모든 사람이 유대인의 과월절 축제가 존재해왔고 그것을 기념해 왔음을 알고 있는 데 반하여 극소수만이 오순절 축제가 존재하고 기념했음을 압니다. 하지만, 유대인의 과월절 축제를 생각하지 않고 부활절을 이해할 수 없는 것처럼 우리는 유대인의 오순절을 생각하지 않고 그리스도교의 성령강림절을 이해할 수 없습니다. 또한, 성령강림은 예언을 성취하신 것이며 이제 우리는 예언이 어떤 것이었는가를 이해하려고 노력해야만 합니다.

## 1. 오순절과 율법

구약에는 오순절 축제에 대해 두 가지 기본적 해석들이 있습니다. 처음에 오순절은 과월절로부터 7주간 후의 축제일인 주간절이었으며(토비 2,1 참조), 주님께 햇곡식(민수 28,26 전후 참조)을 바치는 날이었습니다(탈출 23,16 참조; 신명 16,9 참조). 나중에 예수님 시대에 이르러 그 축제에 새로운 의미가 부여되었습니다. 그것은 시나이 산에서 율법과 언약을 주신 것을 축하하는 잔치, 즉 탈출기 19장으로부터 20장에 이르기까지에 묘사된 사건들을 기념하는 축제였습니다. 성경의 계산에 따르면, 율법은 사실상 출애굽 50일 후에 시나이에서 주어졌습니다. 자연의 주기인 추수와 연관된 축제가 되면서 오순절은 구원의 역사와 연관된 축제가 되었습니다. 현대 유대인이 사용하는 오순절 기도서의 한 구절을 보면 "오순절 축제날(주간절)은 주님께서 우리에게 율법을 주신 때입니다."라고 명시되어 있습니다. 이스라엘 백성들이 이집트를 떠났을 때, 그들은 사막에서 50일간 걸었으며, 마침내 하느님께서 모세에게 율법을 주셨습니다. 그리고 그분은 그들을 "사제의 직책을 맡은 나라와 거룩한 백성"(탈출 19,4-6)으로 삼는 계약을 백성들과 맺었습니다. 사도행전에서 사도 루카가 시나이에서의 주님 출현을 상기시키기 위해 성령강림을 신중히 묘사한 것 같습니다. 교회의 기도서는 탈출기 19장을 오순절의 밤샘 기도 독서에 삽입함으로써 이러한 해석을 확증시켜 줍니다. 그러면 그 비교가 우리의 오순절에 대해 무엇을 이야기해 줍니까? 다시 말하면, 이스라엘이 율법과 언약 주심을 상기하는 바로 그날에 교회에 성령이 강림하였다는 사실이 시사하는 의미는 무엇입니까? 심지어 성 아우구스티노조차 이에 대해 의아해했습니다. 그는 자문했습니다. "왜 유대인들도 오순절을 축하하는가? 그것은 크고 놀라운 신비다. 생각해 보면 그들은 오순절 날 하느님의 손으로 쓰여진 율법을 받았다. 그리고 성령 또한 오순절 날에 오셨다."[1] 이 시대 동양의 다른 교부 한 분은 우리에게 어떻게 오순절에 대한 이러한 해석이 1세기에 교회 전체의 공통된 전통이 되었는지를 말해 줍니다. 그는 "오순절 날에 율법이 주어졌다. 그러므로 옛 율법이 주어진 같은 날에 성령의 은총 또한 주어지는 것은 당연하였다."[2]라고 기록하고 있습니다.

이 점에서 왜 성령이 바로 오순절 날에 사도들에게 강림하셨는가에 대한 대답은 분명합니다. 그것은 성령이 새로운 율법이며 영적 율법이라는 것을 보여주는 것이었습니다. 그것은 새롭고 영원한 언약과 교회를 구성하는 왕 같은 사람 그리고 제사장 같은 백성들을 성별하는 언약을 굳게 해 주는 것입니다. 이 얼마나 놀라운 오순절 의미의 계시이며 성령 자신의 계시입니까! 성 아우구스티노는 외쳤습니다. "그 누가 이러한 우연의 일치와 그리고 동시

---

1 성 아우구스티노, 『Sermon Mai』 158, 4; PLS 2, 525.
2 가발라의 세베리아누스(요한 크리소스토모의 반대자), 『사도행전에 관한 교부들의 주해』 모음집 2, J.A.Cramer 3, Oxford 1838, p.16.

에 이러한 차이점을 보고 감동 받지 않을 수 있겠는가? 과월절 의식 후에 50일이 지나간 날 모세는 하느님 손으로 돌판 위에 쓰여진 율법을 받았다. 마찬가지로 양처럼 죽으신 분의 죽음과 부활 후 50일째 되는 날에 하느님 손가락이신 성령께서 함께 모인 충실한 신자들을 충만하게 하신 것이다."[3] 새로운 계약에 대한 예레미야와 에제키엘의 예언은 분명해집니다. "나는 그들의 가슴에 내 법을 넣어주고, 그들의 마음에 그 법을 새겨주겠다. 그리하여 나는 그들의 하느님이 되고 그들은 나의 백성이 될 것이다"(예레 31,33). 그분은 율법을 더 이상 돌판 위가 아니라 그들 마음속에 새기실 것입니다. 그것은 이제 표면적인 율법이 아니라 내면적인 율법입니다. 에제키엘은 이 내면적 율법이 그가 예레미야의 예언을 인용하여 그것을 완성할 때 이루어지는 것임을 다음과 같이 설명합니다. "너희에게 새 마음을 주고 너희 안에 새 영을 넣어주겠다. 너희 몸에서 돌로 된 마음을 치우고, 살로 된 마음을 넣어주겠다. 나는 또 너희 안에 내 영을 넣어주어, 너희가 나의 규정들을 따르고 나의 법규들을 준수하여 지키게 하겠다"(에제 36,26-27).

사도 바오로가 로마서 8장에서 성령의 선물에 관해 이야기한

---

3   성 아우구스티노, 『영과 문자』 16, 28; CSEL 60, 182.

것은 오순절의 의미와 새로운 언약에 관련된 이러한 전제들에 비추어서만 이해될 수 있습니다. 그는 이렇게 말하기 시작합니다. "그리스도 예수와 함께 생명을 누리게 하는 성령의 법이 나를 죄와 죽음의 법에서 해방시켜 주었기 때문입니다"(로마 8,2). 성령에 대한 로마서의 모든 이야기는 구약의 율법에 대한 모든 이야기와 대칭됩니다. 성령 스스로가 율법으로 정의됩니다. '성령의 율법'은 사실상 '성령이신 율법'을 의미합니다. 또 한편으로는, 사도가 새로운 계약의 주제에 연관된 모든 예언을 염두에 두고 있다는 사실이 그가 새로운 계약의 공동체를 "먹으로 쓴 것이 아니라 살아 계신 하느님의 성령으로 쓴 것이며, 석판에 새겨진 것이 아니라 사람들의 마음속에 새겨진 그리스도께서 보내신 소개장"이라고 부르고, 사도들을 "문자로 된 것이 아니고 성령으로 된 '새로운 계약의 사제'라고 부르면서, 문자는 사람을 죽이고 성령은 사람을 살리기 때문에"(2코린 3,3-6)라고 기록한 구절들로 보아 분명합니다.

　우리의 영적 여행에 있어 이것은 '계몽적' 교리문답입니다. 그것은 실천적인 계획들을 장려하기보다는 우리의 마음을 교화하는 데 도움이 되어야만 합니다. 그 목적은 우리의 영혼으로 깊고 충분히 숨 쉬게 함으로서 우리로 하여금 무의미한 신앙의 외적 습관에 만족하지 말고 풍성한 그리스도의 신비를 받아들이도록 함으로써 우리 믿음의 지평을 확장하는 것입니다.

## 2. 그리스도의 성령

구약은 성령에 대해, 창조하시고 생명을 주시고, 어떤 사람들에게 그 힘을 부어주셔서 싸우고, 통치하고, 예언하는, 특별한 능력을 부여하신 하느님 숨결이라고 이야기합니다. 그러나 성령의 활동에 대한 우리의 관점이 외적이고 공적인 것에서 내적이고 개인적인 것으로 변화하는 것은 특히 예레미야나 에제키엘 등과 같은 예언서들에 한해서입니다. 성령은 새로운 계약과 새로운 삶의 원리로서 모든 사람의 마음속에서 활동하는 것으로 보입니다. 이러한 새로운 관점에 대한 가장 명백한 구절은 시편 51편과 더불어 에제키엘서에서 이미 언급된 것입니다. 성령 안에서의 새로운 삶에 대한 바오로의 설교는 이러한 '내면적' 관점에 속해있습니다. 그가 진정 말하고자 한 바는 하느님이 성령으로 우리의 마음에 그의 율법을 기록하셨다는 것입니다. 이 새로운 율법은 그분이 세례식 때 성령을 통해(로마 5,5 참조) 우리의 마음속에 부어주신 사랑입니다. 이것은 또한 우리에게 쓰여지거나 말해질 수 있는 다른 율법들을 실행에 옮길 수 있는 힘을 줍니다. 간략히 말해서, 그것은 우리로 하여금 성령을 따라 복음에 순종하여 살도록 합니다.

이제 그리스도와 새로운 계약의 도래에 의해 야기된 새로움이 전부 여기에 기인함을 알아봅시다. 사도 바오로는 옛 율법(모든 기록된 외면적 율법)은 단지 '죄에 대한 지식'(로마 3,20 참조)만을 줄 뿐 죄를 없애지는 못한다고 주장합니다. 그것은 생명을 주지 못합니다. 단지 죽음의 상태와 하느님에 대한 적의를 폭로할 뿐입니다. "만일 생명을 가져다줄 수 있는 율법을 우리가 받았다면, 분명 의로움도 율법을 통하여 왔을 것입니다"(갈라 3,21). 모세의 율법과 일반적으로 실재하는 율법은 사람에게 형식적인 것으로서 내면적 상태를 바꾸지 못하며 마음에 영향을 끼치지 못합니다. 생명과 죽음은 율법보다 중요합니다. 그것들은 사람이 그들의 마음을 하느님께로 향하게 하느냐 또는 그 자신에게로 향하게 하는가에 달려 있습니다. 법을 지키거나 범하거나 하는 두 가지 경우에 있어 율법은 마음속에서 먼저 결정된 것이 외적으로 나타나는 것입니다. 그것은 성 아우구스티노가 말한 바와 같이 "하느님을 싫어한다고 말해도 좋을 정도까지 자신을 사랑하는"[4] 자기 본위의 근본적 죄

---

4 성 아우구스티노,『신국론』XIV, 28; CCL 47, 360.

가 이 율법준수를 통해서가 아니라, 하느님과 인간 사이에 최초로 존재했던 우정 상태(이것을 뱀이 시샘하여 인간을 권하여서 파멸시킨 것인데)의 회복을 통해서만 제거될 수 있는 이유입니다. 그리고 이것은 바로 그리스도께서 우리를 구원하셨을 때 일어난 일입니다. "율법이 육으로 말미암아 나약해져 이룰 수 없던 것을 하느님께서 이루셨습니다. 곧 당신의 친아드님을 죄 많은 육의 모습을 지닌 속죄 제물로 보내시어 그 육안에서 죄를 처단하셨습니다"(로마 8,3). 십자가 위에서 예수님은 온 인류로부터 돌 같은 마음을 꺼내셨습니다. 그는 인류가 율법 아래서 축적해 온, 하느님을 대항하는 모든 사악한 감정, 증오 그리고 분노를 내 던지셨습니다. 예수님은 "옛 자아를 십자가에 못 박으셨고", "죄로 물든 몸을 멸하셨습니다"(로마 6,6). 그는 우리의 죽음을 떠맡으시고 대신에 우리에게 그의 생명 즉, 아버지에 대한 그의 사랑, 그의 복종, 하느님과 그와의 새로운 관계, '아들의 영'을 주셨습니다. 사도 바오로는 성령을 '그리스도의 성령'이라고 부름으로써 그리고 그 성령이 '그리스도 예수'(로마 8,2) 안에서 생명을 준다고 말함으로써, 이러한 모든 것을 표현하였습니다.

그러므로 오순절에 교회에 쏟아 부어주신 성령은, 그리스도의 죽음과 부활로부터 오십니다. 그는 부활절의 성령입니다. 그는 부활한 그리스도의 호흡입니다. 부활로써 새로운 아담은 '생명을 주는 성령'(1코린 15,45)이 되었습니다. 네 번째 복음(요한복음서)은 초대 교회의 동일한 확신을 나타냅니다. 십자가 위에서 예수님은 "그의 숨을 거두셨습니다"(요한 19,30). 그리고 요한의 이러한 표현은 자연적인 의미, "그는 숨을 거두셨습니다. 즉 그는 죽으셨습니다."와 신비로운 의미, "그는 그의 성령을 내뿜으셨습니다."라는 이중의 의미를 갖습니다. 복음서 저자 요한에게 있어 예수님의 마지막 호흡은 교회의 첫 호흡이었습니다. 세례와 성찬례로 상징화된 교회는 그리스도의 죽음으로부터 탄생하였습니다. 이러한 신비로운 의미는 얼마 지나지 않아 최후의 만찬 장소에서 부활절 날 저녁에 예수님이 제자들에게 입김을 내뿜으시며 "성령을 받아라"(요한 20,22)라고 말씀하셨을 때 확인됩니다.

우리가 받아들인 성령은 분명 하나의 단순 존재가 아닙니다. 그분은 하나의 위격位格입니다. 그분은 삼위일체이신 하느님의 제삼 위격이며 본래 아버지로부터 오신 분입니다. 그럼에도 불구하고 구원 성업에 있어서 그분은 예수님으로부터 우리에게 오십니다. 그리스도 안에서 '인간과 함께 살아가는 것에 익숙해진'[5] 분은

---

5 성 이레네우스, 『이단 반박』 III, 17.1.

성령이시며, 교회의 머리 되신 예수님을 충만케 하고 거룩하게 하며, 그분으로부터 모든 구성원에게 부어주신 바 되어 '한 몸과 한 성령'을 이룩하게 하십니다. 우리는 이제 오순절이 부활절의 역할을 무색하게 하여 예수님의 업적을 훼손시킨다고 주장하는 것이, 얼마나 모순된 가를 알 수 있습니다.

오히려 성령은 예수님에 대한 기억을 '살아있는 기억이 되게' 하며, '그분의 증인이 되어', '그분의 것을 받아'(요한 16,4) 그리고 우리에게 그것을 알려주실 것입니다. 성령은 새것 새 일을 만드시지 않고 옛것을 새롭게 하십니다.

### 3. 새로운 마음

성사와 하느님 말씀과 우리가 임의로 사용하는 다른 모든 방법을 통하여 믿는 이들에게 부어주시는 그리스도의 성령은, 인간이 거기 귀 기울이고 기꺼이 받아들이는 한, 율법이 변화시킬 수 없었던 내적 상태를 마침내 변화시킬 수 있습니다. 이것이 성령이 오시는 방법입니다. 인간이 '자기를 위하여' 죄 가운데에서 사는 한 그는 당연히 하느님을 적대자이며 방해물로 여기게 됩니다.

그와 하느님 사이에는 율법이 강조하는 암묵적 적의가 있습니다. 즉, 인간은 특정한 것을 좇아 '갈망'하고 하느님은 그의 계율을 통해 "너는 해야 한다"와 "해서는 안 된다"로 인간의 길을 막고 욕구를 저지하십니다. 사도 바오로는 말합니다. "육의 관심사는 하느님을 적대하는 것이기 때문입니다. 사실 그것은 하느님의 법에 복종하지 않을 뿐만 아니라 복종할 수도 없습니다"(로마 8,7). 옛 자아는 자신의 창조주에게 반항합니다. 그리고 만일 가능하다면 심지어 그분이 존재하지 않았으면 좋겠다고까지 생각합니다. 우리 자신의 실수를 통해서 또는 하나의 모순된 행위 때문에 또는 단지 하느님의 허용하심으로 인하여, 우리는 하느님의 현존에 대한 충분한 느낌을 상실할 수 있습니다. 그리고 우리는 곧 그것이 우리의 영혼을 어둡게 하고 우리 자신을 두려워하게 만든다고 할 수 있을 정도에 이르기까지, 하느님과 우리의 형제들 앞에서 단지 분노와 반항과 적의의 장벽만을 느끼고 있음(그것은 우리가 저지른 죄악의 옛 뿌리들로부터 옵니다.)을 깨닫게 합니다.

성령이 인간의 마음을 점령하실 때, 변화가 일어납니다. 만일 이전에 '하느님께 대항하는 은밀한 악의'가 마음속에 존재했다면, 이제 성령은 하느님으로부터 그에게 오시어 하느님이 진실로 호의적이고 인자하시며 그의 협력자이고 적이 아니라는 것을 증거하여 주십니다. 그는 자기 눈을 열어 하느님이 그를 위해 하실 수 있으셨던 모든 것과 그를 위하여 하느님의 외아들을 아끼지 않으시고 내어주셨다는 사실을 알아듣게 하십니다. 성령은 '하느님의 사랑'(로마 5,5)을 인간의 마음속에 부어주십니다. 이러한 방법으로 그분은 그를 하느님을 사랑하며 하느님이 그에게 요구하시는 것을 기꺼이 행하는 새 사람으로 만드십니다.[6] 하느님은 실상 스스로 그에게 무엇을 해야 할지, 하지 말아야 할지를 말씀하시는 데에만 그치지 않으십니다. 그분께서 스스로 그와 함께 그리고 그의 속에서 그 일을 하십니다. 새로운 율법이신 성령님은 뜻을 나타내시는 데만 그치지 않으시고 활동하시며, 살아서 활동하시는 하느님이십니다. 새로운 율법은 새로운 생명입니다. 그래서 율법이라기보다 은총이라고 흔히 불리십니다. "여러분은 율법 아래 있지 않고 은총 아래 있습니다"(로마 6,14).

그러므로 엄격한 의미에서 새로운 율법 즉 성령의 율법은 예수님께서 산상수훈의 진복팔단에서 선포하신 것이 아니라 오순절에 인간의 마음속에 새겨 넣어주신 것입니다. 복음서의 가르침들은 분명히 모세의 것보다 더 높고 완벽합니다. 그러나 그것들은 또한

---

6   Cf. M. LUTHER, 『The Whitsuntide Sermon』(Weimar edit.12, p.568 ff).

그 자체로는 효과적이지 않았습니다. 만일 4 복음서를 통해 하느님의 새로운 뜻을 선포하는 것이 충분했다면 우리는 왜 예수님이 죽으셨고 왜 성령님이 오셨는지를 설명할 수 없을 것입니다. 그러나 사도들 자신은 그것이 충분치 못했다는 것을 설명합니다. 그들은 모든 것, 예를 들면, 우리를 때리는 자들에게 다른 쪽 뺨을 내주어야 한다는 것을 들었습니다. 그러나 격앙된 순간에 우리는 예수님께서 명하신 것 중 어느 것도 할 수 있을 만큼 강하지 못합니다. 만일 예수님께서 "나는 너희에게 새 계명을 주겠다. 서로 사랑하여라."(요한 13,34)라고 말씀하신 새로운 계명을 선포하시는 데만 그쳤다면 그것은 옛날에 기록된 율법처럼 그대로 남아있었을 것입니다. 그분이 성령으로 그의 제자들 마음속에 그의 사랑을 쏟아 부어 주셨을 때 그 사랑이 당연히 새로운 율법, 즉 생명을 주는 성령의 법이 된 것은 오순절에서였습니다. 이 명령은 옛것인 동시에 새로운 것입니다. 즉 문자로 쓰여진 옛것(레위 19,18 참조)과 성령에 의한 새로운 것입니다. 복음서 저자 요한은 이러한 사실을 잘 알고 있는 것처럼 보입니다. 왜냐하면, 그가 다음과 같이 기록하고 있기 때문입니다. "내가 사랑하는 여러분에게 써 보내는 것은 새로운 계명이 아니고 여러분이 처음부터 가지고 있던 옛 계명입니다. 그 계명은 여러분이 줄곧 들어온 그 말씀입니다." 그는 즉시 그리고 힘있게, "그러면서도 내가 여러분에게 써 보내는 것은 새 계명입니다."(1요한 2,7-8)라고 덧붙여 말하고 있습니다.

그러므로 성령의 내적 은총이 없었다면 복음과 새로운 명령은 또한 옛 율법, 즉 기록된 말로 남았을 것입니다. 성 토마스 아퀴나스는 성 아우구스티노가 쓴 것에 대해 대담한 생각을 말했습니다. "'문자'에 의해서란 인간에게 영원히 남는 모든 기록된 법을 의미합니다. 복음서에 포함된 모든 교훈조차도 그렇습니다. 그래서 복음서의 자의字意는 만일 믿음을 고치는 은총이 내면에 더해지지 않는다면 그 또한 소멸될 것입니다."[7] 그가 조금 전에 말한 것이 훨씬 더 명백해집니다. "본래 새로운 율법은 그리스도 안에서 믿는 이들에게 주신 성령의 은총 자체입니다."[8] 우리는 진정한 그리스도교 교회일치운동 믿음의 확실성과 위대한 그리스도교 전통의 공통 유산들을 다루고 있습니다. 사실상 아우구스티노 이론의 계승자인 가톨릭과 개신교의 신학뿐만 아니라 동방정교회의 신학도 이러한 견해를 공유하고 있습니다. 이러한 전통을 이어받은 한 위대한 지지자는 이렇게 쓰고 있습니다. "사도들과 우리 믿

---

[7] St.THOMAS, 『신학대전』 I-IIae" q.106, a.2.
[8] 위의 책. q.106; a.1; 참조. 성 아우구스티노, 『영과 문자』 21.

음의 교부들은 모든 교리에 정통하다는 이점을 가졌습니다. 그들은 구세주 예수님께 직접 지도받았습니다. 그들은 그분이 인간성에 부어주신 모든 은총과 인류를 위해 고통받으신 모든 것을 목격한 사람들이었습니다. 그들은 그분의 죽음과 부활 그리고 승천을 목도했습니다. 그러나 이 모든 것을 보았음에도 불구하고 그들은 오순절에 성령으로 세례를 받기 전에는 옛 상태보다 나은, 새롭거나 고귀하거나 영적인 어떤 것도 나타내지 않았습니다. 그러나 그들이 세례를 받고 그들의 영혼 안에 성령이 충만해졌을 때 그들은 새로워졌고 새로운 삶을 시작하였습니다. 그들은 다른 사람들을 지도하게 되었으며 그리스도에 대한 사랑의 불꽃이 그들 자신과 다른 사람들 속에 타오르게 했습니다. 똑같은 방식으로 하느님은 그들의 뒤를 이은 모든 성도를 완전함으로 인도하십니다. 그들은 단지 그들이 들은 말에 관심을 갖고 있기 때문이 아니라 세례의 능력에 의해 변화되었기 때문에 그분을 알고 그분을 사랑합니다. 한편 사랑받으시는 분이신 우리 주님은 그들 안에 살로 된 심장을 창조하며 모든 무감각을 제거하심으로써 그들을 만드시고 변화시키십니다(2코린 3,3 참조). 그분은 바오로가 말한 대로 석판이 아니라 인간의 마음 판에 기록하십니다. 그리고 그분은 단순히 율법을 새

기는 것이 아니라 율법을 주시는 분 자신을 새겨 넣습니다."⁹

그러나 이러한 새로운 성령의 법이 어떻게 실제로 작용합니까? 그리고 어떻게 해서 그것이 '율법'이라고 불릴 수 있습니까? 그것은 사랑을 통해 작용합니다! 그 새로운 율법은 바로 예수님께서 '새로운 명령'이라고 부르셨던 것입니다. 성령은 그들에게 그의 사랑을 쏟아 부어주심으로써 그들 가슴에 새로운 계율로 쓰였습니다. "우리가 받은 성령을 통하여 하느님의 사랑이 우리 마음에 부어졌기 때문입니다"(로마 5,5). 이 사랑은 하느님이 우리를 사랑하시는 사랑이며, 동시에 우리로 하여금 하느님과 우리의 이웃을 사랑할 수 있게 해 주시는 사랑입니다. 그것은 사랑하는 새로운 능력입니다. 사랑은 성령에 의해 주어진 새로운 삶을 드러내는 표시입니다. 성 요한은 다음과 같이 기록했습니다. "우리는 형제들을 사랑하기 때문에 우리가 이미 죽음에서 생명으로 건너갔다는 것을 압니다"(1요한 3,14).

인간의 방식으로 복음에 접근하는 자들은 사랑이 '명령'이 되어야 한다는 것을 불합리하다고 생각합니다. 그들은 사랑이 자유롭게 주어지는 게 아니라 명령되어진다면 그것이 무슨 사랑이 될

---

9  니콜라스 카바실라스, 『그리스도안의 생활에 관하여』 II, 8; pp.150, 553.

수 있느냐고 의문을 제기합니다. 대답은, 인간이 두 가지 방법으로 무언가를 하거나 하지 않거나 할 수 있다는 것입니다. 즉 강제에 의해서라는 방법과 마음이 떠밀리고 이끌려져서라는 방법에 의해서입니다. 첫 번째 경우에 있어 율법은 그를 처벌의 위협 하에 강요합니다. 두 번째 경우에는 사랑이 어떤 것에 이끌리게 하여 그를 움직이게 만듭니다. 사실상 우리 각자는 외적인 요인에 의해 강요된 감정 없이 우리가 사랑하는 것에 이끌립니다. 어린아이에게 밤 몇 개를 보여주십시오. 그러면 아이는 그것을 잡으려고 손을 뻗칠 것입니다. 그는 벌 받을 필요가 없습니다. 그는 그가 바라는 것에 이끌린 것입니다. 진리를 갈망하는 사람에게 지고의 선을 보여주십시오. 그러면 그는 그것을 얻으려고 노력할 것입니다. 누구도 그를 강요하지 않지만 그는 그가 갈망하는 것에 이끌린 것입니다. 사랑은 영혼의 '무게'입니다. 그 무게는 마치 중력의 법칙에 의한 것처럼 그가 사랑하는 것에 그리고 자신의 정당한 안식처를 발견하는 곳으로 끌어당깁니다.[10]

　이러한 의미에서 성령, 즉 사랑은 '율법'이요, '명령'입니다. 그

---

10　참조. 성 아우구스티노, 『요한복음 강해』 26,4-5; CCL 36, 261 f.; 『고백록』 XIII, 9.

것은 그리스도인으로 하여금 자발적으로 그리고 거기에 대해 판단하지 않고 하느님이 원하시는 모든 것을 하게 하는 힘을 줍니다. 왜냐하면, 그는 하느님의 뜻을 자신의 것으로 만들었으며 하느님이 사랑하시는 모든 것을 사랑하기 때문입니다. 사랑은 하느님의 의지를 그것의 근원으로부터 이끌어 냅니다. 성령을 통해서 사랑은 하느님의 살아있는 강한 의지에 도달합니다. 그것은 모든 것이 습관이나 이기심에서가 아니라 기쁘게 자발적으로 행해질 때 '사랑 안에 존재하는 것'과 같습니다. 날고 달리고 기뻐하기를 좋아하는 사람은 자유로우며 감정을 억제하지 못합니다. 종종 사랑은 제한되지 않습니다. 사랑은 부담을 염두에 두지 않습니다. 싫증을 느끼지 않습니다. 그것은 할 수 있는 것 이상을 하고싶어 합니다. 그것은 어떤 것도 불가능하다고 인정하지 않습니다. 왜냐하면, 그것은 모든 것이 올바르고 가능하다는 것을 믿기 때문입니다. 사랑은 모든 것을 할 수 있습니다. 사실상 사랑은 거의 모든 것을 해냅니다. 한편 사랑하지 않는 사람은 그가 바라는 일을 하지 못하고 포기합니다.[11] 성령의 새로운 율법에 의해 지배를 받으며 은총 안에서 산다는 것은 '사랑 안에서' 사는 것입니다. 즉 사랑에

---

11 『준주성범』 III, 5.

의해서 황홀해지는 것이라고 말할 수 있습니다. 사랑에 빠짐으로써, 개인의 삶과 그리고 두 사람의 관계 안에 변화가 발생하는 것과 동일한 모습이 성령강림으로써 하느님과 인간 사이에도 발생합니다.

## 4. 사랑은 율법을 보호하고 율법은 사랑을 보호합니다

그러면 이렇듯 새로운 성령과의 사랑과 조화에서 계명을 지켜야만 한다는 본분은 과연 무엇입니까? 이것은 반드시 해결되어야 할 중대한 과제입니다. 왜냐하면, 이것은 '율법'이 의미하는 바를 결코 포기하지 못하는 유대인들과의 대화 속에서 부딪치는 가장 큰 장애물 중 하나를 극복하게 해 줄 수 있기 때문입니다. 기록된 율법은 오순절 이후에도 여전히 존재합니다. 즉 하느님의 명령들, 십계명과 그리고 복음서의 가르침들이 있습니다. 교회법의 법전, 수도원의 규칙들, 수도 서원들, 실제로 외부에서부터 우리에게 부과된 하나의 객관적 뜻(意志)을 가리키는 모든 것들의 의미는 무엇입니까? 이러한 것들은 그리스도교의 조직체에 있어 이질적인 부분입니까? 우리는 교회 역사에서 이런 생각을 억누르며 성령의 자유라는 이름으로 모든 율법을 거부하였던 움직임들이 있었고 그것이 너무도 심했기 때문에 그들 스스로를 'anomists', 즉 '율법이 없는 사람들'이라고 불렀던 것을 알고 있습니다. 이것들은 항상 교권과 그리스도교 양심에 의해 받아들여지지 않았습니다. 오늘날에는 무신론적 실존주의의 문화적 배경에서, 율법은 더 이상 성령의 자유라는 이름으로가 아니라 완전히 인간의 자유라는 이름으로 거절됩니다. 사르트르는 그의 주인공 중의 한 사람을 통하여 이렇게 말합니다. "천국에는 아무것도 남지 않았습니다. 선악이나 내게 명령할 수 있는 그 누구도 …… 나는 인간이며 모든 인간은 그 자신의 길을 창안해야만 합니다."[12]

이 문제에 대한 그리스도교인의 대답은 복음서에서 발견할 수 있습니다. 예수님께서는 '법을 없애러' 오신 것이 아니라 '완성하러'(마태 5,17) 오셨다고 말씀하십니다. 법의 '완성'이란 무엇입니까? "사랑한다는 것은 율법을 완성하는 일입니다."(로마 13,10)라고 사도 바오로는 대답합니다. 예수님께서는 모든 율법과 예언자는 사랑의 계명에 달려있다고(마태 22,40 참조) 말씀하십니다. 그러므로 사

---

12   J.P. Sartre, 『Les Mouches』 Paris 1943, p.134ff.

랑은 법을 대체하는 것이 아니라 그것을 완성하는 것입니다. 실제로, 그것은 법을 지킬 수 있게 해 주는 유일한 힘입니다! 에제키엘서의 예언에서 하느님의 율법을 지킬 가능성은 성령과 새로운 마음이라는 미래의 선물에 달렸습니다. "나는 또 너희 안에 내 영을 넣어주어, 너희가 나의 규정들을 따르고 나의 법규들을 준수하여 지키게 하겠다"(에제 36,27). 이와 같은 의미로 예수님은 "누구든지 나를 사랑하면 내 말을 지킬 것이다"(요한 14,23)라고 말씀하십니다. 즉, 그는 그것을 지킬 수 있을 것입니다. 새로운 질서에 있어서 성령의 내적 율법과 기록된 외적 율법 사이엔 현저한 차이나 불일치는 없습니다. 반대로, 충실한 협동이 있습니다. 그 하나는 다른 하나를 보호합니다. "율법을 주심으로 우리로 하여금 은혜를 구하게 하셨고 은혜를 주심으로 율법을 지킬 수 있게 하셨습니다."[13] 계명을 지키는 것과 순종 그 자체는 사랑의 증거입니다. 그것들은 우리가 '성령을 따라' 살고 있는지 '육체를 따라' 살고 있는지를 나타내는 표시입니다. "하느님을 사랑하는 것은 바로 그분의 계명을 지키는 것입니다"(1요한 5,3). 그것은 예수님 자신이 행하신 일입니다. 그는 스스로를 그의 계명을 지키는, 즉 순종으로 표현하는 사랑의

---

13   성 아우구스티노, 『영과 문자』 19, 34.

숭고한 모델로 만드셨습니다. 그분께서는 말씀하십니다. "내가 내 아버지의 계명을 지켜 그분의 사랑 안에 머무르는 것처럼, 너희도 내 계명을 지키면 내 사랑 안에 머무를 것이다"(요한 15,10).

그러므로 명령은 십계명을 폐하는 것이 아니라 그것을 보호하고 완성하는 것입니다. 그리고 사랑하는 사람은 누구든지 명령받은 것을 지킬 힘을 가지고 있다는 의미뿐 아니라 스스로 모든 율법의 궁극적 목적을 달성한다는 보다 깊은 의미에서, 그것은 하느님의 뜻과 조화되어야 합니다. 모든 율법을 완벽하게 지킨다 하더라도, 사랑으로부터 나오는 마음의 내적 기질은 부족한 사람이 있다면, 그런 사람을 한번 가정해 봅시다. 그는 사실 율법을 지키는 게 아니라 지키는 척하는 것입니다. 그러므로 사도 바오로가 그의 말이 '법을 폐지하려는 것'이 아니라 반대로 '율법을 지지하려는 것'이라고 말한 것은 정당합니다. "우리가 믿음으로 율법을 무효가 되게 하는 것입니까? 결코 그렇지 않습니다. 오히려 율법을 굳게 세우자는 것입니다"(로마 3,31).

이제 율법과 사랑 사이에 성립된 이러한 긍정적 관계를 이해하기 위하여, 출산을 앞둔 어머니를 예로 들어봅시다. 의사나 산파나 친척들은 장소나 관습에 따라 젊은 엄마에게 임신 중 지켜야 할 규칙들을 말해 줍니다. 그들은 임신 중에 여성이 해야 할 일과

하지 말아야 할 일, 먹어야 할 것과 먹지 말아야 할 것, 입어야 할 것과 입지 말아야 할 것 등을 말해 줍니다. 특히 이번이 첫 임신이라면 그 여인은 자기 안에서 자라고 있는 새 생명의 기적 속에 철저히 사로잡혀 자신에게 부과된 모든 '규칙들'을 분명히 모두 지킬 것입니다. 그리고 그런 것을 가르쳐 준 사람들에게 마음속 깊이 감사할 것입니다. 여인은 강요당해서가 아니라 그렇게 하도록 이끌리기 때문에 행동하는 것입니다. 게다가 여인은 해야 할 일을 하는 데 있어 어느 누구보다 더 열성적이고 부지런합니다. 여인은 아기를 사랑합니다. 그리고 아이의 행복만을 바랍니다. 그러나 여인은 그것이 어딘가에 '기록되었기' 때문이거나 체면 문제 때문이거나 또는 비난을 피하기 위해서가 아니라 단순히 그의 아이를 사랑하기 때문에 그것들을 지키는 것입니다. 여인의 율법은 사랑입니다. 그러나 여인은 그가 젊어서 경험이 없으며 그에게 무엇이 좋고 나쁜지 정확히 알지 못합니다. 그래서 그는 기꺼이 경험과 권위를 가진 사람들의 충고에 따릅니다. 이것은 정확히 은총 아래에 있는 율법의 처지나 의미입니다. 그것은 왜 사도 자신이 로마서 전 권을 통하여 율법의 목적을 우리에게 보여주는 데에 심혈을 기울인 후, 다음 부분에서는 그리스도교인들에게 수많은 율법, 즉 "사랑은 변명하지 않는다"라거나 "각자 권위에 복종하라"와 같은 말을 하게 되는지, 그 이유를 이해할 수 있도록 도와줍니다. 율법을 이해하는 어떤 방법은 폐지되었습니다. 그러나 새로운 방법이 열렸습니다. 이러한 율법들은 이제 세례 때에 우리 안에서 시작된 (불러 일으켜진) 새로운 삶에 매우 도움이 됩니다. 그것은 새로운 생명을 잉태한 여인에게 주어진 규칙과도 같습니다.

우리가 볼 수 있는 바처럼, 놀라운 변화 즉 일종의 상호관계가 율법과 사랑 사이에 존재합니다. 우리가 방금 본 것처럼 사랑이 율법을 보호하는 것이 사실이라면, "율법이 사랑을 보호한다"는 것 또한 사실입니다. 사랑은 율법의 힘이며, 율법은 사랑을 보호합니다. 다시 말하면 율법은 사랑에 매우 도움이 되고 그것을 보호합니다. 무엇보다 우리는 '율법이 죄인들을 위해 제정되었음'(1티모 1,9)을 알고 있으며 우리는 여전히 죄인입니다. 우리가 성령을 받은 것은 사실입니다. 그러나 단지 첫 열매로서 입니다. 옛 자아는 새로운 자아와 함께 우리 내부에 살고 있습니다. 그리고 우리 내부에 현세적 정욕이 있는 한, 징벌의 위협 하에 놓여있다고 하더라도 우리가 그것을 인정하고 그것과 싸우도록 계명이 우리를 돕기 위해 존재해야 한다는 것은, 하느님께 감사할 일입니다. 계율은 여전히 선을 행하는 데 있어서 확신 없이 흔들리는 인간의 자유에 주어진, 버팀목입니다. 그것은 자유를 위하는 것이지 자유에 위배

되는 것이 아닙니다. 그런데도 인간의 자유라는 이름으로 모든 율법을 거절해야 한다고 생각했던 사람들이 이 자유가 작용하는 구체적이고 역사적인 상황을 오해하고 무시했던 것이 사실입니다.

이러한 소위 부정적 기능과 함께 율법은 또한 통찰력이라는 긍정적 기능이 있습니다. 성령의 은총을 통해서 우리는 하느님의 뜻을 전적으로 신봉하며, 그것을 우리 것으로 만들어 실행하기를 바랍니다. 그러나 우리는 아직도 그것이 함축하고 있는 모든 것을 알지 못합니다. 이것들은 삶의 사건들을 통해서 마찬가지로 율법을 통해서도 우리에게 나타납니다.

그러나 율법이 사랑을 보호한다고 말할 수 있는 데에는 더 깊은 의미가 있습니다. 키에르케고르는 "오직 사랑에 대한 의무가 존재할 때에만 사랑은 모든 변화에 대항하여 영원히 보장받는다. 그것은 모든 절망에 맞서 영원한 지복至福 속에 보장되며, 축복받은 자립정신 속에서 영원히 자유롭다."[14]라고 기록했습니다. 이러한 말들은 연인이 더 많이 사랑하면 할수록 그의 사랑이 부딪치는 위험에 대한 고통스러운 인식이 더 강해진다는 것을 의미합니다. 이러한 위험은 다른 사람들로부터가 아니라 자기 자신으로부터

---

14   키에르케고르, 『사랑의 행동』, I, 2, 40.

나옵니다. 왜냐하면, 사실상 그가 그의 회전성을 잘 알고 슬프게도 내일 그가 그의 사랑의 대상에 대해 싫증이 나게 되어 더 이상 그 대상을 사랑하지 않게 될 수도 있다는 걸 알기 때문입니다. 이제 그는 이것이 돌이킬 수 없는 손실이 될 수 있음을 분명히 알게 됩니다. 그래서 그 자신을 율법을 통한 사랑에 '묶어둠'으로써, 그리고 그것에 의해서 그의 일시적 사랑의 행동을 영원한 진리에 고정함으로써 스스로를 보호합니다. 오늘날 인간은 젊은 남녀 한 쌍의 사랑과 결혼의 법칙 사이에 과연 어떤 관계가 존재할 수 있는지 그리고 상호 간의 '맹세와 속박을 위하여' 사랑은 무엇을 필요로 하는지 더욱더 많은 의문을 갖습니다. 따라서 더욱더 많은 부부가 이론상으로 그리고 실제로 결혼이라는 제도를 거부하고 소위 자유연애 또는 단순한 동거를 택합니다. 오직 하느님의 말씀을 통해서 율법과 사랑, 결정과 제도 사이에 존재하는 깊고 중요한 관계를 발견함으로써만 우리는 정당하게 이러한 질문들에 대답할 수 있으며 젊은 사람들에게 그들 스스로를 평생토록 사랑으로 '속박하는', 그리고 사랑을 '의무'로 만드는 것을 두려워하지 않는 데 관한 설득력 있는 이유를 제시할 수 있습니다. 사랑에 대한 의무는 사랑을 '절망'으로부터 보호하고, 영원히 사랑할 수 없다는 절망으로부터 그것을 지킨다는 의미에서 '자유롭고 독립적으로' 만듭니다. 이처럼 생각되는 이유는 인간의 사랑으로 보아 진실 될 뿐만 아니라 하느님의 사랑으로 보아서는 더더욱 정당합니다. 우리는 자신에게 물을 수 있습니다. 왜 우리는 수도 규칙에 복종하여 스스로 하느님을 사랑하도록 속박해야 합니까? 왜 우리는 이러한 모든 것을 자발적으로 그리고 매혹되어 얻을 수 있는 내적이고 영적인 율법을 가지고 있는데, 가난하고 순결하고 순종하겠다고 서약하며 수도회에 들어갑니까? 그 대답은 우리가 하느님께 이끌리는 은총의 순간에 우리는 그분을 사랑하고 그분을 영원히 완벽하게 소유하길 원했으며, 그분을 잃으면 어쩌나 하는 불안감과 두려움 때문에 모든 가능한 변수로부터 우리 사랑을 다짐하도록 스스로 맹세했다는 것입니다. 다시 말하면, 이와 똑같은 일이 회심함으로써 하느님께 진실로 자신을 바치기로 하는 사람들이면 누구에게나 일어납니다.

    회심한 사람은 순식간에 하느님이 누구인지 그리고 그분을 잃는 것이 얼마나 돌이킬 수 없는 손실인지를 발견합니다. 그러므로 그가 아직 사랑의 더없이 행복한 상태에 있을 때, 그는 스스로를 결심, 약속, 개인 서원 또는 성령이 그에게 제시한 어느 다른 방법으로 스스로를 속박합니다. 그는 항해하는 선장이 옛날에 배의 돛대에 스스로를 묶었던 것과 같은 이유로 스스로를 묶습니다다. 그는 어떻게 해서든지 그의 조국과 그의 아내를 다시 보고자 원했지만, 자신이 험난한 바다를 지나가야만 한다는 것을 알았고 그 이전에 다른 많은 사람처럼 난파당할 수 있다는 것을 두려워했던 것입니다.

## 5. 교회를 위한 새로운 오순절

옛 율법과 은총의 차이를 안다는 것은 이론적 문제이거나, 믿음을 더 크게 혹은 더 적게 이해한다는 문제만이 아닙니다. 그것은 또한 삶의 방식으로 인한 직접적 결과를 가져오는 실제적 문제입니다. 우리는 사실상 율법에서 은총으로의 이행을 이해해야 할 필요가 있을 뿐 아니라 그것을 실행해야 합니다. 역사적으로 말하면 구약에서 신약으로의 이행은 예수 그리스도께서 그의 피로 새로운 언약을 정하심으로써 2천 년 전에 오직 한번 일어났습니다. 그러나 실존적으로 그리고 영적으로 말하면, 그것은 모든 시대와 모든 믿는 이들 속에 언제나 새로 일어나야 합니다. 우리는 하느님께 거슬리는 육체의 욕망을 가지고 태어났습니다. 우리는 두려움, 오만, 그리고 행위에 대한 확신으로 태어났습니다. 우리는 '율법 아래'에 태어났습니다. 태어날 때 우리는 이미 옛사람들입니다! 그런데 새로운 언약으로 나아가는 바른길이 세례받는 순간에 일어납니다. 그러나 새로운 언약으로 나아가는 도덕적 심리적 또는 실제적 통과는 전 생애가 필요하며 전 생애에 걸쳐서 일어납니다. 한편 율법 아래 종속되지 아니하고, 은총 아래에서 독립적으로 그리고 역사적인 존재로 사는 것이 가능해집니다.

심지어 성령과 은총의 자유를 경험한 후에도 율법 아래로 눈에 띄지 않을 만큼 교묘하게 후퇴하는 것을 봅니다. 사도 바오로는 그의 사도적 삶 속에서 두 가지의 큰 싸움을 했습니다. 그것은 유대주의자들을 강권하여 율법에서 은총으로, 구약에서 신약으로 통과하도록 하는 것과 변화한 전 공동체가 다시 되돌아가 그들 자신을 율법과 행위에 빠지지 못하도록 하는 것이었습니다. 이것은 그가 갈라디아 사람들에 대항하여 싸운 싸움이었습니다. 그는 성령의 힘으로 시작한 일을 인간의 힘으로 마치려하는 그들을 꾸짖었습니다(갈라 3,3 참조). 그는 말했습니다. "그리스도께서는 우리를 자유롭게 하시려고 해방시켜 주셨습니다. 그러니 굳건히 서서 다시는 종살이의 멍에를 메지 마십시오"(갈라 5,1). "여러분은 은총에서 떨어져 나갔습니다."(갈라 5,4)라고 그는 외쳤습니다. 우리는 은총으로부터 벗어나는 한 가지 길만을 아는데, 그것은 정확히 말하여 치명적인 대죄에 의해서 만입니다. 왜냐하면, 우리가 '은총'이라는 단어의 의미를 메마르게 하고 그것을 단순한 관념이나 사건으로 만들었기 때문입니다. 우리가 율법주의를 통하여 의義를 추구하려 하면 공포 때문에 은총에서 벗어날 수 있습니다. 그것이 사도 바오로가 로마인들에게 "여러분은 사람을 다시 두려움에 빠뜨리는 종살이의 영을 받은 것이 아니라, 여러분을 자녀로 삼도록 해 주시는 영을 받았습니다. 이 성령의 힘으로 우리가 "아빠! 아버지!" 하고 외치는 것입니다."(로마 8,15)라고 훈계하는 이유입니다.

'육적인 삶을 살다 죽는' 세속주의와 마음과 정성을 다하는 율법주의에 매여서 사는 삶의 위험은 바오로의 죽음으로 끝나지 않았습니다. 그것은 항상 존재해왔으며 항상 존재할 것입니다. 그래서 우리는 바오로가 살아생전에 했던 것처럼 율법주의에 대항하여 싸워야 하며 율법주의를 피해야만 합니다. 새로운 언약 속에서 사는 것은 마치 흐름에 거슬러 수영하는 것처럼 어렵습니다. 그래서 오리게네스는 다음과 같이 썼습니다. "처음에 한 번 일어난 '다시 태어남'을 충분하다고 생각하지 마십시오. 다시 태어남 자체가 되풀이되어야 합니다."[15] 분명한 것은 그리스도인들이 그들의 삶

---

15 오리게네스, 『로마서 주석』 5,8; PG 14, 1042 A.

속에서 하느님을 어떤 모습으로 만나는가 그리고 그분을 어떻게 이해하는가 하는 것입니다. 즉 노예의 두려움과 자기 본위의 눈으로서인가 아니면 아버지를 신뢰하는 아들의 눈으로서인가 하는 것입니다. 오늘날 교회 역사를 만드는 새로운 방법이 있습니다. 그것은 단지 외적인 문물과 공공시설이나 유명한 사람들에게만 강조하는 데 있지 않고 그리스도교인들의 '참된 삶'까지를 파고들어 주어진 역사적 순간들 속에 교회의 일부로서 신앙생활의 질을 발견하려고 노력하는 데 있습니다. 예를 들어, 만일 우리가 어떤 특별한 교구에서 지낸 모든 기간 특정 성직자의 강론을 검토한다면, 우리는 어떤 종류의 신앙과 하느님 표상을 그 교구 사람들에게 그 사제가 심어주었는지 분명히 알 수 있을 것입니다. 매우 흔한 일이지만 대체로의 결론은 그 성직자와 강론들이 사람들에게 제시했던 것은 기본적으로 두려움의 신앙이었습니다.[16]

    그리스도교 교훈의 새로움은, 강론하거나 교리를 가르치고 문답할 때, 정신적 지도, 의무, 도덕, 악덕, 처벌 그리고 대체로 인간이 '해야 할' 일을 일방적으로 강조하는 모든 믿음의 형식적 활동들로 말미암아 애매해집니다. 은총은 혼자 힘으로는 인간이 할 수

---

16    Cf. J. Delumeau, 『Histoire vècue du peuple chretien』 Ed. Privat 1979.

없는 것을 보완해주기 위하여 한 인간에게 다가오는 도움으로 제시되고, 이에 반하여 이러한 노력 이전에 오는 그리고 그 노력을 실천 가능하게 하는 어떤 것으로서 소개되지 않는 한, 애매해집니다. '의무'가 은총에 의해서가 아니라 율법에 의해서 생겨날 때, 그리고 따라서 하느님께 대한 감사의 빚으로서가 아니라 오히려 우리가 그것을 성취해 낸 것이어서 마치 하느님 편에서 우리에게 신세 지게 되시는 것으로 생각할 때, 애매해지는 것입니다. 신앙생활은, 젊은이들이나 새로 입교한 신자들을 피정이나 묵상회 그리고 그런 유의 다른 행사 때에 우리 주 예수 그리스도와 그의 성령에 관하여 이야기하지 않고 오히려 은사, 전통, 규칙, 조직, 전례 그리고 영성 등에 대하여서만 많은 시간을 할애하여 말할 때도, 마찬가지로 애매하게 됩니다. 중요한 것은 그러할 때 우리는 하느님으로부터 인간으로, 은총으로부터 율법으로 미묘하게 옮겨갑니다. 사도 요한은 "율법은 모세를 통하여 주어졌지만 은총과 진리는 예수 그리스도를 통하여 왔다."(요한 1,17)고 말합니다. 만일 이것을 오늘날의 교회 안에서 우리들에게 적용한다면 그것은 인간이 율법을 만들 수 있고 설립자가 삶의 규칙들을 만들 수 있다는 것을 의미합니다. 그러나 오직 예수 그리스도께서만이 그의 성령으로 그들에게 살아갈 힘을 줄 수 있는 것입니다.

우리의 묵상으로부터 성령과 '주님에게로의 귀의' 속에서 진정한 소생을 위한 간구와 추진력이 나옵니다. 사도 바오로는 '마음을 가리는 베일'에 대해 이야기합니다. 그것은 우리가 새로운 계약의 탁월한 광채를 보지 못하게 합니다. 그리고 그 베일은 '인간이 하느님께 돌아갈 때'(2코린 3,14 이하 참조) 사라집니다. 그러한 귀의는 영적 지도자와 함께 시작해야 합니다. 5세기 초에, 히포의 사람들은 순박한 문맹인들이었습니다. 그러나 그들은 율법과 은총, 두려움과 사랑의 차이를 완벽하게 알고 있었습니다. 그들은 단지 그들의 주교인 아우구스티노가 그들에게 성경을 설명하고 이러한 일들을 날마다 이야기했기 때문에 참으로 새로운 계약의 사람들이 되었습니다. 그는 그들에게 다음과 같은 말들로 설교하기를 두려워하지 않았습니다. "여러분 안의 낡은 것을 제거하십시오. 여러분들은 새로운 찬미가를 알고 있습니다. 새로운 사람, 신약, 새로운 찬미가를 알고 있습니다. 새로운 찬미가는 옛사람에게 속해있지 않습니다. 그것은 오직 은총에 의해 새로워져 이미 천국을 사는, 신약에 속한 새로운 사람에 의해서만 이해될 수 있습니다." 또 다른 강론에서는 이렇게 말했습니다. "그리스도께서는 우리에게 그분이 우리를 사랑한 것과 같이 우리도 서로 사랑하라는 새로운 계명을 주셨습니다. 우리를 새롭게 하며, 우리를 신약의 상속자,

새로운 찬미가의 선창자들인 새 사람들로 만드는 것은 바로 이 사랑입니다."[17]

이 시대에 이르러 부활하신 주님은 그 신비체의 지체들 속에 '새로운 오순절'에 대한 열망과 체험을 널리 유포시키셨습니다. 그러나 교회에게 있어서 '새로운 오순절'은 무엇입니까? 그것은 오직 새로운 은사, 성직자, 무성한 기적들 안에만 존재해서는 안 됩니다. 이러한 것들은 바로 더 깊은 것의 반영과 징조입니다. 우리는 첫 번째 오순절이 새로운 마음과 새로운 계약을 창조하여 다시 한번 그리스도 안에서 하느님을 사랑하고 섬길 수 있도록 해준 새로운 율법의 선물임을 보았습니다. 오순절은 단지 모든 종류의 은사, 꿈, 계시의 영상, 기적과 징조에 관하여 말한 요엘의 예언 성취(사도 2,17 이하 참조)만이 아닙니다. 그것은 무엇보다 새로운 마음과 새로운 영을 약속한 예레미야와 에제키엘의 예언 성취입니다. 새로운 계약을 특징짓는 그리스도의 성령은 근본적으로 기적의 외적 표시와 은사적 힘이 아니라 새로운 삶의 원칙입니다. 진정 그러하기 위하여 새로운 오순절은 이러한 차원에서 일어나야

---

17 성 아우구스티노, 『시편 상해』 32,8; CCL 38, p.253; 『요한복음 강해』 65,1; CCL 36. P.491.

합니다. 그것은 배우자의 의복뿐만 아니라 배우자의 마음조차 새롭게 해 주어야 합니다. 다시 말하면, 그것은 '계약의 쇄신'이어야 합니다.

우리들 각자에게 교회 안에서 진행 중인 새로운 오순절을 향해 가는 입구는 세례라는, 즉 우리를 새롭게 해 주는 문을 통하여서 이루어집니다. 성령의 불은 세례식 때에 우리에게 주어졌습니다. 우리는 불꽃을 꺼지게 하는 재들을 제거해야 합니다. 그래서 다시 한번 성령의 불이 확 타오르게 하여 우리로 하여금 사랑할 수 있도록 해야 합니다. 감리교회 전통에서도 동일한 것을 볼 수 있습니다. 어떤 특별 행사 때 하느님과의 계약을 새롭게 하는 의식을 통해 이를 성취합니다. "그리고 이제 사랑하는 여러분"이라고 목사는 이 예배에서 말합니다. "우리 계약의 하느님께 자발적인 끈으로 우리를 속박시킵시다. 그리고 그리스도의 멍에를 집시다. 그의 멍에를 우리가 지는 것은 그분이 우리에게 우리의 본분과 임무를 명하신 것과 그분만이 우리의 보상이 되실 것에 우리가 충심으로 동의하는 것을 의미합니다."[18]

---

18 Cf. JOHN AND CHARLES WESLEY, 『Selected Writings』, Paulist Press, New York 1981, p.379ff.

만일 이러한 묵상이 우리로 하여금 성령의 새로움을 사모하게 만든다면, 그리고 우리가 그것을 희망하고 기원한다면, 하느님께서는 또한 우리에게 이러한 체험의 기회 주시기를 늦추시지 않을 것입니다. 그래서 또한 우리가 알고 있듯 진실로 "새 사람, 즉 신약의 후계자, 그리고 새로운 찬미가의 선창자들"이 될 수 있도록 하십시다.

# 제9장

# 성령께서 우리를 위해 기도하십니다

## 성령 안에서의 기도

로마서 8장은 성령에 관한 내용입니다. 성령이라는 말은 로마서에 30번 반복되는데 8장에서만 19번이 나옵니다. 사도는 이제 성령의 가장 중요한 역할에 관하여 이야기하는데 그 최상의 것으로 기도를 내세웁니다. 새로운 삶의 원칙인 성령은 따라서 새로운 기도의 원칙입니다. 구원받은 사람이 할 수 있는 선한 일 중, 은총 안에서 자라나기 위하여 기도는 "모든 면에서 유익합니다"(1티모 4,8 참조)는 점에서 독특합니다. 그것은 모든 덕목의 진보를 위해 없어서는 안 될 도구입니다. 기도하는 것은 마음을 가라앉히고 하느님의 무한한 심연 속에 몰두하는 것입니다. 기도는 영혼의 호흡입니다. 충분한 호흡량이 신체의 모든 장기가 건강하게 기능하는 데에 그리고 특히 힘든 운동경기를 하는 데에 요구되고 또한 필수적인 것처럼, 기도를 위한 강한 의지는 영혼을 위해, 특별히 우리가 영적 '오르막'을 향해 출발하고자 할 때 필수적입니다. 그러므로 '성령 안에서' 기도에 바쳐진 묵상은, 첫째로는 믿음으로 우리 자신을 그리스도의 활동에 적용시킨 우리 여정의 선교적 부분과 두 번째로 우리 삶 속에서 그리스도의 활동을 본받으라고 권고받은 훈계적 부분 사이의 중심점입니다.

### 1. 성경 : 기도 모음

로마서 8장의 후반부 전체는 피조물의 마음속에 그리고 인간의 마음속에 기도의 영감을 불어 넣어주는 분이신 성령에 관하여 말하고 있습니다. 가장 우리의 관심을 끄는 두 구절을 가지고 시작해보고자 합니다. "이와 같이, 성령께서도 나약한 우리를 도와주십니다. 우리는 올바른 방식으로 기도할 줄 모르지만, 성령께서 몸소 말로 다 할 수 없이 탄식하시며 우리를 대신하여 간구해 주십니다. 마음속까지 살펴보시는 분께서는 이러한 성령의 생각이 무엇인지 아십니다. 성령께서 하느님의 뜻에 따라 성도들을 위하여 간구하시기 때문입니다"(로마 8,26-27).

사도 바오로는 성령께서 우리 안에서 "말로 다 할 수 없이 탄식하시며" 기도하신다고 강조합니다. 그리고 성령께서 "우리도 기도하게 하신다."라고 말하는 것으로 미루어본다면 성령께서도 "기도하신다"고 말하는 것입니다. 이 "말로 다 할 수 없이 탄식하시며"의 의미를 우리가 해득할 수 있다면, 성령께서 무엇에 대해 기도하시며 믿는 이의 마음속에서 어떻게 기도하시는지 깨달을 수 있다면, 우리는 바로 그 기도의 비밀을 깨달을 수 있을 것입니다. 이제 나에겐 이것이 가능한 것 같습니다. 사실상 우리 속에서 은밀하고 조용하게 기도하시는 성령께서는 성경 속에서 기도하셨던 바로 그 성령님이십니다. 성경 말씀에 '영감을 주신' 분이 또한 성경 속에 있는 기도에 영감을 주셨습니다. 어떤 의미에서 우리는 '표현되지 않은' 성령의 탄식보다 더 확실하고 분명하게 '표현된' 것은 없다고 말할 수 있습니다. 성경 속에서 선지자들을 통해 말씀하셨던 것을 새로운 방식으로 반복하면서 성령께서 오늘날도 교회와 사람들에게 계속해서 말씀하신다는 것이 교리상으로 정확하다면, 그분이 교회와 사람들 안에서 우리에게 기도하라고 성경을 통하여 가르치셨던 것과 같은 방식으로 기도하고 계신다는 것 또한 사실입니다 그러므로 우리는 성령과 조화를 이루고 그분이 기도하는 것처럼 기도하는 것을 배우기 위해 성경 안에서 기도하는 방법을 배워야 합니다. 성경이 위대한 중개자로 소개하고 있는 아브라함, 모세, 예레미야와 같은 하느님의 위대한 친구들이 어떻게 기도하였는지 그들의 기도를 통하여 성경에 나온 기도하는 사람들의 마음을 알아봅시다(예레 15,1; 2마카 15,14 참조). 이 '영감받은' 기도의 사람들에게서 우리가 받는 첫 번째 감동은 그들이 하느님께 드리는 커다란 신뢰와 놀라운 담대함입니다. 일반적으로 '기도'라는 단어 자체를 노예근성과 연관 지어 생각하는 사람은 없습니다. 소돔과 고모라를 위한 아브라함의 기도를 우리는 잘 알고 있습니다(창세 18,22 참조). 아브라함은 "당신께서는 죄 없는 사람을 죄인과 함께 기어이 쓸어버리시렵니까?"라는 말로 시작했습니다. 마치 "저는 당신이 그와 같은 일을 하기 원하신다고 믿을 수 없습니다!"라고 말하는 것처럼 말입니다. 뒤따르는 모든 요청에서 아브라함은 반복하여 용서를 청합니다. "티끌이나 재만도 못한 주제에 감히 아룁니다!" 그의 기도는 주제넘은 것이고 그는 그것을 알았습니다. 그러나 아브라함은 '하느님의 친구'(이사 41,8)이며 친구들은 그들이 얼마나 멀리 동행할 수 있는지를 알고 있습니다.

모세는 이 주제넘음에서 훨씬 더 나아갑니다. 탈출기 29장과 신명기 9장에는 색다른 예증이 있습니다. 백성들이 금송아지를 만든 후에 하느님께서 모세에게 말씀하셨습니다. "당장 내려가 보아라. 네가 이집트에서 데려 내 온 너의 백성들이 고약하게 놀아나고 있다." 모세는 "그들은 당신의 크신 능력으로 이끌어내신 당신의 백성이요 당신의 선민입니다."라는 말로 대답했습니다(신명 9,12; 19,1-21; 탈출 32,7-11 참조). 랍비의 구전에는 모세의 말 뒤에 숨어있는 의미가 잘 표현되어 있습니다. "이 백성이 당신께 성실할 때는 당신이 이집트에서 이끌어내신 당신의 백성이고, 그들이 성실하지 않을 때는 제가 이집트에서 데려 내 온 저의 백성들이란 말입니까!" 하느님께서는 유혹이라는 무기를 사용하십니다. 그분은 그의 종 모세에게 일단 반란하는 백성들이 멸망하면, 그분이 모세로 하여금 '큰 민족을'(탈출 32,10) 이루게 하시겠노라는 생각을 보이십니다. 모세는 후퇴하여 협박의 의미를 지니고 하느님께 말씀드립니다. "조심하십시오. 당신이 이 백성을 멸하시면, 남들이 당신께서 그들에게 약속하셨던 나라로 그들을 데리고 갈 능력이 없어서 그렇게 하셨다고 말할 것입니다"(탈출 32,12 참조; 신명 9,28). 성경은 주님께서 모세에게 "마치 사람이 그의 친구에게 말하듯이"(탈출 33,11) 거의 마주 보는 것처럼 말씀하셨다고 기록하고 있습니다. 그리고 이 대담한 기도의 영감을 주신 분은 성령님이었습니다.

예레미야는 명백한 항의라고 말해도 좋을 정도에까지 이르러 "당신께서 저를 속이셨습니다!" 그리고 "다시는 주의 이름을 입 밖에 내지 말자. 주의 이름으로 하던 말을 이제는 그만두자."(예레 20,7-9)라고 하느님께 부르짖습니다. 시편을 보면 하느님께서는 그에 대항하는 가장 효과적인 비탄의 말들을 인간의 입속에 넣어주신 것 같습니다. 위대한 시편 저자 중 한 사람은 그의 책을 '찬양과 애가哀歌'라고 불렀습니다. 왜냐하면, 시편에는 사실상 특이하게도 가장 장엄한 찬미와 가장 슬픈 애가가 한데 수록되어 있습니다. 하느님께서는 종종 공개적인 도전을 받으십니다. "나의 주여, 일어나소서. 어찌하여 잠들어 계십니까?", "당신의 말씀이 영원히 끝나셨습니까?", "주님 얼마나 오랫동안 맹공격의 때에 방관하시렵니까?", "당신 때문에 우리가 도수장의 양 취급을 받고 있습니다.", "주님 내 아뢰는 말씀 귀담아들으소서", "주님, 얼마나 오랫동안 방관하시렵니까?"

이 모든 것은 어떻게 설명될 수 있습니까? 왜냐하면, 하느님께서 궁극적으로 이런 유형의 기도를 하도록 영감을 주시고 승인하신 분이시니까, 하느님께서 사람으로 하여금 그분 자신에게 불경不敬하도록 강요하시는 것입니까? 대답은 그것이 모두 가능하다는 것입니다. 왜냐하면, 성경에 나온 사람은 하느님과 연관하여 그의 피조물로서의 상태를 잘 알고 있고 그 상태를 수용하기 때문입니다. 성경의 기도하는 인물은 하느님의 거룩함과 장엄함을 분별하는 능력으로 너무나도 친밀하게 충만해 있기에, 그리고 전적으로 하느님께 복종하였기 때문에, 하느님은 더욱더 그에게 '하느님'이시므로, 주어진 사실을 기초로 하여 모든 것이 안전합니다. 이미 다 말했습니다만, 대답은 이 사람들의 기도하는 마음속에 있습니다. 그의 격렬한 기도 가운데에서 예레미야는 이 모든 것을 설명하고 그것들을 적절한 위치에 두는 비밀을 밝힙니다. "주님, 당신께서는 저를 알고 살피시며 당신에 대한 제 마음을 떠보십니다"(예레 12,3). 시편 저자도 비슷하게 절대적으로 성실한 표현으로써 "제 마음의 반석, 제 몫은 영원히 하느님이십니다."(시편 73,26)이라고 그들의 애가에 삽입하고 있습니다. 모세는 백성들에게 상기시켜줍니다. "너희는 주 너희 하느님께서 참하느님이시며 …… 진실하신 하느님이심을 알아야 한다"(신명 7,9). 그것은 마치 이 사람들의 마음과 하느님의 마음이 밀착되어서 그 어느 것도 어느 누구도 그들을 갈라놓을 수 없는 것 같습니다. 고뇌에 찬 '왜?'와 당황함과의 대비는 그들의 지성知性에 있는 것이지 그들의 감성에 있는 것이 아닙니다. 왜냐하면, 하느님의 신비한 방법은 계속되기 때문입니다. 이것이 너무나도 참되므로 하느님께서 어떤 일을 행하셔도 이 예배자는 인간이 하느님의 진노로 짓눌린 때조차도 언제나 하느님께서 옳으시다는 것을 인정할 준비가 되어 있습니다(시편 76,11 참조). 인간은 그가 교제하고 있는 분을 알고, 이것을 전적으로 받아들입니다. 그는 또한 그가 죄를 지었다는 것과 그가 하느님에 관해 알지 못하는 모든 것의 설명이 이 속에 있다는 것을 알고 있습니다. 그의 고난의 때에 그가 가장 좋아하는 기도는 언제나 같습니다. "당신께서 우리에게 하신 모든 일은 옳았으며, 당신의 모든 행위는 참되십니다. 당신의 길은 곧바르십니다. 당신의 심판은 언제나 올바르십니다. 우리는 죄를 지었습니다"(다니 3,28 참조; 신명 32,4 참조). "당신은 올바르십니다. 주님!" 이러한 몇 마디 말 뒤에 하느님께서는 "인간은 그가 원하는 것을 내게 말해도 좋다. 나는 노여움을 풀었다."라고 말씀하십니다.

## 2. 욥의 기도와 그의 친구들의 기도

성경은 욥과 그 친구들의 기도에서 기도의 전형적 사례를 소개합니다. 여기서 우리는 'diptych딥틱'(제단에 세우는 두 폭으로 접게 된 그림과 조각 안에, 성경에서 약술하고 있는 두 가지 유형의 기도), 즉 하느님 친구의 기도와 "입술로는 나를 공경하지만, 그 마음은 내게서 멀리 떠나 있는"(이사 29,13) 위선자들의 기도를 분류하고 평가할 수 있습니다. 하느님께서는 그의 친구 욥으로 하여금 호된 시련을 겪게 하십니다. 시련이 그를 덮치자마자 그가 첫 번째로 한 일은 그 자신을 하느님 편의 안전한 곳에 처하게 했다는 것입니다. 폭풍이 다가올 때 사람들이 서둘러 그의 집으로 가서 그가 사랑하는 가족들과 소중히 여기는 재산을 안전한 장소에 두는 것과 마찬가지로 욥은 스스로 물러나 안전하게 하느님을 경외하고 하느님께 순종하였습니다. "그러자 욥이 일어나 겉옷을 찢고 머리를 깎았다. 그리고 땅에 엎드려 말하였다. '알몸으로 어머니 배에서 나온 이 몸 알몸으로 그리 돌아가리라. 주님께서 주셨다가 주님께서 가져가시니 주님의 이름은 찬미 받으소서.'"(욥기 1,20-21)라고, 마치 죽음에 이르지 않을까 염려하는 것처럼 신속히, 거의 숨을 헐떡이며 행동하고 말하였습니다.

이제 사건의 진전을 따라가 봅시다. 욥의 친구들이 도착하고 이레 동안 말없이 그를 바라다봅니다. 그런 다음 대화가 시작되어 생소하고 예기치 않은 방향으로 진전됩니다. 욥은 그가 태어난 날을 저주하고 그의 친구들이 길고 열렬하게 하느님에 대하여 변호합니다(욥기 4,1 참조). "죽을 인생이 어떻게 하느님 앞에 올바를 수 있으랴?" 그들이 묻습니다. "나는 비통한 사람입니다." 욥이 부르짖습니다. 그러자 그들이 대답합니다. "하느님께서 징계하시는 자는 복이 있다!" 이처럼 그 드라마의 뒷부분이 진전되어 가는 장면이 약술되고 있습니다. 반면에 우리는 가엾은 욥이 어리석은 말을 하며 하느님께 탄원하고, 반항하며 힐난하는 것을 볼 수 있습니다. 그는 부르짖음에서 기도로 나아가며 하느님께 "나를 책망하지 마십시오! 머지않아 주께서 저를 찾으시겠으나 저는 더 이상 존재하지 않을 것입니다. 왜 저를 원수로 여기십니까? 제가 당신께 무슨 짓을 했습니까?" 비통한 말을 사용합니다. 반면에 우리는 세 친구가 번갈아 가며 하느님 편에 서서 욥을 대적하면서, 하느님 편에서 인간을 대적하여 무섭게 말하는 것을 볼 수 있습니다. 욥은 하느님의 처사에 당황하여 그 처사를 이해할 수 없다고 고백합니다. 반면에 하느님을 옹호하는 자들은 모든 것을 알고 있습니다. 그들에게는 모든 것이 분명합니다. 고통이 있는 곳에는 죄가 있다는 것입니다. 그들에게는 언젠가 또 드러나게 될 하느님 편의 또 다른 심판을 의심하지 않습니다. 그렇다면 이들에게 있어서 하느님의 계시는 이미 끝난 것이나 마찬가지입니다. 이렇게 본다면 다른 것은 더 이상 필요 없게 됩니다. 심지어 예수 그리스도의 육화 강생조차도 그렇습니다. 욥은 그의 친구들을 하느님에 대해 '편파적'

이라고 그들의 위선에 대해 책망합니다. "하느님께서 그들의 마음속을 철저히 조사하신다면, 그분은 그들의 말속에 있는 기만을 찾아내실 것"(욥기 13,7)이라고 말합니다. 그러나 그다음 그의 고통 속에서 욥은 그들에게조차도 애원하여 말합니다. "나의 벗들이여, 날 불쌍히 여기게나, 불쌍히 여기게나. 하느님의 손이 나를 치셨다네."(욥기 19,21)라고 한탄합니다.

이 모든 모순된 말에 대하여 하느님께서는 어떻게 대답하십니까? 38장부터 하느님께서 등장하십니다. 먼저 그분은 직접 욥에게 그분의 위대하심과 불가해성에 대해 말씀하십니다. 그러자 욥은 즉각 손으로 입을 막고 회개합니다(욥기 40,4; 42,2). 그러나 가장 그를 혼란케 하는 것은 뒤에 일어난 일입니다. 욥과의 대담이 끝난 후에 즉시 하느님께서 데만 사람 엘리파즈에게 말씀하십니다. "너와 너의 두 친구에게 내 분노가 타오르니, 너희가 나의 종 욥처럼 나에게 올바른 것을 말하지 않았기 때문이다."(욥기 42,7) 하시는데 이것은 예상 밖입니다! 왜 하느님은 그를 비난하는 자의 편을 들고 그를 옹호하던 자들을 반격하는 혼란스러운 평결을 내리시는 것일까요? 그것은 하느님께서 마음의 정직함을 보시기 때문입니다. 욥은 하느님에 대하여 신실했습니다. 고통으로 약해져서 그는 하느님께 "왜, 왜입니까?"라고 부르짖었습니다. 그러나 그의 마음은, 비록 때때로 흔들릴 때가 있기는 했지만, 심한 긴장 아래에서 굳고 충실했습니다. 그는 하느님과의 관계를 끊지 않았으며 하느님께 대한 최초의 복종도 철회하지 않았습니다. 그의 하느님과의 깊은 관계는 '안전' 했습니다. 하느님께서는 그의 종 욥을 시험하시면서 욥이 멀리까지 갈 수 있을 것을 아셨고 욥은 그의 하느님께 불평을 하면서도 자신이 멀리까지 갈 수 있을 것을 알았습니다. 반면에 욥의 친구들이 하느님을 변호한 것은 근본적으로 시험을 거치지 않은 것으로 위선이고 거짓이었습니다. 그것은 같은 환경에서라면 더 잘할 수 있으리라고 확신하는 자, 하느님에 대해 모든 것을 알고 있다고 생각하는, 그리하여 하느님이 진정 어떤 분인가에 대해 무지함으로, 그리고 하느님께 바쳐지는 것인 고통에 관하여 관심이 없기에 하느님을 노하시게 하는 자들의 주제넘은 변호입니다. 하느님께서는 찬양자와 아부하는 자를 구별하는 방법을 잘 알고 계십니다. 욥의 친구들은 신실하게 하느님을 찬양하는 자라기보다는 오히려 아부하는 자들이었고 욥은 이것을 알고 있었습니다. 하느님께서는 아부하는 자들을 원치 않으십니다. 그분은 그들을 필요로 하지 않으십니다. 아부하는 자들에게는 언제나 약간의 이기심이 숨겨져 있기 마련이고 아마도 욥의 친구들은 그렇게 함으로써 그들이 욥과 같은 상황에 떨어지는 것을 피할 수 있게 되리라 생각했을 것입니다.

## 3. 예수님과 성령님의 기도

욥기는 단지 지혜서일 뿐만 아니라 또한 예언서입니다. 즉 그것은 도덕적 교훈일 뿐만이 아니라 예언을 담고 있습니다. 사실상 수난당하는 의인의 사건은 무한정 드높은 차원으로 그리고 우리가 욥에게서 보게 되는 불확실성 같은 것이 전혀 없이 예수님에게서 반복될 것입니다. 예수님께서도 그의 고난의 시간에 "큰 소리로 부르짖고 눈물을 흘리며 기도와 탄원을 올리셨습니다"(히브 5,7). 하느님을 변호하는 의회에서 바리사이인들과 율법학자들은 욥의 친구들이 욥에게 이야기했던 것처럼 그분에게 "이 사람이 이렇게 하느님을 모독했으니"(마태 26,65)라고 말했습니다. 그리고 끊임없이 예수님과 하느님과의 불화를 찾아내려고 하였습니다. 그러나 예수님께서는 그들에게 "너희 가운데 누가 나에게 죄가 있다고 입증할 수 있느냐?"(요한 8,46)라고 대답하셨습니다. 욥에게 있어 무죄함은 단지 상대적이었지만, 예수님에게 있어 그것은 절대적입니다. 심지어 예수님께서도 그분의 몹시 괴로운 '왜'를 아버지께 탄원하셨습니다. "저의 하느님, 저의 하느님, 어찌하여 저를 버리셨습니까"(마태 27,46). 그러나 하느님의 선고는 다시 한번 그분이 때리신 자에게 유리하게 됩니다. 욥의 경우에, 구약의 믿음이라는 아직 불완전한 상태대로, 회복은 자녀들과 가축들이라는 세속적 수준으로 발생했습니다. 하느님께서는 욥에게 그가 전에 소유했던 것의 갑절을 주셨던 것입니다! 예수님의 경우 그것은 영적이고 영원한 수준, 즉 부활로 이어졌습니다. 욥은 그 이전의 삶으로 회복되었습니다. 예수님께서는 또 다른 삶을 시작하셨습니다.

성령께서 모세 안에서, 시편에서, 예레미야 안에서 그리고 욥 안에서 어떻게 기도하셨나를 아는 것이 중요하다면 그분이 예수님 안에서 어떻게 기도하셨는지를 아는 것은 훨씬 더 중요합니다. 왜냐하면, 지금 우리 속에서 말로 다 할 수 없는 탄식으로 기도하는 분은 예수님의 성령이시기 때문입니다. 예수님 안에서 우리가 보았듯이 성경적인 기도의 비밀을 이루는, 온 마음 온몸으로 하느님께 향하는 내적 유착癒着이 완성되었습니다. 예수님이 항상 아버지의 기뻐하시는 일을 하셨으므로 아버지께서는 언제나 예수님의 기도를 들으셨습니다(요한 4,34 참조; 요한 11,42). 하느님께서는 '그의 효심 때문에', 즉 그의 아들로서의 순종 때문에 그분의 기도를 들으셨습니다(히브 5,7).

그러므로 예수님 안에서 절정에 달한 하느님의 말씀은 우리에게 기도에 있어서 가장 중요한 것은 우리가 말하는 것이라기보다는 우리 자신이라는 것을 가르쳐 주고 계십니다. 기도의 주제는 그 목적보다 더 중요합니다. 기도하는 것은 행동하는 것처럼 존재를 추구하는 것입니다. 성령에 의해 야기된 기도의 변화는 그분이 기도하는 사람의 '존재' 자체를 다시 만드신다는 사실입니다. 그리고 앞장에서 우리가 보았듯이 노예적이고, 위선적이고, 하느님에 대해 적대적인 마음을 변화시켜 새 사람, 즉 하느님의 친구요 맹방인 사람으로 재창조하신다는 사실입니다. 성령께서는 우리에게 기도하는 법을 가르쳐주실 뿐 아니라 우리 안에서 기도하십니다. 율법에 관해서 말하자면 마치 그분은 우리가 무엇을 해야만 하는지 말씀해주실 뿐만 아니라 우리와 함께 그것을 하시는 것과 같습니다. 성령께서는 기도의 율법이 아니라 기도의 은총을 주십니다. 그러므로 성경적인 기도는 외적이고 진보적인 지식, 바꾸어 말하면 우리가 이제까지 아브라함과 모세와 그리고 예수님 자신 안에서 보아온 기도를 모방하려고 노력함으로써 오는 것이 아닙니다. 비록 이 모든 것이 필요하고 나중에 우리에게 요구된다 하더라도 그렇습니다. 그것은 은총의 선물로 부어 넣어주심으로서 우리에게 옵니다. 이것은 그리스도인의 기도에 관련된 '기쁜 소식(복음)'

입니다. 이처럼 새로운 기도의 원리 자체가 우리에게 주어진 것입니다. 그리고 이 원리는 하느님께서 "진정 여러분이 자녀이기 때문에 하느님께서 당신 아드님의 영을 우리 마음 안에 보내 주셨습니다. 그 영께서 '아빠! 아버지!' 하고 외치고 계십니다는 사실에 있습니다(갈라 4,6) 이것은 '성령 안에서' 혹은 '성령의 도우심을 받아'(에페 6,18 참조; 유다 20) 기도하는 것을 의미합니다.

다른 모든 것처럼 기도 속에서도 성령께서는 권위로 말씀하시지 않습니다. 그분은 새롭거나 색다른 것을 말씀하시지 않습니다. 그분은 예수님의 기도를 상기시키시며 믿는 자들의 마음속에 그것이 역사役事하도록 하십니다. "그분께서 나를 영광스럽게 하실 것이다. 나에게서 받아 너희에게 알려 주실 것이기 때문이다."(요한 16,14)라고 예수님께서 성령에 대하여 말씀하셨습니다. 이것을 의지하여 우리는 실제로 "기도하는 것은 내가 아니요, 내 안에 계신 그리스도이십니다!"라고 외칠 수 있는 것입니다. '아빠'라는 외침 자체가 성령을 통해 우리 안에서 기도하고 있는 이가 하느님의 독자인 예수님이라는 표시입니다. 사실상 성령은 혼자서는 하느님을 '아버지'라고 부르실 수 없으십니다. 왜냐하면, 그분은 아버지로부터 낳으심을 받은 것이 아니라 아버지로부터 유래하였으므로 그분의 '아들'이 아니기 때문입니다. 한 고대 작가는 말하기를 성령께서 우리에게 '아빠'라고 부르짖도록 가르치실 때 "그것은 마치 어머니가 그녀의 아이에게 '아빠'라고 말하는 것을 가르치는 것과 같아서 그녀는 이 이름 '아빠'를 그 아이가 익숙하게 되어 잠꼬대할 정도가 될 때까지 아이와 함께 반복합니다."[1] 어머니는 그녀의 아이를 대신하여 말하기 때문에 그녀의 남편을 '아빠'라 부를 수 있습니다. 성령께서도 그처럼 하시는 것입니다.

그러므로 하느님 자신의 감정을 우리에게 서서히 주입시켜서 우리로 하여금 우리가 하느님의 자녀라는 것을 느끼도록 해 주시는 분은 성령님이십니다. "바로 그 성령께서 우리가 하느님의 자녀라는 것을 증명해 주십니다. 또 우리의 마음속에도 그러한 확신이 있습니다"(로마 8,16). 이렇게 근본적인 성령의 역사役事는 때때로 한 사람의 삶 속에서 갑작스럽고 강렬한 방법으로 일어납니다. 피정 때, 성찬 전례 때, 특별히 준비된 성령 충만을 위한 기도회 때 우리의 영혼은 하느님께서 당신 자신을 아버지로서 나타내 주신다는 새로운 느낌으로 충만해집니다. 우리는 하느님의 부성이 과연 어떠한지 실제로 경험하게 되는데, 이때 우리 마음은 깊이 감동하여 새롭게 태어난다는 느낌이 들 것입니다. 이것은 커다

---

1 포티케의 디아도쿠스(주교), 『완덕론』 61; SCh 5 bis, p.121.

란 신뢰와 확신 그리고 하느님의 겸양이라는 철저히 새로운 의미를 체험하는 것입니다. 반면, 어떤 때에는 이런 경험을 할 때 하느님의 위엄과 초월성이 너무나 강하게 느껴져서 한동안은 '아버지'라는 단어를 말할 수조차 없습니다. 왜냐하면, 그것을 발음하면서 경외감과 경이감으로 가득 차 기도를 계속할 수 없기 때문입니다. 그래서 '주님의 기도'를 기도하며 '우리 아버지!'라고 말하는 것이 간단하고 쉬운 문제가 아닙니다. 그것은 대단한 보증과 모험, 지복 至福, 그리고 대단한 특권과 겸양으로 다가오기 때문에 그 사람은 모든 것을 망칠까 봐 두려워 물러나서 침묵하게 됩니다. 그러므로 우리는 성인들이 몇 시간 동안이나 '주님의 기도'에서 '하늘에 계신 우리 아버지'를 기도한 연후에도 처음의 두 단어 '우리 아버지'에 여전히 머물러 있을 수 있었는지를 이해할 수 있습니다. 시에나 태생 카타리나 성녀의 증거자이고 전기작가인 복자 카푸아의 레이몬드는 카타리나 성녀가 탈혼 상태에 빠지지 않고서는 '하늘에 계신 우리 아버지'로 시작되는 '주님의 기도'를 끝맺지 못했었노라고 말했습니다.[2] 사도 바오로가 믿는 이의 마음에 갑자기 성령께서 충만하게 임하셔서 그로 하여금 '아빠, 아버지!'라고 부르

---

2  B. RAYMOND of Capua, 『Legenda Maior』, 113.

짖게 만드시는 순간에 대하여 말했을 때, 그는 이 부르짖는 방법이 가장 깊은 차원에서의 총체적인 전 존재의 반향反響을 가리켜 말하고 있는 것입니다. "아버지를 아는 사람들은 행복합니다!" 그리스도교 신앙의 초기에 테르툴리아누스는 외치곤 했습니다.[3] 그리고 우리도 같은 것을 반복합니다. 이런 식으로 아버지를 아는 사람은 행복합니다.

그러나 아버지를 아는 이러한 열정적 자세는 이 세상에서 그리 오래 가지 않습니다. 신자들에게는 아무런 정감도 없이 단지 예수님이 부르신 명칭으로서만 '아빠'를 계속 말하는 때가 곧 옵니다. 그렇다 하더라도 사람이 더욱 비참하게 '아빠'를 부르면 부를수록, 아버지께서는 더욱 기쁘게 들어주신다는 것을 이제는 기억해야 할 때입니다. 왜냐하면, '아빠'는 예수님에게서 우러나온 가장 순수한 믿음과 위탁의 부르짖음이기 때문입니다. 그러므로 우리는 청력을 잃은 후에 계속해서 작곡하고 그의 청중들을 기쁘게 하는 놀라운 교향곡을 연주했던, 그러나 자신은 한 곡조도 듣고 즐길 수 없었던 유명한 음악가 베토벤과도 같습니다. 그의 대표작 9번 교향곡을 들은 후 청중들이 우뢰 같은 박수를 보냈을 때, 그들

---

[3] 테르툴리아누스, 『기도론』 2, 3; CCl 1, 258.

은 그를 돌려세우기 위해 그의 코트 깃을 잡아당겨야 했습니다. 그의 귀먹음은 그의 음악을 중지시키는 대신 그것을 더욱 순수하게 했는데 그것은 빈약함이 우리 기도를 유익하게 하는 일입니다. 사실상 우리가 "아빠, 아버지!"라는 절규를 말할 때, 우리는 대개 그 단어가 그것을 말하는 사람에게 중요하다는 것만을 기억합니다. 우리는 그 단어가 그것을 듣고 계시는 하느님께 어떤 의미인가, 그리고 그분 안에서 무엇을 일으키는가에 대해서는 결코 생각하지 않습니다. 우리는 아버지라 불림을 받으시는 하느님의 기쁨을 생각하지 못합니다. 그러나 아버지인 사람은 누구나 그 자신이 그 자녀의 분명한 목소리로 아버지라 부르는 것을 듣는 것이 어떤 의미인지 얼마나 기쁜 일인지 알고 있습니다. 그것은 마치 그가 매번 다시 아버지가 되는 것과 같습니다. 왜냐하면, 매번 그 외침이 그가 아버지라는 것을 상기시키기 때문입니다. 그것은 사람 마음의 가장 깊은 부분을 감동시킵니다. 이것을 아셨기 때문에 예수님께서는 종종 하느님을 '아빠!'라고 부르셨으며 우리에게도 그같이 하라고 가르치셨습니다. 우리가 하느님을 "아빠, 아버지!"라고 부름으로써 하느님께 드리는 기쁨은 단순하고 특이합니다. 그것은 부성父性의 기쁨입니다. 그분이 이렇게 불림을 받으셨을 때 그분의 마음은 그분 속에서 '압도되셨고' 그분의 '간장이 녹아 긍휼

이 불붙듯' 하셨습니다(호세 11,8). 그리고 우리는 우리가 아무것도 느끼지 못할 때조차도 이것을 할 수 있습니다.

우리의 기도 생활 속에서 성령의 중요성을 깨닫는 것은 바로 이 하느님의 '부재'로 인하여 우리가 '빈약'할 때입니다. 비록 우리에게 보이거나 느껴지지는 않지만, 성령께서는 우리의 말과 한숨을 하느님을 사모함 그리고 겸손과 사랑으로 채우시며 "마음을 살피시는 그분은 성령의 요구를 아십니다." 우리는 알지 못하지만, 그분은 아십니다! 게다가 성령은 우리의 연약한 기도의 힘이 되시고, 우리 무지한 기도의 빛이 되십니다. 요컨대 우리 기도의 귀감이 되십니다. 우리가 그분께 경의를 표하여 순서대로 말할 때 진실로 그분은 메마른 곳에 물을 대십니다. 이 모든 것은 믿음을 통해서 일어납니다. 나는 다음과 같이 말하거나 생각하기만 하면 됩니다. "아버지, 주께서 예수님의 성령을 주셨습니다. 그러므로 예수님과 한 성령을 이루어, 여기 주님 앞에서 저는 이 성가를 말하거나, 미사를 드리거나 혹은 단지 침묵합니다. 저는 예수님께서 이 땅에서 다시 기도하신다면 드리실 수 있는 그런 영광과 기쁨을 아버지께 드리기 원합니다." 그런 기도로부터 하느님께로 향기가 올라갑니다. 그것은 그 아들이 입은 옷 냄새를 맡고 "아! 내 아들에게서 풍기는 냄새, 주님께 복 받은 들 향기로구나."(창세 27,27)라고 외쳤던 이사악이라는 성경 인물을 기억하게 합니다. 우리는 사실상 '그리스도의 향기'이며 무엇보다도 하느님께, 사도가 말한 것처럼 '하느님 앞에서' 그렇습니다(2코린 2,15 참조).

진정 예수님의 성령과 함께 기도한다는 것을 확신하고 싶을 때, 나의 가장 단순한 방법은 예수님이 가르쳐 주신 "하늘에 계신 우리 아버지!"로 시작되는 '주님의 기도'임을 깨달았습니다. 나는 몇 번이고 되풀이하여, 심지어는 몇 시간 동안 '우리 아버지'라는 말을 반복하는, 지속적인 '주님의 기도'가, 끝없이 이어지는 무수한 '우리 아버지'의 반복이 아니라, 마치 그것이 연속된 하나의 '우리 아버지', 즉 '주님의 기도'임을 발견하였습니다. 이처럼 '우리 아버지', 즉 '주님의 기도'는 예수님 이름을 반복하여 부르는 기도를 통하여 많은 사람이 계발해 온 마음의 기도 계발에 있어서 하나의 성경적 방법이 되었습니다. 예수님께 기도하는 대신에 우리는 이처럼 예수님과 함께 기도합니다. 언제나, 특히 동시에 해야 할 다른 일이 있을 때는, 모든 단어에 주의를 기울이기가 확실히 불가능합니다. 적어도 나에게는 그러합니다. 그러나 그럼에도 불구하고 기도의 정신적 리듬은 이루어집니다. 흔히 사람들은 "아버지의 나라가 임하시며" 혹은 "아버지의 뜻이 이루어지이다", "우리 죄를 용서하여 주시고", "우리를 악에서 구하소서"라고 기도를 계속하는 동안에도, 잠깐씩 생각에 잠기는 단어에 단순히 빠져들 수 있습니다. 영적 요구도 세속적인 요구도 없습니다. '우리 아버지'를 부르는 '주님의 기도'로 표현될 수 없는 영혼의 상태는 없습니다. 그런데도 무엇보다 가장 중요한 성령은 '주님의 기도' 안에는 빠져 있는 것 같습니다. 고대에 누군가가 이 공백을 채우려고 노력한 흔적이 있습니다. 왜냐하면, 어떤 필사본에 보면 우리의 일용할 양식을 구하는 기도 다음에 "성령이여 임하시어 우리를 깨끗하게 하소서."라는 구절이 있기 때문입니다. 그러나 성령은 우리가 구하는 대상 중의 한 분이 아니라고 생각하기가 더 쉽습니다. 왜냐하면, 시도하며 구하고 계신 분이 바로 성령이시기 때문입니다. "하느님께서는 여러분의 마음속에 당신 아들의 성령을 보내주셨습니다. 그래서 여러분은 하느님을 '아빠, 아버지'라고 부를 수 있게 되었습니다."(갈라 4,6)라고 기록되어 있습니다. 그러므로 우리 속에서 '우리 아버지(주님의 기도)'로 기도하기 시작한 분은 바로 성령이십니다. 성령을 통하지 아니하고 '아빠'라고 외치는 사람은 헛되이 기도하고 있는 셈입니다.

이미 말한 것처럼 '우리 아버지(주님의 기도)' 속에 반영되지 않는 심령 상태는 없으며 기도로 표현할 수 없는 심령 상태, 즉 기쁨, 찬양, 경배, 감사, 회개는 없습니다. 그러나 '우리 아버지(주님의 기도)'는 무엇보다도 고난 겪을 때의 기도입니다. 예수님께서 제자들에게 남기신 '우리 아버지(주님의 기도)'와 겟세마니에서 그분 자신이 아버지께 드린 기도 사이에는 어떤 유사점이 있습니다. 사실 그분은 우리에게 그분 자신의 기도를 남기셨습니다. 겟세마니에서 그분은 하느님을 "아빠, 아버지!"라고(마르 14,36) 혹은 "나의 아버지!"(마태 26,39)라고 부르셨고, "아버지의 뜻이 이루어지이다."라고 말씀하시고, 우리가 "저희를 유혹에 빠지지 않게 하시고 악에서 구하소서."라고 기도하는 것과 똑같이 "이 잔을 내게서 거두어 주소서."라고 기도하셨습니다. 고난과 어둠의 때에 성령이 우리 속에서 겟세마니의 예수님 기도를 계속해 주신다는 것, 그 순간 우리를 위해 성령께서 기도하시는 '말로 다 할 수 없이 탄식하시며' 예수님께서 '이 땅에 계실 때' 아버지께 드렸던 '눈물과 부르짖음의 기도와 간구'와 더불어 하느님 아버지에게로 함께 이른다는 것은 얼마나 위로가 되는지요(히브 5,7 참조). 성 아우구스티노는 말했습니다. "하느님의 아들이신 우리 주 예수 그리스도께서는 우리를 위해 기도하시며 우리 속에서 기도하시고 우리의 기도를 받으시는 분입니다. 그분은 우리의 제사장으로서 우리를 위해 기도하십니다. 우리의 수장首長으로서 우리 안에서 함께 기도하십니다. 그리고 우리의 하느님으로서 우리의 기도를 받으십니다. 그러므로 그분 속에서 우리의 음성을, 그리고 우리 속에서 그분의 음성을 인정합시다."[4]


### 4. 당신이 명하신 것을 행하도록 은총을 주십시오

우리 안에는 이 모든 것을 할 수 있는 일종의 숨겨진 기도 맥이 있습니다. 우리 마음속에 '숨겨진 보물'이 있습니다. 성령의 내적 음성에 대하여 말하면서 안티오키아의 이냐시오 성인은 기록했습니다. "나는 내 안에서 아버지께로 오라고 속삭이는 생수의 샘을 느낍니다."[5] 우리도 우리 심령의 빛 속으로 세례를 통해 우리 속에 있게 된 "샘물처럼 솟아올라 영원히 살게 하는 샘물"(요한 4,14)을 언제나 새롭게 하기 위한 수고를 아끼지 말아야 하겠습니다. 나는 '언제나 새로이' 빛 속으로 이르게 해야 한다고 말합니다. 왜냐하면, 우리가 우리의 심령을 소음과 방탕과 무익한 활동으로 채울 때마다, 우리의 생각과 방종이라는 욕구에 자유를 줄 때마다, 이들

---

[4] 성 아우구스티노, 『시편 상해』. 85,1; CCL 39, p.1176.
[5] 안티오키아의 성 이냐시오, 『로마인들에게 보낸 편지』 7,2.

은 성령께 대항하는 것으로서(갈라 5,17) 잡석 조각이나 흙덩어리를 우리가 그 샘물에 던져 샘을 덮어버리는 것과 같기 때문입니다.

나는 기도의 필요와 열정을 재발견하는 그리스도인들에게, 그리고 때로 먼 데를 찾아가서 온종일 끊임없이 기도할 수 있는 장소를 그들의 밖에서 찾으려 하거나 그런 곳으로 인도해 줄 사람을 찾으려 하는 사람들에게 묻고 싶습니다. "당신은 어디로 가고 있습니까? 당신은 어디를 찾고 있습니까? 당신의 마음속을 보십시오. 진리는 사람의 마음속에 살고 있습니다. 기도는 당신 안에 있습니다. 그런데 왜 그것을 밖에서 찾습니까?"[6] 나는 아프리카의 한 마을에서 있었던 때를 기억합니다. 그곳에서는 언제나 여인들이 먼 곳으로부터 힘써서 적은 양의 물을 집으로 운반해 왔었습니다. 그 마을 바로 밑 어딘가에 물이 있음을 감지한 한 선교사가 우물을 팠습니다. 흙의 마지막 층이 제거되고 물이 나왔을 때 주민들에게 그것은 기적과도 같았습니다. 그래서 그들은 밤새도록 북을 치며 춤을 추었습니다. 나에게 있어서 그것은 우리 기도로 인하여 일어나는 아름다운 영상이었습니다.

그리스도의 성령께서 우리 안에 계심으로 인한 내적 기도의 맥

---

6 성 아우구스티노, 『참된 종교』 39, 72; CCL 32, 234.

은 탄원하는 기도에 생기를 줄 뿐만 아니라 모든 다른 형태의 기도, 즉 찬양 기도, 자발적 기도, 성찬 전례의 기도를 살아있는 기도가 되게 합니다. 사실상 우리가 우리 언어로 자발적 기도를 바칠 때 우리 기도를 그분의 기도로 만드는 분이 성령이십니다. 그러나 우리가 성경의 언어나 기도서의 언어로 기도할 때 성령의 기도를 우리 것으로 만드는 것은 우리들입니다. 그리고 이것이 보다 안전한 기도 유형입니다. 또한, 묵상과 찬양의 기도는 그것이 '성령으로' 드려질 때 크게 유익을 줍니다. 이것이 예수님께서 '영적으로 참되게'(요한 4,23) 아버지에게 예배드릴 때라고 하셨던 것입니다.

기도할 수 있다는 것은 우리의 큰 자원입니다. 많은 그리스도인, 심지어 정말로 헌신적인 그리스도인들조차도 유혹에 빠지거나 엄격한 복음주의 도덕체계를 따르지 못할 경우에 직면했을 때 그들의 무력함을 경험합니다. 그들은 때때로 그것은 그들이 어쩔 수 없는 것이라고, 즉 완전한 그리스도인의 삶이란 불가능하다고 생각한 방향으로 결론을 내립니다. 어떤 의미에서는 그들의 말이 옳습니다. 사실상 우리자신의 힘으로 죄를 피할 수는 없습니다. 우리에게는 은총이 필요합니다. 그러나 은혜도 거저 주시는 선물이지 공로에 의해 받는 것일 수가 없다고 우리는 배웠습니다. 그러면 우리는 어떻게 해야 합니까? 절망에 빠져 포기해야 합니까? 트리덴티노 공의회는 우리에게 말했습니다. "하느님께서는 여러분에게 은총을 주시면서, 여러분이 할 수 있는 것은 하고, 할 수 없는 것은 기도하라고 명령하십니다."[7] 어떤 사람이 그의 최선을 다했으나 성공하지 못했을 때, 언제나 또 다른 가능성이 있습니다. 그것이 바로 기도입니다. 그리고 그가 만일 이미 기도했다면, 또다시 기도하는 것입니다!

구약과 신약의 차이는 여기에 있습니다. 구약에서는 하느님께서 사람에게 "내가 하라고 요구한 것을 행하라."는 말씀으로 명령하십니다. 한편 신약에서는 사람이 하느님께 "제가 구한 것을 주시옵소서."라고 말로 기도합니다. 이 비밀을 깨달은 성 아우구스티노는 그때까지는 순결하려고 몸부림쳐왔으나 헛수고였는데 그의 작전을 바꾸어 그의 육체와 싸우는 대신에 하느님께 전심전력으로 기도하기 시작했습니다. 그는 기도했습니다. "오 하느님, 주께서 제게 순결하라고 명령하십니다. 그러면 당신이 명령하신 것을 수행할 힘을 주시고 당신이 하실 것을 제게 명하소서."[8] 그리고 그는 순결을 이룩했습니다. 내가 처음에 말했던 것처럼 기도는

---

7  Denzinger-Schönmetzer, 『Enchiridion Symbolorum』, n. 1536.
8  성 아우구스티노, 『고백』록 X, 29.

영혼의 호흡입니다. 막 졸도할 것 같은 사람 혹은 육체적으로 힘껏 노력하는 사람에게 심호흡하라고 말하는 것처럼, 유혹이나 어려움, 피로에 굴복하려는 사람에게 기도하라고, 매우 깊은 기도의 심호흡을 하라고 말해야 합니다. 많은 사람이 그들의 매일 스케줄 안에 한 시간의 개인기도 항목을 집어넣기로 한 순간, 그들의 삶에서 일어난 변화를, 가시철사 같은 것으로 벽을 둘러막아 다른 것들로부터 보호하는 것으로 비유해서 증언할 수도 있습니다.

## 5. 전구의 기도

기도의 힘은 주로 전구 기도에 표현되어 있습니다. 성령님께서 우리를 위해 전구 하신다고 기록되어 있습니다. 그러므로 우리가 성령의 기도와 일치되는 가장 확실한 방법은 이번에는 우리가 번갈아 가며 우리 형제들을 위해 그리고 사람들을 위해 기도하는 것입니다. 전구 기도는 믿음을 통해 우리 자신을, 죽은 자들 가운데서 살아나시고 세상을 위해 전구 하시려고 영원히 살아 계신 그리스도와 연합하는 것을 의미합니다(로마 8, 34 참조; 히브 7,25; 1요한 2,1). 예수님께서는 세상을 떠나 그분 생을 마감하는 위대한 기도에서 우리에게 가장 숭고한 전구 기도의 모범을 보여주셨습니다. "나는 이 사람들을 위하여 간구합니다. 세상을 위하여 간구하는 것이 아니라 아버지께서 내게 맡기신 이 사람들을 위하여 간구합니다. 이 사람들은 아버지의 사람들입니다. 이들이 아버지의 이름에 진실하도록 간구합니다. 아버지께서 이들을 세상에서 데려가도록 기도하는 것이 아니고 악으로부터 지켜주시기를 간청합니다. 나는 이 사람들만을 위하여 간구하는 것이 아니라 이 사람들의 말을 듣고 나를 믿는 사람들을 위하여 간구합니다."(요한 17,9)라고 기도하셨습니다. 예수님께서는 자신을 위한 기도에는 상대적으로 적은 시간을 바치셨습니다. 그리하여 "아버지께서 아들의 영광을 드러내 주십니다!" 예수님은 훨씬 더 많은 시간을 다른 사람을 위한 기도, 즉 전구 기도에 바치셨습니다. 우리를 위해 기도하시는 성령을 통해, 아직도 우리를 위해 기도하고 계신 분은 예수님 자신이십니다.

전구 기도의 효능은 '많은 말을 사용함'(마태 6,7)에 있지 않고 우리가 그리스도의, 자식으로서의 성품에 이르려고 애쓰는, 연합의 단계에 있습니다. 기도하는 단어를 많이 사용하는 대신에 오히려 전구자의 숫자를 증가시키는 것, 즉 모든 성인의 축일에 '많은 전구자를 통해' 기도되고 있는 것을 들어 주십사고 하느님께 기도할 때, 교회가 하는 것처럼 성모 마리아와 성인들의 도움을 구하는 것이 더욱 유익할 것입니다. 전구자들은 우리가 서로를 위하여 기도할 때도 증가됩니다. 성 암브로시우스는 말합니다. "만일 당신이 당신 자신을 위해 기도하면, 당신은 당신을 위해 기도하는 단 한 사람입니다. 그래서 각자가 자신만을 위해 기도하면 그가 받는 은총은 다른 이들을 위해 전구하는 사람들에 의하여 얻게 되는 은총에 비하여 훨씬 적을 것입니다. 이제 개인이 모든 사람을 위해 기도함으로써, 모든 사람이 개인을 위해 기도하는 일이 일어납니다. 그러므로 우리가 우리 자신만을 위해 기도하면, 우리는 우리 자신을 위해 기도하는 유일한 사람일 것입니다. 이에 반해서 당신이 모든 사람을 위해 기도하면 모든 사람은 당신을 위해 기도할 것입니다. 그리고 당신은 그 모든 사람 속에 포함되는 것입니다."[9]

그러므로 성령께서는 우리를 위해 기도하실 뿐만 아니라 우리가 서로서로 다른 이들을 위해 전구하는 것을 가르치십니다. 성령께서는 성경에서 우리에게 진정한 기도의 사람은 기도할 때, 특히 다른 사람을 위해 전구 기도할 때 대담하다는 것을 알려주셨

---

9  성 암브로시우스, 『카인과 아벨』 I, 39; CSEL 32, I, p.372.

습니다. 전구 기도는 하느님께 매우 만족스러운 것입니다. 왜냐하면, 그것은 이기심이 가장 없는 기도형식이며 하느님께서 무상으로 주시는 은총을 더 친밀하게 반영해주고 '모든 사람이 구원받기를'(1티모 2,4) 원하시는 하느님의 뜻에 일치하는 것이기 때문입니다. 욥기의 끝에서 우리는 "욥이 친구들을 위해 기도를 했기 때문에"(욥기 42,8-10) 하느님께서 욥의 세 친구를 용서하셨으며, 욥이 그의 세 친구를 위해 기도했기 때문에 욥의 처지를 이전의 갑절로 회복시켜주신 것을 읽어서 알고 있습니다. 그러므로 이 모든 것의 결정적 요인은 전구 기도입니다. 고난당하는 하느님의 종, 실제로는 예수님에 대하여 이사야는 이렇게 말합니다. "하느님께서 그에게 탁월한 것들을 몫으로 주셨다. 왜냐하면, 그가 반역자들을 위해 중재기도를 했기 때문"이다. "나는 그로 하여금 민중을 자기 백성으로 삼고 대중을 전리품처럼 차지하게 하리라. 이는 그가 자기 목숨을 내던져 죽었기 때문이다. 반역자의 하나처럼 그 속에 끼어 많은 사람의 죄를 짊어지고 그 반역자들을 용서해 달라고 기도했기 때문이다."라고 기록했습니다(이사 53,12 참조).

하느님께서는 처벌을 해야만 하는데 그리하지 않도록 모든 가능한 것을 참작하시는, 그리고 죄인의 형제들이 그리하시지 말도록 제지할 때 깊이 만족해하시는 측은지심의 아버지와 같으십니다. 이 만류하는 형제들의 펼친 팔이 없을 때 하느님께서는 그것을 슬퍼하십니다. "그분께서는 한 사람도 없음을 보시고, 나서는 자가 하나도 없음을 보시고 놀라워하셨다. 그리하여 그분의 팔이 그분을 돕고 그분의 정의가 그분을 거들었다."(이사 59,16)라고 기록되어 있습니다. 에제키엘은 다음과 같은 하느님의 애가哀歌를 우리에게 전합니다. "이 땅을 멸망시키지 못하도록 성벽을 보수하며 그 성벽이 무너진 곳에 서서 나를 막는 이가 그들 가운데에 행여 있는지 내가 찾아보았지만, 찾아내지 못하였다."(에제 22,30) 했습니다.

하느님의 말씀은, 백성들을 맡은 위치에 있는 사람들의 기도가 하느님 자신이 희망하시는 것만큼 하느님에 대하며 갖는, 특별한 힘을 강조하고 있습니다. 한때 "모세가 그 틈에 서서 그분과 맞서 그분의 진노를 거두시게 하지 않았다면"(시편 106,23) 하느님께서는 금송아지 때문에 그의 백성을 멸하기로 결심하셨으리라 기록되어 있습니다. 나는 교회의 사제들과 지도자들에게 감히 말합니다. 기도 중에 하느님께서 우리에게 돌보도록 맡기신 사람들에게 진노하고 계심을 느낄 때, 우리는 하느님 편에 가담하지 말고 그 백성들 편을 들라고 말하겠습니다. 그것이 모세가 했던 일입니다. 그 신의 이름이 그들과 함께 생명의 책에서 지워지기를 원한다고 항의한다고 말해도 좋을 정도에 이르기까지(탈출 32,32 참조) 말입니다. 그리고 성경은 이것이 바로 하느님께서 원하셨던 것이라는 사실을 이야기해 줍니다. 왜냐하면, "그분께서 그의 백성을 멸하려는 생각을 포기"하셨기 때문입니다. 일단 우리가 백성들 앞에 서면 그때에는 우리가 온 힘을 다하여 하느님 편에 서야만 합니다. 잠시 후 그가 진지에 가까이 이르렀을 때, 모세는 격분하였습니다. 그는 금송아지를 가루로 만들어 물에 타서 이스라엘 백성이 그것을 마시게 하였습니다(탈출 32, 19 참조). "주님께 이렇게 보답하느냐? 어리석고 지혜롭지 못한 백성아! 그분은 너희를 내신 아버지가 아니시냐? 그분께서 너희를 만들고 세우시지 않았느냐"(신명 32,6). 그는 이스라엘 백성에게 외쳤습니다. 하느님 앞에서 백성들을 옹호하고 그들 죄의 무게를 감당했던 그만이 그들에 반대하여 하느님을 옹호하며 외칠 권리와 용기를 가지게 될 것입니다. 바로 모세가 그러했습니다.

# 제10장

## 사랑을 진실하게 만드시오

### 사랑의 훌륭한 방법

하느님께서 우리를 위하여 그리스도 안에서 싹트게 하신 믿음을 묵상하고 그 믿음에 동화되면서 우리는 우리의 생명과 선택으로 반응해야 하는 지점에 이르렀습니다. 성령이라는 선물을 받은 우리는 성령의 열매를 맺어야만 합니다. 로마서에 있는 근본적인 교훈은 그것이 소개하는 여러 가지 것들에 있기보다는 오히려 그들이 소개되는 순서에 있습니다. 사도는 그리스도인의 의무인 사랑, 겸손, 봉사 등을 먼저 다루고 그다음에 은총을, 마치 은총이 전자의 결과로서 온다는 듯이 다루고 있지 않습니다. 오히려 의화 義化 은총을 먼저 다룹니다. 성 그레고리우스 교황은 그러므로 미덕에서 신앙으로가 아니라 신앙에서 미덕으로 넘어가는 것이라고[1] 말합니다. 우리가 구원을 받은 것은 은총에 의한 것이지 우리가 행한 행위에 의한 것이 아니므로 아무도 공로를 주장할 수 없다고 기록합니다. 우리는 그리스도 안에서 선한 일을 위하여 지으심을 받은 하느님의 걸작품입니다. 그것이 중요한 것입니다. 우리의 선행은 뒤따르는 것이며 사실상 우리의 행위 때문에 구원받는 것은 아닙니다. 그러나 우리의 선행이 없으면 구원받을 수 없습니다.

우리가 로마서의 전반부에서 후반부로 넘어감에 따라 문체와 문학 장르에 변화가 보입니다. 즉 복음의 선포에서 교훈 혹은 간곡한 권고로 바뀝니다. "그러므로 형제 여러분, 내가 하느님의 자비에 힘입어 여러분에게 권고합니다." 이것이 12장의 서두 문체입니다. 우리는 우리를 위하여 하느님께서 하신 것으로부터 하느님께서 우리가 함께해 주시기를 원하시는 것으로 옮겨갑니다. 사실상 우리는 우리 없이 우리를 지으신 분이 우리 없이 우리를 구원하실 것을 알고 있습니다.[2] 서론에서 말한 것처럼 유지하기가 가장 어려우면서 가장 중요한 균형, 즉 우리의 영적 삶의 신비적 요소와 금욕적 요소 사이의 균형, 선물로서의 그리스도와 귀감으로

---

1 성 그레고리우스 대교황, 『에제키엘 강해』 II, 7; PL 76, 1018.
2 참조. 성 아우구스티노, 『설교』 169, 11, 13, PL 38, 923.

서의 그리스도 사이의 균형을 회복하는 데 이런 식으로 도움을 받았습니다. 중세시대에 그리스도의 표상을 모델로 지나치게 강조했던 것처럼, 루터는 그리스도는 선물이고 이 선물은 믿음을 통해서만 받아들여질 수 있다는 다른 양상을 강조했다고 기록되어 있습니다.[3] 바오로가 로마서에서 약술한 방법을 따름으로써 우리는 가톨릭과 개신교 초교파주의의 연합 안에서 이 두 가지 믿음의 양상을 모을 수 있습니다. 사도는 우리에게 모방으로가 아니라 믿음으로 시작해야 한다고 가르치고 있습니다. 그래서 우리는 이것을 상기시켜 준 것에 대하여 루터에게 감사합니다. 그러나 그는 또한 우리가 '믿음에만' 머물러 있어서는 안 된다고 가르칩니다. 왜냐하면, '선한 일을 모방하는 것'은 우리의 일치와 감사의 유일하고도 참으로 진실된 표현으로서 그리고 믿음 자체의 성실하고도 전적인 표현으로서 반드시 따라야만 하기 때문입니다. 성 아우구스티노는 말하기를 "우리가 진정 사랑한다면, 우리는 모방할 것입니다. 사실 우리는 모방보다 더 훌륭한 사랑의 열매를 교환할 수 없습니다."[4]라고 말했습니다.

---

3   키에르케고르, 『Journals』, XI A 154.
4   성 아우구스티노, 『설교』 304,2; PL 38, 1395 f.

모방의 목적은 단순히 그리스도처럼 되는 것, 그분이 하신 일을 하는 것이 아닙니다. 그것은 그리스도로 옷 입는 것, 즉 그리스도로 채움 받는 것, 그리스도로 변화되어 그분과 '한 영'을 이루는 것입니다(1코린 6,17). "그리스도인의 삶의 목적은 성령을 받는 것입니다."[5]라고 러시아의 한 성인은 적절하게 표현해 주었습니다. 그리스도인의 덕목은 그것들 자체로서 목적이 아니며, 그것들을 실행하는 사람들의 도덕적 완벽 혹은 그것들을 수행함으로 그들의 영웅적 자질을 목표로 하지도 않습니다. 그들의 목적은 하느님입니다. 비록 같은 이름으로 불려지긴 하지만, 이것이 이교도의 덕목과 다른 점입니다. 덕목이 이교도적이거나 자연적인 이유로 행해질 때가 하나의 극단이라면, 그 반대의 극단은 복음화 과정에서 행해지는 경우인데, 전자의 경우에는 열정을 가라앉히는 무감각하고 냉담함을 보이는 부정적인 성향과 인간적인 성향을 나타내는 반면, 후자의 경우에는 성령을 받음으로 인해서 궁극적이고 신성한 성향을 보이며 그리스도의 말씀에 따라 살게 되는 것입니다.

---

5  사로프의 성 세라핌, 『모토빌로프와의 대화』, in I. Gorainoff, SERAPHIM de SAROV, Abbaye de Bellefontaine 1973.

## 1. 신실한 사랑

사랑은 사도가 갈라디아서 5장 22절에서 열거한 성령의 열매, 즉 그리스도인의 덕목 중 가장 첫 번째입니다. 그리고 우리의 편지는 사랑으로 덕목의 훈계를 시작합니다. 12장 전체는 일련의 간곡한 사랑의 훈계입니다. "사랑은 거짓이 없어야 합니다. 여러분은 악을 혐오하고 선을 꼭 붙드십시오. 형제애로 서로 깊이 아끼고, 서로 존경하는 일에 먼저 나서십시오"(로마 12,9). 13장은 율법의 요약과 성취로서 잘 알려진 사랑 원리의 진술을 포함하고 있습니다. "남에게 해야 할 의무를 다하십시오. 그러나 아무리 해도 다 할 수 없는 의무가 한가지 있습니다. 그것은 사랑의 의무입니다. 남을 사랑하는 사람은 이미 율법을 완성했습니다"(로마 13,8-10). 14장은 약한 사람들과 공동체 안에서 어떤 이유로서이건 다르게 생각되는 사람들을 향하여 특별한 형태의 사랑을 베풀라고 권고합니다. 8장에서 사도는 '성령의 법', 말하자면 우리로 하여금 사랑할 수 있도록 부어 넣어주신 기질인 사랑에 관해 말했습니다. 이제 그는 '성령의 열매' 말하자면 은총에 협력하는 우리 자유의지의 끊임없는 노력을 통해 획득되는 덕목으로서의 사랑에 관하여 말합니다.

이 모든 장점과 바오로의 사랑에 대한 기본 개념을 하나 되게 하는 성령을 이해하기 위하여, 우리는 "사랑은 거짓이 없어야 합니다"라는 서두어로부터 시작해야 합니다. 이것은 단지 많은 훈계 중의 하나인 것이 아닙니다. 오히려 다른 모든 훈계는 기원을 두는 모체입니다. 그것은 사랑의 비밀을 간직하고 있습니다. 성령의 도우심으로 이 비밀을 이해하도록 노력합시다. 바오로에 의해 처음 사용되고 '거짓이 없이'라고 번역된 어원은 'ἀνυπόκριτος아뉘포크리토스', 즉 '위선 없이'입니다. 이 단어는 일종의 안내 신호등입니다. 사실상 그것은 드문 용어이며 그리스도인의 사랑을 규정짓기 위해 신약성경에서만 거의 독점적으로 사용되었습니다. '위선 없는 사랑'이라는 표현은 고린토 사람들에게 보낸 둘째 편지 6장 6절과 베드로의 첫째 편지 1장 22절에서 또다시 반복되었습니다. 이 마지막 구절은 우리가 어원의 의미를 의심 없이 이해할 수 있도록 도와줍니다. 왜냐하면, 그것은 완곡법을 통하여 설명되었기 때문입니다. 진정한 사랑은 서로를 '마음으로부터' 열정적으로 사랑하는 데 있다고 기록되어 있습니다.

그러므로 사도 바오로는 "사랑이 진실되게 하라."는 간단한 진술로 사랑의 근본을 밝힙니다. 사랑은 참되고 진실하며 거짓이 없어야 합니다. 포도주가 '진품'이 되려면 포도로부터 직접 짜내야 하듯이 사랑은 마음으로부터 짜내져야 합니다. 이 점에서 사도 바오로는 그리스도의 생각을 정확하게 반영합니다. 사실, 사람의 일생 속에서 그 행동 가치가 순수하냐 불순하냐를 결정하는 '장소'로서 바오로는 되풀이하여 '마음'이라고 힘있게 지적합니다. 왜냐하면, "마음에서 나오는 것은 …… 여러 가지 악한 생각들"이기 때문입니다(마태 15,19). 우리는 사랑에 관해서는 사도 바오로의 직관을 말할 수 있을 것입니다. 즉 업적이나 언어로 이루어진 가시적이고 외적인 사랑의 세계 뒤편에는, 육신이 아닌 영혼을 으뜸으로 하는, 전적으로 내적인 세계가 있다는 계시를 말할 수 있을 것입니다. 이 직관은 사랑에 관한 가장 위대한 구절인, 고린토 사람들에게 보낸 첫째 편지 13장에도 있습니다. 이 본문을 주의 깊게 읽어보면 사도 바오로가 말한 모든 것이 이 내적인 사랑 그리고 그 사랑의 성향과 정서를 언급하고 있음을 알게 됩니다. 사랑은 오래 참고 친절하며, 시기하지 않으며, 성내지 않으며, 불평하지 않으며, 언제나 허용하고 믿고 바랄 준비가 되어있습니다. 선을 행한다거나 자선사업을 행하라는 직접적인 언급은 없지만 모든 구절은 사랑의 근원을 생각나게 합니다. 사랑하는 마음이 자선 행위보다 앞서는 것입니다. 자신의 모든 소유를 털어 가난한 이들에게 주는 위대한 외적 자선 행위도 내적 사랑이 없다면 아무 소용이 없다고 말함으로써 사랑의 두 영역을 분명히 구별한 것은 사도 바오로 자신입니다. 그것은 '진정한' 사랑과 정반대입니다. 사실, 위선적인 사랑은 사람들을 사랑하지 않으면서 친절을 베푸는 것입니다. 그것은 마음속의 감정과 일치하지 않는 외적인 것을 나타냅니다. 그럴 때 우리는 단지 사랑처럼 보이는 어떤 것을 갖고 있는 것이며 최악의 경우 그것은 자만, 허영심 그리고 다른 사람을 속이는 것 혹은 단지 양심의 가책을 은폐하는 수단일 수 있습니다.

마음의 사랑과 자선의 행위를 적대적으로 배치하거나, 적극적 사랑 행위의 부족에 대한 일종의 변명으로 내적 사랑의 위안을 찾는 것은 중대한 잘못입니다. 우리는 예수님의 말씀(마태 25,34), 야고보의 말(야고 2,16), 요한의 말(2요한 3,18)이 얼마가 강력히 우리에게 적극적 사랑을 권하는지 잘 알고 있습니다. 우리는 사도 바오로 자신이 예루살렘의 가난한 이들에게 기부금을 주었던 것을 압니다. 한편 사랑 없이 자신이 소유한 모든 것을 가난한 이들에게 준다 하여도 "아무런 유익이 없다."고 말하는 그 의미가 모든 이에게 다 무익하고 무가치하다는 의미는 아닙니다. 그것은 오히려 '나에게' 유익이 없다는 것을 말합니다. 반면에 그것을 받는 사람에게는 매우 유익할 수 있습니다. 그러므로 그것은 이기심과 이기심이 빚어낸 많은 계책을 막는 안전판으로 작용하는 것이고 자선 행위의 중요성을 경시한다는 것은 아닙니다. 사도 바오로는 모든 그리스도인이 "사랑에 뿌리를 박고 사랑을 기초로 하여 살아가기"(에페 3,17)를, 말하자면 사랑이 모든 사람의 뿌리와 기초가 되기를 원했습니다. 예수님 자신도 "네 이웃을 네 몸같이 사랑하라!"(마태 22,39)고 말씀하셨을 때 이 원리를 확증하셨습니다. 하느님께서도 이보다 더 견고하게 고정된 기둥에 우리의 이웃 사랑을 고정하실 수는 없으실 것입니다. "네 이웃 사랑하기를 네가 하느님을 사랑하듯 하라!"고 말씀하신다 하더라도 같은 결과를 얻으실 수는 없으실 것입니다. 왜냐하면, 사람들은 하느님을 사랑한다는 것이 의미하는 바에 관하여는 여전히 자신을 속일 수 있으나, 반면에 자신을 사랑하는 일에 대해서는 그렇게 할 수 없기 때문입니다. 인간은 언제나 자신을 사랑하는 것이 무엇을 의미하는지 알고 있습니다. 그것은 언제나 자기 앞에 있는 거울입니다.

진정한 사랑은 당신이 홀로 있다 하여서 속거나 속일 수 없을 정도의 깊이로 사랑하는 것입니다. 즉, 홀로 그 거울 앞에 있지만 우리는 우리를 굽어보고 계시는 하느님과 함께 거기 있는 것입니다. 이런 식으로 나의 이웃이 나의 가장 깊은 속, 성경이 이르는바 소위 '내적 인간' 안으로 들어오게 되는 것입니다. 그는 진실로 그리고 전적으로 '이웃'이 됩니다. 왜냐하면, 내가 하느님과 나 자신만 있는 홀로 있을 때조차도 그를 내 마음속에 둠으로써 내 이웃은 실지로 허물없는 친구가 됩니다. 이것은 사람이 다른 사람을 인정할 수 있는 가장 위대한 존엄입니다. 하느님께서 성인들의 궁극적 친교의 숭고한 상태를 성취하는 길을 발견하시는 것은 사랑을 통해서입니다. 그리고 그때 사랑을 통해서 하나는 모두 안에, 모두는 하나가 되어 각자의 기쁨은 모든 사람의 기쁨으로 증식될 것입니다. 신실한 사랑은 하느님의 사랑이 이 땅 위에 반영된 것입니다. 사실 하느님께서는 우리를 그분의 마음속에 간직하십니다. 그분은 우리를 사랑하시기 때문에 우리에게 선을 베푸십니다.

### 2. 거룩한 사랑

성실하기 위하여, 그리스도인의 사랑은 내면으로부터 다시 말하면 마음속으로부터 시작되어야 합니다. 그러나 우리는 곧 우리가 단지 사랑의 외적 실행으로부터 내적 실행으로 강조점을 옮김으로써 단순히 내면화한다기보다는 더 깊은 어떤 것에 이르고 있음을 분명히 해야 합니다. 이것은 단지 첫 단계일 뿐입니다. 인간의 깊이는 더 이상 순수하게 심리학적이지만은 않습니다. 성령의 현존을 통해서 그는 또한 영적인 깊이, 하느님의 깊이를 소유하게 됩니다. 사랑의 신비가 여기에 있습니다. 여기에, 성령 안에 있는 새 생명에 의하여 우리 속에 창조되는 새로움이 있습니다. 우리가 이것을 깨닫기까지, 우리는 아무것도 이해하지 못하였으며, 그리스도인이 지니는 사랑의 질이 다른 유형의 사랑과 차이가 없는 낡고 선천적인 지평 안에 머물렀을 뿐입니다. 도덕적 사랑, 즉 자선은 성경에 뿌리를 둔 사랑에 바탕을 두고 있습니다. 내면화는 하느님을 감동시킵니다. 사도 베드로는 말하기를 그리스도인은 '마음을 다해' 사랑하는 사람이라고 했습니다. 그러면 어떤 마음입니까? 새로운 마음입니다! 일찍이 인간은 율법의 지배 아래에서 벗어나려고 이렇게 새로운 마음을 간청했습니다. "하느님, 내 안에 깨끗한 마음을 새로 지어주소서"(시편 51,10). 하느님께서 몸소 그에게 새로운 마음을 약속하셨습니다(에제 36,26 참조). 이제 이 새로운 마음이 창조되었고 모든 세례 받은 사람의 속에 존재하게 되었습니다. 우리 모두는 그 새로운 마음을 작동시키고 실현시켜야 합니다.

우리가 '마음으로부터' 사랑할 때 성령과 더불어 우리 안에 계시고 우리 안에서 사랑하시는 분은 하느님이십니다. 하느님의 사랑이 우리를 통해 다른 사람들에게 전해지는 것입니다. 우리의 행동은 거짓 없이 거룩해지는 것입니다. 사실 "하느님의 본성에 참여하게 하셨다"(2베드 1,4)는 것은 하느님의 활동(하느님은 사랑이시므로 하느님의 사랑 활동)을 나누어 받는다는 것을 의미합니다. 일련의 복잡한 추론 과정을 거쳐 이 위대한 사실을 추론하는 것은 우리가 아닙니다. 그것은 신약에 명백히 포함되어 있습니다. "우리가 받은 성령을 통하여 하느님의 사랑이 우리 마음에 부어졌기 때문입니다."(로마 5,5)고 기록되어 있습니다. 예수님께서 "내가 너희를 사랑한 것처럼 너희도 서로 사랑하여라."(요한 15,12)고 말씀하셨을 때 '처럼'은 '똑같은 방식으로'거나 '똑같은 정도로'(이것은 전혀 불가능합니다.)를 의미하는 것이 아니라 '내가 너희를 사랑한 그런 사랑으로'를 의미하는 것입니다. 사실, 곧이어 예수님께서는 아버지께 "아버지께서 나를 사랑하신 그 사랑이 그들 안에 있기를" 기도하셨던 것입니다(요한 17,26). 이것은 위로에 있어서도 마찬가지입니다. 사도 바오로는 기록하기를 "하느님께서는 우리가 환난을 겪을 때마다 위로해 주시어, 우리도 그분에게서 받은 위로로, 온갖 환난을 겪는 사람들을 위로할 수 있게 하십니다."(2코린 1,4)라고 했습니다. 우리는 우리가 하느님으로부터 받은 그 위로로 위로합니다. 또 우리는 하느님께서 우리를 사랑하신 그 사랑으로 사랑합니다. 별개의 다른 사랑이나 위로가 아닙니다. 이것은 단순한 사랑의 몸짓입니다. 이것은 흔히 표현되지조차 않을 때도 있지만, 그 몸짓이 가진 외관상 어울리지 않는 반향과 그것이 일으키는 새로움과 희망을 설명하고 있습니다. 이것은 그것이 또 다른 사랑의 신호요 채널이기 때문입니다. 그러므로 그리스도인의 사랑은 그것이 그리스도의 사랑이라는 사실에 의해 다른 유형의 사랑과 구별될 수 있는 것입니다. "내 속에서 사랑하는 것은 더 이상 내가 아니오, 그리스도이신 것입니다." 삼위일체 하느님의 영원한 근원으로부터 나오는 아가페 사랑은, 예수 그리스도 안에서 인간의 모습과 마음으로 옷 입은 것으로 이제 뻗어 나가기를, 그리하여 온 땅을 적실 수 있기를 갈망하시는 것입니다. 그것은 벌집 속에 있는 꿀처럼 사람들의 마음속으로 흘러 들어가고 싶어 하십니다. 세상의 진정한 변형이 일어나는 것은 이 깊고 신비한 정도인 것입니다. 이기심의 원천은 봉쇄되고 사랑의 원천은 재개되는 것입니다. 창조는 다시 시작됩니다! 하느님의 사랑은 진정 새 세상의 본질인 것입니다.

나 역시 하느님의 사랑을 발산하는 중심 중추가 될 수 있습니다. 그러나 이 생각을 칭찬하거나 거기 도취할 일은 없습니다. 그것은 가장 근실한 생각입니다. 왜냐하면, "우리가 가진 것 중에 받지 않은 것은 없기 때문"(1코린 4,7)입니다. 또한 새로운 생각을 실행에 옮기려면 묵은 생각을 침묵시키는 것이 필요하기 때문에 그것은 또한 있는 그대로의 순수한 생각입니다. 우리는 자신에 대하여 죽어야 합니다.

## 3. 판단하기를 그만둡시다

사랑에 대한 사도의 권고를 묵상하는 동안, 나는 어느 순간 선지자 예레미야의 말씀이 강하게 생각났습니다. "묵혀 둔 너희 땅을 갈아엎어라. 가시덤불에는 씨를 뿌리지 마라 …… 할례를 하여 자신을 주님께 바쳐라. 너희 마음의 포피를 벗겨 내어라"(예레 4,3-4). 하느님의 말씀에 의해 제시된 진정한 사랑의 틀 속에서, 나는 엉겅퀴로 가득하여 갈아엎어지기를 기다리는, 버려진 땅과 같은 상태인 내 마음의 환상을 분명히 보았습니다. 동시에 나는 내 마음을 "만인에게 자비로우시며 주님이 만드신 그 어느 것도 싫어하시지 않으시는"(지혜 11,23-24) 하느님의 마음처럼 형제들에게 '환영받는' 곳이 되게 하고 싶다는 욕구로 가득 차게 되었습니다.

한때 아프리카에서 어떤 풍경을 본 적이 있었는데, 이것은 선지자 예레미야가 마음에 간직했던 것과 비슷한 것이었을 것입니다. 그는 내가 방금 언급했던 말씀들을 시사하고 있었음을 나는 이해하였습니다. 몇 달에 걸친 가뭄 동안 들판은 버려지고, 말 그대로 엉겅퀴와 가시나무로 덮여있었습니다. 우기가 다가오고 씨 뿌릴 때가 되면 농부들은 그의 밭으로 나가 엉겅퀴 사이에 씨뿌리지 않으려고 모든 가시나무와 관목들을 모아 불태웁니다. 해 질 녘이 되면 광대하고 조용한 아프리카의 풍경 속에 여기저기에서 밝게 타고 있는 많은 화톳불을 볼 수 있습니다. 선지자는 우리도 우리의 마음 밭에 그와 같은 일을 해야 한다고 말합니다. 예수님이 십자가 위에서 하셨던 것처럼 우리는 우리 안에 있는 "적의를 없애야만 합니다"(에페 2,14 참조). 하느님의 말씀은 우리가 특히 세 개의 화톳불을 만들라고 권합니다.

첫 번째로 태워버려야 할 화톳불은 악한 판단입니다. 그러면 왜 우리 중 누군가는 형제를 심판하고 형제를 멸시합니까? 그러므로 우리 각자는 서로 남을 심판하지 맙시다(로마 14,10-13). 혐오와 비난으로 가득 찬 적대적 판단은 우리가 그들로부터 자유롭기 위해 뿌리 뽑아 불태워야 할 엉겅퀴입니다. 예수님께서는 "남을 심판하지 마라. 그래야 너희도 심판받지 않는다. …… 너는 어찌하여 형제의 눈 속에 있는 티는 보면서, 네 눈 속에 있는 들보는 깨닫지 못하느냐?"(마태 7,1-3)라고 말씀하셨습니다. 이 말씀은 "사람들을 판단하지 않으면 사람들도 당신을 판단하지 않을 것이라는 의미가 아닙니다. 우리는 이것이 항상 들어맞는 것은 아니라는 것을 경험으로 알고 있습니다. 오히려 우리가 형제를 판단하지 않으면 하느님께서도 우리를 판단하지 않으시리라는 뜻입니다. 더 나아가 주님께서 우리를 판단하지 않으셨으니 우리도 우리 형제를 판단하지 말라는 것입니다. 그것은 공리적인 도덕의 문제가 아니라 복음 선교적인 도덕의 문제입니다. 하느님께서는 우리 형제의 죄(판단 받은 죄)가 무엇이든지 그것을 티끌에 비유하시고, 이에 반하여 판단하는 사람의 죄(타인을 판단한다는 바로 그 사실 때문에)를 들보에 비유하십니다. 남을 판단하는 것은 하느님이 보시기에 그토록 심각한 것입니다.

야고보와 베드로는 각기 판단을 금하는 이유를 이렇게 말합니다. 야고보는 "그대가 누구이기에 이웃을 심판한단 말입니까?"(야고 4,12)라고 말합니다. 그의 말은 오직 하느님만이, 마음의 비밀과 모든 행동의 이유, 의도, 그 목적을 아시기 때문에, 판단하실 수 있다는 뜻입니다. 다른 사람이 어떤 식으로 행동할 때 그 사람의 마음속에 무엇이 있는지 우리가 어떻게 압니까? 기질과 양육을 통해서 그가 적응해야 하는 모든 조건을 우리가 어떻게 압니까? 그리고 그의 행위가 함축하고 있는 것들을 우리가 어떻게 압니까? 스스로 판사의 지위에 앉기를 원하는 것은 위험한 일입니다. 그것은 마치 화살이 어디에 떨어질지 모르는 채 눈을 감고 화살을 쏘는 것과도 같습니다. 우리는 불공평하고 냉혹하고 우둔하게 되는 위험을 무릅쓰는 것입니다. 우리가 스스로를 이해하고 판단하는 것이 얼마나 힘든 일인지 그리고 우리의 판단은 얼마나 혼란스러울 수 있는지를 기억하고, 우리가 다른 이의 깊이, 즉 그의 과거, 현재, 그가 겪은 슬픔에 이르는 것이 전혀 불가능하다는 것을 아는 것이 얼마나 어려운지 기억하는 것으로 충분합니다. "그 사람 속에 있는 영이 아니고서야, 어떤 사람이 그 사람의 생각을 알 수 있겠습니까"(1코린 2,11). 어느 날 한 나이 많은 수사가 그 형제 중 한 사람이 죄를 범했다는 것을 듣고 말했습니다. "그는 얼마나 무서운 짓을 저질렀는가!" 그런데 밤에 한 천사가 범죄한 형제의 영혼을 그의 앞에 데리고 와서 말했습니다. "자, 보십시오. 당신이 판단한 사람이 죽었습니다. 당신은 그를 천국에 보내기를 원합니까, 아니면 영원히 벌 받기를 원합니까?" 그 나이 많은 수사는 그 동료의 영원한 목적지를 자기 자신이 결정한다는 생각에 충격을 받고 그의 남은 생애 동안 그의 죄를 용서해 주시라고 하느님께 기도하

며 신음과 눈물과 노고로 지냈습니다.[6]

사도 바오로의 논거는 판단하는 사람이 판단 받는 자와 똑같은 식으로 행동하고 있다는 것입니다. "남을 심판하는 사람이여, 그대가 누구든 변명의 여지가 없습니다. 남을 심판하면서 똑같은 짓을 저지르고 있으니, 남을 심판하는 바로 그것으로 자신을 단죄하고 있기 때문입니다"(로마 2,1). 우리가 남을 판단하고 그 결과 우리 자신의 행동을 반성해보는 기회를 가질 때마다, 우리는 대가를 지불하고야 우리 자신에 대한 진실을 깨닫게 되는 것입니다. 우리 속에 있는 특별히 싫은 모습이지만, 직면할 용기가 부족한 어떤 것들이 다른 사람에게서 보일 때, 판단하고 정죄定罪하는 것이 전형적인 인간 본성입니다. 즉 비열한 사람이 비열한 것을 판단하고 감각적인 사람들은 도처에서 욕망의 죄악을 발견하고, 그리고 교만한 사람이 남보다 더 자신의 주변에 있는 교만한 죄를 더 잘 파악합니다.

그러나 다른 사람을 판단하는 문제는 복잡하고 미묘하여서 비현실적으로 보이지 않고서는 이 정도의 전형적 모습을 넘어설 수

---

6 참조. 가자의 도로테우스(6세기의 수도사제), 『훈화집』, VI,71; SCh 92, p.272.

밖에 없습니다. 사실 우리가 어떻게 남을 전혀 판단하지 않고 살 수 있을까요? 판단은 잠시 동안도 예외 없이 우리 속에 함축되어 있습니다. 우리는 아무 견해를 갖지 않고, 즉 판단함이 없이 관찰하고, 듣고, 살 수는 없습니다. 사실 우리 마음이 벗어나야만 하는 것은 다른 사람을 판단함으로부터라기보다는 우리가 다른 사람을 판단하는 악의로부터입니다. 즉, 우리 안에 있는 분노와 비난으로부터 벗어남이 중요한 것입니다. 루카복음에서 예수님이 주신 명령 "남을 비판하지 말라. 그러면 너희도 비판받지 않을 것이다."라는 말씀은 곧이어 "남을 단죄하지 말라. 그러면 너희도 단죄받지 않을 것이다."(루카 6,37)라는 말씀으로 이어지는데, 마치 명령의 의미를 명백하게 설명하는 듯합니다.

판단하는 것은 그 자체로서는 중립적인 행위입니다. 판단은 유죄판결이건 무죄 언도이건 정당성을 지닙니다. 하느님의 말씀이 배제하는 것은 부정적 판단으로서, 죄와 죄인을 동시에 단죄하는 판단들입니다. 객관적으로 말하자면 한 아이의 어머니와 외부 사람은 그 아이가 가지고 있는 똑같은 잘못에 대해 말할 때 서로 다르게 판단할 수 있습니다. 그 두 가지의 판단은 엄연히 다릅니다. 어머니는 그 잘못이 자신의 것인 양 괴로워하며 동시에 책임을 느끼고 그 아이를 도우려고 결심합니다. 그녀는 아이의 잘못을 사방에 떠벌리고 다니지 않습니다. 그러면 '다른 사람들'에 대한 우리 판단도 이 어머니의 판단과 같아야 합니다. 왜냐하면, "우리는 그리스도 안에서 한 몸을 이루고"(로마 12,5) 있기 때문입니다. 여기서 '다른 사람들'은 '우리들 자신'인 것입니다.

때때로 사람들의 직무에 따라 혹은 부름 받은 거룩한 의무의 유형에 따라 하느님께서는 그 사람이 다른 사람들 판단하기를 철저하게 그만두라고 요구하실 수 있고 동시에 필요한 은총을 주시기도 하십니다. 그러나 늘 그런 것만은 아닙니다. 다른 사람에게 부모, 상관, 고해 신부, 판사로서의 책임을 지고 있는 사람들은 누구나 판단을 내려야 합니다. 흔히 판단하는 것은 사회나 교회를 섬기도록 부르심을 받은 봉사의 한 유형입니다. 그리스도인의 사랑이 지니는 힘은 여기 있습니다. 그것은 사랑이 없는 행위를 사랑의 행위로 변화시킬 수 있습니다. 로마에서 사도 바오로는 그의 동족 유대인들을 그것도 아주 분명하고 엄하게 판단합니다(로마 2,17 이하 참조). 그러나 그는 또한 말합니다. "나는 그리스도 안에서 진실을 말하고 거짓말을 하지 않습니다. 나의 양심도 성령 안에서 증언해 줍니다. 그것은 커다란 슬픔과 끊임없는 아픔이 내 마음속에 자리 잡고 있다는 것입니다. 사실 육으로는 내 혈족인 동포들을 위해서라면, 나 자신이 저주를 받아 그리스도에게서 떨어져 나가기라도 했으면 하는 심정입니다"(로마 9,1-3). 그리고 그는 하느님과 그의 양심 앞에서 그가 그들을 사랑하는 것을 알았기 때문에 이처럼 말할 수 있었던 것입니다. 이것이 꾸밈없는 진정한 사랑입니다.

이제 여기 몇 가지 실제적 제안이 있습니다. 사도 바오로가 말한 바처럼 말할 수 없다면, 판단하지 마십시오. 혹은 이 사랑의 수준에 이르지 않고 판단해야 한다면 겸손하게 그것을 인정하고 즉각적이고 분명한 결과로 시정되지 않더라도 놀라지 마십시오. 하느님께서는 우리가 타인의 잘못을 지적하고 있는 동안에도 우리를 교정하시기 원하십니다. 때때로 우리는 장황하게 그리고 경솔하게 누군가에게 어떤 것을 이해시키려고 애쓴 후에, 문제는 우리가 그를 전심으로 사랑하지 않은 데 있음을, 그래서 다른 식으로 다시 시작해야만 하게 됨을 알게도 됩니다. 예수님께서는 분명하게 말씀하셨습니다. 우리는 먼저 우리의 눈 속에서 '들보'를 빼내어야 하고, 그래야 눈이 잘 보여 형제의 눈에서 '티'를 빼낼 수 있다고 하셨습니다(마태 7,5 참조). 우리는 분노와 사랑 없는 냉혹함을 제거해야 합니다. 그래야 우리의 소견이 받아들여지고 아마도 형제는 그의 '티'를 제거할 것입니다. 그리고 그가 우리를 신뢰할 것입니다. 어느 누가 타인이 난폭하게 그 손가락을 눈에 넣어 마치 땅에서 잡초를 뽑아내듯 티를 꺼내 내도록 허용하겠습니까?

평가는 내적 사랑의 또 다른 검증 요점입니다. 그리고 그것은 전자와 엄밀하게 관계가 있습니다. "형제애로 서로 깊이 아끼고, 서로 존경하는 일에 먼저 나서십시오"(로마 12,10). 그러나 여기서 우리는 다시, 사랑이 이기주의라는 대적大賊과 사이가 나쁘다는 인간의 약점을 언급하고 있습니다. 다른 사람을 존중하는 것은, 자부심을 너무 갖지 않는 것, 자신 있다는 언행을 전혀 쓰지 않는 것을 의미합니다. 사도 바오로가 말한 것처럼 "자신을 과대평가하지 않는 것"(로마 12,3)이 필요합니다. 자신을 과대평가하는 사람은 마치 밤에 자신의 눈앞에 강한 빛을 두는 사람과 같아서, 그는 그 빛 외에 다른 것은 볼 수 없습니다. 즉 그는 다른 사람의 빛, 다른 사람의 장점과 가치를 볼 수 없습니다.

우리가 태워버려야 할 두 번째 화톳불은 다른 사람을 무시하고 경멸하는 생각과 느낌입니다. 우리는 동시에 우리의 덕목과 우리 이웃의 결점을 최소화하도록 배워야 합니다. 우리는 종종 오히려 그 반대로 우리 결점과 우리 이웃의 장점을 최소화하며 삽니다. 우리는 우리 자아를 마치 그것이 죄수석에 앉아있는 것처럼 끊임없이 관찰하여야 합니다. 그러나 그것이 자리를 옮겨 재판관석에 앉자마자 우리는 부드럽게 그러나 단호하게 그것을 되돌려 놓아야 합니다. 이렇게 하는 것이 우리들 마음의 가책으로 하여금 우리의 겸손과 사랑의 성장을 돕게 하는 방법입니다.

진정한 사랑을 배우는 일에 방해가 되는 장애물은 타인이 우리에게 보이는 평가, 즉 그는 나를 중히 여기지 않아, 그는 나를 경멸해, 라고 생각함에 있습니다. 사실 신약성경에 비추어 보면 이것은 전혀 어울리지 않습니다. 새로운 사랑의 법은, 구약에 제시된 보복의 율법에서 그러했던 것처럼, 그들이 우리에게 행하는 것을 그들에게 행하는 데 있지 않고, 하느님께서 우리에게 해 주신 대로 우리가 다른 사람들에게 해 주는 데 있습니다. 즉 "주님께서 여러분을 용서하신 것처럼 여러분도 서로 용서하십시오"(콜로 3,13). 다른 사람들이 판단의 표준 역할을 할 수 있는 것이 사실이지만 그때에도 그들이 우리에게 '행하는' 것의 문제가 아니라 그들이 우리에게 무엇을 해주기를 우리가 '바라는' 것의 문제입니다(마태 7,12 참조). 그러므로 우리는 다른 사람과 비교해서 우리 자신을 평가하지 말고 하느님을 배경으로 하여 우리를 평가해야 합니다. 우리는 우리가 다른 사람들을 어떻게 대우하는가 그리고 그들이 우리에 대한 대우를 우리가 어떻게 받아들이는가에만 관심을 기울여야 합니다. 나머지는 기분전환일 뿐이며 하찮은 것입니다. 그것은 다른 사람과 관계가 있습니다.

## 4. 악한 말을 피하십시오

감정, 판단, 관심이라는 내적 영역과 사랑의 행위인 외적 영역 사이에는 말(언어)이라는 중간 영역이 있는데 이것은 양자를 조금씩 포함하고 있습니다. 입은 마음의 척후병입니다. 왜냐하면, "마음에 가득 찬 것이 입으로 나오는 법"(마르 12,34)이기 때문입니다. 우리의 사랑이 단지 "말이나 이야기에 불과해서는 안 된다는 것"(1요한 3,18)이 사실이지만 우리는 또한 말과 이야기로도 사랑해야 합니다. 사도 야고보는 말합니다. "이와 마찬가지로 혀도 작은 지체에 지나지 않지만 큰일을 한다고 자랑합니다. 아주 작은 불이 얼마나 큰 수풀을 태워 버리는지 생각해 보십시오. …… 사람을 죽이는 독이 가득합니다"(야고 3,1-12). 혀로 인해 얼마나 많은 살인이 일어나는지요! 사회와 가정생활에서 거칠고 냉혹한 말들이 우리를 자신 속에 가둘 수 있으며 모든 신뢰와 우애 있는 분위기를 파괴할 수 있습니다. 가장 민감한 사람들은 글자 그대로 거친 말로 인해 "굴욕을 느낍니다." 즉, 죽임을 당합니다. 그리고 어쩌면 우리도 역시 조금씩은 이러한 죽음이 양심에 걸리기도 합니다. 우리가 말의 근본인 마음의 변화 없이 위선적으로 우리 언어만을 바꾸려 해서는 안 된다는 것이 사실입니다. 그러나 언어를 바꾸는 것이 마음을 바꾸는 데 도움이 된다는 것도 사실입니다. 이것이 사도 바오로가 이 귀중한 담화의 규칙을 제시한 이유입니다. "남을 해치는 말은 입 밖에도 내지 마십시오. 오히려 기회 있는 대로 남에게 이로운 말을 하여 도움을 주고 듣는 사람에게 기쁨을 주도록 하십시오"(에페 4,29). 이 말은 그 자체가 사순절을 위한 영적 프로그램이 될 수 있습니다. 그들은 상당히 유익한 금식 형태, 악한 말들로부터의 '금식과 단식'을 실천하는 것입니다. 우리가 사도 바오로의 말씀을 일상에서 실천하려 하면, 우리는 곧 예레미야가 일찍이 말했던 '마음과 입술의 할례'를 체험하게 될 것입니다. 우리의 입에서 나오는 악한 말들, 이것이 세 번째로 태워야 할 화톳불입니다.

악한 말과 선한 말 알아보기를 배우기는 쉽습니다. 필요한 것은 단지 그 말들이 취하고 있는 길이 무엇인지 그리고 그 길들이 어디에 이를지를 이해하고 예견하는 것입니다. 그들이 우리 자신의 영광에 이르게 하는지 아니면 하느님의 영광이나 우리 이웃의 영광에 이르게 하는지, 그들이 우리 자신을 정당화하고 연민하고 주장하는데 소용되는지 아니면 우리 이웃을 정당화하고 연민하고 주장하는데 소용되는지를 예견하는 것입니다. 악한 말은 처음에 발화되고 난 다음에, 틀림없이 철회될 것이고, 용서를 구하게 될 것이며, 배상을 하기 마련입니다. 그런 다음 조금씩 조금씩 그 말들은 하마터면 나올 뻔하다가, 말이 입 끝에서 뱅뱅 돌다가 자제될 것이고 마침내 그것들은 선한 말에 자리를 양보하고 사라지기 시작합니다. 그렇게 되면 이것은 우리 이웃에게 얼마나 좋은 선물이며 형제애를 위하여 기여하지 않겠습니까! 마음으로부터 나오는 선한 말은 사람에게 향유와 같으며, 하느님께로부터 몸소 주시는 선물입니다. 왜냐하면, 우리가 보았듯이 우리가 마음으로부터 사랑할 때, 우리 안에서 사랑하시는 분은 하느님이시기 때문입니다. 하느님께서는 말(언어)을 그분이 가장 좋아하시는 위로의 방법, 계몽의 방법, 세상 사람들에게 생명을 주는 방법, 그리고 그분의 사랑을 계시하시는 방법으로 삼으셨습니다. 진실로 성경은 하느님의 선하신 말씀이 아니고 무엇이겠습니까?

## 5. 새로운 시각으로 당신의 형제를 관찰하십시오

사랑은 진실로 보편적인 만능의 해법입니다. 모든 일에서 최선책을 수립하는 것은 어려운 일입니다. 침묵을 지키거나 소리

내 말하거나, 마음대로 하도록 방관하거나 누군가의 잘못을 지적하거나 하는데, 그 모든 경우에 있어서 최선책의 수립이란 어려운 일입니다. 그러나 당신이 사랑을 가지고 있다면, 당신이 무엇을 하든 그것은 최선책이고 옳은 일입니다. "왜냐하면, 이웃을 사랑하는 사람은 이웃에게 해로운 일을 하지 않기"(로마 13,10) 때문입니다. 이런 점에서 성 아우구스티노는 "사랑하라. 그런 다음에 네가 할 일을 하라"고 자주 말했습니다. "이 짧은 명령은 단호하게 당신에게 주어졌습니다. 사랑하라. 그리고 네가 할 바를 하라. 당신이 침묵을 지킨다면 사랑 때문에 침묵하라. 당신이 말을 한다면 사랑 때문에 말하라. 당신이 누군가의 잘못을 지적한다면 사랑으로 그렇게 하라. 당신이 용서한다면 사랑으로 용서하라. 사랑의 뿌리가 당신 안에 있게 하라. 왜냐하면, 이 뿌리로부터 선한 것만이 나올 수 있기 때문이다."[7] 흔히 이 문장은 다소 위험한 것이라는 혐의를 받기도 했습니다. 이 말 때문에 젊은 사람들이 많은 성적 비행을 정당하다고 주장하기도 했습니다. 그러나 성 아우구스티노는 '위장한 이기주의'가 아니라 '진정한 사랑'을 말하고 있는 것입니다.

---

7   성 아우구스티노, 『요한서간(제1서) 강해』 7,8; PL 35, 2023.

사랑은 우리가 누구에게든지 나누어주어야 할 의무가 있는 유일한 것입니다. "아무에게도 빚을 지지 마십시오. 그러나 서로 사랑하는 것은 예외입니다. 남을 사랑하는 사람은 율법을 완성한 것입니다"(로마 13,8). 우리에게 접근하는 모든 사람은 우리가 그에게 지불해야 할 것을 받으러 오는 채권자입니다. 그들은 우리가 줄 수 없는 것이나 명확히 거절해야만 하는 것을 요구합니다. 그러나 우리가 그들을 거절하여 보낸다 하더라도, 우리가 그들에게 진 사랑의 빚을 지불하지 않은 채 그들을 돌려보내지 않도록 조심하십시오. 그리스도 안에서 하느님께서는 우리의 이웃과 나누라고 우리에게 사랑을 주셨습니다. 이 사랑은 우리의 것이 아닙니다. 우리의 이웃은 그의 몫을 요구할 충분한 권리를 가지고 있는 것입니다. 우리는 끝없는 빚을 진 채무자인 것입니다. 왜냐하면, 우리가 무슨 일을 하더라도, 우리는 결코 우리가 받은 정도만큼의 사랑을 나누지는 못할 것이기 때문입니다. 이것이 어떤 주인이 그의 종에게 다른 종들을 다스리며 제때 공급하라고 맡기고 떠난 '양식'입니다(마태 24,45 참조).

사도가 이제까지 말해온 내적 사랑은 우리가 늘 실천할 수 있는 사랑의 유형입니다. 사랑의 외적 행위는 필연적으로 방해를 받기 마련입니다. 그러나 사랑은 중단할 필요가 없습니다. 이것은 어떤 사람은 실행해야 하고 다른 사람들은 받기만 하는 유형의 사랑이 아닙니다. 부자들을 가난한 사람들과, 건강한 사람들을 아픈 사람들과 구별하는 것은 사랑이 아닙니다. 우리는 모두 그것을 실천할 수 있습니다. 부자는 물론 가난한 사람도 그렇습니다. 그것은 때때로 운명과 인간의 불법행위로 확정된 상황을 역전시켜서 가난한 사람들을 참으로 부유한 자와 진정한 기증자로 바꾸어 놓습니다.

보편적인 것과는 별문제로 하고, 이 유형의 사랑은 또한 매우 실용적입니다. 사실 그것은 우리의 생각과 싸우는 추상적 투쟁의 수행 문제가 아니라, 새로운 견지에서 우리 주변에 있는 사람들과 상황을 향해 시작하는 문제입니다. 우리는 이것을 실행에 옮길 기회를 찾으러 다닐 필요는 없습니다. 그 기회는 언제나 있습니다. 그들은 바로 오늘 우리가 대해야 하는 사람들입니다. 우리가 해야 할 일은 단지 참된 사랑으로 한 사람을 바라보려고 결심만 하는 것입니다. 그러면 우리는 그를 향한 우리의 태도가 완전히 바뀌어 있음을 보고 놀랄 것입니다. 그것은 우리가 육안肉眼과는 전혀 다른 새로운 눈을 갖는 것과도 같습니다. 모든 관계는 변화됩니다.

이런 점으로 볼 때 우리가 앞으로 한 발짝 내딛는 데 있어서 무언가 할 수 없는 상황이란 없습니다. 예를 들어보겠습니다. 우리는 아프거나 잠 못 이루고 누워있으면서 줄곧 기도할 수는 없습니다. 하느님의 말씀은 굉장히 중요한 과제를 우리에게 제의합니다. 기도와 형제 사랑을 교대로 하라 하십니다. 우리는 믿음을 통해 그 순간 하느님께서 우리 마음속에 넣어주신 사람들을 우리의 방으로 모실 수 있습니다. 이들은 어쩌면 그들에 대한 우리의 태도를 바꾸어야 할 필요가 가장 많은 사람일 수 있습니다. 그들이 우리 앞에 있거나 도리어 바로 우리 마음속에 있는 동안 우리가 하느님께서 우리 바라보시기를 원하는 것처럼 바로 그렇게 하느님의 마음과 눈으로 서로를 보기 시작할 수 있습니다. 우리는 마치 기적에 의한 것처럼 편견과 적대감의 원인인 모든 원한이 사라져 버리는 것을 알 수 있을 것입니다. 우리는 그 사람을 우리 자신과 마찬가지로, 그의 약함 그리고 그의 한계성과 마주 싸우는 가엾고 고통받는 사람으로, 그리고 다른 모든 사람을 "그리스도께서 그를 위하여 죽으신 사람으로"(로마 14,15) 보게 될 것입니다. 우리는 더 일찍 이것을 본 적이 없음에 놀랄 것입니다. 그리고 친구와 작별하듯 그와 평화롭게 작별할 것입니다. 우리가 받은 은혜가 우리를 도와주는 한 우리는 이 노정을 계속할 수 있습니다. 무슨 일이 계속되고 있는지 아무도 모릅니다. 만일 누군가가 우리 방에 들어왔다면, 그들은 어쩌면 우리 얼굴이 좀 더 빛난다는 것 외에 다른 아무런 변화도 알아차리지 못할 것입니다. 그러나 그러는 동안 천국이 우리 안에 임했습니다. '사랑이라는 여왕'이 우리를 방문했습니다! '작은 새 하늘과 새 땅'이 낡은 땅을 대신했습니다. 그리고 이것으로부터 이득을 얻는 첫 번째 사람은 우리가 화해하게 된 그 사람일 것입니다. "사랑은 지어지는 것입니다"(1코린 8,2). 화해와 평화의 세상, 거기서는 각 사람의 존엄과 지위가 인정되며 우리 모두가 바라고 희망하는 곳입니다. 그 세상이 오늘 우리 곁에서 현실이 되기 시작한 것입니다. 사실, 그것이 어떤 식으로든 사람의 마음속에서 이루어지지 않는다면 그 세상은 결코 사람 밖에서도 이루어지지 않을 것입니다.

이 단원을 정리하며 특별한 미사 중에 하느님께 바칠 '자선의 미덕을 구하기 위한' 성찬 전례 기도문을 직접 만들어 봅시다. "아버지, 우리 마음을 당신 사랑의 성령으로 타오르게 하시어 당신의 뜻을 따라 생각하고 행동하며 전심을 다 하여 형제자매 안에서 당신을 사랑하게 하소서. 우리 주 그리스도를 통하여 비나이다."

## 제11장

## 당신 자신을 너무 높이
## 생각하지 마십시오

### 그리스도인의 겸손

　남태평양에서 값진 진주를 찾기 위해 잠수하는 진주잡이 잠수부는 특이한 체험을 하는데 이것은 어떤 의미에서 물속으로 깊이 들어가려는 모든 잠수부가 경험하는 것입니다. 물은 온 힘으로 그를 밀어 올리는 경향이 있습니다. 이것은 알키메데스의 부력의 원리, 즉 물속에 가라앉는 물체에 밑으로부터 가해 올리는 부력입니다. 물체의 크기와 부피가 커지면 커질수록 움직이는 물의 양은 더 커지고 표면에 가해지는 힘은 더 커집니다. 그러므로 모든 것은 진주잡이 잠수부를 위로 밀어 올리는 부력이 있습니다. 그러나 그는 희망을 가지고 그리고 흔히 필요에 의해 잠수합니다. 왜냐하면, 그는 이 일로 생계를 이어나가기 때문입니다. 그래서 힘있게 그리고 솜씨 있게 바다 밑바닥으로 곧바로 내려갑니다. 그 수고는 대단합니다. 그러나 그가 바다 밑바닥에서 빛나는 진주가 힐끗 보이는 반쯤 열린 전복을 발견하자마자 그 수고는 변하여 억제할 수 없는 기쁨이 됩니다.

겸손을 찾는 것은 진주잡이 잠수부의 모험과 비슷합니다. 사실 우리는 내려가야 합니다. 우리는 자기 착각의 조용한 물밑을 헤쳐서 내려가야 합니다. 그리하여 우리와 관계가 있는 진리의 굳은 땅에 이를 때까지 계속해서 잠수해야 합니다. 그리고 바다보다 더 강한 힘, 우리의 내적 자긍심이 우리를 밀어 올리려 하고, 우리를 떠오르게 하며, 우리를 다른 사람들과 우리 자신들의 위로 밀어 올리려 하는 동안에도, 이 잠수는 지속되어야 합니다. 그러나 우리의 마음이라는 조개 속에 숨기어져 그 끝에서 우리를 기다리고 있는 진주는 우리에게 맡겨진 일을 단념하고 포기하기에는 너무나 귀중한 보석입니다. 사실 우리는 우리 자신과 다른 사람들에게 외관상으로 보이는 착각의 영역을 극복해야 합니다. 그리하여 하느님이 보시고 우리 실체를 발견하시기까지 그리해야 합니다. 왜냐하면, 프란치스코 성인이 늘 말씀하셨듯이 "하느님 앞에 있는 사람은, 그저 하나의 인간일 뿐, 그 이상의 아무것도 아니기 때문입

니다."¹

지적한 바와 같이 인간은 두 가지 종류의 매우 상이한 삶의 형태를 갖고 있습니다. 그의 실제적인 삶과 그의 마음속에 혹은 다른 사람들의 평가 속에 그가 살고 있는 가공의 삶이 그것입니다. 우리는 우리 상상의 삶을 미화하고 지키기 위해 끊임없이 애쓰며 우리 실제의 삶을 무시합니다. 우리가 어떤 장점이나 명예로운 것이 있다면 어떻게 해서든지 그것을 알리려고 매우 애를 씁니다. 그래서 그 장점이나 명예로운 것을 통해 우리 상상의 삶을 풍성하게 합니다. 타인의 입에 이러한 공적이 회자되는 한 용감해 보이기 위해서 비굴해지기까지 하고 심지어는 자신의 생명을 바치기까지 합니다.² 따라서 겸손하기 위해 노력하는 것은 진정한 자신을 위한 노력이며, 그리하여 겸손은, 신앙인으로서의 자신에게 영향을 미치기 이전에 인간으로서의 자신에게 영향을 미칩니다. 인간은 마땅히 겸손해야 합니다. '인간'(Man, homo)과 '겸손'(humility, humilitas)은 둘 다 흙을 의미하는 같은 라틴어 'humus후무스'에서 왔습니다. 니체는 그리스도교 윤리학이 세상에 준 가장 아름다운

---

1 『Writings and Early Biographies of St. Francis of Assisi』, Chicago 1983, p.84.
2 Cf. B. Pascal, PENSEES 147 Br.

선물, 즉 겸손 때문에, 그리스도교 윤리학과 심하게 싸웠습니다.

그러므로 우리는 하느님의 말씀을 믿읍시다. 성령의 능력으로 그 말씀은 우리를 그 귀중한 진주 찾는 일 외에 다른 것은 할 수도 없고 더는 하고 싶어 하지도 않는 '어부'로 변화시킬 것입니다.

## 1. 온건함으로서의 겸손

앞장에서 다루어진 사도 바오로의 사랑에 대한 권고는 상호 간에 명백히 관련되는 겸손에 관한 두 가지의 짧은 권고 안에 포함되어 있습니다. 이리하여 사랑에 관한 강론을 위한 일종의 골격을 이루고 있습니다. 만일 우리가 중간 부분을 생략하고 두 가지 권고를 차례로 인용한다면 다음과 같습니다. "나는 여러분 한 사람 한 사람에게 말합니다. 여러분은 자신을 과대평가하지 말고 하느님께서 각자에게 나누어주신 믿음의 정도에 따라 분수에 맞는 생각을 하십시오. 오만한 생각을 버리고 천한 사람들과 사귀십시오. 그리고 잘난 체하지 마십시오"(로마 12,3; 16,1-27).

이 권고들은 단지 평범한 온건함이나 겸손을 권고한 것이 아닙니다. 이 소수의 단어는 우리에게 겸손의 지평을 매우 넓게 열어

줍니다. 사랑의 옆에 사랑과 나란히, 사도 바오로는 겸손을 제2의 기본적 가치, 즉 성령 안에서 우리 삶을 새롭게 하려고 취해야 할 두 번째 과정으로 보고 있습니다.

사도 바오로는 겸손에 관한 전통적 성경의 교훈을 그리스도교 공동체의 삶에 적용시킵니다. 그것은 끊임없이 '스스로를 올리거나', '스스로를 낮추는', 즉, 위를 향하거나 아래를 향하는 공간적 은유로 표현되고 있습니다. 우리는 너무나 높은 것들을 열망할 수 있습니다. 즉 신비를 연구 조사하는데 우리 한계를 소홀히 하는 그리고 사도의 선교 범위를 능가하는 엄청난 연구의 지성을 통하여, 혹은 세상에 알려진 유명한 지위와 직업을 열망할 수 있습니다. 사도는 이런 가능성을 기억하고 있으며, 그리하여 그의 말이 동시에 마음의 가능성과 의지의 야망과 충돌합니다. 그러나 그렇게 함으로써 즉 겸손에 대한 성경의 전통적 교훈을 전하고 알려줌으로써 사도 바오로는 겸손에 대한 성경의 교훈보다 한 단계 앞선 덕행에 어느 정도 새롭고 독창적인 자극을 줍니다. 구약에서 겸손을 정당화하는 자극이나 이유는 "교만한 자들을 꾸짖으시고 겸손한 자들에게 은혜를 보이시는 하느님"(잠언 3,34; 욥기 22,39)과 관련되어 있습니다. 그러나 하느님께서 "겸손한 자를 높이시고 교만한 자를 낮추시는" 이유는 아직 명백히 진술되어 있지 않습니다. 하느님께서 '교만한 자를 낮추신다는 사실', 이것은 다른 종교나 문화에서도 언급되어 있습니다. 이것은 여러 가지 방법으로 설명될 수 있습니다. 예를 들면, 어떤 그리스 저자가 가르쳤던 것처럼 '하느님의 질투'에 의해 혹은 단순히 인간의 'ὕβρις휴브리스'나 인간의 오만을 벌하시는 하느님 의지에 의해서입니다. 사도 바오로가 겸손에 대한 말에 도입한 결정적 개념은 '진실'이라는 개념입니다. 이른바 하느님과 연관된 신학적 동기에 그는 인간과 연관된 다른 동기를 추가합니다. 그것을 우리는 인류학적이라고 부릅니다. 하느님께서는 겸손한 사람을 사랑하시는데 그것은 겸손한 사람은 진실하기 때문입니다. 그는 성실한 사람입니다. 하느님께서는 오만한 자를 벌하시는 데 그것은 오만한 자가 거만하기에 앞서 불성실하기 때문입니다. 그리스 철학자들은 이 확신이 없었습니다. 그들은 다른 모든 미덕을 알고 있었고 그것들을 칭찬했지만, 겸손에 대해서는 알지 못했습니다. 그들에게는 겸손이란 단어는 언제나 주로 낮음, 빈약함, 비참함, 비겁함 등의 부정적 의미가 있습니다. 그들에게는 인간 속에 있는 겸손과 진실을 관련시킬 수 있는 두 가지 중요한 개념이 없었습니다. 즉 창조라는 개념과 죄에 대한 성경적 개념이 그것입니다. 사실 창조라는 개념은 인간 속에 있는 모든 선한 것과 아름다운 것은 예외 없이 하느님으로부터 온다는 것을 입증합니다. 죄에 대한 성경적 개념은 인간 속에 있는 실제로 도덕적인 잘못과 악은 인간의 자유, 인간 자신으로부터 온다는 것을 입증합니다. 성경적인 사람은 그 자신 속에서 발견한 선과 악에 의해 겸손해야 한다고 생각합니다.

그러나 이제 우리는 사도의 생각을 검토해 봅시다. 우리가 다루고 있는 본문에서 겸손, 즉 진실을 가리키기 위해 그가 사용하는 단어는 'σωφροσύνη소프로쉬네'인데 그것은 온건, 온화, 신중, 지혜입니다. 그는 그리스도인들에게 자기 자신들을 잘못 해석하거나 과장되게 해석하지 말고 정당하고 온건하게 생각하라고 권합니다. 우리는 대부분 객관적으로 생각할 수 있습니다. 그 훈계가 다시 제기되는 16절에서는 "각자 온건한 판단으로 자신을 생각하라는 것"과 동의어가 "겸손한 사람들과 함께하라." 혹은 "겸손한 자세를 선택하라."는 것입니다. 그는 사람이 겸손할 때 지혜롭고, 지혜로울 때 겸손하다고 말합니다. 자신을 낮춤으로써 인간은 진리에 가까워집니다. "하느님은 빛"(1요한 1,5)이시라고 사도 요한은 말하면서 그러므로 그분은 진리이시기 때문에 진리 안에서만 사람을 만나실 수 있다고 말하고 있습니다. 그분은 겸손한 자들에게 은혜를 주십니다. 왜냐하면, 겸손한 사람만이 은혜를 알아보고 감사할 수 있기 때문입니다. 그는 "내 팔 혹은 내 지혜로 이 일을 했다!"(신명 8,17; 이사 10,13)고 말하지 않습니다. 아빌라의 성녀 데레사는 기록했습니다. "어느 날 나는 왜 하느님께서 겸손한 사람들을 그토록 사랑하시는지 이상하게 생각하고 있었는데 갑자기 '그 이유는 틀림없이 그분이 최고로 진실하시며 겸손은 진실하기 때문'이라는 생각이 났습니다."[3] 테레사 성녀는 사도 바오로와 같은 결론에 도달했습니다. 하느님께서는 내적 교화에 의해 하느님 말씀으로 테레사 성녀를 가르치셨던 것입니다.

## 2. 여러분이 가지고 있는 것은 모두 하느님께로부터 받은 것이 아닙니까

이처럼 우리는 처음에 이야기했던 '진주'를 향하여 바다 밑으로 잠수하기 시작했습니다. 사도는 우리 자신에 대한 진실에 관하여 이제 모호하지도 피상적이지도 않습니다. 같은 관념을 다루고 있는 다른 편지에서 그의 간결한 어법은 우리로 하여금 피할 수 없이 정말로 깊이 진리를 추구하도록 만듭니다. 이 구절 중 하나

---

3   아빌라의 성녀 데레사, 『영혼의 성』 VI, 10.

는 다음과 같이 기록되어 있습니다. "누가 그대를 남다르게 보아 주십니까? 그대가 가진 것 가운데에서 받지 않은 것이 어디 있습니까? 모두 받은 것이라면 왜 받지 않은 것인 양 자랑합니까?"(1코린 4,7). 내가 받지 않은 것이 딱 하나 있습니다. 그것은 전혀 내 것이고 나만의 것인데 바로 '죄'입니다. 나는 이것이 나로부터 나오는 것, 즉 죄의 근원은 내 속에, 인간 속에 그리고 세상 속에 있고 하느님으로부터 나오지 않는다는 것을 알고 있으며 또 느낍니다. 나머지 모든 것 즉 죄가 나로부터 나온다는 나의 자백을 포함하여, 모든 것은 하느님으로부터 옵니다. 또 다른 구절에는 다음과 같이 기록되어 있습니다. "사실 누가 아무것도 아니면서 무엇이나 되는 듯이 생각한다면, 그는 자신을 속이는 것입니다"(갈라 6,3). 그러므로 우리 자신에 대한 '올바른 판단'은 우리가 아무것도 아니라는 것을 인정하는 데 있습니다! 이것이 겸손이 뻗어 나갈 견고한 토양입니다! 값진 진주는 바로, 우리 스스로 우리는 아무것도 아니며, 아무것도 생각할 수 없고, 아무것도 할 수 없다는 진지하고 깨끗한 신념과 자각입니다. "나를 떠나서는 너희가 아무것도 할 수 없다."고 예수님께서 말씀하셨습니다(요한 15,5). 그리고 사도는 덧붙여서 "그렇다고 우리가 무슨 자격이 있어서 스스로 무엇인가 해냈다고 여긴다는 말은 아닙니다. 우리의 자격은 하느님에게서 옵니다."(2코린 3,5)라고 말합니다. 필요할 때 우리는 유혹이나 자기만족의 독선적인 생각을 끊어버리기 위하여 이 말들을 기억하면 좋겠습니다. 또 진정한 '성령의 칼'을 지니고 "여러분이 가지고 있는 것은 모두 하느님께로부터 받은 것이 아닙니까?"하신 말씀을 기억하십시다. 우리는 하느님의 말씀을 다른 사람에게 적용할 때보다 우리 자신에게 적용할 때 특히 그 효과를 경험합니다.

 이것이 우리가 아무것도 아닌 우리의 본질을 깨달을 수 있는 방법인데, 그것은 청순하고 소박한 무존재 즉 '무해한 하찮음' 같은 것이 아닙니다. 우리는 하느님의 말씀이 우리를 이끌어 가시는 목적을 볼 수 있는데 그것은 우리의 실제 모습 즉 건방지고 오만한 무가치를 인정하는 것입니다. 나는 아무것도 아닌데 하면서 '자신을 상당한 사람이라 믿는' 사람이 오만한 무가치의 모습입니다. 가진 것 중에 받지 않은 것은 없는데, 그러나 마치 그 모든 것을 받지 않은 것처럼 생각하고 언제나 무언가에 대해 자랑하고 싶어 하는 사람입니다. 이것이 모든 사람의 고통이며 이는 몇몇 사람의 처지만이 아닙니다. 그것이 '옛 자아'의 정확한 의미입니다. 그것이 즉 오만한 무가치입니다. 사도 자신이 그가 자신의 마음 밑바닥에 내려갔을 때 발견한 것을 "나는 내 속에 다른 법이 있다는 것을 알고 있습니다. …… 나는 내 속에 도사리고 있는 죄를 봅니다. …… 나는 과연 비참한 인간입니다. 누가 이 죽음의 육체에서 나를 구해줄 것입니까?"(로마 7,14-25)라고 고백하였습니다. 사도 바오로에게 있어서 '죄 속에 내재하는 다른 율법'은 우리가 아는 바와 같이 무엇보다도 자기 미화, 자화자찬, 육체에 의존하는 것 혹은 자신을 자랑하는 것입니다.

우리가 갈 수 있는 데까지 내려갔을 때 자신 속에서 우리가 발견하는 것은 겸손이 아니라 자만입니다. 그러나 겸손은, 하느님의 잘못이 아니라 우리 자신의 잘못을 통해, 우리가 근본적으로 교만하다는 것을 발견하는 데 있습니다. 왜냐하면, 우리는 우리의 자유를 그토록 철저히 오용하게 되었기 때문입니다. 이 최후의 자기 한계를 발견한다는 것은, 아니 하느님의 말씀을 통해 멀리서 그것을 보기만 한다고 해도, 그것은 커다란 은총입니다. 그것은 새로운 평화를 줍니다. 그것은 전시에 우리 집 바로 아래에서 안전한 방공호를 발견하는 것과도 같습니다. 그런데 그곳은 우리 집 안쪽에서도 도달할 수 있으며 전혀 폭탄이 들어올 수 없는 곳입니다. 위대한 영성의 스승이신 폴리뇨의 성녀 안젤라는 그녀의 임종에서 "오 무상함이여! 오 무상함이여! 한 영혼은 자신의 무상함을 깨닫고 감옥처럼 그 안에 갇혀 산다는 것을 깨닫는 것 이상으로 더 좋은 깨달음을 얻을 수 없습니다!"[4]라고 외쳤습니다. 그녀는 영적 자녀들에게 그들이 어떤 이유에서건 그 독방을 떠났을 때는 곧바로 다시 그곳으로 돌아가 은거하라고 자주 훈계하였습니다. 우리는 위험의 기미가 조금만 있으면 재빨리 굴속으로 도망할 수 있는 겁많은 작은 동물과 같아야 하겠습니다.

이 충고는 위대한 비밀, 우리가 노력하면 경험할 수 있는 신비한 진리를 숨기고 있습니다. 그래서 우리는 이 독방이 참으로 존재하며 우리가 원하는 때에는 언제라도 그리로 되돌아갈 수 있다는 것을 알고 있습니다. 그것은 우리가 아무것도 아니라는, 교만하고 하찮은 인간일 뿐임을 인식하는 차분한 고요한 지식에 있습니다. 이 독방에서 우리는 더 이상 우리 이웃의 결점을 보거나, 그들을 다른 시각으로 바라보지 않습니다. 우리는 은총과 수련을 통하여 사도가 말한 것, "남을 자기보다 낮게 여기십시오."(필리 2,3)하신 말씀을 성취할 수 있습니다. 그런데 그것은 언뜻 보기에는 과장된 것으로 보입니다. 적어도 우리는 어떻게 이것이 성인들에게 가능했었는가를 이해할 수 있습니다. 그러므로 우리 자신을 이 감

---

[4] B. ANGELA OF FOLIGNO, 『Complete Works』, ed. by P. Lachance, Paulist Press, New York 1993, p. 315 f.

옥에 가두는 것은 결코 우리 자신 속에 밀폐시킨다는 것이 아닙니다. 오히려 그것은 다른 이들에게 객관적으로 자신을 개방하는 것입니다. 그것은 그리스도교적 겸손을 적대하는 자들이 언제나 생각해왔던 것과는 정반대입니다. 그것은 자기 본위 자기중심 안에 있는 것이 아니라, 그것을 끝내는 것입니다. 그것은 현대 심리학조차도 인간에 대한 불길한 재난적인 것이라고 비판하는 해악 중의 하나인 자기애 자기도취에 대한 승리입니다.

게다가 대적大賊은 그 독방을 침투할 수 없습니다. 어느 날 안토니우스 대제는 환상을 보았습니다. 순식간에 그는 대적의 수많은 덫을 분명히 보았습니다. 그래서 번민하며 부르짖었습니다. "도대체 누가 이 모든 덫을 피할 수 있을까?" 그러자 한 음성이 그에게 대답했습니다. "겸손이지!"[5] 그러나 그 독방의 가장 큰 비밀은 하느님께서 그곳을 찾아오신다는 것입니다. 하느님께서 그의 피조물을 만나고 싶어 하시는 곳으로서 이보다 더 좋은 곳은 세상에 없습니다. 사실상 겸손하고 참회하는 마음이라는 그 어두운 독방은 그를 위한 빛으로 가득 차 있습니다. 왜냐하면, 진리는 그곳에서 빛나기 때문입니다. 그것은 에덴동산에 처음 죄가 존재하기

---

[5] 『교부들의 금언집』, 안토니우스 7; PG 65, 77.

그 이전에 그분이 하셨듯이, 하느님께서 오시어 머무르시기를 좋아하시는, 하느님의 가장 좋아하시는 거처입니다. 이사야 선지자는 다음과 같은 숭고한 독백을 기록했습니다. 하느님께서 하늘에서 보시고 말씀하시기를 "이것은 나의 발판이다!" 그리고 계속해서 말씀하셨습니다. "…… 내가 머물러 쉴 곳을 어디에다 마련하겠다는 말이냐? 모두 내가 이 손으로 지은 것이 아니냐? 다 나의 것이 아니냐? 그러나 내가 굽어보는 사람은 억눌려 그 마음이 찢어지고 나의 말을 송구스럽게 받는 사람이다"(이사 66,1; 57,15). 우주에 있는 모든 것이 하느님께 속하였습니다. 아무데도 그분에게 새로운 곳은 없으며 아무것도 그분을 놀라시게 하지 못합니다. 그분의 전능하심이 모든 것을 하셨고 모든 것을 하실 수 있으십니다. 그러나 불가사의하게도 그분의 전능하심만으로 하실 수 없는, 혹은 하시지 않는 것이 하나 있습니다. 그것은 인간의 마음을 겸손한 태도를 취하게 만들어 그의 죄를 인정하게 하는 것입니다. 이것을 성취하기 위해 하느님께서는 우리의 협조를 필요로 하십니다. 겸손한 마음은 언제나 하느님께 새로운 것이고 그분으로 하여금 기쁨으로 시작하게 하는 선물입니다. 진실로 "하느님께서는 겸손하고 참회하는 마음을 얕보지 않으십니다"(시편 51,17). 자기 인식의 독방은 또한 하느님을 인식하는 독방이 되기도 합니다. 예수님께서 기도하셨습니다. "아버지, 하늘과 땅의 주님, 지혜롭다는 자들과 슬기롭다는 자들에게는 이것을 감추시고 철부지들에게는 드러내 보이시니, 아버지께 감사드립니다"(마태 11,25). 하느님께서는 비밀 중의 비밀인 예수님을 겸손한 사람들에게 나타내 보이셨습니다.

복음서는 이러한 종류의 겸손을 지니신 탁월한 분의 예로서 마리아를 제시하고 있습니다. 마리아는 마니피캇(천주찬미가)에서 이렇게 노래하셨습니다. "주께서 여종의 비천한 신세를 돌보셨습니다"(루카 1,48). 그러나 그 동정녀는 '비천'이란 말로 무엇을 의미했습니까? 마리아는 겸손의 미덕을 의미한 것이 아니라 그의 비천한 처지를 의미했던 것입니다. 아니면 그가 그 찬미가의 나머지에서 언급한, 비천하고 가난한 계급 출신이라는 사실을 더 의미했던 것입니다. 이것은 사무엘의 어머니 한나의 기도에서도 마리아의 기도에 나오는 말 'tapeinosis', 즉 '비천'이라는 낱말이 있는 것을 보아서도 확인됩니다. 안나 역시 겸손한 마음을 드러낸 것이 아니라 불임의 비천한 처지를 의미하였습니다. 그러나 그 사실은 자체로서도 분명합니다. 마리아는 그의 비천함을 훼손하지 않고 그 자신의 비천함을 높이 들어 올렸습니다. 만약 마리아가 하느님 선택을 받은 것이 자신의 겸손함 때문이라고 판단했다면 이는 하느님 선택의 신성함 자체를 무효화하는 것이며 예수님을 잉태한 순간 이후로부터 이어지는 마리아의 삶을 무의미하게 만드는 것입니다. 그럼에도 불구하고 그의 '비천'함 외에 어떤 덕목도 자랑하지 않았던 마리아에 관하여, 수많은 사람이 여전히 무모하게 말들을 합니다. 마치 그렇게 말함으로써 마리아의 덕목에 큰 손실을 끼친다는 것을 모르고, 오히려 마리아에게 큰 영광을 드리기라도 한다는 듯이 말들을 합니다. '겸손'이라는 덕목은 그 자체의 특별한 부호를 가지고 있습니다. 자신이 겸손하다고 생각하지 않는 사람은 오히려 겸손하고 자신이 겸손하다고 믿는 사람은 오히려 겸손하지 않다는 부호입니다. 오직 예수님만이 그 자신을 "마음이 겸손하다고" 생각하실 수 있으며 참으로 그러하십니다. 우리가 보게 되는 바와 같이 이것은 신인神人의 겸손함이라는 독특한 특성이며 어느 누구에게도 존재하지 않는 겸손입니다.

    그렇다면 마리아가 겸손의 미덕을 소유하지 못했습니까? 물론 마리아는 겸손의 미덕을 최상으로 소유했습니다. 그러나 하느님께서만이 이것을 아셨습니다. 마리아는 그것을 의식하지 못했습니다. 사실 진정한 겸손의 독특한 가치는 그것이 하느님께만 알려지고 그것을 소유하고 있는 사람에게는 알려지지 않는다는 것입니다. 성경이 우리에게 전해지기 전에 거기 기록된 모든 언어-히브리어, 헬라어, 라틴어, 영어 속에서 'humility후밀리티'라는 단어는 두 개의 기본적 의미를 지닙니다. 낮음, 작음, 혹은 실지로 비참함을 가리키는 객관적인 것과, 자기 낮춤의 겸양한 감정을 가리키는 주관적인 것이 그것입니다. 마리아는 'humility'라는 단어를 객관적인 의미로 표명하였습니다. 여기에 'humility'의 신성한 비밀이 있습니다. 마리아가 '비천함'만을 본 곳에서 하느님은 '겸손함'만을 보셨습니다. 이것은 마리아로서는 확실히 장점이었습니다. 그러나 그것은 바로 마리아 자신이 가치 있는 장점이 있다고 인식하지 않는 데에 있었던 것입니다.

성인들의 삶에서도 마찬가지입니다. 어느 날 아씨시의 프란치스코 성인의 동료인 맛세오 수사는 돌연 프란치스코에게 "왜 온 세상 사람들이 그의 뒤를 좇으며 그를 보고 싶어 하는지" 물었습니다. 프란치스코는 아마도 그것은 하느님께서 프란치스코보다 더 '겸손한' 사람을 찾지 못하셨기 때문이라고 대답했을까요? 결코 그렇지 않았습니다. 프란치스코는 그 이유를 하느님께서 자기 자신보다 더 '비천'한 사람을 찾지 못하셨기 때문이라고 말했습니다. 그는 대단한 열정으로 "온 세상 사람들이 왜 나를 좇는지 알고 싶습니까? 그것은 지극히 높으신 하느님의 눈이 죄인 중에 나보다 더 악한 사람, 나보다 더 무가치한 사람, 나보다 더 죄 많은 사람을 찾지 못하셨기 때문입니다."⁶라고 대답하였습니다. 베르나르도 성인은 이 모든 것을 몇 마디 말로 진술했습니다. "진실로 겸손한 사람은 언제나 사악하게 여겨지기를 원하고 겸손한 사람으로 불려지기를 원하지 않습니다."⁷

하느님 아드님의 어머니가 되면서 야기된 새로운 처지에서, 모든 죄스러운 욕정에 얽매이지 않는 마리아의 영혼은 진리, 즉 그녀의 무존재, 무가치, 하찮음이라고 말해도 좋을 차원으로 빠르고도 자연스럽게 이르렀습니다. 그리고 아무것도 또한 어느 누구도 이것을 바꿀 수 없었습니다. 이 모든 것 속에서 하느님 어머니로서의 겸손은 놀라운 은총의 기적으로 제시되었습니다. 루터조차도 "마리아가 하느님의 크신 역사役事를 그녀 안에 받아들였음에도 그는 자신의 겸허한 마음을 간직했기 때문에 모든 사람 중에서 가장 낮은 자보다 자신을 높이지 않을 정도였다."라고 마리아를 찬양할 수밖에 없었습니다. 이 속에서 우리는 마리아의 놀랄만큼 순수한 영혼을 격찬합니다. 한편 그는 그토록 높이 존경을 받았지만 스스로 어떠한 유혹에도 기울이지 않았고 그 어떤 유혹

---

6 『Little Flowers of St. Francis of Assisi』, c. X(Writings, cit., p.1322 f.).
7 성 베르나르도, 『아가에 관한 43개의 설교』 XVI, 10; PL 183, p.853.

도 눈에 보이지 않듯 오로지 그리고 여전히 올바른 행로에만 머물렀습니다.[8] 마리아의 진실함은 어떤 성인들에게서도 그 유례를 찾아볼 수 없는 것입니다. 마리아는 대단한 정신적 긴장을 겪었습니다. "그대는 메시아이신 하느님의 어머니이다! 그대의 온 백성 중의 모든 여인이 되고 싶어 하는 존재이다!"라는 말들을 들었습니다. 그녀를 보자마자, 엘리사벳은 외쳤습니다. "주님의 어머니께서 나를 찾아주시다니 어찌 된 일입니까?" 그러자 마리아는 "주께서 여종의 비천한 신세를 돌보셨습니다!"라고 대답했습니다. 마리아는 그의 무존재, 무가치, 하찮음 속으로 물러나서 하느님만을 찬양하며 "내 영혼이 주님을 찬양합니다."라고 노래했습니다. 마리아는 진실로 하느님 은총의 걸작품이십니다.

내가 방금 말한 것처럼 마리아는 하느님 앞에서 무존재, 무가치, 하찮음 속으로 물러나 마리아가 직면한 모든 격동에도 불구하고 그는 거기 머물렀습니다. 이것은 그가 그 아드님 곁에 머물렀던 처신에서도 볼 수 있는데, 언제나 곁에서 조용하고 겸손히 있었습니다. 그는 아드님이 군중 앞에서 설교하실 때 가장 앞자리에서 들을 권리를 주장하지도 않았습니다. 그는 바깥에 머물러서 아

---

8   M. LUTHER, 『Commentary on the Magnificat』(Weimar ed., 7, p.555 f.).

드님에게 말하고 싶을 때도 다른 이의 도움을 구할 정도였습니다 (마태 12,46). 하느님의 어머니였음에도 불구하고 마리아는 하느님과 가깝다는 사실을 선망의 대상인 비장의 보배나 주장할 권리로 여기지 않았습니다. 그는 자신을 비우고 종의 이름과 태도를 취했습니다, 이리하여 모든 다른 여인들과 동등하게 되었습니다. 마리아는 겸손에 관한 사도 바오로의 교훈의 완벽한 화신이었습니다. 그는 높은 것을 열망하지 않고 겸손함에 몸을 굽혔습니다.

### 3. 겸손과 굴욕

우리는 하느님의 말씀이 우리의 무가치를 알게 해 준다는 이유만으로 우리가 겸손하다 생각하는 그릇된 오해에 빠져서는 안됩니다. 기껏해야 우리는 겸손에 대한 지식을 갖고 있는 것이지 겸손 그 자체를 갖고 있는 것은 아닙니다. 우리는 다른 이들이 주도권을 잡았을 때, 즉 우리 자신이 아니라 타인이 우리의 결점과 실패를 지적할 때, 우리가 우리 자신에게 진실할 수 있을 뿐만 아니라 다른 이들이 우리들에 관해 진실을 말하는 것을 기꺼이 용납할 수 있을 때, 우리가 도달한 겸손의 차원을 판단할 수 있습니다.

바꾸어 말하면 우리 겸손의 상태는 우리가 비난, 징계, 비판 그리고 굴욕을 어떻게 받아들이는 가에서 드러납니다. 다른 누구의 간섭도 없이 우리 자신이 우리 자만을 근절하고자 기대하는 것은 우리 스스로의 힘으로 종양을 제거하려는 것과도 같습니다. 세상에는 자기 자신에 대하여 모든 나쁜 점을 진정으로 말할 수 있는 사람들(나도 나를 그런 사람 중에 포함시킵니다)이 있습니다. 이런 사람들은 고해성사나 참회 예절 때에 솔직하고 용감하게 자신의 죄를 고백합니다. 그러나 문제는 다른 이가 그들의 고백을 심각하게 받아들이기 시작하거나 그 자신이 말한 것의 아주 작은 부분이라도 등 뒤에서 이야기하자마자 문제가 발생하기 시작합니다. 분명 우리가 진정한 겸손과 단순한 진실에 이르기까지는 아직도 멀고 먼 길을 가야 합니다.

내가 행한 것이나 말한 것에 대하여 어떤 사람으로부터 칭찬을 받으려 하면, 그 사람 역시 분명 그가 행했거나 말한 것에 대하여 나로부터 칭찬을 받으려 할 것입니다. 그리하여 우리는 둘 다 우리 자신의 영예를 구하지만, 우리 중 누구도 그것을 얻지는 못합니다. 그리고 만일 우연히 그것을 얻는다고 하여도 그것은 단지 '허구적 영광', 즉 죽음에 이르러서는 무위無爲가 되어버릴 헛된 영광일 뿐입니다. 그러나 그 결과는 무서운 것입니다. 예수님께서는 실제로 믿음의 불가능성을 사람들이 자신의 영광을 구하기 때문이라고 그 탓을 돌리셨습니다. 예수님은 바리새인들에게 "너희는 서로 영광을 주고받으면서도 오직 한 분이신 하느님께서 주시는 영광은 바라지 않으니 어떻게 나를 믿을 수가 있겠느냐?"(요한 5,44)라고 말씀하셨습니다. 우리 자신이 인간적인 영광을 구하고자 하는 생각과 염원에 사로잡힌 것을 알게 될 때 "나는 나 자신의 영광을 찾지 않는다."(요한 8,50)라고 하신 예수님 말씀을 타고 있는 횃불로 삼아 혼란스러운 우리들의 생각 속으로 던져 넣어야 합니다. 이 말씀들은 그 말이 상징하는 바를 성취하고 그리하여 그 나쁜 생각들을 제거해 주는 거의 성사적인 능력을 갖추고 있습니다.

겸손은 필생의 투쟁이며 인생의 모든 양상을 다 포함하고 있습니다. 어떤 경우 자만은 선에 의해서도 악에 의해서도 동일하게 조장되고 잔존합니다. 사실 다른 악덕과는 현저히 다르게 이 최우선의 지독한 바이러스 사육장은 악이 아니고 선입니다. 파스칼은 "허영심이 사람의 마음속에 너무도 단단히 고착되어서 군인, 군인의 종, 요리사, 짐꾼도 자기 자랑을 하며 자기를 찬양해주는 사람을 갖고 싶어 한다. …… 철학자조차도 자기를 숭배하는 사람을 갖고 싶어 한다. …… 그리고 자만심이 나쁘다는 글을 쓰는 사람도 글을 잘 썼다는 칭찬을 원하고 그것을 읽는 사람들은 그것을 읽었다는 것에 대해 칭찬을 듣고 싶어한다. 그리고 이 글을 쓰고 있는 나도 어쩌면 이것을 바라는지 모르고 또 이 글을 읽는 사람도 어쩌면 똑같은 것을 구할 것이다."[9]라고 기록하였습니다. 자만심은 겸손을 향한 우리의 노력을 자만의 행위로 변형시킵니다. 그러나 은총을 통하여서 우리는 무서운 싸움에서 승리자가 될 수 있습니다. 사실, 옛 자아가 우리의 겸손한 행위를 오만의 행위로 변형시킬 수 있다면, 우리는 은총을 통하여 우리 오만의 행위를, 우리가 잘난 체하는 무가치한 존재라는 것을 겸손하게 인정함으로써, 겸손의 행위로 바꿀 수 있습니다. 그러므로 하느님께서는 우리의 자만에 의해서도 영광을 받으십니다.

이 싸움에서 하느님은 자기애에 빠진 사람들을 진기하고 효험이 있는 치료법을 가지고 도와주러 오십니다. "그 계시들이 엄청난 것이기에 더욱 그렇습니다. 그래서 내가 자만하지 않도록 하느님께서 내 몸에 가시를 주셨습니다. 그것은 사탄의 하수인으로, 나를 줄곧 찔러 대 내가 자만하지 못하게 하시려는 것이었습니다."(2코린 12,7)라고 사도 바오로는 기록하고 있습니다. 사람이 우쭐대지 못하도록 하기 위해, 즉 그가 겸손이라는 진주를 발견했던 이

---

9  B. PASCAL, Pensées n. 150 Br.

전의 오만한 상태로 되돌아가는 것을 막기 위해, 하느님께서는 그를 땅에 단단히 묶어두십니다. 그분은 "무거운 짐을 등에 지우십니다"(시편 66,11). 우리는 바오로에게 있어서 이 "몸에 가시로 찌르는 것 같은 병", "사탄의 하수인"(2코린 12,7)이 무엇이었는지 정확히 알지 못합니다. 그러나 우리에게 있어서 그것이 무엇인지는 우리가 잘 압니다. 주님을 따르고 교회를 섬기기 원하는 사람은 누구든지 하나씩 가지고 있습니다. 이것들은 끊임없이 우리로 하여금 우리의 가혹한 현실을 상기하게 하는 굴욕적인 체험입니다. 그것은 결함, 병, 약함, 무력함일 수 있습니다. 그런데 우리의 모든 간청에도 불구하고 하느님께서는 우리에게서 그것을 경감해 주시지 않습니다. 그것은 끊임없이 굴욕적인 유혹이거나 또 어쩌면 심지어 자기 자랑의 유혹일 수도 있습니다. 혹은 우리가 함께 살 수밖에 없는, 서로의 호의에도 불구하고 현실적으로는 근심·걱정의 원인이 되는 사람, 그래서 우리 약점을 폭로하고 우리 가능성을 파괴할 수 있는 사람일 수 있습니다. 때로는 훨씬 더 어려운 상황일 수도 있는데, 그 상황에는 실지로 '사탄의 하수인'이 관련되어 있을 수 있습니다. 하느님의 종은 그 모든 노력의 실패를 목격하고 그가 감당하기에는 너무나 큰 일들에 직면해야 합니다. 이로써 그는 어둠의 세력과 대면한 죄인으로서의 자신이 하찮은 존재임을 보게 됩니다. 그가 "스스로 낮추어 하느님의 권능에 복종하는 것"(1베드 5,6)이 무엇을 의미하는 지를 배우는 것은 무엇보다도 이런 경우입니다.

20세기의 한 유명한 철학자, 양심이 인간을 상기想起시키고 그가 인정받기 원한다면 거기에 바탕을 두고 그 인생을 건설할, 확고부동하고, 필요 불가결한 핵심진리가 무엇이겠는가 하고 자문하였습니다. 그런데 그 대답은 그의 '무가치함'이었습니다! 사실 모든 인간의 가능성이란 곧 불가능성입니다. 자신을 표현하고 출세하려는 모든 노력은 무無에서 시작해서 무無로 끝납니다. "실존적 허무란 이미 알려진 이상은 존재하는데 그것을 얻지 못하여 생기는 결핍의 성격이 결코 아닙니다. 오히려 무상함의 존재 자체는 그것으로 인해 얻어지는 모든 것과 그것이 발생시키는 모든 것 이전에 이미 아무것도 없었던 것입니다. 따라서 진정한 실존이란 기본적으로 실존의 무상함을 내포하는 것이며 이는 '죽기 위해 존재함'이라고 이해할 수 있습니다. 인간에게 남은 유일한 가능성은 이러한 무상함을 받아들이고 옛 속담처럼 무상함을 필수적인 덕목으로 삼는 것입니다."[10]

---

10  하이데거, 『존재와 시간』, II, ch.2, 58.

한때 겸손에 대한 그리스도교의 가르침에 반대했던 세속적 사조는 이제 그리스도교의 겸손보다 오히려 철저한 겸손과 온건함의 형태를 제안합니다. 비록 그리스도교의 그것과 달리 '덕목'이 아니라 '필수'의 것으로 제안합니다. 성경에 의하여 우리는 스스로 생각으로나 갈망이나 행동으로 가능성이 없다는 것은 알았습니다. 그러나 우리는 그리스도 안에서 하느님이 우리에게 모든 가능성을 주신다는 걸 알고 실제로 경험합니다. 왜냐하면, "믿는 사람에게는 안 되는 일이 없기" 때문입니다(마르 9,23). 오늘날 실존주의적 사조와의 이 짧은 비교에서 드러나는 유익한 것은 겸손이 진리이며 겸손하지 않고서는 아무도 "신뢰받지 못한다."는 의심할 바 없는 확증입니다. 이것은 우리에게 이 복음적 덕목을 사랑하고 더욱더 조장하라고 설득 격려합니다.

## 4. 그리스도를 본받는 겸손

겸손에 관한 사도 바오로의 모든 가르침을 이해하기 위하여 우리는 필리피 신자들에게 보낸 서간에 기록된 다른 성구를 언급해야 합니다. "뜻을 같이하고 같은 사랑을 지니고 같은 마음 같은 생각을 이루어, 나의 기쁨을 완전하게 해 주십시오. 무슨 일이든 이기심이나 허영심으로 하지 마십시오. 오히려 겸손한 마음으로 서로 남을 자기보다 낮게 여기십시오. 저마다 자기 것만 돌보지 말고 남의 것도 돌보아 주십시오. 그리스도 예수님께서 지니셨던 바로 그 마음을 여러분 안에 간직하십시오."(필리 2,2-5)라고 기록되어 있습니다. 수많은 그리고 문맥상 거의 비슷한 유사성을 지닌 다른 성구들과 달리 이 구절은 우리에게 매우 중요한 새로운 관점을 제시해줍니다.

이 문맥에서 새로운 관점은 겸손의 이유와 근거에 관련됩니다. 즉 겸손의 '이유'와 관련되어 있습니다. 로마에서 그 대답은 겸손은 진리이므로 우리는 겸손해야 한다는 것입니다. 이것은 충분히 타당한 이유이지만 거기에 아주 새로운 이유가 첨부되었습니다. 즉 그리스도를 모방하자는 것입니다. "여러분은 자신을 낮추셨던 그리스도 예수 안에서 여러분이 가지셨던 마음을 간직하십시오"(필리 2,8). 여기서 겸손에 대한 주요한 이유는 더 이상 관념이 아니라 인격입니다. 더 이상 추상적인 원리가 아니라 사건입니다. "그분은 스스로를 낮추셨습니다." 이 독특한 점에서 우리는 그리스도교인이 되어 덕목이 성취되는 장엄한 전 과정을 봅니다. 덕목은 그리스도와 그분 부활절의 신비에 의해서만큼, '타당한 이유'라는 원리에 의해 이제는 지배받지 않습니다. 그것은 더 이상 철학에 근거를 두지 않고 역사에 근거를 둡니다. 또한, 바오로의 말로 하자면 그것은 지혜에 근거를 두지 않고 복음 선포에 근거를 둡니다. 그러므로 율법은 복음이 되고 행위는 은총으로 되는 것입니다. 겸손은 인간의 행위에서 이제 인간이 본받아야 할 하느님의 역사役事가 되었습니다. 하느님께서는 마치 그 자녀가 어떤 일, 예컨대 집의 그림을 그리는 것 같은 일을 할 때 그 자녀를 돕고 싶어 하는 아버지처럼, 우리를 대하셨습니다. 처음에 아버지는 아이에게 몇 가지 힌트를 주고 종이 한 장과 색연필 몇 개를 줍니다. 아이는 몇 번이고 해보지만 잘 해낼 수가 없습니다. 그때 아버지는 종이를 잡고 아이가 바라보도록 하고는 집의 그림을 그립니다. 그런 다음 아이에게 그것을 그리라고 말합니다. 그것이 하느님께서 우리에게 하신 일입니다. 먼저 율법으로 그분은 성취되어야 할 행위로서 겸손을 주셨습니다. 그러나 후에 복음서에서 그분은 본받을 행위로서 겸손을 주셨습니다. 하느님께서는 인간에게 더 이상 율법 아래에서 말씀하신 것처럼 "가서 말석에 앉거라."라고 말씀하시지 않고 "와서 말석에 앉거라."라고 말씀하십니다. 그분은 인간에게 겸손하라고 강권하시기만 하는 게 아니라, 그를 겸손으로 끌고 가십니다. 그분은 그리스도를 통하여 "나는 마음이 온순하고 겸손하니 내 멍에를 메고 나에게 배워라. 그러면 너희의 영혼이 안식을 얻을 것이다."(마태 11,29)라고 말씀하십니다.

그러나 어떤 점에서 예수님은 그의 겸손을 본받으라고 말씀하셨습니까? 어떤 점에서 예수님은 겸손하셨습니까? 복음서에는 예수님께서 사람들에게 이야기하실 때나 하느님께 말씀하실 때 그분 입술로 죄를 인정하신 적이 전혀 없습니다. 그런데 이것은 예수님 신성神性의 가장 심오한 그러나 가장 확고한 증거이며 그분 양심의 절대적 유일성입니다. 우리가 그런 무죄한 감성을 발견할 수 있는 사람은 성인 중에서도 역사적인 인물에서도 또는 어떤 종교의 창시자 중에도 없습니다. 그들 모두는 어느 정도 그들이 잘못을 범했다는 것과 그러므로 적어도 하느님께 용서를 필요로 하고 있음을 알고 있습니다.

예를 들면, 간디는 어떤 경우에 잘못된 입장을 취하고 있었음을 날카롭게 인식하고 있었습니다. 그도 역시 가책으로 괴로워했습니다. 그러나 예수님은 아니십니다. 그분은 그의 대적大賊들에게 "너희 가운데 누가 나에게 죄가 있다고 증명할 수 있느냐?"(요한 8,46)라고 말씀하셨습니다. 예수님께서는 자신이 아브라함, 모세, 요나 그리고 솔로몬보다 크신 "스승이며 주님"(요한 13,13)이라고 선포하십니다.

그렇다면, 예수님께서 "나는 …… 겸손하니 …… 나에게 배워라."라고 말씀하실 수 있도록 한 예수님의 겸손은 어디에 있습니까? 우리는 여기에서 중요한 것을 발견합니다. 겸손은 대개 '작음'에 있지 않습니다. 왜냐하면, 겸손하지 않고도 작을 수 있기 때문입니다. 또한 '작다고 느낌'에 있는 것도 아닙니다. 왜냐하면, 작다고 느끼면서 실제로 작을 수도 있기 때문입니다. 병적 열등감이 한 인간을 작다고 느끼게 할 수 있지만, 비록 그것이 타당하다고는 해도 그러나 그 역시 겸손은 아닙니다. 그러므로 겸손은, 그 자체로서 가장 완벽한 상태이며, '작음'이나 '작게 느낌'에 있는 것이 아니라 '스스로를 작게 만듦'에 있는 것입니다. 그러므로 완벽한 겸손은, 개인의 필요나 유익을 위해서가 아니라, 사랑을 위해서, 즉 다른 사람들을 높이기 위해서 끊임없이 스스로를 작게 만드는 데 있습니다. 그것이 예수님 겸손의 모습입니다. 그분은 우리를 위해 '죽기까지' 자신을 작게 하셨습니다.

예수님의 겸손은 하느님에게서 오는 겸손이며, 예수님의 최고 모델은 사람이 아니라 하느님이십니다. 사실 하느님은 작지 않으십니다. 하느님은 작다고 느끼시지도 않지만 스스로를 작게 만드셨으며 사랑 때문에 작아지셨습니다. 교부들은 '겸손'이라는 단어로 'synkatabasis신카타바시스'를 사용했는데, 이것은 두 가지 의미를 나타냅니다. 하느님께서 자신을 낮추시어 사람이 되셨다는 것과 동시에 그분으로 하여금 이렇게 하시도록 한 이유는 인간을 위한 그분의 사랑이라는 것입니다. 하느님께서는 그분의 위치에서 스스로를 '높이실 수'는 없으십니다. 그분보다 위에 있는 것은 아무것도 없기 때문입니다. 하느님께서 삼위일체 밖에서 무엇인가를 하신다면 그것은 오직 자신을 낮추시어 작게 만드시는 것일 것입니다. 다시 말하면, 그것이 다름 아닌 겸손입니다. 이런 점에서 구원의 전 역사는 잇달아서 하느님 겸손의 역사로 나타납니다. 하느님께서 이 땅을 창조하셨을 때 그분은 자신을 낮추셨습니다. 그분이 자신을 빈약한 인간의 언어에 순응시켜 성경에 영감을 주셨을 때도 그분은 자신을 낮추셨습니다. 하느님께서 육화 강생하셨을 때에도 그것은 하느님의 지고한 겸손이셨으며 이로써 하느님은 다른 모든 이들의 머리 위에 관을 씌워주셨습니다. "형제들이여, 하느님의 겸손을 바라보시오!"라고 아씨시의 프란치스코 성인은 놀라서 외쳤습니다. "그분이 하늘의 보좌를 떠나 여인의 자궁 속으로 들어오셨을 때 역사役事하셨던 것과 똑같이 그분은 매일 매일 자신을 낮추십니다." 하느님의 완벽성을 열거하면서 "당신은 거룩하십니다. 당신은 전능하십니다. 당신은 삼위일체이십니다. 당신은 사랑이시며 자비이십니다. 당신은 지혜이시며 당신은 아름다우심이십이다."라고 찬미하면서 성인은 마지막으로 "당신은 겸손하십니다!"[11]라고 덧붙였습니다. 이처럼 프란치스코 성인은 하느님에 관하여 가장 단순하고 아름답게 정의 내렸습니다. 하느님은 진정 겸손하십니다! 하느님만이 진실로 겸손하십니다. 모든 이유 중에서 우리는 이 가장 깊은 이유로 겸손해야 합니다. 즉 "거짓의 아비", 하느님을 높이는 것이 아니라 그 대신 언제나 "자신을 높이려" 하고 자신의 보좌를 하늘에 두려고 하는(이사 14,13 참조) 거짓말쟁이가 아니라, 우리의 아버지를 닮기 위해서, 우리는 겸손해야 합니다. 프란치스코 성인은 겸손의 상징으로 '물 자매'를 정확히 지적했습니다. 물 자매를 "유용하고, 겸손하고, 고귀하고 순수하다고" 불렀습니다. 사실 물은 결코 위로 올라가지 않습니다. 결코 올라가는 법이 없고 언제나 아래로 내려가서 드디어는 가장 낮은 곳에 이르기까지 내려갑니다.

이제 우리는 예수님께서 "나는 마음이 온유하고 겸손하니 나에게서 배워라."고 말씀하신 것이 무엇을 의미하는지 알 수 있습니다. 그것은 사랑을 위해 우리 자신을 작게 만들라는, 예수님께

---

11  St. Francis, Admonition I; Letter to the General Chapter, Praises of God (Writings, cit., pp.78, 106, 125).

서 하셨듯이 우리도 우리 이웃의 발을 씻어주라는 초청입니다. 그러나, 예수님 안에서 우리는 이 선택의 중요성을 깨닫습니다. 마치 그것은 어떤 왕이 관대하여 황공하게도 그 백성들 사이에 자주 가서 어떤 방법으로건 그 백성들을 섬기듯, 그렇게 자신을 굽혀 작게 만드는 그런 차원의 문제가 아닙니다. 예수님께서는 그분이 인간이 되신 것과 똑같은 방식으로 자신을 작게 만드셨습니다. 즉 말하자면 영원히 그리고 끝까지 그렇게 하셨습니다. 그분은 작고 비천한 사람들의 범주에 들기를 선택하셨습니다. '마음이 온유하고 겸손'하다는 것은 또한 비천하고 가난한 하느님 백성들에게 종속되었다는 것을 의미합니다.

겸손의 이 새로운 측면은 'service'(섬김)이라는 단어로 요약될 수 있습니다. 복음에 기록되기를 어느 날 제자들이 그들 중 누가 가장 큰 자인가에 대하여 논의하였습니다. 그러자 예수님께서 앉으시어 그들에게 가르치려는 것에 신성함을 보태시려는 듯 열두 제자를 부르시어 "첫째가 되고자 하는 사람은 꼴찌가 되어 모든 사람을 섬기는 사람이 되어야 한다."(마르 9,35)라고 말씀하셨습니다. 첫째가 되고자 하는 사람은 꼴찌가 되어야 합니다. 말하자면 그는 스스로를 낮추어야 합니다. 그러나 곧바로 주님은 꼴찌가 의미하는 바를 설명하시며, 그는 모든 사람의 종이 되어야 한다고 말씀하셨습니다. 그러므로 예수님 선포하신 'service서비스'의 의미는 '섬김'입니다. 마태오복음에서 우리는 이것을 강조하는 '예'를 찾아볼 수 있습니다. "사람의 아들도 섬김을 받으러 온 것이 아니라 섬기러 왔다"(마태 20,28). 겸손에 대한 이 간단한 단어들이 얼마나 많은 새로운 식견을 포함하고 있는지! 겸손과 관대함의 두 덕목은 완벽하게 조화됩니다. 복음에 의하면 겸손은 관대함의 척도입니다. "첫째가 되고자 하는 사람은 누구든지 …… ", "너희 중에서 높은 사람이 되고자 하는 사람은 …… "(마태 20,26) 섬기는 사람이어야 합니다. 그런데 이것을 성취하는 방법이 변했습니다. 그것은 더 이상 강대국이 하는 식으로 다른 사람을 희생시키고 그들을 지배함으로 이루어지지 않고 다른 사람에게 유리하도록 섬김으로써 성취되는 것입니다. 복음은 완전히 옛 척도를 바꾸었습니다. 가치 척도를 완전히 바꾸었습니다. 그 옛 척도는 죄에 의하여 확립되고 고정되는 것이었습니다. 진실로 큰 자가 되기 위해서는 자신을 작게 만드는 것이 필요합니다. 성인들은 행한 일들에 의하여 평가되는 것이 아닙니다. 무엇보다도 그 행한 일들이 행하여진 의도, 즉 사랑을, 즉 새롭고 훌륭한 관대함을 실행함으로써 평가됩니다. 그들은 인간의 관점에서 관대한 것이 아니라 하느님의 관점에서 관대하였습니다.

이제 우리는 온건함으로서의 겸손에 대한 사도 바오로의 가르침과 조화되는, 시편 131편으로 우리 묵상을 결론지으려 합니다.

주님, 제 마음은 오만하지 않고
제 눈은 높지 않습니다.
저는 거창한 것을 따라나서지도
주제넘게 놀라운 것을 찾아 나서지도 않습니다.
오히려 저는 제 영혼을 가다듬고 가라앉혔습니다.
어미 품에 안긴 젖 뗀 아기 같습니다.
저에게 제 영혼은 젖 뗀 아기 같습니다.
이스라엘아, 주님을 고대하여라, 이제부터 영원까지.

# 제12장

# 한 사람의 순종으로

## 하느님을 향한 그리스도인의 순종

성령 안에서 거듭난 사람들의 새 삶을 구별하는 미덕들, "무엇이 선하고 무엇이 그분 마음에 들며 무엇이 완전한 것인지"의 개요를 말함에 있어, 사랑과 겸손에 대하여 이야기해 온 사도 바오로는 이제 그의 로마서 13장에서 순종에 대해 이야기합니다. "사람은 누구나 위에서 다스리는 권위에 복종해야 합니다. 하느님에게서 나오지 않는 권위란 있을 수 없고, 현재의 권위들도 하느님께서 세우신 것입니다. 그러므로 권위에 맞서는 자는 하느님의 질서를 거스르는 것이고, 그렇게 거스르는 자들은 스스로 심판을 불러오게 됩니다"(로마 13,1-2). 칼과 세금에 대해 이야기하는 그 구절의 나머지는, 신약의 다른 구절(티토 3,1; 1베드 2,13-15 참조)들과 더불어 사도가 일반적인 권위 또는 단지 어떤 종류의 권위에 관하여 이야기하고 있는 것이 아니라, 오로지 국가와 행정 당국자에 관해서만 이야기한다는 것을 명확히 보여줍니다. 사도 바오로는 그가 기록하고 있는 시대에 그리고 그가 지향하여 쓰고 있는 공동체와 특별하게 관련이 있는 순종의 한 양상을 다루고 있습니다. 그것은 로마에 대항한 열심 당원의 반항이 팔레스타인 유대 문화의 내부에 자라나고 있을 때였는데 그것은 몇 년 후에 예루살렘의 멸망으로 끝이 났습니다. 그리스도교는 유대교로부터 발원하였습니다. 많은 그리스도교의 공동체 구성원들이 심지어는 로마에서조차도, 개종한 유대교도들이었습니다. 로마에 복종하느냐 마느냐의 문제는 또한 그리스도인들의 당면 문제였습니다. 사도의 교회는 중대한 결단에 직면하였습니다. 사도 바오로와 신약성경은 예수님의 말씀, 특히 카이사르에 대한 세금을 내는 것에 대한 그의 말씀에 비추어서 그 문제를 해결했습니다. 그리스도에 의하여 전파된 왕국은 "이 세상의 것이 아닙니다"(마르 12,17). 즉, 그것은 국가나 정치적 왕국이 아닙니다. 그러므로 그것은 어떤 정권하에서도 그 혜택(로마 시민권과 같은) 뿐 아니라 그 법률들에 순응하며 존재할 수 있습니다. 그 문제는 국가에 복종함으로써 사실 해결되었습니다. 국가에 대한 복종은 사도가 "복음에의 순종"(로마 10,16)이라고 부른 훨씬 더 중요하고 폭넓은 순종의 결과요 양상입니다.

물론 우리는 국가에 대한 복종의 관점으로만 순종을 제한할 수는 없습니다. 사도 바오로는 순종에 대한 그리스도의 말씀이 어디서 나왔는가를 나타내 보였습니다. 그러나 그는 이 특별한 본문에서 이러한 미덕에 관하여 모든 것을 이야기하지 않았습니다. 그는 단지 같은 로마서와 다른 곳에서 앞서 언급한 원칙들의 중대성을 묘사하고 있습니다. 그리고 만일 우리가 오늘날 우리에게 유용하고 적절한 방법으로 순종을 이해하고 싶다면 찾아보아야 할 것은 이 원칙들입니다. 우리는 본질적인 중요한 순종을 발견해야 합니다. 그것으로부터 행정당국에 대한 복종을 포함하여 모든 특별한 형태의 순종이 발생하는 것입니다. 사실, 모든 사람(지배자들과 백성들, 그리고 성직자들과 평신도들을 막론하고)에게 관련된 중요한 한 가지 유형의 순종이 있습니다. 이것은 모든 것 중에서 가장 중요하며, 모든 다른 형태의 순종들을 지배하고 그것들에게 생기를 줍니다. 그것은 '인간 대 인간'의 순종이 아니라 인간의 하느님에 대한 순종입니다. 그리고 이것은 우리가 하느님의 말씀으로부터 발견하고자 하는 순종입니다. "만일 순종이 오늘날 문제를 야기한다면 그것은 성령(실로 우리가 기꺼이 부르는 것처럼 보이는)에게 유순한 순종이 아니라 오히려 교계제도, 즉 인간적으로 명시된 율법이나 권위에 대한 복종이다."라고 기록되어 있습니다. 나는 개인적으로 이것이 사실이라고 믿습니다. 그러나 우리가 하느님과 하느님의 성령께로 향한 순종으로부터 시작해야만 하는 것은 바로 이러한 율법과 권위에 대한 순종을 또 한 번 가능하고 적절하게 만드는 것입니다. 그러므로 우리의 손을 잡아, 순종의 위대한 비밀을 재발견하고자 하는 우리의 추구를 깨우쳐 주실 수 있도록, 우리 자신을 맡겨야 할 분은 성령이십니다.

## 1. 그리스도의 순종

그리스도인이 추구하는 순종의 본질과 그 기원을 발견하기란 비교적 쉽습니다. 우리에게 필요한 것은 성경에서 예수님을 '순종하는 자'로 소개하게 된 바로 그 순종의 개념을 이해하는 것뿐입니다. 그리하여 그리스도인 순종의 진정한 원리는 순종의 이념이 아니라 순종의 행위라는 것이 즉각적으로 명백해집니다. 그것은 아랫사람들이 윗사람들에게 복종해야 한다는 추상적 원리가 아니라 하나의 사건입니다. 그것은 '제정된 자연의 질서'에 근거하는 것이 아니라 스스로가 새로운 질서를 제정합니다. 그것은 이성에 근거하지 않고 복음 선포에 근거합니다. 그것은 "그리스도가 죽기까지 순종하셨다."(필리 2,8)는 사실에 근거를 두고 있습니다. 그리스도가 "고난을 겪음으로써 복종하는 것을 배우셨습니다. 그리고 완전하게 되신 후에 당신에게 복종하는 모든 사람을 위해 영원한 구원의 근원이 되셨다."(히브 5,8-9)는 사실에 근거를 둡니다. 로마서에서 순종의 전 과정을 명백히 밝히는 명쾌한 초점은 로마서 5장 19절입니다. "한 사람의 순종으로 많은 사람이 하느님과 올바른 관계를 맺게 될 것입니다."라 했습니다. 그리스도의 순종은 즉각적이고 역사적인 의화義化의 원천입니다. 두 가지는 밀접하게 연결되어 있습니다. 그러므로 로마서에서 의화의 중요함을 아는 사람은 누구나 이 본문(로마서)에 나타난 순종의 중요성을 이해할 수 있습니다. 신약에서, 그리스도의 순종은 가장 탁월한 순종의 본보기일 뿐 아니라 그것의 참된 근거입니다. 그것이 하느님 나라의 '헌장'입니다.

새로운 질서가 세워진, 순종 '행위'의 본질을 알아봅시다. 바꾸어 말하면 그리스도의 순종이 존재하는 본질을 알아봅시다. 어린 아이였을 때 예수님은 그의 부모님께 순종하셨습니다. 그런 후 성인이 되어서는, 모세의 율법에, 의회에, 빌라도에게 복종하셨습니다. 그러나 사도 바오로는 이러한 순종 중 어느 것에 대해서도 생각하고 있지 않습니다. 오직 아버지 하느님께 대한 그리스도의 순종을 생각하고 있습니다. 사실 그리스도의 순종은 아담의 불순종에 정반대되는 것입니다. "한 사람의 불순종으로 많은 사람이 죄인이 된 것과는 달리 한 사람의 순종으로 많은 사람이 하느님과 올바른 관계를 맺게 될 것입니다"(로마 5,19; 1코린 15,22). "죽기까지, 아니 십자가에 달려서 죽기까지" 하신 그리스도의 순종은 말 없는 가운데 '하느님과 동등한 존재'(필리 2,6)가 되고 싶어 한 아담의 불순종과 대비됩니다. 그러나 아담이 불순종한 대상은 누구입니까? 분명히 그의 부모, 국가, 또는 율법이 아닙니다! 그는 하느님을 거역했습니다. 하느님에게 불순종하는 것은 모든 불순종의 근본을 이루고 있습니다. 그리고 하느님께 순종하는 것은 모든 순종의 근본을 이루고 있습니다.

이레네우스 성인은 그리스도의 순종을, 주님의 종들이 부른 노래에 비추어서 극도의 어렵고 힘든 처지에서 하느님께 봉헌한 내면적이고 절대적인 순종으로 해석합니다. 그는 기록했습니다. 나무에서 발생한 아담의 죄는 나무의 순종에 의해 폐지되었습니다. 왜냐하면, 하느님께 순종함으로써 그리스도가 나무에 못 박혔기 때문입니다. 이리하여 죄의 지식은 파기되고 선의 지식이 세상에 도입되었습니다. 악이 하느님께 대한 불순종인 것처럼 하느님께 순종하는 것이 선善입니다. 그러므로 예언자 이사야를 통하여서도 말씀하셨습니다. "주 하느님께서 내 귀를 열어주시니 나는 거역하지도 않고 뒤로 물러서지도 않았다. 나는 매질하는 자들에게 내 등을, 수염을 잡아 뜯는 자들에게 내 뺨을 내맡겼고 모욕과 수모를 받지 않으려고 내 얼굴을 가리지도 않았다"(이사 50,5-6). 그러므로 십자가에 매달려 죽기까지 순종하신 미덕에 의하여, 그는 나무에서 야기된 옛날 불순종을 해결하셨습니다.[1]

순종은 예수님의 전 생애에 걸쳐 드러납니다. 사도 바오로와 히브리서가 예수님 죽음에 의한 순종의 중요성을 강조한다면(필리 2,8; 히브 5,8 참조), 사도 요한과 공관복음서는 예수님 생애에 드러나는 일상적 순종의 상황에 중요성을 부여함으로써 그림을 완성합니다. 예수님은 "나의 양식은 아버지의 뜻을 행하는 것이다."라고 요한복음에서 말씀하셨습니다. 그리고 뒤이어서 "나는 언제나 아버지께서 기뻐하시는 일을 하기 때문이다."(요한 4,34; 8,29)라 하셨습니다.

예수님께서 아버지에게 바치신 순종은 무엇보다도 기록된 말씀에의 순종을 통해 이루어졌습니다. 예수님이 광야에서 시험받으셨을 때 예수님의 순종은 하느님의 말씀을 생각해내고 그것을

---

1 성 이레네우스, 『사도적 가르침의 증명』 34.

지키는 것으로 완성됩니다. "성경에 기록되어 있다." 하신 '하느님 말씀들'이 성령의 현실적 활동 하에 현존하시는 하느님 의지의 전달수단이 되었으며 그 연관된 본성을 하느님의 명령으로 계시합니다. 여기 광야에 새로운 아담의 순종이 존재합니다. 예수님께서 마지막으로 "성경에 기록되었다."라고 말씀하시자 즉시 "악마는 그를 떠나가고"(루카 4,12) 예수님은 "성령의 능력을 충만히 받고"(루카 5,14) 갈릴리로 돌아가셨습니다. 성령은 "하느님께 순종하는"(사도 5,32) 자들에게 주어집니다. 사도 야고보는 말합니다. "하느님께 복종하고 악마에게 대항하십시오. 그러면 악마가 여러분에게서 달아날 것입니다"(야고 4,7). 그것이 예수님께서 시험받으셨을 때 일어났던 일입니다. 예수님께서는 특별한 방식으로 "율법서에, 예언서에, 그리고 시편들 속에" 예수님에 대하여 그리고 예수님을 위하여 쓰여진 말씀들에 순종의 근거를 두셨습니다. 인간으로서 그분이 그의 사명을 이해하고 이행하여 나감에 따라 점차로 그것을 드러내셨습니다. 구약의 예언들과 신약에 나타나는 예수님 행적들 사이에 존재하는 완벽한 일치는 그 행적들에 기초한 (즉, 예수님께서 이미 수행하신 행적들에 예언들이 나중에 적용되는) 예언들을 말함으로써 설명될 수 없으며, 예언들에 기초한 행적들을 말함으로써 설명할 수 있습니다. 예수님은 아버지에 의하여 예수님에 대해 쓰여진 것들을 온전한 순종으로 완성하셨습니다. 그의 제자들이 예수님 체포에 대항하려 할 때 예수님은 말씀하셨습니다. "그러면 일이 이렇게 되어야 한다는 성경 말씀이 어떻게 이루어지겠느냐"(마태 26,54). 예수님의 생애는 그를 위해 쓰여진 말씀들을 형성하고 있는 눈에 보이지는 않으나 빛나는 흔적들에 의해 유도된 것처럼 보입니다. 그것은 그분의 전 생애를 지배한 "그것이 반드시 일어나야 한다."고 그분이 받아들이고 인용하신 성경의 말씀들로부터 왔습니다.

예수님의 순종의 위대함은 객관적으로는 '그분이 고난받은 것에 의해' 그리고 주관적으로는 그분이 순종하신 사랑과 자유에 의해 평가됩니다. 예수님에게 있어서 자식으로서의 순종은 가장 높고 가장 완벽한 차원에서 빛을 발합니다. 심지어 아버지께서 그에게 마셔야 할 고난의 잔을 주셨던 최후의 순간에서조차, 이 자식으로서의 '아빠!'라는 부르짖음은 언제나 예수님 입술에 있었습니다. "나의 하느님, 나의 하느님, 어찌하여 나를 버리셨나이까"(마태 27,46). 그는 십자가에서 외쳤습니다. 그러나 루카복음에 따르면 그는 즉시 덧붙이셨습니다. "아버지, '제 영을 아버지 손에 맡깁니다'"(루카 23,46). 십자가 위에서 예수님은 그를 버리신 하느님께 자신을 내맡기셨습니다. 이것이 바로 '죽기까지 순종하심'이 의미하는 것입니다. 이것이 바로 '우리 구원의 반석'입니다.

### 2. 은총으로서의 순종 : 세례

로마서 5장에서 사도 바오로는 순종의 수장으로서 그리스도를, 불순종의 대표로서 아담과 대조하여 소개합니다. 우리가 말한 대로, 살아있는 동안 그리고 죽음에서 그리스도가 보이신 순종은 순종의 미덕이 근거하는 새로운 원칙과 기준이 됩니다. 6장에서 사도는 세례를 통해 우리가 어떻게 이러한 사건의 일부가 되는지를 보여줍니다.

사도 바오로는 우선 첫째로 하나의 원칙을 주장합니다. 만일 우리가 자유로이 스스로를 누군가의 지배 아래 둔다면, 우리는 그를 섬기고 순종할 의무가 있는 것입니다. "여러분이 어떤 사람에게 자신을 종으로 넘겨 순종하면 여러분이 순종하는 그 사람의 종이라는 사실을 모릅니까? 여러분은 죽음으로 이끄는 죄의 종이 되거나 의로움으로 이끄는 순종의 종이 되거나 하는 것입니다"(로마 6,16). 이제, 일단 원칙이 세워지자, 사도 바오로는 사건을 상기합니다. 사실, 그리스도교인은 세례를 통해 그리스도를 그들의 주인으로 받아들이는 날, 그의 지배에 스스로를 내맡겼습니다. "하느님께 감사하게도, 여러분이 전에는 죄의 종이었지만, 이제는 여러분이 전해 받은 표준 가르침에 마음으로부터 순종하게 되었습니다"(로마 6,17). 세례와 동시에 주인의 변화, 지지하는 편의 변화가 생겼습니다. 즉 죄로부터 의로, 불순종으로부터 순종으로, 아담으로부터 그리스도로 옮겨졌습니다. 전례문은 "나는 부인합니다-나는 믿습니다."라는 대조적 언어로 이 모든 것을 표현합니다. 고대에는 어떤 세례 의식 속에서 이 내적 사건을 가시적으로 표현하기 위해 극적인 행동을 사용했었습니다. 세례받는 사람은 먼저 어둠의 상징이라고 여겨지는 서쪽으로 향했습니다. 그리고 사탄과 사탄의 모든 활동을 거절하고 쫓아내는 몸짓을 했습니다. 그런 다음 그는 빛의 상징인 동쪽을 향해 돌아서서 깊이 절하며 그리스도를 그의 새 주인으로 맞아들였습니다. 마치 그가 두 왕국 사이의 전쟁에서 해방자의 군대를 위하여 탄압자의 군대를 떠나는 군인처럼 행동하였습니다.

그러므로 그리스도인의 삶 속에서 순종은 본질적입니다. 그것은 그리스도의 주님 되심을 받아들이는 실제적이고 필수 불가결한 계인契印입니다. 인간의 순종 없이 진정으로 효과적인 주권은 있을 수 없습니다. 세례를 통하여 우리는 주님(필리 2,9-11 참조), 'Kyrios키

리오스', '순종하시는' 주님, 바로 그 순종 때문에 그분께서 주님이 되신 주님, 말하자면 그의 주님 되심이 순종에 근거하시는 주님을 받아들였습니다. 이러한 관점에서, 순종은 복종이라기보다는 비슷함이요, 흡사함입니다. 이러한 주님께 순종하는 것은 그분을 닮는 것입니다. 왜냐하면, 그분 또한 순종하셨기 때문입니다.

우리는 베드로의 첫째 편지에서 이러한 사도 바오로의 생각에 대한 놀라운 확인을 발견합니다. 그 편지의 시작 부분에 기록된 것을 보면 충실한 신자들은 "하느님 아버지께서 미리 선택하신 여러분은 성령으로 거룩해져 예수 그리스도께 순종하게 되었고, 또 그분의 피가 뿌려져 정결하게 되었습니다"(1베드 1,2). 그리스도인들은 '순종하기 위해' 선택되고 거룩하게 되었으며, 그리스도인으로의 부름은 순종으로의 부르심입니다! 같은 편지에서 좀더 나아가면 충실한 신자들은 "순종하는 자녀들"(1베드 1,14) 또는 좀더 나아가 글자 그대로, 그리스도께 순종하기로 함으로써 세례식에서 거듭 태어나 '순종하는 아들들'로 규정되어 있습니다.

이로부터 우리는 순종이란 미덕이기 이전에 선물이며, 율법이기 이전에 은총이라는 것을 알게 됩니다. 차이점은 율법이 우리에게 어떤 것을 하라고 이야기하는 반면 은총은 우리가 그것을 할 수 있도록 도와주는 것입니다. 순종은 무엇보다도 그리스도 안에서 이루어지는 하느님의 역사役事입니다. 그것은 믿는 자에게 교시되어 이번에는 그가 그의 삶 속에 충실히 본받도록 해 줍니다. 다시 말하면, 우리는 단지 순종할 의무뿐만 아니라 순종할 은총을 가지고 있습니다. 그러므로 그리스도인의 순종은 세례에 그 근거를 둡니다. 세례를 통해 모든 그리스도인은 순종하겠다는 '맹세'를 합니다. 그들은 어떤 의미에서 순종 서약을 한 것입니다.

세례에 근거한 이런 성경적 착상의 재발견은 교회 안에서 평신도의 가장 중요한 욕구를 충족시켜 줍니다. 제2차 바티칸 공의회는 하느님의 사람들을 '거룩함으로의 보편적 부르심'이라고 그 원칙을 풀어서 설명하였습니다.[2] 순종 없이 거룩함이 없는 것처럼 세례받은 모든 자가 신성神性에 초대되었다고 이야기하는 것은 모두가 순종하도록 부름 받았음을 이야기하는 것입니다. 그러나, 오늘날 세례를 받는 이들에게는, 역사의 흐름 속에서 여러 가지로 변형되어 이제는 우리 현실의 삶과 너무나도 거리가 멀어진 것이 아닌, 이 시대 감각에 맞는 거룩함과 순종의 유형이 제시되어야 합니다. 그리고 이러한 신성은 오직 하느님 말씀에 의해 규명되며 그리고 세례에 근거하는 본질적인 신성일 뿐입니다.

---

2  『제2차 바티칸 공의회』,「교회 헌장」(Lumen Gentium) 40.

## 3. 의무로서의 순종 : 그리스도를 본받음

로마서 첫 부분에서 사도 바오로는 믿음으로 받아들일 선물로서 예수 그리스도를 우리에게 소개합니다. 반면에 두 번째 부분에서 그는 삶 속에서 본받을 모델로서 그리스도를 소개합니다. 이러한 두 가지 구원의 양상들은 각각 성령의 열매 안에서 소개됩니다. 모든 그리스도인의 미덕 가운데 신비적 요소와 금욕적 요소, 즉 은총에 의존하는 부분과 자유에 의존하는 부분이 있습니다. 우리에게 감명을 주는 순종이 있으며 우리들에 의하여 나타나는 순종이 있습니다. 이제 이 두 번째 양상, 즉 그리스도의 순종에 대한 우리의 실제적 모방, 의무로서의 순종을 생각할 시간입니다. 그리스도께서 오심으로써 율법은 은총이 되었습니다. 그러나 나중에, 성령께서 오심으로써 은총은 율법 즉 새로운 '성령의 율법'이 되었습니다.

신약을 통틀어 순종의 의무를 구성하고 있는 것을 알아보려고 하는 중에, 순종이 거의 언제나 하느님께 대한 순종이라는 것을 발견하며 놀라게 됩니다. 모든 다른 형태의 순종들이 확실하게 언급되어 있습니다. 부모, 주인, 윗사람, 지배층 인사들, '인간이 세운 모든 제도'(1베드 2,13)에 대한 복종들입니다. 그러나 이 모든 것들은 훨씬 덜 진지합니다. '순종'이라는 이 명사 'hypakoe휘파코에'는 항상 그리고 오직 하느님께 대한 순종을 가리키기 위해서만 사용되어 왔습니다. 아니면 기껏해야 사도에 대한 순종을 가리키는 필레몬 서의 한 구절을 제외하고는, 하느님과 관련된 예를 설명하는 데만 사용되었습니다. 사도 바오로는 믿음에 대한 순종(로마 1,5; 16,26), 가르침에 대한 순종(로마 6,17), 복음에 대한 순종(로마 10,16; 2테살 1,8), 진리에 대한 순종(갈라 5,7), 그리스도께 순종함(2코린 10,5) 등에 관해 이야기하고 있습니다. 우리는 또한 다른 곳에서도 같은 말을 발견합니다. 사도행전은 믿음에 대한 순종을(사도 6,7) 베드로의 첫째 편지는 그리스도께 순종(1베드 1,2)함을 그리고 진리에 대한 순종(1베드 1,22)에 관해 이야기하고 있습니다.

그러나 그리스도 안에서 나타난, 살아 계신 하느님의 뜻이 일련의 율법과 교계제도 속에 온전히 명시되고 객관화된 후에도, 하느님에 대한 순종에 관해 이야기하는 것이 여전히 가능하고 의미 있는 일일까요? 이 모든 것 이후에도 여전히 새롭고 '자유로운' 하느님 의지의 현시顯示들이 받아들여지고 이행될 것이라고 생각해도 무방한 것일까요? 만일 현존하시는 하느님의 의지가 한 번만 제정되고 규정지어진 '질서'인, 일련의 율법들, 규범들과 법령들로 완전하고 명확하게 이해되고 표현될 수 있다면, 교회는 마침내 쓸모없는 존재가 될 것입니다. 하느님께 대한 순종이 지니는 중요성의 재발견은, 제2차 바티칸 공의회에 의하여 시작된 그리고 교회의 은사적 차원과 교회 안에서의 하느님 말씀의 주권을 재발견하는, 자연스러운 귀결입니다. 바꾸어 말하면, 하느님께 대한 순종은 오직 "성령은 교회를 모든 진리로 이끄시고, 평신도와 성직자들 양쪽을 하나가 되게 하고, 다양한 성직 계급의 은사적 재능을 통해서 교회를 가르치고 지도하며, 그 열매(성령의 열매)로 장식하며, 끊임없이 교회를 새롭게 하며, 그 배우자(신랑 되신 그리스도)와의 완벽한 일치로 인도하신다."라는 것을 명백히 확언할 때 이해될 수 있습니다.[3] 교회를 다스리시는, 부활하시고 현존하시는, 그리스도의 고유 주권을 믿을 때만, 시편에 기록되어 있듯이 "하느님, 주 하느님께서 조용하시지 아니하고 말씀하십니다"(시편 50). 하느님께서 오늘날도 말씀하고 계시다고 깊이 확신할 때에만, 우리는 하느님께 대한 순종의 필요성과 중요성을 이해할 수 있습니다. 순종이란, 성령을 통하여 하느님이 교회 안에서 말씀하시고 예수님 말씀과 성경 전체의 말씀에 빛을 비추시고 그 말씀에 권위를 주시며 그 말씀들을 우리를 위한 살아 계신 하느님 뜻의 통로로 삼으시

---

3 『제2차 바티칸 공의회』,「교회 헌장」(Lumen Gentium) 4.

는, 하느님께 귀를 기울이는 것입니다.

하느님과 복음에 대한 순종은, 교회가 처음부터 하느님의 구체적이고 시기적절한 간섭의 필요 없이 인간을 구원으로 인도하는 데 필요한 모든 자력資力, 권력 그리고 조직의 구색을 갖춘 '완벽한 사회'로서 하나의 기관이라는 관점으로 여겨지던 때 필연적으로 얼마간 빛을 잃고 있었습니다. 교회가 분명히 '신비와 제도'로 여겨지는 그 순간부터 순종은 사도 바오로에게 있어서 그랬던 것처럼 제도에 대한 순종일 뿐 아니라 성령에 대한 순종이며, 인간들에 대한 복종일 뿐 아니라 무엇보다도 하느님께 대한 순종이 되었습니다.

그러나 교회의 제도와 신비적 교의가 일치되고 서로 대립하지 않는 것처럼, 우리도 이제 순종을 눈에 보이는 제도적 권위에 대한 복종으로 비판하기보다 실제적으로 그것을 높여 하느님께 대한 영적 순종으로 나타내어야 합니다. 영적 순종은 한 사람이 하느님을 향하여 순종하는가 안 하는가, 그리고 그 순종이 참된 것인가 아닌가 하는 것을 알게 하며 또한 그 순종을 강화하고 격려합니다. 일반적으로, 하느님께 대한 순종 행위는 이러합니다. 우리는 마음속에 하느님 뜻의 번쩍임을 느낍니다. 이것은 일반적으로 하느님 말씀을 들음으로 혹은 기도문을 읽음으로 솟아나는 '영감'

입니다. 어떤 생각의 근원은 알 수 없지만, 그것은 연약한 싹 같아서 매우 쉽게 억눌러 질식할 수 있습니다. 우리는 말씀 또는 영감에 의해 도전받고 있음을 느낍니다. 우리는 그것이 우리에게 새로운 어떤 것에 관해 묻고 있음을 느끼고 '예'라고 대답합니다. 그것은 여전히 무엇을 해야만 하는가 그리고 어떻게 해야 하는가에 대해서는 막연하고 혼란스러운 '예'입니다. 그러나 실질적으로는 분명하고 확고한 것입니다. 우리가 사랑하는 사람으로부터 봉인된 편지를 받고 그것을 열기도 전에 이미 그 모든 내용과 더불어 기뻐하는 것처럼, 그것은 우리 신앙생활의 원인이 됩니다. 그러나 시간이 지나면서, 영감의 순간에 깨달았던 내적 명료함이 흔히 사라져 버립니다. 처음에 그토록 명확했던, 그리고 우리가 어떤 일을 해야만 한다고 생각했던 동기들이 혼란스러워지고 오직 한 가지만 남습니다. 우리는 이것을 의심할 수 없습니다. 즉 우리가 하느님으로부터 어떤 명령을 받고 '예'라고 대답했던 그 날, 그 상황에서, 우리는 무엇을 해야 합니까? 가능한 모든 생각과 인식은 거의 쓸모가 없습니다. 이러한 영감은 '육체'로부터 또는 우리의 이해력으로부터 오는 것이 아닙니다. 그래서 우리는 우리의 지혜를 통해 그것을 다시 깨달을 수 없는 것입니다. 그것은 '성령'으로부터 비롯되며 오직 성령 안에서만 다시 발견될 수 있습니다. 그러나, 성령은 처음에 우리 마음에 직접 말씀하셨던 것처럼 더 이상 말씀하시지 않습니다. 그분은 침묵하시며 우리를 교회와 그 세워진 방침에 맡기십니다. 우리는 우리의 요구를 우리 윗사람이나 우리에게 영적 권위를 행사하는 사람에게 맡겨야 합니다. 그리고 만일 그것이 하느님으로부터 왔다면 우리는 그 지도자들이 있는 모습 그대로의 우리들을 알아볼 수 있으리라고 믿어야 합니다.

그러나 두 가지 순종들 사이에서 갈등이 발생했을 때, 그리고 하느님이 우리에게서 원한다고 우리가 믿는 것과는 반대되는 편에 서서 그 윗사람이 우리에게 순종을 요구할 때 우리는 어떻게 행동해야 합니까? 예수님이시라면 그러한 상황에서 어떻게 하셨을지 스스로 물어보십시오. 예수님께서는 외적 순종을 받아들이고 스스로 인간에게 복종하셨습니다. 그렇게 함으로써 그분은 아버지께 대한 순종을 부인하지 않으셨고 오히려 이러한 순종을 수행하셨습니다. 왜냐하면, 이것이 바로 아버지께서 원하시는 것이기 때문입니다. 그것을 알지 못한 채로 혹은 원하지 않아서, 때로는 성실하게 또 때로는 불성실하게, 카야파나 빌라도나 군중들 같은 인간들은 그들 뜻이 아닌 하느님 뜻이 성취될 수 있도록 하는 수단이 되었습니다. 그러나 이것은 절대적 기준이 아닙니다. 하느님의 뜻과 그의 자유는 사람에게 산헤드린의 명령 앞에서 베드로가 그랬던 것처럼(사도 4,19-20) 인간보다 오히려 하느님께 순종하기를 요구할 수 있습니다.

우리는 항상 하느님께 순종할 수 있습니다. 우리는 때때로 눈에 보이는 명령들과 권위들에 순종해야 할 것입니다. 나는 우리 생애에서 단지 서너 번 일어날 수 있는 중대한 명령에 순종해야 하는 것을 말하는 것입니다. 그러나 하느님께 대하여는 수많은 순종이 있습니다. 우리가 더 많이 순종할수록 하느님 명령들은 더 많아집니다. 왜냐하면, 하느님께서는 우리에게 주실 수 있는 가장 아름다운 선물이 사랑하는 아들 예수에게 주셨던 것임을 알고 계시기 때문입니다. 한 인간이 하느님께 순종하기로 결심하면, 하느님께서는 선박의 키나 말고삐를 잡듯 그 사람의 인생을 그의 수중에 넣으십니다. 이론상으로만이 아니라 실제로도, 그분께서는 주인 즉 지배하고 통치하시는 주인이 되십니다. 시시각각 그분은 그 사람의 행동과 말, 그가 시간을 사용하는 방법, 요컨대 모든 것을 한정하십니다.

나는 하느님께 대한 순종이 우리가 항상 할 수 있는 것이라고 말해왔습니다. 그것은 아랫사람과 윗사람 모두가 할 수 있는 순종의 유형이기도 합니다. 일반적으로 명령하는 법을 배우기 위해서는 순종해야 한다고 말들을 합니다. 이것은 단순한 상식보다 훨씬 더 깊은 원칙입니다. 그것은 그리스도교인의 영성적 권위의 참된 근거는 성무聖務 자체에 있다기보다 오히려 순종에 있다는 것을 의미합니다. 순종으로서의 권위를 이해한다는 것은 사실 권위 자체로 만족하지 않고 하느님께서 우리 뒤에 계시어 우리의 결정을 지지해 주신다는 사실로부터 나오는 권위를 찾는 것을 의미합니다. 그 권위는 그리스도로부터 나오며 사람들로 하여금 "이게 어찌 된 일이냐? 새롭고 권위 있는 가르침이다. 저이가 더러운 영들에게 명령하니 그것들도 복종하는구나."(마르 1,27)라고 이야기하게 만드는 그러한 권위의 유형에 가까워지는 것을 의미합니다. 우리는 사실, 실재하는 유효한 힘, 이름뿐이거나 공식적이어서 비본질적인 그런 힘이 아니라, 오히려 실제적이고 본질적인 힘을 가진, 다른 형태의 권위를 다루고 있습니다. 평소에 하느님의 뜻 가운데에서 살려고 애쓰며, 늘 기도하고, 방어해야 할 사리사욕(개인적 이해관계)이 없고, 아랫사람이나 어린이의 이익을 옹호하는 상관이나 부모가, 어떤 명령을 할 때, 그러한 명령과 결정은 하느님의 권위와도 같은 자격을 지닙니다. 만일 논쟁이 발생한다면, 하느님은 예레미야에게 말씀하셨던 것을 그의 대리인에게 말씀하십니다. "오늘 내가 너를 요새 성읍으로, 쇠기둥과 청동 벽으로 만들어 온 땅에 맞서게 하고, 유다의 임금들과 대신들과 사제들과 나라 백성에게 맞서게 하겠다. 그들이 너와 맞서 싸우겠지만 너를 당해 내지 못할 것이다. 내가 너를 구하려고 너와 함께 있기 때문이다"(예레 1,18-19). 안티오키아의 이냐시오 성인은 당대의 동료 주교에게 이러한 놀라운 충고를 하였습니다. "당신의 동의 없이는 아무것도 될 수 없습니다. 그러나 이번에는 당신이, 하느님의 동의 없이는 아무것도 하지 마십시오."[4]

여기에 신비주의적이거나 색다른 것은 아무것도 없습니다. 그것은 세례받은 모든 사람에게 공공연한 것입니다. 그것은 "하느님께 질문들을 내어놓는 것"에 있습니다(탈출 18,19). 나는 여행을 할지 안 할지, 어떤 일을 할지, 방문할지, 어떤 것을 살지, 내가 상급자라면 어떤 명령을 내릴지, 스스로 결정할 수 있습니다. 그리고 일단 결정했다면, 나는 좋은 결과를 위해 하느님께 기도할 수 있습니다. 그러나 만일 내 안에 하느님께 순종하는 사랑이 커진다면, 나는 먼저 기도라는 단순한 방법으로 하느님께 여쭤볼 것입니다. 내가 여행을 하고, 그 일을 하고, 그 방문을 하고, 그 물건을 사는 것이 하느님 뜻인지 아닌지를, 그런 후에야 나는 행동하거나 행동

---

[4] 안티오키아의 성 이냐시오, 『폴리카르포(스미르나의 주교)에게 보낸 편지 4』,1.

하지 않을 것입니다. 이 기도하는 행위는 각 사람이 임의로 할 수 있는 일입니다. 그러나 그 결정이 무엇이든, 그것은 하느님께 대한 순종의 행위일 것이며 더 이상 내 자유로운 주도권에 속해있지 않습니다. 평소에는 내 짧은 기도 속에서 아무 목소리도 듣지 못할 것이고, 무엇을 해야 할지 명쾌한 음성을 들을 수는 없을 것입니다. 그러나 나의 행위를 반드시 순종 행위로 만들어야 하는 것은 아닙니다. 단지 그렇게 함으로써 내가 그 문제를 하느님께 맡겨 드리는 것입니다. 나는 나 자신의 의지를 비워버렸습니다. 나는 스스로 결정하기를 포기하고 만일 하느님이 원하신다면 나의 삶에 개입하시도록 기회를 드렸습니다. 평상적인 분별 기준에 근거했던, 내가 이제 하기로 하는 건 무엇이든지, 하느님께 대한 순종이 될 것입니다. 충성된 종이 결코 "나는 우선 내 주인께 여쭈어야만 합니다."라고 말하지 않고는 외부인의 지시를 받지 않는 것처럼, 진실한 하느님의 종은 스스로 "나는 나의 주님이 내게 원하는 바를 알기 위해 먼저 잠깐 기도를 드려야만 한다!"라고 말하지 않고는 아무것도 시작하지 않습니다. 이리하여 하느님의 뜻은 사람의 존재(생활) 속으로 더욱더 깊이 스며들어 더욱 값지게 만들고, "하느님 마음에 드는 거룩한 산 제물"(로마 12,1)이 되게 합니다.

만일 이러한 '하느님께 문제를 내맡기는' 규칙이 매일의 삶의 사소한 일들에 관해서 효과적이라면, 그것은 결혼할 것인가 말 것인가, 결혼생활을 하며 하느님을 섬길 것인가 아니면 성직으로 하느님께 봉사할 것인가 하는 소명召命의 선택과 같은 큰일들에 대해선 훨씬 더합니다. 적극적인 의미로서 하느님 편에서 본 '소명'이란 말 그 자체는 부름에 응답하는 것, 즉 순종을 의미합니다. 이러한 의미에서 천직의식은 삶에 있어 근본적인 순종입니다. 그것은 믿는 자에게 세례를 현실화하며 끊임없이 순종하는 상태에 있게 합니다. 결혼하는 사람들 또한 순종 때문에 '주님 안에서' 결혼해야만 합니다. 이리하여 결혼은 강압적이지 않고 자유스러운 관점에서 하느님께 순종하는 것이 됩니다. 이는 마치 부모님께 순종하거나 다른 필요를 위해서 결혼하는 경우와 같습니다. 이제 그것은 그분이 축복하고 인정하실 수 있도록, 재고해 보고야만 하느님께 제시하는 배타적이고 개인적 선택이 아닙니다. 오히려, 그것은 하느님의 뜻(그것은 분명히 애정 있는 뜻일 겁니다)에 대해 자식으로서의 순종을 함으로 그분과 함께 만든 선택입니다. 어려운 상황들이 발생할 때, '이것은 하느님의 뜻이며 혼자 한 선택이 아니므로 하느님께서 꼭 도와주시고 은총을 주실 것이다'라고 말할 수 있는 것은 작은 차이가 아닙니다.

하느님에 대한 진정한 그리고 구체적인 순종은 교회 안에서 신앙적 특권일 뿐만 아니라 모든 세례 받은 사람들이 실천할 수 있는 것입니다. 평신도들은 교회 안에서, 적어도 수도자들과 성직자들이 그렇게 하는 것 같은 의미에서, 복종해야 할 상급자를 두지 않습니다. 그러나 그들에게는 순종할 주님이 계십니다. 그들은 하느님의 말씀을 가지고 있습니다! 그것의 먼 옛날 유대어의 원어 '순종'이란 단어는 귀를 기울이는 것, 특히 하느님의 말씀에 귀 기울여 듣는 것을 의미했습니다. 신약에서 순종을 나타내는 그리스 말, 'ὑπακούειν휘파코위에인'은 문자 그대로 번역하면 '주의 깊게 경청하는 것' 또는 '면밀히 주의를 기울이는 것'을 의미합니다. 그리고 라틴 말 'obœdientia오뵈이덴시아'(ob-audire에서 온)은 동일한 것을 의미합니다. 그러므로 그 원래의 의미에서 순종은 우리를 다스리시는 말씀의 실재적 능력을 인정하며 그 말씀에 대해 복종하는 것을 의미합니다. 그것은 오늘날 우리가 교회에서 하느님의 말씀의 재발견을 하는 중에 어떻게 순종의 재발견을 염두에 두어야만 하는지 이해하기는 쉽습니다. 당신은 또한 순종을 계발하지 않고는 하느님의 말씀을 계발할 수 없습니다. 그렇지 않으면 사실상 당신은 불순종하게 됩니다. '불순종'(parakouein)은 주위가 산만한 채 무심코 듣는 것을 의미합니다. 그것은 자신이 듣고 있는 것을 행해야 한다는 그리고 자신의 결정력을 유보해야 한다는 느낌없이, 얽매이지 않은 또는 분명치 않은 방식으로 듣는 것을 의미합니다. 불순종하는 자들은 예수님께서 말씀하셨듯이, 말씀을 듣기는 하나 실행하지 않는 자들입니다. 그들은 말씀을 배우지만 그에 복종해야 한다는 생각은 없습니다. 그들은 비평적 수단들과 분석의 척도들을 지배한다는 의미에서 말씀을 지배합니다. 그러나 그들은 지배당하길 원치 않습니다. 그들은 그들의 학문의 목적에 관해서는 모든 학자에게 특유한 중립 상태를 유지하고 싶어 합니다. 반면 순종의 길은 '주님을 위해' 살기로 한 사람들에게 열려있습니다. 그것은 진정한 귀의에 의해 공개될 필요가 있습니다. 지켜야 할 규칙들에 관한 책이 새로이 서약한(선서하고 수도회에 들어간) 수도자에게 주어지듯이, 성령 안에서 복음에 새로이 귀의한 그리스도교인에겐 다음과 같은 간단한 규칙이 주어집니다. "순종하시오! 하느님의 말씀에 순종하시오!" 구원은 순종에 있습니다. 두 왕국 사이에 끊임없는 투쟁 속에서 오로지 순종의 군대만이 구원받을 것이며, 그들의 암호는 '하느님께 순종!'일 것입니다.

## 4. 보십시오,
### 제가 대령하였습니다. 오 하느님!

교회 안에 현존하는 순종의 위기를 극복하기 위해서, 순종을 사랑하게 될 필요가 있습니다. 왜냐하면, 누구든 순종을 사랑하게 되면 이러한 미덕을 실천하는 방법을 쉽게 발견할 것입니다. 나는 이러한 일을 돕기 위해 몇 가지 점들을 해명하려고 애써왔습니다. 그러나 그 어떤 것보다 더욱 우리 마음에 충고하는 것 한 가지가 있습니다. 그것은 하느님 아버지의 은혜와 기쁨입니다. 순종은 하느님의 마음을 여는 열쇠입니다. 아브라함이 모리아 산으로부터 돌아왔을 때 하느님께서는 그에게 말씀하셨습니다. "나는 너에게 복을 쏟아부어 주리라 …… 왜냐하면, 네가 이렇게 내 명령에 순종했기 때문이다"(창세 22,18). 이것은 무한히 더 높은 수준으로 예수님에게서 되풀이됩니다. 왜냐하면, 예수님은 죽기까지 순종하셨기 때문입니다. 아버지는 그를 높이 올리시고 그에게 모든 다른 이름들 보다 높은 이름을 주셨습니다(필리 2,8-11 참조). 하느님 아버지의 은혜와 기쁨은 실제적 의미가 없는 은유적 표현이 아닙니다. 그것은 성령입니다! 베드로가 사도행전에서 이야기한 것처럼, 하느님은 그분께 순종하는 자들에게 성령을 주십니다(사도 5,32 참조).

만일 우리가 하느님의 은혜와 기쁨 안으로 들어가고 싶다면 우리는 또한 "제가 여기 있습니다!"라고 말하는 법을 배워야 합니다. 이 작은 표현은 성경을 통틀어 울려 퍼집니다. 그것은 인간 언어의 가장 단순하고 짧은 말 중 하나입니다. 그러나 하느님께 가장 소중한 말입니다. 그것은 하느님께 대한 순종의 비밀을 나타냅니다. 아브라함은 말했습니다. 'Hineni히네니'(어서 말씀하십시오)(창세 22,1). 모세는 말했습니다. "예. 말씀하십시오"(탈출 3,4). 사무엘은 말했습니다. "말씀하십시오. 종이 듣고 있습니다"(1사무 3,10). 이사야는 말했습니다. "제가 있지 않습니까, 저를 보내십시오"(이사 6,8). 마리아는 말했습니다. "이 몸은 주님의 종입니다. 지금 말씀대로 저에게 이루어지기를 바랍니다"(루카 1,38). 예수님께서는 말씀하셨습니다. "하느님, 저는 당신의 뜻을 이루려고 왔습니다"(히브 10,9). 그것은 출석 부름에 "예, 출석했습니다."라고 한 명씩 대답하는 것과도 같습니다. 이 사람들은 실제로 하느님께 "출석했습니다.(제가 여기 있습니다.)"라고 대답했던 것입니다.

시편 40편은 어떤 영적 경험을 묘사하고 있는데 그것은 우리가 이러한 묵상을 마치면서 우리 자신의 결단을 표시하도록 도움을 줄 수 있습니다. 어느 날 하느님 은혜에 대한 기쁨과 감사에 가득 차서 "주님께 바라고 바랐더니 나를 굽어보시고 …… 진흙 수렁에서 나를 꺼내 주시어 ……"라고 찬양합니다. 시편 저자 다윗 왕은 진정한 은총 상태에서 하느님의 선하심에 응답하기 위해 무엇을 할 수 있을지 자문하였습니다. 그는 "제물로 번제燔祭를 드려야 합니까?"라고 여쭈었습니다. 그리고는 곧 그것이 하느님께서 그에게 원하는 바가 아님을 깨닫습니다. 그것은 그의 마음속에 있는 것을 표현하기엔 너무도 작기 때문입니다. 이 부분에서 하느님이 그에게 원하시는 것은 너그럽고 진지한 결정을 하는 것이며, 그 순간부터, 하느님이 그에게 요구하시는 것은 모든 일에서 그분께 순종하는 것임을 알게 되었습니다. 그래서 그는 외칩니다.

보십시오, 제가 대령하였습니다.
나를 들어 두루마리에 적어두신 것,
당신 뜻을 따르라시는 것인 줄 아옵니다.
오 나의 하느님
당신의 법을 내 마음속에 간직하고 기뻐합니다.

예수님이 세상에 왔을 때, 그분은 이런 말들을 하셨습니다. "하느님, 저는 당신의 뜻을 이루려고 왔습니다"(히브 10,5). 이제 우리의 차례입니다. 매일매일 전 생애를 "당신의 뜻을 행하려고 제가 왔습니다, 오 하느님!"이라는 말씀의 정신으로 살 수 있습니다. 아침에 새로운 하루가 시작되기 전에, 약속을 지키려고 누군가와 만나기 전에 또는 새로운 일을 시작하기 전에 "당신의 뜻을 행하려고 제가 왔습니다, 오 하느님!" 우리는 그날과 그 만남과 그 일속에 우리를 위해 무엇이 준비되어 있는지 알지 못합니다. 우리는 한 가지만은 확신합니다. 어떤 상황이라 할지라도 우리는 하느님의 뜻을 행하기만 원한다는 것. 우리 중 누구도 어떤 미래가 우리를 위해 일반적으로 준비되어 있는지를 알지 못합니다. 그러나 우리의 입술에 다음과 같은 말을 가지고 미래를 향해 나간다는 것은 얼마나 놀랍습니까? "보십시오. 당신의 뜻을 행하려고 제가 왔습니다, 오 하느님!"

# 제13장

# 빛의 갑옷을 입읍시다

## 그리스도교인의 정결

우리는 로마서를 읽어 오면서 이제 "밤이 물러가고 낮이 가까이 왔습니다. 그러니 어둠의 행실을 벗어 버리고 빛의 갑옷을 입읍시다. 대낮에 행동하듯이, 품위 있게 살아갑시다. 흥청대는 술잔치와 만취, 음탕과 방탕, 다툼과 시기 속에 살지 맙시다. 그 대신에 주 예수 그리스도를 입으십시오. 그리고 욕망을 채우려고 육신을 돌보는 일을 하지 마십시오."(로마 13,12-14)라고 기록된 부분에 도달했습니다.

아우구스티노 성인은 그의 고백서에서 이러한 구절이 그의 회개에 영향을 끼친 부분을 우리에게 말합니다. 그가 믿음을 받아들인 것은 거의 완벽했습니다. 그의 불복은 잇달아 파괴되었습니다.

그리고 하느님의 목소리는 더욱더 긴급하게 되었습니다. 그러나 순결하게 살 수 없다는 두려움 같은 것이 그를 제지했습니다. 그는 기록했습니다. "어리석은 행동과 허영심이 나를 억제했습니다. 나의 이 옛 애착들이 육체의 정욕으로 나를 잡아 끌어당겨 '우리를 내쫓으려 하나요? 그래서 우리를 다시는 당신과 함께 있지 못하게 하실 건가요, 영원히? 그러면 당신은 이 순간부터 더 이상은 이런 일들을 할 수 없을 터인데요, 그것도 영원히?'라고 속삭였습니다. 오! 나의 하느님, 그들이 이러한 또는 저러한 일들을 속삭일 때, 빗대어 넌지시 말한 것은 무엇이었습니까?" 또 한편으로, 그는 "하느님의 팔에 의지하라, 그리고 두려워하지 말라. 그분은 손을 떼거나 당신이 넘어지게 하지 않으실 것이니 두려워하지 말고 그분을 의지하라. 그분은 당신을 환영하시고 자유롭게 해 주실 것이다!"[1]라고 말하며 하느님을 신뢰하도록 그를 초대하는 어느 때보다 긴급한 양심의 부름을 느꼈습니다. 그가 이러한 내적 투쟁에 희생물로서 내내 울면서 그의 주인의 정원에 있었을 때였습니다. 갑자기 근처 이웃집으로부터 "Tolle, lege 톨레 레제! 그것을 집어 들고 읽어라, 그것을 집어 들고 읽어라!"라고 반복하는 어린이의 목

---

1 성 아우구스티노, 『고백록』 VII, 11.

소리 같은 소리를 들었습니다. 그는 이러한 말들을 하느님의 명령으로 여겼습니다. 그의 손에는 사도 바오로의 서신이 담긴 책이 있었기 때문에 아무 데나 열어 그의 시선이 향하는 첫 구절을 그에 대한 하느님의 뜻으로 받아들이기로 했습니다. 그의 눈은 우리가 방금 읽은 그 구절에 멈췄습니다. 확신의 빛이 그의 마음에 흘러넘쳤고, 모든 의심의 어둠은 사라졌습니다. 그는 하느님의 도움으로 그가 정결할 수 있음을 알게 되었습니다.[2]

사도가 그 구절에서 '어둠의 행실'이라고 부른 것은 그가 다른 곳에서 그 '육정 또는 육체의 악한 행실'(로마 8,13; 갈라 5,19 참조)로서 규정한 것과 같습니다. 그리고 그가 '빛의 갑옷'이라고 부른 것은 그가 다른 곳에서 '성령의 역사' 또는 '성령의 열매'(갈라 5,22 참조)라고 부르는 것입니다. 'κοίτη코이테'와 'ἀσέλγεια아셀게이아', 즉 방탕함과 음탕함이란 두 가지 용어는 청결함인 빛의 갑옷과 비교하여 성적 방탕함을 강조하기 위해 이러한 육체의 악한 행실들에 대하여 사용되었습니다. 우리가 다루고 있는 이 구절에서, 사도는 그리스도교인의 이러한 삶의 양상을 너무 길게 강조하지 않았지만, 로마서의 시작 부분에 쓴 악덕의 목록들을 보아(로마 1,26 참조)

---

[2] 참조. 위의 책, VII, 12

우리는 그가 '정결'을 얼마나 중요하게 보았는지 알고 있습니다. 비록 그가 여기에서 정결을 명쾌하게 설명하지는 않지만, 적어도 그는 이것이 마땅히 행해야 할 일이라고 말하는 것입니다. 우리는 성령께서 회복하기를 원하시는 제3의 중요한 관계를 다루고 있습니다. 그것은 각각 순종과 사랑에 의해 회복되는 우리 스스로와의 관계, 하느님과의 관계, 그리고 우리 이웃과의 관계입니다. 사도 바오로는 정결과 거룩함, 정결과 성령 사이의 밀접한 관계를 수립했습니다. "하느님의 뜻은 바로 여러분이 거룩한 사람이 되는 것입니다. 곧 여러분이 불륜을 멀리하고, 저마다 자기 아내를 거룩하게 또 존중하는 마음으로 대할 줄 아는 것입니다. 하느님을 모르는 이교인들처럼 색욕으로 아내를 대해서는 안 됩니다. 그리고 이러한 일로 형제에게 잘못을 저지르거나 그를 속이지 말아야 합니다. 우리가 전에 말하고 또 엄숙히 경고한 바와 같이, 주님은 이 모든 일에 보복하시는 분이십니다. 그러므로 이 사실을 무시하는 자는 사람을 무시하는 것이 아니라, 여러분에게 성령을 주시는 하느님을 무시하는 것입니다"(1테살 4,3-8). 그러므로 우리 자신이 성령의 열매로서의 정결함을 신중히 검토함으로써 이러한 하느님 말씀의 더욱 간곡한 권고를 우리 것이 되도록 노력합시다.

## 1. 그리스도인이 정결해야 하는 이유

갈라티아서에서 사도 바오로는 이렇게 썼습니다. "성령의 열매는 사랑, 기쁨, 평화, 인내, 호의, 선의, 성실, 온유, 절제입니다"(갈라 5,22). '절제'라고 번역되는 원래 그리스어는 'εγκράτεια엔크라테이아' 입니다. 그것은 넓은 의미의 범주를 지닙니다. 사실, 절제는 먹고, 말하고, 분노를 참는 등등 속에서 실행될 수 있습니다. 그러나 거의 언제나 신약에서 그러하듯이, 그것은 바로 한 사람의 생활 영역, 즉 성적 영역에 있어서의 절제를 의미합니다. 우리는 조금 앞서, '육체의 행실들'을 열거하면서 사도가 절제의 반대말로서 불순함이라는 'πορνεία포르네이아'란 단어를 사용한 사실로부터 이 유래를 찾습니다.

그 결과 우리는, 우리가 이야기하고자 하는 진실의 이해를 돕는 단서가 되는 두 가지 중요한 용어, 긍정적 용어 'εγκράτεια'와 부정적 용어 'πορνεία'를 들 수 있습니다. 어떤 사람은 사실을 묘사하고 다른 이는 그것의 부재나 그 반대를 묘사합니다. 나는 문자 그대로 'εγκράτεια'란 용어가 절제, 육체 특히 성적 본능에 대한 통제를 의미한다고 말했습니다. 그러나 또한 '외설 문학'이란 단어가 유래한 'πορνεία'는 무엇을 의미합니까? 이 부분을 넘어가기 전에 우선 사물의 단순한 이름들로부터 모든 가능한 의미를 찾도록 해봅시다. 성경의 현대적 번역서에서 이러한 용어는 어떤 때는 매춘으로, 다른 때는 부도덕 또는 간음이나 간통 또는 그밖에 다른 것으로 나타나 있습니다. 그러나 'πορνεία'란 용어의 기본적 개념은 '스스로를 파는 것', 즉 자신의 몸을 양도하는 것입니다. 곧 매춘하는 것입니다. 성적 혼란의 거의 모든 표현을 가리키는 이러한 용어를 사용함으로, 성경은 음란의 모든 죄를 어떤 의미에서 매춘 또는 스스로를 파는 것이라고 말합니다.

그러므로 사도 바오로가 사용한 용어는 우리에게 인간의 성적 관심에 대한 두 가지 상반되는 태도가 가능하다고 말합니다. 하나는 성령의 열매이고 다른 하나는 육체의 열매입니다. 하나는 순결이고 다른 것은 매춘입니다. 첫 번째 태도는 자기 절제를 지키며 스스로의 몸을 제어하는 것입니다. 반면 두 번째 태도는 스스로의 몸을 팔거나 양도하는 것입니다. 말하자면 그것은 창조된 본래의 목적보다는 자신의 쾌락을 위해, 실리적 목적을 위해 성을 이용하는 것입니다. 비록 그 이익이 일반적 매춘에서처럼 늘 돈으로 환산되는 것이 아니라 자기중심적 쾌락에 있다 하더라도, 성행위를 돈으로 사고파는 타산적 행위로 만드는 것입니다.

문제를 상세히 논하지 않고 단순한 순결과 성적 부도덕의 범주에서 순수 정결과 불순 음란에 관해 이야기할 때, 신약의 표현은 무종교자인 도덕가들, 예를 들면 스토아 철학자 금욕주의자들이 사용하는 어법과 크게 다르지 않습니다. 그들은 또한 정기적으로 'εγκράτεια'와 'πορνεία', 자제와 불순 음란이란 용어를 사용했습니다. 그러므로 단순한 용어들 자체는 우리에게 특별한 성경적 그리고 그리스도교적 의미를 전해주지 않습니다. 이교도의 도덕주의자들도 고상한 자제를 찬양했습니다. 그러나 단지 내적 평화와 무감각한 관점에서입니다. 그들에게 있어 정결은 '올바른 이성' 주의에 의해 제어되었습니다. 그러나 사실 복음 전도라는 말이 으레 그렇듯이 이 오래된 두 개의 이교도 단어에서 새로운 뜻이 생겨나게 된 것입니다. 이것은 성적 방탕함과 '주 예수 그리스도로 옷 입는 것'이 두드러진 대조를 이루는 본문 로마서 13장 12절부터 14절까지의 구절에 명백히 나타나 있습니다. 초기 그리스도교인들은 이러한 새로운 의미를 이해할 수 있었습니다. 왜냐하면, 그것은 다른 문맥들에서 교훈의 주제였기 때문입니다.

이제 그리스도의 죽음과 부활로부터 유래된, 이 미덕에 대한 진정한 그리스도교적 동기를 발견하기 위해, 순수 정결에 대한 이런 특별한 교훈들 중의 하나를 검토해 봅시다. 그 구절은 고린도 1서 6장 12절에서 20절입니다. 그것은 원칙에 의해 살았던 고린토 사람들이 사도가 그들에게 먼저 이야기했던 어떤 것에 대해 잘못 해석했기 때문에 발생한 일일 수도 있는 것으로서 음란의 죄를 정당화하기 위해 "모든 것이 내게 적법하다, 나는 무슨 일이든지 할 자유가 있다."고 하는 정신으로 살았던 것으로 보입니다. 사도의 대답은 순수 정결에 대해 전혀 새로운 논거를 포함하고 있습니다. 그것은 그리스도의 신비로부터 발생하였습니다. 그는 우리가 더 이상 우리 자신에게가 아니라 그리스도께 속해있으므로 음란하게 된다거나 스스로를 팔거나 또는 스스로의 쾌락을 위해 처신하는 것은 정당하지 않다고 말합니다. 왜냐하면, 우리는 더 이상 우리 자신에게가 아니라 그리스도께 속해있기 때문입니다. 우리는 우리의 것이 아닌 것을 처분할 수 없습니다. 그는 말하고 있습니다. "여러분의 몸이 그리스도의 지체라는 것을 알지 못합니까? 그러므로 여러분의 몸은 여러분 자신의 것이 아닙니다"(1코린 6,15.19). 이교도적 동기부여는 어떤 의미에서 전도되었습니다. 보호받을 최고 가치가 더 이상 우리 스스로의 주인이 되지 않고, 예수님께서 우리 주인이 되시도록 하는 것입니다. "몸은 음행을 하라고 있는 것이 아니라 주님을 섬기라고 있는 것입니다"(1코린 6,13). 그러므로 정결에 대한 궁극적 동기부여는 "예수님이 주인이시다!"라는 것입니다. 다른 말로 그리스도교인의 정결은 단지 본능에 대한 이성의 제어를 확립하는 데 있다기보다 오히려, 전인적 이성과 본능에 대한 그리스도의 통제를 확립하는 데 있습니다. 가장 중요한 것은 내가 자제를 하는 것이 아니라 예수님이 나를 통제하시는 것입니다. 이 두 가지 사이의 질적 거리는 거의 무한합니다. 첫 번째 경우, 정결이 나 자신의 목적 속에 있습니다. 즉 내가 목적입니다. 두 번째 경우에 정결은 예수님께서 목적이 되는 관계입니다. 우리는 분명히 자제를 익히기 위해 모든 노력을 해야 할 것입니다. 그러나 그것은 오직 그리스도께 드리기 위함이어야만 합니다. 이처럼 정결에 대한 그리스도론적 논거는 사도 바오로가 같은 구절에 포함시킨 것으로부터 더욱 긴박하게 됩니다. 일반적으로 말해서 우리가 그리스도에 속할 뿐 아니라, 즉 단순히 그분의 소유물 즉 그분에게 속한 것이 아니라 그리스도의 몸 자체, 그의 지체인 것입니다! 이것은 전체 문제를 더욱더 미묘하게 만듭니다. 왜냐하면, 그것은 내가 음란 행위를 저지름에 의해서 그리스도의 몸이 매음하게 하고, 내가 가증스러운 신성모독을 저지름으로써 하느님 아들의 몸을 유린하는 것을 의미하는 때문입니다. 사도는 말합니다. "그런데 그리스도의 몸의 한 부분을 떼어서 창녀의 몸의 지체로 만들어서야 되겠습니까?"(1코린 6,15). 그러한 거대한 가설은 우리를 공포로 떨게 만들기 충분합니다.

이러한 그리스도론적 이유에 또 다른 성령론적 이유가 즉시 부가되었습니다. "여러분의 몸은 여러분이 하느님께로부터 받은 성령이 계시는 성전이라는 것을 모르십니까?"(1코린 6,19). 사람의 몸을 오용하는 것은 그러므로 하느님의 성전을 모욕하는 것입니다. 그러나 만일 누구든지 하느님의 성전을 파괴하면 하느님께서도 그 사람을 멸망시키실 것입니다(1코린 3,17 참조). 음란의 행위를 저지르는 것은 "하느님의 성령을 슬프게 해드리는"(에페 4,30) 것입니다.

그리스도론적이고 성령론적인 이유와 함께, 사도는 또한 인간의 궁극적 운명에 관련된 종말론적 이유를 언급하고 있습니다. "하느님은 주님을 다시 살리셨으니 우리도 당신의 권능으로 다시 살려 주실 것입니다"(1코린 6,14). 우리의 몸은 부활하기로 되어있습니다. 우리의 몸은 언젠가는 영혼의 지복과 영광에 참여키로 되어있습니다. 그리스도교인의 정결은 육체를 경멸하는 것이 아니라 그 존엄성을 매우 존중하는 데에 근거가 있습니다. 그노시스교도에 대항하여 싸우면서, 교부들은 복음이 육체로부터 '동떨어진' 구원이 아니라 '육체의' 구원임을 설교한다고 말했습니다. 육체를 '이질적인' 것이라고 생각하는 자들은 이 땅에서 버려질 운명이며, 그것을 거룩하게 지키기 위해 그리스도교인들이 행하는 것과 같은 이유를 갖지 못합니다. 역사상 자유 사상가들은 카타리파의 신자들처럼, 거의 언제나 급진적 관념론과 육체 경시를 설교하는 운동들에서 시작되는 경향이 있습니다. 어떤 교부가 다음과 같이 썼습니다. "몸이 모든 행위에 있어 영혼과 일체가 되어있듯이, 그것은 또한 미래에 어떤 일이 일어날 때라도 영혼의 반려가 될 것입니다. 형제들이여, 그러므로 우리의 몸을 존중하시오. 그리고 마치 이질적인 것처럼 오용하지 마시오. 이교도들이 하는 것처럼 육체가 우리와 이질적인 것이라고 말하지 말고 우리의 인격에 속한 것으로서 그것을 존중하십시오. 우리는 몸으로 행한 모든 일에 대해 하느님께 책임을 져야만 합니다."[3]

사도는 힘찬 도전으로 정결에 대한 그의 훈계를 끝마쳤습니다. "그러므로 여러분은 자기 몸으로 하느님의 영광을 드러내십시오"(1코린 6,20). 그러므로 인간의 몸은 하느님의 영광을 위한 것입니다. 그리고 그것은 인간이 하느님의 뜻에 복종하기를 좋아하는 성적 삶을 살 때 이러한 영광을 나타냅니다. 그것은 성의 진정한 의미, 즉 성의 본질적이고 근원적 성질은 자신을 파는 것이 아니라 주는 것이라는 사상에 복종함을 말하는 것과 같습니다. 이러한 몸을 통해 하느님께 영광을 돌리는 것이 반드시 인간의 성행위 자

---

3  예루살렘의 성 치릴루스, 『교리서』 XVIII, 20; PG 33, 1041.

체의 포기를 강요하는 것은 아닙니다. 다음 장, 코린토 사람들에게 보낸 첫째 서간의 7장에서 사도 바오로는 사실상 이러한 하느님께 영광을 돌리는 것은 두 가지 방법으로 그리고 두 가지 다른 은사를 통해 표현할 수 있다고 설명합니다. 결혼생활을 통해서 또는 결혼하지 않는 순결을 통해서입니다. 처녀와 독신주의자 모두는 그들의 몸으로 하느님을 영광스럽게 합니다. 그러나 결혼한 사람들 또한 각자 그의 결혼상태에 필요한 삶을 사는 한 하느님께 영광을 돌립니다.

## 2. 정결, 아름다움 그리고 우리 이웃에 대한 사랑

사도 바오로가 우리에게 지금까지 설명한, 그리스도의 유월절 신비로부터 발생하는 새로운 빛에 비추어 보면 정결의 전형은 신약에서 그리스도교인의 도덕을 모두 통합한 특전이 주어진 위치를 차지하고 있습니다. 사도 바오로의 서신 중 성령 안에서의 새로운 삶을 묘사하는 데 지면을 할애하지 않은 편지는 하나도 없다고 이야기할 수 있습니다(에페 4,17-5.33; 콜로 3,5-12 참조). 정결에 대한 이러한 근본적 필요성은 그리스도교인의 다양한 생활 형태에 따라 상술되어 있습니다. 사도의 편지는 정결이 젊은이들, 여인들, 결혼한 부부들, 나이 드신 사람들, 과부들, 장로들 그리고 주교들에게 어떻게 나타나야만 하는지 보여줍니다. 총괄적으로, 그리스도교인의 이러한 삶의 국면들은 신약, 특히 바오로 서신이 '아름다움' 또는 그리스도교인 소명의 '아름다운' 양상이라 부르는 것의 정의를 내려주고 있습니다. 그것은 선함과 더불어, '덕이 있는 아름다움' 또는 '아름다운 덕'의 전형을 형성합니다. 그래서 우리는 선한 일과 아름다운 일 양쪽에 대해 치우치지 않고 말할 수 있습니다. 정결을 '아름다운 덕'이라고 부름으로 그리스도교의 성전은, 오용과 때때로 그것에 대해 지나치게 일방적 강조가 주어졌음에도 불구하고, 심원한 진리를 표현하는 이러한 성경의 관점을 파악했습니다. 사실, 정결은 아름다운 것입니다!

그러한 정결은 단지 하나의 미덕이라기보다 생활양식입니다. 그것은 엄격한 성적 영역을 능가하는 표현의 범주를 가지고 있습니다. 육체의 정결이 있습니다. 그러나 또한 악한 행동들뿐 아니라 악한 생각과 욕망들을 멀리하는 마음의 정결 또한 있습니다(마태 5,8.27-28 참조). 그러므로 단어 속의 정결은 소극적으로는 음탕한 말, 어리석은 말과 경거망동, 수치스러운 말, 점잖지 못한 농담을 삼감에 있으며(에페 5,4; 콜로 3,8 참조), 적극적으로는 솔직하고 성실하게 말함에, 즉 "말씀에 아무런 거짓이 없으셨던"(1베드 2,22) 흠 없는 어린양을 본받아 "예, 예." 그리고 "아니오, 아니오."라고 말함에 있습니다. 결국 눈과 눈짓의 정결함이 있습니다. 예수님은 말씀하셨습니다. "눈은 몸의 등불이다. 그러므로 네 눈이 성하면 온몸이 밝을 것이다"(마태 6,22; 루카 11,34 참조). 사도 바오로는 이러한 새로운 생활양식을 위해 매우 암시적인 이미지를 사용합니다. 그는 그리스도 부활의 신비로 거듭난 그리스도교인들은 "순결과 진실이라는 누룩 없는 빵"(1코린 5,8)이 되어야만 한다고 말합니다. 사도가 여기서 사용한 단어, 'ειλικρίνεια엘리크리네이아'는 그 자체 속에 '태양의 투명성' 이미지를 포함하고 있습니다. 우리의 본문 로마서 13장 13절에서 그는 '빛의 갑옷!'으로서 정결을 이야기하고 있습니다.

요즘에는 이웃에 대한 과실과 정결 깨뜨린 죄를 대비시키는 경향이 있습니다. 그리고 이웃에 대한 과실들만 실재하는 죄로 간주하는 경향이 있습니다. 일찍이 과거에 '아름다운' 미덕에 관련하여 지나치게 헌신했다고 암시하는 많은 풍자도 있습니다. 부분적으로, 이러한 태도는 이해할 수 있습니다. 도덕 수업이 육체의 죄들을, 실지로 노이로제를 일으킬 정도에 이르기까지 지나치게 강조되어 왔었습니다. 이웃에 대한 의무에 유의하지 못하고 정결이라는 미덕 자체만을 위해 희생함으로써 그것은 힘을 잃었으며 거의 부정적으로 "아니오."라고 말하게 될 만큼 소극적 미덕으로 축소되었습니다. 이제 우리는 상반된 극단을 넘었습니다. 그리고 정결을 거스르는 죄들을 우리 이웃을 돌본다는 자선(흔히 말뿐이지만)으로 과소평가하려는 경향이 있습니다. 그 근본적 잘못은 이러한 두 가지 미덕들을 대비시키는 데 있습니다. 하느님의 말씀은 정결과 자선을 대비시키기는커녕, 튼튼하게 서로 연결해 줍니다. 사도가 말하는 바에 의하면 이러한 두 가지 미덕들이 어떻게 상호 의존하는지 깨닫는 것은 처음에 인용한 테살로니카 1서의 다음 부분을 읽는 것으로 충분합니다(1테살 4,3-12 참조). 정결과 자비의 궁극적 목적은 '품위 있는' 삶을 영위할 수 있는 것입니다. 그것은 스스로에 관하여 그리고 다른 사람들에 관한 모든 관계 속에서 완전하게 되는 것입니다. 우리의 본문에서 사도는 이러한 모든 것을 "언제나 대낮으로 생각하고 단정하게 살아갑시다."(로마 13,13)라는 표현으로 요약했습니다.

정결과 이웃에 대한 사랑은 동시에 자제와 자신을 다른 사람에게 주는 선물이라는 것과 동일한 의미가 있습니다. 만일 내가 내 열정의 노예이고 내가 평정을 지키지 못한다면 어떻게 스스로를 줄 수 있겠습니까? 내가 나에게 속하지 않았으므로, 바로 나의 몸은 나의 것이 아니라 주님 것이라는 바오로 사도의 말씀을 아직도 이해하지 못했다면 어떻게 스스로를 다른 사람들에게 줄 수 있겠습니까? 언제나 희생과 이타주의를 스스로 잊어버리고 관대함을 요구하는, 다른 사람에 대한 진정한 봉사가 나 자신과 내 열정을 만족시키는 쪽으로 조정된 무질서한 개인적 삶과 보조 맞출 수 있다고 믿는 것은 환상입니다. 불가피한 목적이 나 자신의 몸을 이용하는 것처럼 다른 사람의 몸을 이용하게 될 것입니다. 자신에게 "아니오."라고 말할 수 없는 사람은 다른 사람들에게 "예."라고 말할 수 없습니다.

사람들의 마음속에, 음란죄를 은근히 장려하고 음란죄의 책임을 무시하게 하는 핑계 중 하나는, 결국 강간 사건에만 관계되지 않는다면 그것은 어느 누구도 해치는 것이 아니며 어느 누구의 권리와 자유도 침해하는 것이 아니라고 느끼게 하는 것입니다. 그러나 피조물에게 율법을 주시는 하느님의 근본 권리를 침해하는 것이라는 사실은 생각지 않고 이렇게 변명하는 것은 또한 우리 이웃에게 연관되어 있다는 점에서도 잘못된 것입니다. 모든 죄 중에는 연대 책임이 있습니다. 각각의 죄는 어디에서 범해졌든 혹은 누구에 의해 범해졌든 인간의 도덕적 환경을 오염시키고 더럽힙니다. 예수님께서는 이 오염을 '중상, 악평'이라 부르시고 모든 복음 중 가장 호된 말로 그것을 책망하셨습니다(마태 18,6; 마르 9,42; 루카 17,1 참조). 예수님에 따르면, 심지어 마음속에 숨어있는 악한 생각들조차 인간과 세상을 더럽힌다고 하십니다. "마음에서 나오는 것은 살인, 간음, 음란, 도둑질, 거짓 증언, 모독과 같은 여러 가지 생각들이다. 이런 것들이 사람을 더럽히는 것이다"(마태 15,19-20). 모든 죄는 가치를 침식시킵니다. 그리고 모든 죄는 계속해서 사도 바오로가 그 무서운 힘이 모든 사람을 지배한다고 묘사한 '죄의 법'(로마 7,14 참조)이라고 정의를 내리게까지 했습니다. 유대인의 탈무드에서 우리는 죄의 연대 책임과 심지어 개인적이기 조차 한 각각의 죄가 다른 사람들에게 끼치는 해악에 대해 잘 묘사해주고 있는 한 이야기를 발견합니다. 몇몇 사람들이 배를 타고 있었습니다. 그들 중 하나가 드릴을 잡고 자신의 바로 밑에 구멍을 뚫기 시작합니다. 다른 승객들이 이것을 보았을 때 그들은 그에게 무슨 일을 하고 있느냐고 물었습니다. 그러자 그가 대답합니다. "이게 당신들과 무슨 상관이 있습니까? 내 자리 밑에 구멍을 만드는 거 아닙니까?" 그러나 그들은 대답합니다. "맞습니다. 그래요, 그러나 물이 들어올 것이고 그러면 우리 모두는 익사할 겁니다!" 대자연 자체가 우리의 반복되는 성적 오용에 대해 항변하는 불길한 경고를 보내오기 시작했습니다.

정결은 우리에게 다른 사람들과 그리고 우리 자신들과의 올바른 관계를 가질 수 있게 해 줄 뿐 아니라 하느님과의 친밀하고 익숙한 관계를 맺도록 한다는 것이 첨언되어야만 하겠습니다. 구약과 신약 모두 끊임없이 이것을 강조하고 있습니다. 불순한 마음으로 기도하기는 불가능합니다. 경험 자체가 그것이 불가능함을 보여줍니다. 만일 우리가 육체의 죄수라고 여겨진다면 우리는 영이신 하느님께로 스스로를 '발돋움할' 수 없습니다. 그것은 중요합니다. 그것은 덫에 잡혀서 철사로 땅에 묶여있는 새가 날려고 애쓰는 것과도 같습니다. 사도 베드로는 초기의 그리스도교인들에게 "세상의 종말이 가까웠으니 정신을 차려 마음을 가다듬고 기도하십시오."라고 썼습니다(1베드 4,7). 만일 사도 바오로가 결혼한 사람들에게조차 때때로 그들의 성관계를 삼가라고 권했다면 그것은 바르고 거룩한 것으로 그들 스스로를 더욱 자유로이 기도에 헌신토록 하게 하기 위해서 입니다(1코린 7,5 참조). 현대적 상황에 기인하는 인간 본성의 무질서한 성적 행위들에 대하여 더 무엇을 이야기할 수 있겠습니까? 그들에게 인간의 연약함에 대항하여 싸우고 그것을 극복할 진지한 의지가 없다면 실제적으로 기도를 믿기 어렵게 합니다.

### 3. 정결과 새 생명

그리스도교 신앙의 기원에 관한 역사적 연구는, 두 가지의 중요한 방법이 교회가 그 시대의 이교도 세계를 변화시키도록 도왔음을 우리에게 명백히 보여줍니다. 즉 복음 전도인 말씀 설교와 그리스도교인의 삶의 증언인 'μαρτυρία마르튀리아'가 그것입니다. 그리스도교인이 보여준 삶의 증언 영역 안에서 두 가지의 요소들, 즉 형제적 사랑과 그들 품행의 정결함은 또다시 그 어느 것보다 더 이교도들을 깜짝 놀라게 하고 개종시켰습니다. 심지어 베드로1서는 그리스도교인의 매우 색다른 삶의 방식을 목격한 이교도 세계의 경이를 언급했습니다. 그는 기록합니다. "여러분은 과거에 이방인들이 즐겨 하던 일을 하면서 살아왔습니다. 곧 방탕에 빠지고 욕정에 흐르고 술에 취하고 진탕 먹고 마시며 떠들어대고 가증한 우상숭배를 일삼아 왔으니 그만하면 족하지 않습니까? 이방인들은 여러분이 이제 자기네와 함께 방탕에 휩쓸리지 않는다고 해서 괴이하게 생각하며 욕설을 퍼붓고 있습니다"(1베드 4,3-4). 교회의 초기에 믿음을 옹호했던 그리스도교 필자들인 변증론자들은 그리스도교인들의 정결하고 정숙한 삶이 '이상하고도 믿을 수 없는' 것이었다고 진술하였습니다. 어떤 구절은 우리에게 그리스도교인들에 관해 이야기해 주고 있습니다. "그들은 다른 모든 사람처럼 결혼을 하고 아이들을 낳았습니다. 그러나 그들은 그들의 아이들을 유기하지 않았습니다. 그들은 같은 식탁에서 식사하지만 같은 침대에서 자지는 않습니다. 그들은 육체의 형태로 살았으나 육체에 따르지는 않습니다. 그들은 이 땅 위에 살고 있습니다. 그러나 사실 그들은 천국의 시민들입니다."[4] 특히 가족의 회복은 이교도 사회에 대단한 영향을 주었습니다. 당국은 한동안 가족을 개혁하길 원해왔습니다. 그러나 그들은 가족의 붕괴를 막기엔 무력했습니다. 성 저스틴 마티르는 황제 피오 안소니에게 보낸 변명을 위한 근거로 이러한 논거를 사용했습니다. 로마 황제들은 도덕과 가족의 개혁에 몰두하였습니다. 그리고 그들은 이러한 목적을 위해 적절한 법안을 발포하려고 애썼습니다. 그러나 부적당한 것으로 판명되었습니다. 그런데, 왜 그리스도교 율법이 그것을 받아들인 사람들로부터 얻을 수 있는 것을 인정하지 않고 그들이 또한 시민 사회에 줄 수 있는 도움을 보지 않습니까? 순교한 어떤 그리스도교인 소녀들의 두드러진 예는 그리스도교 신앙의 힘이 사람들을 이러한 문제에 어느 정도 수용할 수 있는지 보여줍니다.

우리는 그리스도교 공동체가 성적 문란과 죄들로부터 완전히 면제되었다고 생각해서는 안 됩니다. 사도 바오로는 심지어 고린

---

4    디오그네투스에게 보낸 편지 V, 5.

토 사회에서 근친상간의 문제를 견책해야만 했었습니다(1코린 5,1 이하 참조). 그러나 이러한 죄들은 있는 그대로 보였으며 책망받고 바로잡혔습니다. 이러한 문제에서, 다른 문제들 속에서처럼 사람에게 죄가 없을 것이 요구되지 않았습니다. 중요한 것은 죄에 대항하여 싸우는 것이었습니다. 간통은 살인이나 배교와 함께 가장 큰 세 가지 죄 중 하나로 대단히 많이 생각되었기 때문에 얼마간은 그것이 고해성사 때문에 감면될 수 있는지에 대하여 특정한 집단들에서 많은 토론이 있었습니다.

이제 그리스도교 신앙의 근원을 떠나 오늘날의 형세를 바라봅시다. 우리의 현대사회에서 정결의 위치는 무엇입니까? 비록 더 악화되지 않았다 하더라도 적어도 그때와 동일할 것입니다! 우리는 이교도 사상으로 가득하고 완전한 성숭배性崇拜에 잠겨버린 사회 풍습에 젖어 살고 있습니다. 사도 바오로가 그의 로마서 시작 부분에서 이교도 세계에 대해 말한 무시무시한 비난은 현 세계, 특히 소위 풍족한 사회에 일일이 적용될 수 있습니다. 그는 "인간이 이렇게 타락했기 때문에 하느님께서는 그들이 부끄러운 욕정에 빠지는 것을 그대로 내버려 두셨습니다. 여자들은 정상적인 성행위 대신 비정상적인 것을 즐기며 남자들 역시 여자와의 정상적인 성관계를 버리고 남자끼리 정욕의 불길을 태우며 서로 어울려서 망측한 짓을 합니다. 이렇게 그들은 스스로 그 잘못에 대한 응분의 벌을 받고 있습니다. 그런 모양으로 사는 자는 마땅히 죽어야 한다는 하느님의 법을 잘 알면서도, 그들은 자기들만 그런 짓들을 행하는 게 아니라 그런 짓들을 행하는 남들을 두둔하기까지 합니다"(로마 1,26-27.32). 오늘날, 그러한 일들과 심지어 더 나쁜 일들이 실행되고 있을 뿐 아니라 그것들을 정당화하려는 모든 노력, 즉 "누구에게도 해가 되지 않고 누구의 자유도 침해하지 않기만 하면"이라고 이야기하면서 모든 도덕적 방종과 성적 타락을 정당화해 왔습니다. 마치 모든 일이 하느님과 아무 관계없는 것 같이 행동합니다! 모든 가정이 파괴되어 왔고, 삶 그 자체가 위험에 빠졌습니다. 그런데 우리는 무슨 해악이 가해졌느냐고 오히려 묻고 있습니다.

의심할 여지 없이 성에 대한 어떤 전통적이고 교훈적인 의견들은 개선되어야 할 필요가 있었습니다. 현대 과학은 어떤 심리적 기제를 명백하게 설명하고 과거에 죄라고 간주했던 특정 형태의 행동에서 도덕적 책임을 면케 하거나 축소시키는 사고방식 조절에 기여하였습니다. 그러나 이러한 심리과정에는 성적 도덕체계의 모든 객관적 규범을 부인하는 경향이 있는 비과학적이고 관용적인 성개방주의性開放主義 같은 것은 아무것도 없습니다. 그 이론들은 모든 문제를 관습의 자발적 개방으로, 즉 문화의 문제로 축소합니다. 만일 우리가 발견한 소위 우리 시대의 성적 혁명이라 부르는 것을 면밀히 들여다본다면, 놀랍게도 그것은 단순히 과거에 대한 반란일 뿐 아니라 또한 흔히 하느님에 대한 반란입니다. 이혼, 낙태 그리고 다른 유사한 일들을 위한 싸움은 대개 "나는 나 자신에게 속해있다! 내 몸은 내 것이다!"라는 표어 아래에 수행됩니다. 그것은 하느님의 말씀에 의해 확립된 진실, 우리는 우리 자신의 것이 아니며, 우리는 스스로에게 속해있지 않으니, 왜냐하면, 우리는 '그리스도에게 속해있기' 때문이라는 진실과는 정반대입니다. 그러므로 이것은 하느님께 대항하는 반란의 목소리입니다. 그것은 절대 자치권의 요구입니다.

불행하게도 오늘날, 사도 바오로의 시대보다 훨씬 더 심각한 상황이 있습니다. 이러한 관용적 이론 중 몇몇이 교회 자체에 침투하였습니다. 어떤 사람들은 너무나 무차별하게 하느님 말씀에 의해 분명히 유죄판결을 받은 동성애와 그 비슷한 문란함을 정당화하기에까지 이르렀습니다. 때때로 사람들에게 건전한 교리를 가르쳐야 할 사람들의 입에서도 내 귀로 직접 들은 말들처럼 천박하기 그지없는 이야기들을 듣습니다. "하느님은 당신을 있는 그대로 사랑하십니다. 하느님은 무엇보다도 당신의 성취를 원하십니다. 그러므로 만일 당신이 '그와 같으면' 그리고 이것이 당신의 자아실현을 충족시킨다고 느끼면 괴로워하지 말고 그대로 하십시오. 하느님은 아버지이십니다!" 그것은 마치 하느님의 뜻 밖에서 죄를 통하여 자기를 실현하는 것이 가능하다는 말과 같습니다. 이러한 방법으로 사람은 하느님 능력에 대한 믿음이 없어서 죄를 짓습니다. 약하거나 아픈 형제에게 "하느님은 당신을 사랑하십니다. 그리고 하느님은 당신의 연약함보다 더 강하십니다!"라고 이야기하는 대신 우리는 인간의 죄와 약함이 하느님보다 더 강하다고 이야기하며 끝을 맺는 것과 같습니다.

### 4. 마음의 정결!

나는 모두 잘 알고 있는 우리 주위의 상황에 대한 묘사를 너무 길게 늘어놓고 싶지 않습니다. 사실, 내가 알고 싶은 것은 이러한 상황에서 하느님이 우리 그리스도교인들로부터 원하시는 바를 발견하고 나누는 것입니다. 하느님은 우리의 초기 동료 그리스도교인들을 부르신 것과 같은 과업을 위해 우리를 부르고 계십니다. 그것은, "이러한 거친 방종의 급류를 거슬러 올라가라."는 것입니다. 그분은 우리의 몸이요 교회 전체의 신비체인 성령의 궁전, 즉 우리의 몸이 정화되어야 한다고 우리를 부르십니다. 그분은 그리스도교인의 아름다운 삶이 세상 사람들이 보는 앞에 다시 한번 빛나도록 만들라고 우리를 부르고 계십니다. 그는 정결을 위해 싸우라고, 끈기 있고 겸손하게 싸우라고 우리를 부르고 계십니다. 우리 모두가 즉시로 완전해지는 것은 필요하지도 가능하지도 않습니다. 이러한 싸움은 세상과 교회 자체만큼이나 오래된 일입니다. 그러나 오늘날 성령은 우리에게 새로운 것을 하라고, 최초의 순수한 피조물 세계에 목격자가 되라고 부르고 계십니다. 세상은 매우 비천하게 타락하여 왔습니다. 성이 우리를 도취되게 해 왔다고도 쓰여 있습니다. 이러한 성 중독을 끊으려면 매우 강한 것이 필요합니다. 그의 마음이 아쉽게도 너무 자주 수렁 속에 빠진다고 할지라도 인간 속에 그의 가슴이 그리워하는 순결과 소박함에 대한 향수를 다시 각성시킬 필요가 있습니다. 창조의 순수함은 더 이상 존재하지 않고 그리스도에 의해서 우리에게 회복된 구원救援의 순수함과, 성찬 전례와 하느님 말씀 안에서 우리에게 주어지는 순수함이 존재하는 것입니다. 사도 바오로는 필리피서에서 그러한 계획을 암시하였습니다. "무슨 일을 하든지 불평을 하거나 다투지 마십시오. 그리하여 여러분은 나무랄 데 없는 순결한 사람이 되어 이 악하고 비뚤어진 세상에서 하느님의 흠 없는 자녀가 되어 하늘을 비추는 별들처럼 빛을 내십시오"(필리 2,14). 이것은 사도가 이른 바 "빛의 갑옷을 입으라."고 하는 것입니다. 겸손은 특히 젊은 사람들에게는 정결에 대한 이러한 소명의 중요한 양상입니다. 겸손은 그 자체로서 영혼에 결합한 인간 신체의 신비를 나타냅니다. 그것은 우리의 몸에 육체를 능가하고 그것을 초월하는 것이 있음을 증명합니다. 겸손은 자기 자신과 다른 사람들을 존중하는 것입니다. 정숙이라는 관념이 결여되면, 인간의 성은 치명적으로 하찮게 되어버리며 모든 영혼의 빛은 소멸되어버리고, 쉽게 상품으로 가치가 하락해버립니다. 오늘날의 세계는 정숙을 놀림감으로 삼고 누가 그 경계를 가장 멀리 후퇴시킬 수 있는지 보려고 경쟁합니다. 젊은이들에게 실제적인 폭력을 행사함으로, 그것은 그들이 대단히 영광스럽게 여겨야 할 것에 대해 부끄러움을 느끼도록 합니다. 이것은 중지되어야 합니다. 성 베드로는 첫 그리스도교 공동체의 여성들에게 권고하였습니다. "썩지 않는 장식, 곧 온유하고 정숙한 정신으로 속마음을 치장하십시오. 이것이야말로 하느님께서 가장 귀하게 여기시는 것입니다. 전에 하느님께 희망을 두고 살던 거룩한 부인들도 이와 같이 자신을 가다듬고 자기 남편에게 복종했습니다"(1베드 3,4-5). 그것은 육체에 대한 모든 몸의 겉치장과 외모를 가장 좋게 보이려하고 보다 아름다워 보이려는 모든 노력을 비난하는 문제가 아니라, 거기에서 마음의 깨끗한 감정이 동시에 일어나야 한다는 것입니다. 그것은 자신을 위해서라기보다 다른 사람들, 특히 약혼자나 남편이나 자녀들을 위해서 행해져야 합니다. 그것은 유혹하기보다 기쁨을 주기 위해 행해져야 합니다.

정숙은 정결의 가장 아름다운 장식물입니다. "세상은 미를 통해 구원될 것이다."라는 기록이 있습니다. 그러나 동일한 저자는 즉시 덧붙였습니다. "세상엔 오직 하나의 절대적으로 아름다운 존재가 있습니다. 그의 출현은 아름다운 기적입니다. 즉 그리스도이십니다."[5] 정결은 그리스도의 거룩한 아름다움이 나타나도록 하는 것이며 젊은 그리스도교인의 얼굴을 빛나게 하는 것입니다. 정결은 세상에 대한 훌륭한 증거입니다. 우리는 초기 그리스도교의 순교자 중 한 사람인 젊은 페르페투아의 순교에 대한 믿을만한 이야기를 들었습니다. 원형경기장에서 사나운 황소에 묶여 공중에 내던져졌으나 피 흘리며 땅에 떨어지면서도 "그녀는 복장을 정돈하며 고통보다 그녀의 정숙함에 대해 더욱 걱정했습니다."[6] 그러한 예들은 이교도 사회를 변화시키는데 기여했으며 정결에 대해 관심을 갖게 하였습니다.

---

5   F. Dostoevsky, 『Letter to his niece Sonja Ivanova』.
6   성녀 페르페투아와 펠리치타스의 순교록 (PL 3,35).

마치 '도움'이 충분치 않다기보다는 오히려 다른 사람들과 잠재적 적들로 인한 위험이 항상 그리고 필연적으로 있는 것처럼, 정결은 두려움, 터부, 금기, 남녀 사이 상호 기피 등으로 구성되었습니다. 과거에 정결은 자주 이러한 복잡한 터부, 금기, 두려움들로 축소되었습니다. 마치 악덕이 미덕 앞에서 부끄러워하는 것이 아니라 미덕이 악덕 앞에서 부끄러워해야 하는 것과도 같습니다. 우리 안에 성령님께서 계시기 때문에 우리는 적대편의 악덕보다 더 강한 정결, 소극적 정결이 아니라 긍정적 정결을 열망해야만 합니다. 그것을 통해 우리는 진리의 말씀들을 경험할 수 있습니다. "깨끗한 사람들에게는 모든 것이 다 깨끗합니다"(티토 1,15). 그리고 다시 말합니다. "여러분 안에 계시는 그분은 세상에 와 있는 그 적대자보다 더 위대하십니다"(1요한 4,4).

우리는 마음을 치유하는 것으로 시작해야만 합니다. 그것이 그 문제의 뿌리입니다. 왜냐하면, 인간의 삶을 더럽히려는 모든 것이 생기는 것은 마음에서 비롯되기 때문입니다(마태 15,18 참조). 예수님께서 말씀하셨습니다. "마음이 깨끗한 사람은 행복하다. 그들은 하느님을 뵙게 될 것이다"(마태 5,8). 이러한 것들을 진실로 보게 될 것입니다. 즉, 그들은 아름다운 것과 추한 것, 진실한 것과 거짓된 것, 생명과 죽음을 식별할 수 있는 새로운 눈, 맑은 눈을 통해서 세상과 하느님을 볼 것입니다. 예수님과 같은 눈들로 볼 것입니다! 예수님께서는 어떠한 주제들, 어린이들, 여성들, 임신, 출산 등의 주제들도 자유로이 언급하셨습니다. 마리아의 눈과 같은 눈들. 우리는 아름다움, 진정한 아름다움, 피조물들이 하느님으로부터 받은 아름다움, 그리고 깨끗한 마음에 보이는 아름다움 등을 사랑해야만 합니다. 그러면 정결은 더 이상 피조물들에게 "아니오."라고 말하는 데 있지 않고 그들이 하느님의 피조물들이며 그와 같이 선한 이상 "예."라고 말하는 데 있을 것입니다. 이러한 "예."를 말할 수 있다는 것은 십자가의 고통을 받아들임을 의미합니다. 죄가 세상에 온 이후에 피조물들을 바라보는 우리 방법은 혼탁해졌습니다. 현세욕(욕정과 정욕)이 우리 안에서 폭발되었습니다. 성은 더 이상 평화로운 것이 아닙니다. 그것은 우리 자신의 의지와 반대하여 하느님의 법으로부터 우리를 멀리 끌고 가버리는 애매모호하고 위협적인 힘이 되었습니다.

### 5. 정결의 방법 : 금욕과 기도

그러므로 나는 정결을 획득하고 유지하기 위한 방법들을 제시합니다. 사실, 첫 번째 방법은 금욕하는 것입니다. 빛 가운데서 모든 사람에게 접근할 수 있게 해주고, 귀 기울이게 하고 우리 자신을 더럽히지 않고 모든 종류의 불행을 알게 해주는 진정한 내적 자유는 악에 이용당하는 결과가 아닙니다. 정결은 모든 것을 맛보고 우리 스스로를 면역시키려고 애쓰고, 우리가 제거하고자 하는 악의 균을 소량 예방 접종 하는 것으로 얻는 게 아니라 감염의 근根을 치유함으로 얻어집니다. 그것은 금욕을 통해 얻어집니다. "만일 성령의 힘으로 육체의 악한 행실을 죽이면 삽니다"(로마 8,13).

    우리는 일찍이 그것을 내리눌러 온 의심으로부터 '금욕'이란 단어를 벗어나게 하기 위해 온 힘을 다해야 합니다. 오늘날 인간은 깨닫지도 못하는 사이에 '늙은이'라고 부르는 소리에 굴복하게 되었습니다. 그는 자기 본능 아니 자기실현의 방법으로 그것을 볼 때 그의 타고난 추진력이라고 우리가 부르고 싶어 하는 것의 마구잡이 식 만족을 정당화하고 심지어는 찬양하기 위한 특별한 철학을 창조하였습니다. 마치 인간은 그러한 일들을 위해 특별한 철학을 필요로 했던 것 같습니다. 그리고 그의 타락한 본성과 인간적 이기주의는 충분하지 않습니다! 금욕이 자유로운 정신으로가 아니라 그 자체를 위해 행해지거나 심지어 하느님으로부터 특별한 은혜를 요구하려고 하거나 다른 사람들로부터 칭찬을 얻으려고 행한다면 그것이 무익하고 세속적이라는 것은 사실입니다. 이것은 많은 그리스도교인이 그것에 대해 가진 생각입니다. 그리고 그들이 그것을 피하는 이유는 아마도 그들이 성령의 자유를 알게 되었기 때문입니다. 그러나 하느님 말씀은 우리에게 금욕을 생각하는 새로운 방법, 완전히 정신적인 방법에 대해 말씀하십니다. 왜냐하면, 그것은 성령으로부터 나오기 때문입니다. "만일 성령에 의해 육체의 행실들을 죽이면 당신은 살 것입니다." 그러한 금욕은 성령의 열매이며 그것은 삶을 위한 것입니다.

정결에 관해 이야기하자면, 금욕의 특별한 유형을 언급할 필요가 있습니다. 눈의 금욕이 그것입니다. 눈은 영혼의 거울이라고 불려집니다. 회오리바람이 먼지와 나뭇잎들을 흩뿌릴 때, 아무도 먼지가 모든 것을 뒤덮도록 창문을 활짝 열어두지 않습니다. 세상에 존재하는 모든 아름다운 것들을 보라고 하느님이 우리에게 눈을 주신 것이 사실입니다. 그러나 눈을 창조하신 그분은 또한 그것을 보호하려고 속눈썹을 창조하셨습니다! 눈의 금욕에 관하여 이야기하자면 우리는 텔레비전을 빠뜨릴 수 없습니다. 그것은 우리 시대의 커다란 새로운 위협입니다. 예수님은 말씀하셨습니다. "오른 눈이 죄를 짓게 하거든 그 눈을 빼어 던져버려라"(마태 5,29). 그리고 그는 우리 시선의 정결에 대하여 이것을 말씀하신 것입니다.

텔레비전은 분명 우리에게 있어 우리 눈보다 더 필요하지는 않습니다. 그래서 우리는 그것에 대해 말해야 합니다. 만일 당신의 텔레비전이 당신에게 죄를 짓게 한다면 그것을 던져 버리십시오! 세상에서 최근에 일어난 일들과 연예에 대해 무식하게 보이는 것이, 모든 것에 대해 잘 알고 있지만 예수님과의 우정을 잃고 당신 마음을 망치는 것보다는 훨씬 나을 것입니다. 만일 당신이 당신의 모든 계획과 노력에도 불구하고 그리스도교인들에게 무엇이 유익하고 적합한지 스스로 한계를 둘 수 없다면, 당신의 텔레비전을 없애는 것이 당신의 의무입니다. 많은 그리스도교인 가족들이 텔레비전을 없애 왔습니다. 왜냐하면, 그들은 그 유익이 그리스도교인과 인간 수준에 끼치는 해악을 보상하지 못한다는 것을 깨달았기 때문입니다. 그리고 그들은 기묘한 암시를 통해서 성직자나 주교도 그들이 잘 아는 내용의 특정 프로그램을 보아왔다고 알게 될 때 참으로 당혹하게 됩니다. 어떻게 성직자나 수도자가 복음 선포라는 지복에 살면서 또한 정결을 비웃는 영상 이미지들을 밤에 여러 시간 동안 그 눈과 마음 안에 채울 수 있습니까? 그리고 나서 어떻게 다음 날 아침 일찍 효과 있게 주님 말씀을 선포하며, 죄들을 사면하며, 그리스도의 몸을 나누어 미사에서 성체분배를 하며 주님께 대한 찬양을 바칠 수 있습니까?

그러므로 금욕과 기도에 의지하십시오. 정결은 사실, '성령의 열매' 그 이상의 것입니다. 즉, 우리 자신이 노력해서 얻는 열매라기보다 하느님의 선물입니다. 물론 우리의 노력이 없어서 된다는 말은 물론 아닙니다. 아우구스티노 성인은 이러한 문제에 대한 그 자신의 개인적 경험을 일찍이 그의 글 속에서 언급하여 묘사하였습니다. "나는 경험의 부족으로 절제가 우리 자신의 노력에 달렸다고 믿었습니다. 그리고 나는 그 힘을 갖고 있지 못하다는 걸 알았습니다. 나는 기록된 것, 즉 '지혜라는 것은 하느님께서 주시지 않으면 다르게는 얻을 수 없다는 것'(지혜 8,21 참조)을 무시할 정도로 어리석었습니다. 그리고 만일 내 마음이 신음하며 하느님께 그것을 간청하고 굳건한 믿음으로 내 염려들을 봉헌하였다면 하느님은 분명히 나에게 이것을 주셨을 것입니다. 하느님은 내가 정결해지기를 원하십니다. 그런 후 나에게 하느님이 원하시는 것을 주시고 하느님이 의도하시는 것을 요청하십니다!"[7] 그리고 우리는 그가 이러한 방법으로 순결해진 것을 알고 있습니다.

시작 부분에서 내가 이야기한 대로, 정결과 성령의 사이에는 강력한 연결이 있습니다. 성령은 사실, 우리에게 정결을 주며 정결

---

[7] 성 아우구스티노, 『고백록』 VI, 11; x, 29.

은 우리에게 성령을 줍니다! 정결이 성령을 마리아에게 끌어당겼던 것처럼 그것은 우리에게 성령을 끌어당깁니다. 예수님 시대에 세상은 사람들 가운데 방해 없이 행동하는 '더러운' 영혼들로 가득 차 있었습니다. 요르단강에서 세례 이후 성령으로 충만한 예수님이 카파르나움의 유대교 회당으로 들어가셨을 때, 더러운 영에 사로잡힌 한 남자가 외쳤습니다. "나자렛 예수님, 어찌하여 우리를 간섭하시려는 것입니까? 우리를 없애려고 오셨습니까? 나는 당신이 누구인지 압니다. 당신은 하느님께서 보내신 거룩한 분이십니다"(마르 1,24). 그 사람이 아무도 눈치채지 못하는 오랜 세월 동안 그 회당 안에서 아무의 방해도 받지 않고 있었다는 것을 그 누가 알았겠습니까! 그러나 예수님이 성령의 빛과 향기를 발하시며 회당 안으로 발을 들이셨을 때, 더러운 영은 정체를 드러냈습니다. 더러운 영이 격앙되어 예수님 존재를 견디지 못하고 그 사람의 밖으로 나왔습니다. 이것은 예수님이 우리 주변 정화를 위하여 우리에게 일하라고 우리를 부르고 계시는 위대하고도 조용한 구마의식驅魔儀式입니다. 우리 자신들과 우리의 주변에 있는 자들로부터 더러운 귀신들과 영혼의 불순함을 몰아내고, 사람들 특히 젊은 사람들에게 정결을 위해 싸우는 기쁨을 주기 위하여 말입니다.

# 결론

## 주님을 위해서 삽시다

　로마서의 결말에 이르러, 사도는 우상에게 제사한 고기를 먹는가 먹지 않는가에 관한 특별한 문제에 실질적 충고를 집중하는 한편, 어떤 면에서는 그의 어조가 갑자기 너무 높아지고 엄숙해져서 그것은 마치 이미 존재하는 세례 때의 신앙고백이나 사도 자신이 만들어 그리스도에게 바치는 찬미가인 것 같다는 생각까지 듭니다. 여기 사용된 말들은 로마 사회에 관련된 문제를 넘어서서 전 그리스도교인의 존재를 뜻하는 보편적 의미를 지닙니다. 우리는 그 말들 안에서 이 로마서 전체와 우리 순례의 대미를 장식하는 중요한 요점들을 볼 수 있습니다. "우리들 가운데는 자기 자신을 위해서 사는 사람도 없고 자기 자신을 위해서 죽는 사람도 없습니다. 우리는 살아도 주님을 위해서 살고 죽더라도 주님을 위해서 죽습니다. 그러므로 우리는 살아도 주님의 것이고 죽어도 주님의 것입니다. 그리스도께서는 죽은 자의 주님도 되시고 산 자의 주님도 되시기 위해서 죽으셨다가 다시 살아나셨습니다"(로마 14,7-9).

우리가 아직 '하느님의 영광을 빼앗긴' 그리고 '우리 자신을 위해' 사는 불신에 몰두해 있었던 순례 여행의 시작에서 사도 바오로는 우리 손을 잡아, 우리가 더 이상 우리 자신을 위해 살지 않고 주님을 위해 사는 새로운 차원으로 인도하였습니다. 우리 자신을 위해 산다는 것은 마치 '나 자신'이 처음과 끝인 것처럼 사는 것입니다. 그것은 우리 자신 속에서 우리 자신을 위하여 사는 것을 의미합니다. 그것은 자신 속에 갇혀서 영원을 기대함이 없이 자신의 만족과 영광에 여념이 없는 존재를 가리키는 것입니다. 반대로 주님을 위해 산다는 것은 주님의 삶, 즉 주님의 삶이요 성령님의 삶을 사는 것을 가리키는데, 그것은 주님을 위하여, 그리고 주님의 영광을 위하여 사는 것을 의미합니다. 그것은 주요한 제1원리를 바꾸는 문제입니다. 즉 더 이상 '내'가 아니라 '그리스도'로 사는 것입니다. "이제는 내가 사는 것이 아니라 그리스도가 내 안에서 사시는 것입니다"(갈라 2,20), 그것은 자기중심 본위의 사람이 그리스도 중심의 사람으로 변화하는 것을 의미합니다. 그것은 작은 세상 즉 인간이라는 소우주 안에서 수행된 일종의 코페르니쿠스적인 혁신입니다. 고대 천동설 체제에서는 지구가 우주의 중심에 있고 태양은 지구에 빛과 열을 주기 위해 지구의 종속자로서 지구를 돌고 있다고 생각했습니다. 그러나 코페르니쿠스는 태양이 중심에 정지하여 있고 지구가 빛과 열을 받으려고 그 주위를 자전하면서 공전한다고 진술함으로써 그 이론을 뒤집었습니다. 이 코페르니쿠스적 혁신을 영적 영역에 적용하기 위해 우리는 낡은 체계를 새로운 체계로 바꾸어야 합니다. 낡은 체계 안에서는 중심에 있으면서 율법을 명령하고 그 각각을 내게 가장 잘 맞는 곳, 내가 좋아하는 것들과 사람들은 내 가까운 곳에 그리고 내가 좋아하지 않는 것들과 사람들은 먼 곳에 배정하기 원하는, 내 '자신' 즉 지구였습니다. 그런데 새로운 체계 안에서는 중심에 계셔서 지배하시는 분은 그리스도 즉 태양이십니다. 한편 나 '자신'은 겸손하게 그분을 향해, 그분을 응시하고 섬기며, 그분으로부터 '생명의 성령'을 받습니다.

그것은 진정 새로운 존재의 문제입니다. 죽음조차도 그 돌이킬 수 없는 패배성을 상실하는 것입니다. 일찍이 인간이 경험해 온 삶과 죽음 사이의 모순이 극복되었습니다. 가장 근본적인 모순은 이제 더 이상 사느냐 죽느냐에 있지 않고 자신을 위해 사느냐, 주님을 위해 사느냐에 있습니다. 이제 자신을 위해 사는 것은 실제의 죽음이 되었습니다. 믿는 사람들에게 있어서, 육체적인 의미에서 생과 사(生死)는 단지 두 개의 현상일 뿐이며 주님을 위해 그리고 주님과 함께 사는 두 가지 방법입니다. 전자는 믿음 안에서 장차 올 것을 희망하며 사는 것이요, 후자는 죽음을 통해 완전하고 확실한 소유 안으로 들어가는 것입니다. 사도는 기록하기를 "나는 확신합니다. 죽음도 생명도 …… 우리 주 예수 그리스도를 통하여 나타날 하느님의 사랑에서 우리를 떼어놓을 수 없습니다"(로마 8,38). 이 말씀에 비추어 볼 때, 죽음은 '획득'으로 느껴지기까지 합니다. 왜냐하면, 죽음이 우리로 하여금 더욱 완전하게 "그리스도와 함께 있도록"(필리 1,21) 해주기 때문입니다.

사도의 말씀은 단순한 종교적 열의의 표현이 아닙니다. 말씀 뒤에 숨은 긴급한 메시지가 있습니다. 우리는 주님께 속하였습니다(로마 14,8 참조). 그리고 이 이유는 "그리스도께서 주님이 되시기 위해서 죽으셨다가 다시 살아나셨기 때문입니다"(로마 14,9). 즉 우리를 구원하셔서 우리에 대한 권한을 가지셨기 때문입니다. 우리는 주님의 것이니 그러므로 주님을 위해 살아야 합니다. 위의 첫 문장은 그리스도교가 선포하는 내용 전체를 요약하고 있습니다. 그리고 그다음 문장은 그 내용 전체를 다시 총괄하고 있습니다.

우리가 주님을 위해 살아야 하는 이유는 우리가 그분에게 속했다는 사실에 있습니다. 그것은 정의에 관한 문제입니다. 우리는 그분의 것입니다. 그분은 "우리 몸의 답례로 그분 몸을, 그리고 우리 영혼의 답례로 그분 영혼을 주셨습니다."[1] 그분은 우리를 완전히 구원하셨습니다. 어느 누구도 그의 몸으로 다른 사람의 의지를 살 수 없습니다. 왜냐하면, 노예라 할지라도 그 의지는 자유롭기 때문입니다. 그리스도의 경우는 달랐습니다. 우리의 의지 그 이상으로 우리는 그분께 속해있습니다. 그러므로 우리가 우리 의지를 우리 자신을 위하여 쓸 때마다 우리는 합법적인 우리의 주인으로부터 우리의 의지를 빼앗는 것입니다.

그러나 정의가 유일한 이유는 아닙니다. 사랑이라는 이유가 또 있습니다. 사도 바오로는 말하기를 "그리스도의 사랑이 우리를 지배하십니다. 왜냐하면, 우리가 잘 아는 대로 그리스도 한 분이 모든 사람을 대신해서 죽으셨으니 결국 모든 사람이 죽은 것입니다. 그리스도께서 이렇게 죽으신 것은 사람들이 이제는 자기 자신을 위하여 살지 않고, 자기들을 위해서 죽으셨다가 다시 살아나신 분을 위하여 살게 하시려는 것이었습니다"(2코린 5,14-15). 주님의 권리보다 더 큰 사랑이 우리로 하여금 결단하라고 강요합니다. "그

---

[1] 성 이레네우스, 『이단 반박』 V, 1, 1.

리스도께서는 우리를 사랑하신 나머지 우리를 위하여 당신 자신을 바치셨습니다"(에페 5,2). 그분은 '우리가 절망에 빠져 있을 때', '우리가 하느님의 원수였던 때에도' 우리를 사랑하셨습니다(로마 5,6.10). 그분은 개별적으로 선택하신 우리 하나하나를 사랑하셨습니다."그분은 나를 사랑하시고 나를 위해서 당신의 몸을 내어주셨습니다"(갈라 2,20). 내가 이 땅 위에서 구원받을 유일한 사람이었다 해도 여전히 그분은 죽으셨을 것입니다. 나 한 사람만을 위해서도 그분은 죽으셨을 것입니다. 그리스도의 사랑은 무한하고 완전무결하십니다. 왜냐하면, 그것이 하느님의 사랑이기 때문입니다. 그리고 그 무한하고 완전무결한 것들은 분열될 수 없습니다. 그러므로 그분으로서는 우리 각각을 전 인류를 사랑하시는 것과 동일한 정도로 사랑하십니다. 교회의 성찬 전례에서 봉헌된 그분 성체가 수많은 조각 하나하나로 나뉘어 분배되는 것과 마찬가지로, 그분의 사랑은 각각의 구원받은 백성들에게 완전하게 주어집니다. 다음 말씀을 하느님은 우리들 각자에게 주셨습니다."너는 눈에 넣어도 아프지 않을 나의 귀염둥이, 나의 사랑이다"(이사 43,4).

하느님의 사랑은 실제로 우리를 '다스리고' 천지 사면에서 우리를 둘러싸고 계십니다. 고대에는 주인이 노예를 살 때마다, 그 노예의 이익을 위해서 사는 것이 아니라, 자신의 이익을 위해서 즉 노예로부터 섬김을 받고 노예의 노동으로부터 이익을 얻기 위해 샀습니다. 그러나 주 예수님께 있어서 모든 것은 정반대입니다. "이 모든 것이 종의 명예를 위해 행해졌습니다. 주님은 구원하신 자들로부터 이익을 얻기 위해 몸값을 치르신 것이 아니라 자신의 재산을 그들의 것이 되게 하시기 위해, 그리하여 종들이 주인과 주인의 일로부터 이익을 얻게 하려고, 그리고 구원받은 자들이 구원해주신 분을 완전히 소유할 수 있게 하시기 위해, 그리하신 것입니다. 그리스도의 종들은 그들의 주님을 소유하고 그분 재산의 상속자가 되는 것입니다.[2]

주님을 위해 사는 삶의 열매는 기쁨입니다. 자신을 위해서 사는 사람은 자신의 기쁨을 만족시키기 위한 초라하고 불확실하고 유한한 것들만 가질 뿐입니다. 그러므로 당연히 슬픔에 접하게 됩니다. 그러나 주님을 위해 사는 사람은 기쁨에 대한 무한한 동기와 목적을 갖게 되는데, 그것은 거룩한 것이며 언제나 새로운 것입니다. 예수님께서 "내가 이 말을 한 것은 내 기쁨을 같이 나누어 너희 마음에 기쁨이 넘치게 하려는 것이다."(요한 15,11)라고 말씀하신 것처럼 예수님 자신의 기쁨이 그 사람의 기쁨이 되는 것입니

---

2  니콜라스 카바실라스, 『그리스도안의 생활에 관하여』, VII,5; pp.150, 717.

다. 어떤 기교를 통하여 더 나은 육신을 위해 자신의 육신을 벗어나는 것이 가능하다면, 기쁨은 증가할 것이며, 새로운 몸이 더 좋으면 좋을수록 기쁨은 더 커질 것입니다. 그러므로 문제가 몸이나 집을 벗어나는 것뿐만 아니라 하느님을 기쁘게 맞이하기 위해 우리자신을 벗어나는 것일 때, 그리고 하느님께서 몸과 혼, 집과 친구들과 모든 다른 것들을 대신하실 때, 이 기쁨은 당연히 어떤 인간적 기쁨보다 클 것이며 거룩한 지복의 기쁨이 될 것입니다.[3]

　주님을 위해 살면서 체험하는 기쁨은, 사도 바오로가 'rejoicing'이라 불렀던 '환호'의 감정으로 흘러들어 갑니다. "우리는 하느님의 영광에 참여할 희망을 안고 기뻐하고 있습니다"(로마 5,2). 이 기쁨 혹은 자랑조차도 유쾌한 확신이어서, 구원받은 사람들로 하여금 믿음 없는 자연인에게는 전혀 알려지지 않은 방식으로 살아갈 수 있도록 도와줍니다. 그것은 하느님의 영광에 대한 희망으로부터 오며 시련 가운데서도 지속됩니다. 그것은 실제로 시련을 기쁨으로 바꾸어 줍니다(로마 5,4 참조). "장차 우리에게 나타날 영광에 비추어 보면 지금 우리가 겪고 있는 고통은 아무것도 아니라는 것"(로마 8,18)을 잘 알고 있기 때문입니다. 실제로 주님을 위하

---

3　니콜라스 카바실라스, 『그리스도안의 생활에 관하여』; pp.150, 715.

여 산다는 것은 주님의 몸이신 교회를 위하여 사는 것을 의미합니다. 그러므로 새로운 방식으로 그리스도를 섬기려는 결정은, 당연히 하느님 나라를 섬김으로써 우리의 위치를 다시 찾으려는 결정(즉, 이미 포기해버린 상태라면 그 상태로의 회복)을 포함합니다. 그것은 우리가 속한 교구 혹은 신앙공동체의 필요에 소용이 되는 것입니다. 우리 자신을 위해 더 이상 아무것도 아끼지 말고 모든 일에 있어서 우리의 윗사람에게 우리의 뜻을 복종시키고, 과거에 어떤 망설임이 있었다면 그 모든 것을 회개하는 것입니다.

그러므로 복음 선포와 영적 쇄신이라는 우리 여행을 끝냄에 이르러 우리는 이제 다시금 예수님을 우리 삶의 유일한 주님으로 선택하기로 결심해야 합니다. 이것은 우리가 받은 세례가 그 효능을 발휘하도록 해 주는 것입니다. 우리는 우리 안에 성사를 풀어놓는 것입니다. 왜냐하면, 그 성사로부터 새로운 힘이 흘러나오고 공동의 이익을 위하여 우리 각자에게 주어진 은사들이 힘을 발휘할 수 있게 해 주기 때문입니다. 이 결심을 표현하는 가장 쉬운 방법은 '성령 안에서' 사도 바오로가 "예수는 주님이시라고 입으로 고백하고 또 하느님께서 예수를 죽은 자들 가운데서 다시 살리셨다는 것을 마음으로 믿는 사람은 구원을 받을 것입니다."(로마 10,9)라고 말할 수 있게 한 내적 확신으로서 "예수님은 주님이십니다!"라고 말하는 것을 배움으로써 이루어집니다.

　이렇게 믿음을 지니고 "예수님은 주님이십니다."라고 말하는 것은 신비하게도 그분 죽음과 부활에 참여하는 것을 의미합니다. "예수님은 주님이십니다!"라고 말하는 것은 어떤 것을 주장하는 것뿐만 아니라 내 삶에 결정을 내리는 것입니다. 그것은 자발적으로 그분의 능력으로 들어가서 그분을 자기의 주님으로 인정하는 것을 의미합니다. 그것은 마치 우리가 "예수님은 나의 주님이시오. 내 존재의 이유이십니다. 나는 더 이상 나를 위해 살지 않고 그분을 위해 살기를 원합니다!"라고 말하는 것과 같습니다. 이 간단한 말이 얼마나 큰 힘을 포함하고 있는지요! 그 말들을 통해서 복음 말씀이 활동을 합니다. 그것은 '믿는 사람들에게 드러나는 하느님의 능력'이십니다. 그들은 우리의 안팎에 도사리고 있는 악의 세력에 맞서주는 능력의 요새입니다.

　성령의 법에 관해 말할 때 우리는 우리가 사랑을 발견한 순간, 그리고 우리가 그것을 잃고 우리의 변덕으로 인하여 과거의 우리로 돌아갈 위험을 깨닫는 순간에, 우리가 서원을 바쳐야 하는 필요에 관해 말한 바 있습니다. 지금이 우리가 그 서원을 바쳐야 할 순간입니다. 이것은 우리 세례 때의 서약을 쇄신하는 형태입니다. 그것은 신앙적 서원 혹은 단호한 약속이나 제안이라는 간단한 형태로 표현될 수 있습니다. 모든 사람이 전통적 서원을 할 수 있는 것은 아닙니다. 그러나 모든 사람이 '서원'을 할 수는 있습니다. 신앙적 서원은 살아도 죽어도 주님께 전적으로 서원하고 헌신하며 '주님을 위해' 살기를 원하는 세례의 기본적 서원에 그 기원이 있습니다. 하느님께서는 우리가 우리의 자유를, 우리를 도구로 쓰시어 위대한 일을 하실, 하느님의 손에 얹어드리기를 원하십니다.

이 단계에서 우리가 잘 알고 있는 위대한 신비가, 성녀 폴리뇨의 안젤라가 살아 계시던 때의 에피소드 하나를 소개합니다. 이 에피소드는 우리가 '서원'을 이해하는 데 도움이 됩니다. 그는 오래전에 세상과 죄를 떠나 그의 모든 소유를 포기하고 매우 엄격한 생활을 하고 있었습니다. 그러나 어느 날 그는 아직도 그가 할 수 있는 어떤 일, 즉 그에게 있어서 하느님이 실제로 모든 것이 아니라는 것, 왜냐하면, 부분적으로 그의 영혼이 하느님을 원하지만, 그 영혼은 하느님 외에 다른 것들도 원하고 있는 것이 있음을 깨닫고 회개하였습니다. 그때 그는 자기 온 존재가 하나의 단일체를 이루고 있는 것처럼, 그의 몸이 그의 혼과 그의 의지가 그의 지성과 단일체를 이루고 오직 하나의 의지만이 자기 안에서 형성되는 것을 느꼈습니다. 그 순간 그는 "안젤라! 그대는 무엇을 원하는가?"라고 묻는 음성을 들었습니다. 그래서 온 힘을 다해 외쳤습니다. "저는 하느님을 원합니다!" 그러자 하느님께서 그녀에게 응답하셨습니다. "내가 그대 소원을 이루어 주리라."[4] 그 외침으로 그는 자신의 자유를 소멸시켰습니다. 그러자 하느님께서 놀라운 신성의 희귀한 사건을 그녀 안에서 일으키셨습니다. 그리고 그것은 8세기가 지난 후에도 여전히 교회와 세상을 비춰주고 있습니다.

"저는 하느님을 원합니다!" 이것은 인간의 입술이 낼 수 있는 가장 의미 깊은 진술입니다. 그것은 가장 개인적인 자아 '나', 가장 위대한 대상인 '하느님', 그리고 가장 고귀한 행위인 '원하다'를 재결합시킵니다. 이러한 한계를 넘어서는 단 하나의 가능한 진술이 있는데, 그것은 하느님만이 하실 수 있는 말씀 "나는 하느님이니라."입니다. 유명한 로마서의 저자인 순교자 안티오키아의 이냐시오 성인은 우리에게 이제 이와 똑같은 결심을 우리 영적 여행의 중심이요 목적인 예수라는 인격체에 적용할 것을 이 책 속에서 우리에게 강권합니다. "나는 나를 위해 죽으신 분을 원합니다.", "나는 나를 위해, 죽은 사람들 가운데서 다시 살아나신 분을 원합니다!"[5]라고 말씀하십니다.

나는 예수 그리스도를 원합니다!

---

4  Bl. Angela of Foligno, 『Complete Works』, cit., p.189.
5  안티오키아의 성 이냐시오, 『로마인들에게 보낸 편지』 6,1.